MICHAEL E. SALLA

DAS GEHEIME WELTRAUMPROGRAMM DER U.S. NAVY & DIE ALLIANZ MIT DEN NORDISCHEN

Kampftruppen für den Weltraum –
die wahren Pläne der Regierung Trump

Aus dem Amerikanischen von
Dr. Baal Müller

Brandheiße Infos finden Sie regelmäßig auf:
www.facebook.com/AMRAVerlag

Besuchen Sie uns im Internet:
www.AmraVerlag.de

Amerikanische Originalausgabe:
The U.S. Navy's Secret Space Program
& Nordic Extraterrestrial Alliance

2019 erstmals Deutsch im AMRA Verlag
Auf der Reitbahn 8, D-63452 Hanau
Telefon: + 49 (0) 61 81 – 18 93 92
Kontakt: Info@AmraVerlag.de

Herausgeber & Lektor	Michael Nagula
Umschlaggestaltung	Guter Punkt
Covermotiv & Illus	Michael Salla
Satz & Layout	Birgit Letsch
Druck	CPI books GmbH

ISBN Printausgabe 978-3-95447-323-6
ISBN eBook 978-3-95447-324-3

》 Meine neue nationale Strategie für den Weltraum erkennt
an, dass der Weltraum ein Kriegsgebiet ist, genau wie Land,
Luft und See. Vielleicht haben wir sogar eine Space Force
und entwickeln eine andere ... Space Force. Wir haben
die Air Force, wir haben die Space Force. Wir haben
die Army, die Navy ... Ich hab' erst gestern gesagt,
weil wir enorm viel Arbeit im Weltraum leisten: Vielleicht
brauchen wir eine neue Streitmacht, die nennen wir Space
Force. Ich meinte es nicht ganz ernst, aber dann dachte ich:
Was für eine großartige Idee. Vielleicht müssen wir das machen. 《

Donald Trump, Rede vom 20. Februar 2019
auf der Air Force Basis Miramar in San Diego

Ein Dekret zur Gründung einer Weltraumarmee hat Trump bereits
unterschrieben. Es dient als Grundlage für einen Gesetzesvorschlag zur
Bestätigung durch den US-Kongress.

Die Vorgeschichte ...

INHALT

Vorwort
von Robert M. Wood

Als Michael Salla mir ein Vorabexemplar seines neuen Buches, das Sie gerade in Händen halten, zu lesen gab, blätterte ich darin mit großem Interesse, denn erst kurz zuvor war sein Bestseller *Geheime Weltraumprogramme & Allianzen mit Außerirdischen* erschienen. Was mich auch an seinem neuen Buch sofort wieder begeisterte, ist seine Fähigkeit, in einem äußerst glaubwürdigen Szenario darzustellen, wie die innersten Geheimnisse der UFO-Geschichte vor der Öffentlichkeit bewahrt wurden und inwiefern die Navy möglicherweise in der Lage gewesen ist, ein eigenes Geheimes Weltraumprogramm aufzubauen, von dem nicht einmal die Air Force oder die CIA etwas gewusst haben.

Einer der Gründe, weshalb ich so dankbar bin, um dieses Vorwort gebeten worden zu sein, besteht darin, dass Michael Sallas früheres Werk *Kennedy's Last Stand* (»Kennedys letztes Gefecht«, nicht auf Deutsch erschienen) sehr davon profitiert hat, die »geleakten« Dokumente, die mein Sohn Ryan und ich auf www.majesticdocuments.com veröffentlicht haben, als Belege heranzuziehen. Die offenkundige Echtheit dieser Dokumente bewog mich, genau hinzuhören, als ich zum ersten Mal Menschen mit wilden persönlichen Geschichten traf. Dr. Salla nimmt das sich entfaltende Zeugnis eines Gewährsmannes, der an mich herantrat, William M. Tompkins, verbindet dessen Informationen mit denen anderer Hauptzeugen wie Corey Goode und zeigt dabei, dass viele Details ihrer Berichte außerordentlich gut übereinstimmen. Die Beispiele umfassen die Entwicklung der Präsenz von Nazis in der Antarktis vor, während und nach dem Zweiten Weltkrieg und deren Beziehung zu außerirdischen Rassen.

Das vorliegende Buch ist chronologisch aufgebaut und sehr gut lesbar. Es beginnt zurecht mit der »Schlacht von L.A.« als entscheidendem Ereignis zur Schürung eines starken Interesses an Regierungsuntersuchungen hinsichtlich der UFO-Problematik und verbindet dies mit William Tompkins' früher Beziehung sowohl zu UFOs als auch zur amerikanischen Kriegsmarine, der U.S. Navy. Tompkins' bemerkenswerter Auftrag lautete, kreativ von James Forrestal unterstützt, den Briefings von Navy-Spionen vor dem Kriegseintritt der USA genauestens zuzuhören. Viele Erinnerungen an das, was diese Spione darüber sagten, was in Deutschland und der Antarktis vor sich ging, wurden dann zu den Berichten anderer Gewährsleute in Beziehung gesetzt und dazu verwendet, die gründliche Vertrautheit der Navy mit Details der technologischen Perfektion der Nazis zu bestätigen.

Salla hebt den besonderen Stellenwert von Tompkins' Autobiografie *Selected by Extraterrestrials* (»Ausgewählt von Außerirdischen«, nicht auf Deutsch erschienen) und deren sensationellen Aussagen hervor. Das Buch, das ich die Ehre hatte herauszugeben, liefert persönliche Einzelheiten seiner Einbeziehung in den »Think Tank« von Douglas, deren Denkfabrik. Tompkins berichtet, dass die RAND Corporation eigens dafür gegründet worden war, das Problem der Außerirdischen zu erforschen. Salla betont korrekterweise Tompkins' Auftrag, als Konstrukteur in den 1950er Jahren Entwürfe für geplante kilometerlange Navy-Raumschiffe zu zeichnen. Diese waren wahrscheinlich Vorläufer des späteren, schon seit den 1980ern im Weltraum operierenden Solar-Warden-Programms der Navy.

Viele von uns haben Gerüchte gehört, wonach die Fernsehserie *Star Trek* irgendwie von der Wirklichkeit beeinflusst sein könnte, aber Salla legt jetzt erstmals genaue Details der Beziehungen des Produktionsleiters Gene Roddenberry zu Vice Admiral Leslie Stevens III. dar. Möglicherweise war letzterer aufgrund seiner Beteiligung an Leaks im Zusammenhang mit seiner Tätigkeit im Rahmen psychologischer Kriegführung die Quelle einiger der Fakten. Manche der Geschichten könnten auf tatsächlichen außerirdischen Interaktionen beruhen. Die Wirklichkeit dessen, worauf wir bei unseren verdeckten Ermittlungen stießen, könnte uns mitgeteilt haben, wer die Guten waren (die Nordischen = Captain Kirk) und wer die Bösen (die Draco-Reptiloiden = die Klingonen).

Auch dieses Buch folgt wieder der Qualität von Sallas anderen Werken und belegt nahezu jede Aussage oder ungewöhnliche Behauptung mit ausgezeichneten Verweisen. Hunderte von Literaturhinweisen sind normal für schriftliche Arbeiten, aber auch wenn es sich um eine elektronische oder digitale Quelle handelt, teilt er mit, über welche er gerade verfügte. Ich habe einige davon überprüft, und sie sind, während ich dieses Vorwort schreibe, noch immer verfügbar und weisen entsprechende Inhalte auf.

Zu den aufregendsten Aspekten des vorliegenden Buches gehört Sallas Bereitschaft, Mutmaßungen über die Beziehungen anzustellen, die möglicherweise die Ergebnisse der Wahl Trumps beeinflusst haben, und inwiefern das FBI und vielleicht sogar die Nordischen selbst dabei eine Rolle gespielt haben könnten. Er macht deutlich, dass es seiner Einschätzung nach Belege gibt, die seine Behauptung stützen, die CIA sei von Nazis und Reptiloiden unterwandert worden und dass wir gerade jetzt unmittelbar vor der Erkenntnis stehen, ob die Guten (U.S. Navy, FBI und die Nordischen) oder die Bösen (CIA, USAF, NSA und Geheimbünde) gewinnen und über die Zukunft unserer Erde bestimmen werden. Salla merkt an, dass Trump über einige militärische Ratgeber verfügt, die mit den Geheimen Weltraumprogrammen vertraut sein könnten und vielleicht mitgeteilt haben, dass sie den Haushalt der Navy erheblich zu erhöhen beabsichtigen.

Außerordentlich eindrucksvoll ist auch immer wieder Sallas Glaubwürdigkeit bei der Überprüfung und Recherche von Fakten. Als Tompkins beispielsweise behauptete, für Rick O'Botta (wie die Schreibweise in der ersten US-Ausgabe von Tompkins' Buch noch lautete) gearbeitet zu haben, ermittelte Salla anhand von Versionen von dessen Unterschrift, dass er für Rico Botta tätig war; anschließend untersuchte er Bottas Navy-Bericht in den Archiven, und es zeigte sich, dass er tatsächlich zurzeit von Tompkins' dortigem Einsatz die in der Naval Air Station zuständige Person war. Dieses Beispiel liefert einen starken Grund dafür, die Behauptungen dieses Buches als äußerst fundiert anzusehen.

Und noch etwas hat mich sehr beeindruckt: Michael Salla konnte den Berichten von William Tompkins sowohl durch persönliche Gespräche als auch durch die Analyse seiner Interviews mit dem Rundfunkmoderator Jeff Rense außerordentliche Einsichten entnehmen, durch die er vieles erfuhr, wovon nicht einmal ich, als Tompkins' enger Mitarbeiter und Herausgeber, etwas gehört hatte. Er hat diese Fakten nahtlos zu einer bemerkenswert komplexen Geschichte verschiedener Organisationen verwoben, die ohne das Wissen der Öffentlichkeit Geheime Weltraumprogramme hervorgebracht haben.

Meine eigene, persönliche Verwicklung in das, was zum vorliegenden Buch führte, wird sehr schön in der folgenden Einleitung dargelegt. Hinzufügen möchte ich allerdings, dass ich erst Anfang 2016 eine Ausgabe von Sallas eingangs schon erwähntem Buch *Geheime Weltraumprogramme & Allianzen mit Außerirdischen* in die Hand bekam, als Tompkins' Autobiografie bereits veröffentlicht war. Ich bestellte mir ein Exemplar bei Amazon und schickte es dann unverzüglich an Tompkins. Er war bass erstaunt, weil er bis dahin geglaubt hatte, der Erste gewesen zu sein, der »die Rolle NS-Deutschlands sowie der U.S. Navy bei der Entwicklung Geheimer Weltraumprogramme enthüllte«.

Der Aufbau des Geheimen Weltraumprogramms bedurfte einer fortgeschrittenen Technologie, die für diejenigen, die entsprechende Raumschiffe bauen, kein Geheimnis ist. Unser wissenschaftliches Wissen von Außerirdischen muss alles, was in der frei verfügbaren Literatur mitgeteilt wird, weit übersteigen. Ich würde mich über einige Hinweise Sallas freuen, was es seiner Kenntnis nach mit den Zeitreisen und »Sprungräumen« auf sich hat, die uns offenbar erlauben, zum Mars und sogar zu anderen Sonnensystemen zu gelangen, ohne dazu Raumschiffe zu benutzen. Vielleicht wird das ja ein Thema in seinem nächsten Buch. Bis dahin möchte ich Ihnen dieses hier nachdrücklich ans Herz legen.

Robert M. Wood machte seinen Doktorabschluss in Physik im Jahre 1953 an der Cornell University. Von 1949 bis 1993 war er Research & Development Manager bei Douglas/McDonnell Douglas. Seit 1994 ist er als Autor und UFO-Forscher tätig.

Einleitung

Im Dezember 2015 erschien ein bemerkenswertes Buch, das eine unmittelbare Enthüllung Geheimer Weltraumprogramme und außerirdischer Eingriffe in menschliche Angelegenheiten aus der Feder eines Luft- und Raumfahrt-Ingenieurs mit hoher Zertifizierung darstellte. Was William Tompkins' Buch *Selected by Extraterrestrials – My life in the top secret world of UFOs, think-tanks and Nordic secretaries* (»Ausgewählt von Außerirdischen – Mein Leben in der streng geheimen Welt von UFOs, Denkfabriken und nordischen Sekretärinnen«) auf den ersten Blick auszeichnete, war die außerordentlich hohe Zahl der vorgelegten Dokumente, die die wesentlichen Aspekte seines Zeugnisses bekräftigten. Die mitgeteilten Unterlagen konnten überprüft und bestätigt werden. Die in ihnen vorgefundenen Informationen ermöglichten weitere Nachforschungen, besonders hinsichtlich historischer Berichte und aufgrund des Freedom of Information Act (FOIA)[1] zugänglicher Dokumente, um zu überprüfen, ob Tompkins tatsächliche historische Ereignisse, die wirklich stattgefunden haben, aufdeckt oder nicht.

Was sein Buch sogar eine noch größere Glaubwürdigkeit verschaffte, war die Tatsache, dass sein Herausgeber, Dr. Robert Wood, bei derselben Luft- und Raumfahrtfirma gearbeitet hatte, von der Tompkins laut seinen Angaben beauftragt worden war, kilometerlange geheime Raumschiffe für die U.S. Navy zu entwerfen. Dr. Wood war für einen Zeitraum von 43 Jahren (1949-1993) bei der Douglas Aircraft Company angestellt und arbeitete dort zur selben Zeit wie Tompkins (1950-1963), obwohl sich die beiden vor 2009 nie begegnet waren.[2]

Zu Dr. Woods Aufgabenbereich bei Douglas gehörte es auch, UFO-Berichte zu untersuchen, um die Realisierbarkeit der Designs Fliegen-

der Untertassen für die Luft- und Raumfahrtindustrie herauszufinden.
Nach einem Treffen mit Vorstandsmitgliedern wurde ihm diese Aufgabe bei Douglas zugewiesen:

»Einen Tag, nachdem ich einer Anzahl von VPs berichtet hatte, woran wir arbeiten, fragte mich einer von ihnen persönlich, ob ich etwas Interessantes außerhalb meiner Arbeit tun würde. ›Sie werden es nicht glauben, aber ich habe rund fünfzig Bücher über UFOs gelesen‹, antwortete ich, und ›ich kam zu dem überraschenden Schluss, dass es sich dabei um sehr reale außerirdische Raumschiffe handelt‹. Das Einzige, was noch unsicher ist, ist die Frage, ob wir früher oder später als unser Konkurrent Lockheed herausfinden, wie sie funktionieren. Nach einem Augenblick des Schweigens sagte einer der Männer (VP): ›Wieviel würde es denn kosten, dieser Frage nachzugehen?‹ So starteten wir also, ziemlich unauffällig, ein Projekt, um die Frage zu klären, wie diese UFOs funktionieren.«[3]

Dr. Wood war in der Lage, sich wieder an die Namen der maßgeblichen Ingenieure, Wissenschaftler und Projekte bei Douglas zu erinnern, auf die sich Tompkins bezog, besonders an leitende Firmenvertreter wie Elmer Wheaton und Dr. Klemperer, die bei dem, was sich nach Tompkins in einer geheimen Denkfabrik bei Douglas abspielte, Schlüsselfiguren waren. Dr. Wood schrieb im Hinblick darauf:

»Ich kannte fast alle Leute, auf die er sich bezog, oder hatte sie getroffen, vor allem die Schlüsselfiguren, für die er in einem ›Think Tank‹ arbeitete, Elmer Wheaton und seinen deutschen Wissenschaftsberater Wolfgang B. Klemperer. Seine Erzählung über die Arbeit, die er verrichtete, deckt sich exakt mit dem, woran ich mich erinnere, obwohl mir nicht bekannt war, dass es damals an jenem Ort einen Think Tank gab.«[4]

Dr. Wood war von Tompkins' detailliertem und genauem Zeugnis so beeindruckt, dass er beschloss, ihm als Herausgeber seiner Autobiografie behilflich zu sein. In seiner Einleitung zu Tompkins' Buch zog er den folgenden Schluss:

»Ich habe völliges Vertrauen, dass er die Geschichte ehrlich und so gut, wie er sich erinnert, erzählt. Glücklicherweise hat Bill einige Kopien von manchen Fotos und Dokumenten aufbewahrt, die seinen Bericht unterstützen und hier als Abbildungen, wenn sie passen, beigefügt sind. In der Tat erhöhen sie bislang die Glaubwürdigkeit des erstaunlichen Lebens dieses Mannes.«[5]

Im Januar 2016, nachdem ich mir einige Interviews mit Tompkins und Dr. Wood angehört hatte, die im Dezember des Vorjahres in der populären Radiosendung *Jeff Rense* ausgestrahlt worden waren, trat ich unverzüglich mit Dr. Wood in Kontakt, um mehr über Tompkins zu erfahren.[6] Er verbürgte sich für Tompkins' Aufrichtigkeit und die Bedeutung seines Zeugnisses für das Verständnis des UFO-Phänomens. Besonders faszinierend fand ich, dass Dr. Wood herausstellte, er sei, als er mein eigenes Buch *Geheime Weltraumprogramme & Allianzen mit Außerirdischen* gelesen hatte, erstaunt über die Ähnlichkeiten mit Tompkins' Informationen gewesen. Er bestellte unverzüglich ein Exemplar für Tompkins und gab es ihm. Dr. Wood sagte, dass Tompkins bei der Lektüre meines Buches äußerst überrascht war. Er gab an, ihm sei gesagt worden, er wäre der Erste, der die Rolle NS-Deutschlands und der U.S. Navy bei der Entwicklung Geheimer Weltraumprogramme sowie die von verschiedenen außerirdischen Zivilisationen gespielte Rolle aufdecken würde.

Mein Buch untersuchte die Whistleblower-Behauptungen von Corey Goode, der laut eigenen Angaben für einen Zeitraum von zwanzig Jahren, von 1987 bis 2007, in einem von der Navy eingerichteten Programm namens Solar Warden sowie in weiteren damit verbundenen Programmen gedient hat. Ich fand vielerlei an historischen Dokumenten, zusätzlichen Zeugnissen von Whistleblowern und plausiblen Indizien, die Goodes Aufsehen erregende Äußerungen bekräftigten. Tompkins' Informationen fügten weitere bedeutsame Details hinzu; und, was äußerst wichtig ist, er legte auch Dokumente vor, die dazu beitrugen, entscheidende Stellen in Goodes Zeugnis zu überprüfen. Noch bedeutsamer: Wie Sie in Kapitel 9 dieses Buches lesen werden, gibt es einen *sehr guten Grund* dafür, warum Tompkins' und Goodes Darstellungen Geheimer Weltraumprogramme im NS-Deutschland beziehungsweise bei der U.S. Navy so viele Übereinstimmungen aufweisen.

Nachdem ich im Januar mit Dr. Wood und Tompkins gesprochen hatte, beschloss ich, mich im folgenden Monat noch einmal mit den beiden zu treffen, und begab mich von meinem Wohnsitz auf Hawaii nach San Diego. Ich lernte Tompkins als jemanden kennen, der trotz seines fortgeschrittenen Alters (von damals 92 Jahren) nach wie vor über einen scharfen Verstand und große Aufmerksamkeit für Details verfügte. Obwohl er nicht mehr das fotografische Gedächtnis besaß, das ihn in seiner frühen Laufbahn in der Luft- und Raumfahrt so besonders ausgezeichnet hatte, konnte er sich an das, was er erlebt hatte, zum größten Teil immer noch erinnern.

In seinem Haus in San Diego brachte Tompkins sechs Kästen mit Dokumenten herbei, die Dr. Wood und ich überprüften. Er erlaubte uns, die wichtigsten Akten für unsere diesbezüglichen Untersuchungen zu kopieren. Diese Dokumente waren von unschätzbarem Wert, da sie weitere Details über Tompkins' lange und herausragende Karriere in der Luft- und Raumfahrt-Industrie sowie in verschiedenen Funktionen bei der U.S. Navy verraten. Bemerkenswerterweise arbeitete Tompkins, trotz seiner offiziellen Versetzung in den Ruhestand, mit einer aktuellen Sicherheitsbescheinigung für die Navy weiter. Ich bin danach noch zwei weitere Male nach San Diego gereist, um mich mit Tompkins zu treffen (im Oktober und Dezember 2016). Bei jedem Besuch war es Dr. Wood und mir möglich, noch weitere Teile von seiner Dokumentensammlung einzusehen, die er aus einem Speicher in der Nähe holen musste – einiges davon ist in diesem Buch reproduziert worden.

Mitte 2016 begann ich, mit einem Anwalt, Duke Brickhouse, Esq., zusammenzuarbeiten, um Dokumente im Rahmen des Freedom of Information Act ausfindig zu machen, die ein Licht auf Rear Admiral Rico Botta werfen, den Führungsoffizier, den Tompkins als Schlüsselfigur einer verdeckten Navy-Operation mit dem Ziel, geheime Luft- und Raumfahrt-Programme NS-Deutschlands auszuspionieren, identifiziert hatte. Die FOIA-Dokumente (mehr als 1.500 Seiten), die wir erhielten, lieferten schlüssige Belege, die Tompkins' Behauptungen bestätigten, mit Admiral Botta an einem verdeckten Geheimdienstprojekt zum Sammeln von Informationen über experimentelle Luftfahrt-Forschung zusammengearbeitet zu haben. Einige dieser Dokumente werden in Kapitel 2 präsentiert.

Kapitel 3 und Kapitel 4 behandeln Entwicklungen in der Douglas Aircraft Company und seinem Ableger, dem Projekt RAND, nach dem Zweiten Weltkrieg hinsichtlich geheimdienstlicher Einsatzbesprechungsdokumente mit Bezug zu Deutschlands Geheimem Weltraumprogramm und der Erforschung abgestürzter UFOs. Von besonderem Interesse ist dabei Tompkins' Bericht über die Rolle, die von konkurrierenden Gruppen Außerirdischer, die er als »Reptilien« oder menschlich aussehende »Nordische« beschrieb, bei der Entwicklung fortgeschrittener Luft- und Raumfahrttechnologien sowohl in NS-Deutschland als auch in den USA gespielt wurde. Tompkins sagt, dass die »Nordischen« Douglas Aircraft unterwandert und ihm geholfen haben, Entwürfe für zukünftige Weltraum-Kampfverbände der U.S. Navy zu entwickeln.

Weitere FOIA-Anfragen bezogen sich auf andere Navy-Offiziere, die von Tompkins als wichtig für das in NS-Deutschland Geschehene sowie für die nachfolgende Entwicklung eines Geheimen Weltraumprogramms der Navy beschrieben wurden. Die bislang erhaltenen FOIA-Dokumente liefern wichtige Details, die Schlüsselaspekte des Gesamtzusammenhangs untermauern, den Tompkins über die interstellar einsetzbaren Weltraum-Kampfverbände der Navy aufgedeckt hat. Kapitel 5 und Kapitel 8 werden diese Aspekte des »großen Ganzen« hinsichtlich einer »moderaten Aufdeckung« diskutieren, wobei zwei populäre Science-fiction-Serien unmittelbar mit dem Geheimen Weltraumprogramm der Navy, an dessen Schaffung Tompkins mitgewirkt hat, in Zusammenhang gebracht werden können.

Weiterhin war ich in der Lage, drei pensionierte US-Navy-Offiziere (einen Rear Admiral, einen Captain und einen Commander) aufzuspüren und zu interviewen, die bereit waren, Tompkins' Aufrichtigkeit zu bescheinigen – als Experte auf Gebieten, die für die Navy von besonderem Interesse waren, während er von 1991 bis 1999 Präsident des Rogue Valley Councils der Navy League war. Zwei der Offiziere wurden auf einem von Tompkins mitgeteilten Dokument identifiziert, das die Existenz eines »Komitees für besondere Aufgaben« aufdeckt, welches Tompkins zufolge Pläne für verschiedene Projekte im Zusammenhang mit Außerirdischen und Geheimen Weltraumprogrammen bearbeitete. Zwei der Navy-Offiziere bestätigten auch, dass dieses Komitee für besondere Aufgaben existiert hat und dass Tompkins die außerirdische Thematik oft in Besprechungen behandelte. Und was ebenfalls bedeutsam ist: Sie bezeugten außerdem, dass Tompkins als Experte für außerirdische Angelegenheiten angesehen wurde und, wenn es um dieses Thema ging, mit wichtigen Navy-Offizieren gut vernetzt war. Dokumente, die die von Tompkins geleiteten Projekte in der Navy League betreffen, finden sich in Kapitel 7.

Es ist wichtig hervorzuheben, dass es Tompkins eigenen Angaben nach erlaubt war, aufgrund der Genehmigung eines hohen Navy-Offiziers, der die Offenlegung der Geheimen Weltraumprogramme der Navy wünschte, mit seinen Bezeugungen und Dokumenten an die Öffentlichkeit zu treten. Tompkins' Behauptung, dass seine Enthüllungen von der Navy insgeheim gebilligt werden, wird durch seine fortwährende Arbeit als Navy-Berater erhärtet sowie durch ein Dokument bestätigt, das er Dr. Wood und mir vertraulich zeigte.

Tompkins' fortgesetzte Beziehung zur Navy, während er mit seinen Zeugnissen öffentlich auftrat, wird sogar noch gewichtiger angesichts des Ergebnisses der US-Präsidentschaftswahlen von 2016. Kapitel 10 weist auf eine Initiative zu »begrenzter Enthüllung« hin, in die Schlüsselfiguren von Clintons Wahlkampfteam eingebunden waren. Sie waren informell über eine eingeschränkte Enthüllungsinitiative instruiert worden, bei der es um ein von der U.S. Air Force betriebenes Geheimes Weltraumprogramm geht, das unabhängig von dem technologisch weiter fortgeschrittenen Programm der Navy operiert. Kapitel 11 konzentriert sich auf die zentralen institutionellen Beziehungen, die Präsident Trump entwickeln muss, um eine »offizielle Enthüllung« Geheimer Weltraumprogramme eintreten zu lassen. Was dies für die Beendigung einer technologischen Trennung der großen Mehrheit der Menschen von jenen, die zu einer kleinen abtrünnigen Menschheitszivilisation gehören, bedeutet, ist außerordentlich wichtig zu verstehen.

Die Aussichten auf eine »vollständige Enthüllung« Geheimer Weltraumprogramme und außerirdischen Lebens durch die Administration von Präsident Trump wird in Kapitel 12 unter Verweis auf seine Auswahl von Spitzenpersonal der nationalen Sicherheit erörtert. Deren Chancen, einen »Need-to-know«-Zugang zu Informationen über Geheime Weltraumprogramme zu erhalten, um Trump kompetent zu beraten, werden ebenso betrachtet wie Trumps wahrscheinliche Reaktion. Kapitel 13 fasst schließlich die Rolle der »Nordischen« und anderer freundlich gesinnter Außerirdischer genauer ins Auge, und zwar im Hinblick darauf, was ihre technologische und spirituelle Unterstützung für eine vollständige Enthüllung bedeutet – und ebenso für die Vorbereitung der Menschheit auf prognostizierte solare und kosmische Ereignisse, von denen erwartet wird, dass sie das Leben auf der Erde radikal verändern werden.

Die im vorliegenden Buch präsentierten Dokumente bestärken nicht nur unmittelbar das Zeugnis von William Tompkins, sondern bekräftigen darüber hinaus auch die Zeugnisse von Corey Goode und anderen Whistleblowern Geheimer Weltraumprogramme. *Das Geheime Weltraumprogramm der U.S. Navy & Die Allianz mit den Nordischen* sollte daher als zweiter Band eines zusammenhängenden Enthüllungswerkes angesehen werden, dem wenigstens noch ein drittes folgen wird. Das in diesen beiden Büchern über die historische Entwicklung vieler Geheimer Weltraumprogramme und verschiedener außerirdischer Zivilisationen mitgeteilte Wissen verändert das Leben – so war es zweifellos bei mir.

Anmerkungen

1   Das 1967 in den USA in Kraft getretene Informationsfreiheitsgesetz ermöglicht den Zugang der Öffentlichkeit zu Daten der US-Regierung. Es gibt jedem das Recht, Einsicht in Dokumente von staatlichen Behörden zu verlangen. – *Der Verlag*

2   Dr. Wood beschreibt seine Zeit bei Douglas im Vorwort zu William Tompkins: *Selected by Extraterrestrials: My life in the top secret world of UFO's, think tanks and nordic secretaries* (Createspace 2015), p. V.

3   *Rense.com*, »Dr. Robert Wood – Aerospace Engineer Veteran Blows The Whistle On UFOs«, http://rense.com/general96/woodsvet.html (aufgerufen am 18.03.2016)

4   William Tompkins: *Selected by Extraterrestrials*, p. V

5   William Tompkins: *Selected by Extraterrestrials*, p. VI

6   Eine Auflistung von Tompkins' Interviews mit Jeff Rense ist hier zu finden: http://exopolitics.org/william-tompkins-us-navy-secret-space-program/.

1 Ein spektakulärer, rätselhafter Luftangriff auf Los Angeles

In der Nacht des 24. sowie in den frühen Morgenstunden des 25. Februar 1942 wurden die Bewohner von Los Angeles in Kalifornien durch ein außerordentliches UFO-Ereignis aufgeweckt. Eine unbekannte Zahl nicht identifizierter Flugobjekte zog geräuschlos in einem Vierzig-Meilen-Bogen mit Zentrum über Long Beach am Himmel dahin, während die U.S. Army und Marineschiffe im Hafen von Long Beach ein Artilleriefeuer zur Fliegerabwehr auf die mysteriösen Objekte entfesselten. Man fürchtete, dass es sich um japanische Flugzeuge handelte, die einen weiteren Überraschungsangriff wie auf Pearl Harbor starten würden. Hunderttausende beobachteten die schwebenden UFOs, die während einer vollständigen Verdunkelung von Suchscheinwerfern und der Flugabwehr-Artillerie für mehrere Stunden in grelles Licht getaucht wurden. Die UFOs griffen nicht an, aber es entstand Schaden durch die Artillerie-Granaten, die zu Boden fielen und dabei viel Eigentum vernichteten.

Die Ereignisse jener Nacht wurden von großen Zeitungen ausgiebig behandelt, darunter der *Los Angeles Times*, die eine Reihe von Artikeln über die nicht explodierten Artillerie-Granaten und den entstandenen Schaden veröffentlichte. Hier folgt eine Darstellung des Ereignisses, in das, wie ein Army-Colonel berichtete, immerhin fünfundzwanzig unbekannte Flugmaschinen in der Nähe von Long Beach involviert waren. Sie stammt aus einem 1983 erschienenen Buch, das die Geschichte der U.S. Air Force offiziell dokumentiert, *The Army Air Forces in World War II* (»Die Luftstreitkräfte der Armee im Zweiten Weltkrieg«, nicht auf Deutsch erschienen):

»In der Nacht vom 24. auf den 25. Februar 1942 sorgten nicht identifizierte Objekte wiederholt für Alarm in Südkalifornien ... Ein um 1918 [7:18 p.m., Pacific Time] eingegangener Alarm wurde um 2223 aufgehoben, und die Anspannung legte sich vorübergehend etwas. Am frühen Morgen des 25. kam es jedoch zu neuerlichen Aktivitäten. Das Radar erkannte ein nicht identifiziertes Ziel 120 Meilen westlich von Los Angeles. Flugabwehrgeschütze wurden um 0215 alarmiert und wenige Minuten später auf Alarmstufe Grün – feuerbereit – gestellt. Die AAF [Army Air Force] behielt ihre Jagdflugzeuge am Boden und zog es vor, auf Stärke und Richtung irgendeines Angriffs zu warten, bevor sie den begrenzten Kräften ihrer Flieger vertraute. Das Radar verfolgte das sich nähernde Ziel, bis es nur noch wenige Meilen Abstand zur Küste hatte, und um 0221 befahl der Bereichsleiter die Verdunkelung. Daraufhin wurde das Informationszentrum mit Berichten über ›feindliche Flugzeuge‹ überflutet, obwohl das mysteriöse, vom Meer aus verfolgte Objekt verschwunden zu sein schien. Um 0243 wurden Flugzeuge nahe Long Beach gemeldet, und ein paar Minuten später erkannte der Colonel einer Küstenartillerie ›rund fünfundzwanzig Flugmaschinen 12.000 Fuß‹ [ca. 3,6 Kilometer] über Los Angeles. Um 0306 wurde über Santa Monica ein Ballon mit einer roten Fackel gesichtet, und vier Geschütze der Flugabwehr-Artillerie eröffneten das Feuer, worauf sich ›die Luft über Los Angeles wie ein Vulkan entlud‹.«[1]

Anschließend werden in diesem Buch, das vom Office of the Air Force History veröffentlicht wurde, dem Amt für die Geschichte der amerikanischen Luftwaffe, unbestätigte Berichte über einige angeblich abgeschossene UFOs wiedergegeben:

»Diese mysteriösen Streitkräfte warfen keine Bomben ab und erlitten keine Verluste, obwohl 1.440 Schuss Flugabwehr-Munition direkt auf sie abgefeuert wurde. Es gibt allerdings Berichte, dass vier feindliche Flugschiffe abgeschossen wurden, und von einem wird behauptet, dass es lodernd an einer Kreuzung in Hollywood gelandet ist. Innerhalb eines Bogens von vierzig Meilen entlang der Küste beobachteten Bewohner auf Hügeln oder Dächern, wie das Spiel der Geschütze und

Abb. 1: *Reportage der Los Angeles Times über den »Fliegerangriff«*

Suchscheinwerfer für das erste reale Drama des Krieges für Bürger auf
dem Festland sorgte.«[2]

Im Gegensatz zu dem Bericht des offiziellen Geschichtsbuches der Air
Force über die mysteriösen Fluggeräte des Los Angeles Air Raids, des
Fliegerangriffs auf Los Angeles, lautete die offizielle Erklärung von
Marineminister Frank Knox bei einer Pressekonferenz am Morgen des
Zwischenfalls, dass es sich bei dem Ereignis »lediglich um falschen
Alarm« aufgrund nervöser Nerven gehandelt habe.

Seine Stellungnahme illustriert der folgende Artikel der *Los Angeles
Times* vom 25. Februar 1942.

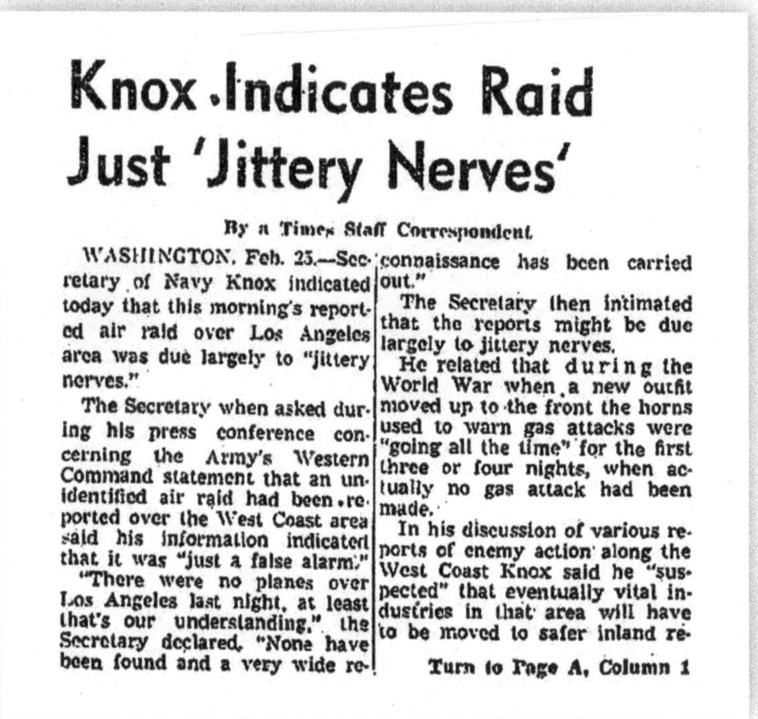

Knox Indicates Raid Just 'Jittery Nerves'

By a Times Staff Correspondent

WASHINGTON, Feb. 25.—Secretary of Navy Knox indicated today that this morning's reported air raid over Los Angeles area was due largely to "jittery nerves."

The Secretary when asked during his press conference concerning the Army's Western Command statement that an unidentified air raid had been reported over the West Coast area said his information indicated that it was "just a false alarm."

"There were no planes over Los Angeles last night, at least that's our understanding," the Secretary declared. "None have been found and a very wide reconnaissance has been carried out."

The Secretary then intimated that the reports might be due largely to jittery nerves.

He related that during the World War when a new outfit moved up to the front the horns used to warn gas attacks were "going all the time" for the first three or four nights, when actually no gas attack had been made.

In his discussion of various reports of enemy action along the West Coast Knox said he "suspected" that eventually vital industries in that area will have to be moved to safer inland re-

Turn to Page A, Column 1

Abb. 2: Berichterstattung über die Interpretation des Los Angeles Air Raids durch den Marineminister

Der Heeresminister Henry Stimson wartete einen Tag, bevor er eine Stellungnahme abgab, die sodann den Grundstein von 1983 für die offizielle Air-Force-Geschichte des Vorfalles in Los Angeles legte. Er sagte, dass bis zu fünf nicht identifizierte Flugobjekte an dem Zwischenfall beteiligt waren und schlug zwei Erklärungen vor:

> »Örtliche Befehlshaber ... äußerten die Vermutung, dass zwischen einem und fünf nicht identifizierte Flugzeuge über Los Angeles erschienen. Minister Stimson gab diesen Schluss als die Version des Kriegsministeriums von diesem Vorfall bekannt und trug zwei Theorien vor, um die mysteriösen Maschinen zu erklären: Entweder waren es kommerzielle Flugzeuge, die von einem Feind von geheimen Startplätzen in Kalifornien oder Mexiko aus eingesetzt wurden, oder es handelte sich

um leichte Flugzeuge, die von japanischen U-Booten aus gestartet waren. In jedem Fall muss es die Absicht des Feindes gewesen sein, Flugabwehreinrichtungen in dem Gebiet zu lokalisieren oder der Heimatfront einen Schlag zu versetzen.«[3]

Abb. 3: Die Los Angeles Times berichtet über die Stellungnahme des Heeresministers zum Los Angeles Air Raid.

Die einander widersprechenden Erklärungen von Heer und Marine sorgten bloß für eine Verwirrung der Situation, wie in einem Leitartikel der *New York Times* erläutert wurde:

»Die *New York Times* vom 28. Februar brachte die Einschätzung zum Ausdruck, dass der Fall immer unglaubwürdiger wurde, je gründlicher man sich mit ihm beschäftigte. ›Wenn die Geschütze auf überhaupt nichts feuerten, wie Minister Knox andeutet, ist dies ein Zeichen kostspieliger Inkompetenz und Nervenschwäche. Wenn die Geschütze auf reale Flugzeuge schossen, von denen einige, wie Minister Stimson erklärt, nur 9.000 Fuß [ca. 2,7 Kilometer] hoch flogen, warum war dies dann vollkommen ineffektiv? Warum stiegen keine amerikanischen Flieger auf, um sie anzugreifen oder wenigstens zu identifizieren?‹«[4]

Knox' eiliges Bestreiten des UFO-Zwischenfalls von Los Angeles war wohl ein Versuch, von der Ernsthaftigkeit des Geschehenen abzulenken. Dies wird besonders deutlich durch die unverblümtere Stellungnahme der Armee über die Beteiligung nicht identifizierter Flugobjekte. Was hat die Navy versucht zu tarnen?

Unter den Tausenden Zeugen des Vorfalls war auch der junge William Tompkins, der damals siebzehn Jahre alt gewesen ist und bei seinen Eltern in Long Beach lebte. Er bekam das außerordentliche Ereignis aus der Nähe zu sehen. Mit dreiundneunzig Jahren hat er in seiner 2015 erschienenen Autobiografie *Selected by Extraterrestrials* (»Ausgewählt von Außerirdischen«) Folgendes dazu geschrieben:

»Am 25. Februar 1942, drei Monate nach den Angriffen auf Pearl Harbor, geschah etwas sehr Seltsames. Damals war meine Familie nach Long Beach umgezogen. Wir wohnten nun in einem hohen Apartment im zweiten Stock, das durch einen Umbau in einem großen Haus entstanden war. Es befand sich nur vier Block vom Meer entfernt. Um etwa 8:00 pm [20 Uhr Pazifischer Zeit] in der fraglichen Nacht rief mein Vater meinen Bruder und mich auf unser Dach hinauf, von dem aus man die Küste sehen konnte. Dicht über dem Horizont leuchtete ein seltsames starkes Licht: ein dünner Strahl, der in Richtung Ozean wies. Der schmale Strahl wurde horizontal, traf direkt auf unsere Augen sowie die Rückwand unseres Apartments und die Bäume, die es umgaben. Er blendete uns. Plötzlich – und zu unserer großen Verwirrung – ging das Licht aus. Was auch immer es war, es war weg. Wir konnten nichts weiter tun, als verblüfft dazustehen. Schließlich gingen wir wieder zu Bett.

Kurz nach Mitternacht wurde jeder von Fliegeralarm und Flugabwehrgeschützen der Küstenartillerie geweckt. Wir liefen nach draußen auf die Straße und sahen eine große runde Maschine, die in etwa siebentausend Fuß [ungefähr zwei Kilometer] Höhe über uns durch die Luft schwebte. Sie verlangsamte, bis sie genau über unseren Köpfen zum Stehen kam, und verharrte an Ort und Stelle. Acht Suchscheinwerfer beleuchteten sie, während Flugabwehrgranaten auf das Fluggerät abgefeuert wurden und überall zerbarsten. Die meisten Granaten explodierten unterhalb des Flugzeugs – wir konnten einfach nicht glauben, dass das Ding nicht explodierte oder abgeschossen wurde. Drei, danach fünf andere Schiffe erschienen in seiner Nähe; einige der Such-

scheinwerfer konzentrierten sich, genau wie die Flugabwehr-Mann-
schaften, auf jedes davon, während sie vom ersten Objekt abließen.
Schließlich verschwand das erste Schiff langsam.«[5]

Tompkins und viele andere Beobachter bekräftigen die offizielle Position der Armee, dass mehrere nicht identifizierte Flugobjekte am
Luftangriff auf Los Angeles beteiligt waren. Der *Los Angeles Examiner*
berichtete, dass zivile Zeugen fünfzig Flugzeuge ausgemacht hatten, die
langsam in einer »V«-Formation flogen.[6]

Einige der UFO-Maschinen stoppten laut Tompkins bewegungslos
über Long Beach. Eindeutig handelte es sich nicht um konventionelle Flugzeuge, vielmehr zeigten sie ein fortgeschrittenes Antriebssys-
tem, das damals noch unbekannt war. Erst nach dem Krieg sollte es
möglich werden, die ersten Helikopter zu bauen, die an Ort und
Stelle schweben konnten, doch diese schwebenden Flugmaschinen
standen nach Tompkins und den Berichten anderer Augenzeugen
lautlos über Los Angeles am Himmel. Das Motiv des Marineministers
Knox, den Vorfall zu verdecken, wird nun klarer. Die Fähigkeit der
unbekannten Maschine, zu schweben und einem Artillerie-Trommel-
feuer zu widerstehen, hätte Schockwellen durch die gesamte Öffentlichkeit und das Kriegsministerium gesandt.

In der Region von Los Angeles gab es mehrere Luft- und Raumfahrt-Unternehmen, darunter die Douglas Aircraft Company mit
ihrem Hauptsitz in Santa Monica und Lockheed Aircraft mit Hauptsitz in Burbank. Wir wissen, dass leitende Mitarbeiter von Douglas,
darunter der Präsident Donald Douglas selbst, diese Ereignisse miter-
lebten, wie Tompkins berichtet, der später für zwölf Jahre bei der
Douglas Aircraft Company arbeitete.[7] Diese Führungspersönlichkeiten der Luftfahrtindustrie verstanden sofort die revolutionäre Bedeutung des von den schwebenden UFOs verdeutlichten Antriebssystems,
wie von Tompkins beschrieben.

Hinzu kam, dass die Schiffswerft der Marine in Long Beach zu der
Zeit genau unter der Fluglinie der UFOs lag, und dies beunruhigte die
Navy natürlich sehr. Waren die UFOs Teil einer Aufklärungsmission
Japans oder anderer Achsenmächte, um die Stärke der Luftabwehr für

künftige Angriffe auszukundschaften, wie der Heeresminister annahm? Oder waren die UFOs außerplanetarischer Herkunft, und verdeutlichten sie die Möglichkeit eines revolutionär neuen Antriebssystems, das die Luft- und Raumfahrtindustrie radikal verändern und die Kriegsbestrebungen wesentlich beeinflussen könnte?

Auf jeden Fall hatten sowohl das Office of Naval Intelligence (ONI, Amt für Marinenachrichtendienstliche Angelegenheiten) als auch der Heeresgeheimdienst G2 dringende Gründe, die an dem Zwischenfall beteiligten UFOs zu erforschen und möglichst sogar Bauteile der Maschinen, auf die das Artilleriefeuer zielte, in die Hände zu bekommen. Dies führt zu der Frage, ob einer der Berichte, dass bis zu vier Flugmaschinen abgeschossen wurden, in irgendeiner Weise, trotz der offiziellen Zurückweisung solcher Berichte durch die Armee, zutreffend war? Laut dem *Los Angeles Examiner* berichteten Zivilisten, dass drei Maschinen abgeschossen wurden, als sie über dem Ozean schwebten.[8] Tompkins erfuhr, wie er sagt, aus vertraulichen Navy-Quellen (er arbeitete zu jener Zeit als Agent des Marinegeheimdienstes), dass zwei untertassenförmige Flugmaschinen vom Himmel geschossen wurden.[9] Die Untertassen wurden von der Navy und der Army wiedergefunden, und man entdeckte, dass die untertassenförmigen Geräte unbemannte, vollautomatische Drohnen waren.[10]

Ein geleaktes offizielles Dokument, dessen Echtheit noch immer umstritten ist, bezieht sich auf zwei UFO-Maschinen, die abgeschossen und von der U.S. Navy beziehungsweise U.S. Army insgeheim aufgefunden und geborgen wurden:

»Hinsichtlich des Fliegerangriffs über Los Angeles erfuhr die Army-G2, dass Rear Admiral Anderson ... [vom] Marinegeheimdienst das Kriegsministerium von der Entdeckung eines nicht identifizierten, mit keiner konventionellen Erklärung einzuordnenden Flugzeugs durch die Marine vor der Küste Kaliforniens informiert hat. Weiterhin wurde aufgedeckt, dass auch das Army Air Corps eine ähnliche Maschine in den San Bernardino Mountains östlich von Los Angeles fand, das nicht als konventionelles Flugzeug identifiziert werden kann. Die Hauptquartiere kamen zu dem Schluss, dass diese mysteriösen Flugzeuge tatsächlich nicht irdisch und gemäß geheimdienstlicher Quellen in der Tat womöglich interplanetarischen Ursprungs sind.«[11]

Das Dokument ist angeblich ein Top-Secret-Memorandum des Stabschefs der Armee, George Marshall, für Präsident Roosevelt, datiert auf den 5. März 1942. Laut diesem Dokument ...

»(...) gab Marshall der Army-G2 Anweisungen, eine spezielle Geheimdiensteinheit zu bilden, um das Phänomen weiter zu untersuchen und dem Büro des Informationskoordinators über jede signifikante Verbindung zwischen neueren Vorfällen und den vom Direktor gesammelten zu berichten.«[12]

Das ist allem Anschein nach der Ursprung der legendären Interplanetary Phenomenon Unit (IPU) der Army, der Einheit für interplanetarische Phänomene. Zur Zeit des Zweiten Weltkriegs war sie eine als streng geheim eingestufte Einheit des Heeresgeheimdienstes. Nachdem die U.S. Air Force ihre Existenz anfangs bestritt, war sie schließlich gezwungen zuzugeben, dass es die IPU eine Zeitlang gegeben hatte. Dokumente, die durch den Freedom of Information Act (FOIA) freigegeben wurden, bestätigten die Existenz dieser äußerst verschwiegenen Forschungsgruppe, obwohl die leitenden Stellen der Air Force ihr Bestes gaben, um ihre Existenz generell in Zweifel zu ziehen.

Im Mai 1984 beispielsweise stellte der UFO-Forscher William Steinmann eine FOIA-Anfrage beim Army Directorate of Counterintelligence [Heeresdirektorat für Gegenspionage]. Steinmann erhielt folgende Antwort eines Lieutnant Colonel Lance R. Cornine:

»Wie Sie in Ihrem Brief bemerken, wurde die sogenannte Interplanetary Phenomenon Unit (IPU) aufgelöst, und alle Berichte wurden, soweit wir wissen, in den späten 1950er Jahren der Air Force übergeben. Die ›Unit‹ war als hauseigenes Projekt allein als Interessensgegenstand für den stellvertretenden Geheimdienststabschef gegründet worden. Sie war niemals eine ›Einheit‹ im militärischen Sinne, nicht einmal formell organisiert oder berichtspflichtig; sie hatte keine Forschungsaufgabe, Mission oder Autorität, und sie wird noch nicht einmal förmliche Berichte abgefasst haben. Nur aufgrund eines institutionellen Gedächtnisses gibt es eine gewisse Erinnerung an diese Einheit. Wir sind daher außerstande, Ihre Fragen nach dem genauen Zweck dieser Einheit zu beantworten, und können auch nicht genau sagen, wann sie aufgelöst wurde oder wer sie kommandierte. Letzteres wäre keinesfalls zutreffend, da niemand eine ›Kommandogewalt‹ hatte. Wir verfügen über keinerlei Berichte oder Dokumente irgendwelcher Art über diese Einheit.«[13]

Cornines Brief gestand zwar ein, dass es die Interplanetary Phenomenon Unit (IPU) gegeben hat, spielte ihre Existenz aber zu der eines reinen »Interessensgegenstandes« herunter, der niemals eine operierende »Armee-Einheit« gleich welcher Art gewesen sei.

Im März 1987 schickte der britischer Forscher Timothy Good ebenfalls eine FOIA-Anfrage an die Leitung des amerikanischen Heeresgeheimdienstes. Good erhielt eine Antwort von Colonel William Guild. Dessen Brief bestätigte nicht nur die Existenz der IPU, sondern enthüllte auch, dass die IPU einmal eingesetzt wurde:

»Hiermit teilen wir Ihnen mit, dass die zuvor erwähnte Heereseinheit in den späten 1950er Jahren aufgelöst und danach niemals wieder aktiviert wurde. Alle diese Einheit betreffenden Berichte wurden im Zusammenhang mit der Operation BLUEBOOK dem Office of Special Investigations [Büro für Sonderermittlungen] der U.S. Air Force übergeben.«[14]

Gemäß der Führung des Heeresgeheimdienstes existierte die IPU also und wurde in den späten 1950er Jahren abgeschafft. Ein Zeitraum, in dem sie aktiv war, wird nicht mitgeteilt.

Folglich bezog sich das geleakte Memorandum vom 5. März 1942, in dem General Marshall der »Army-G2« befahl, »eine spezielle Geheimdiensteinheit« zu schaffen, um »das Phänomen zu erforschen«,[15] sehr wahrscheinlich auf die Interplanetary Phenomenon Unit. Zu diesem Ergebnis kamen Dr. Robert Wood und sein Sohn Ryan bei ihren jeweiligen Bemühungen, die Echtheit des Marshall-Memorandums zu verbürgen:

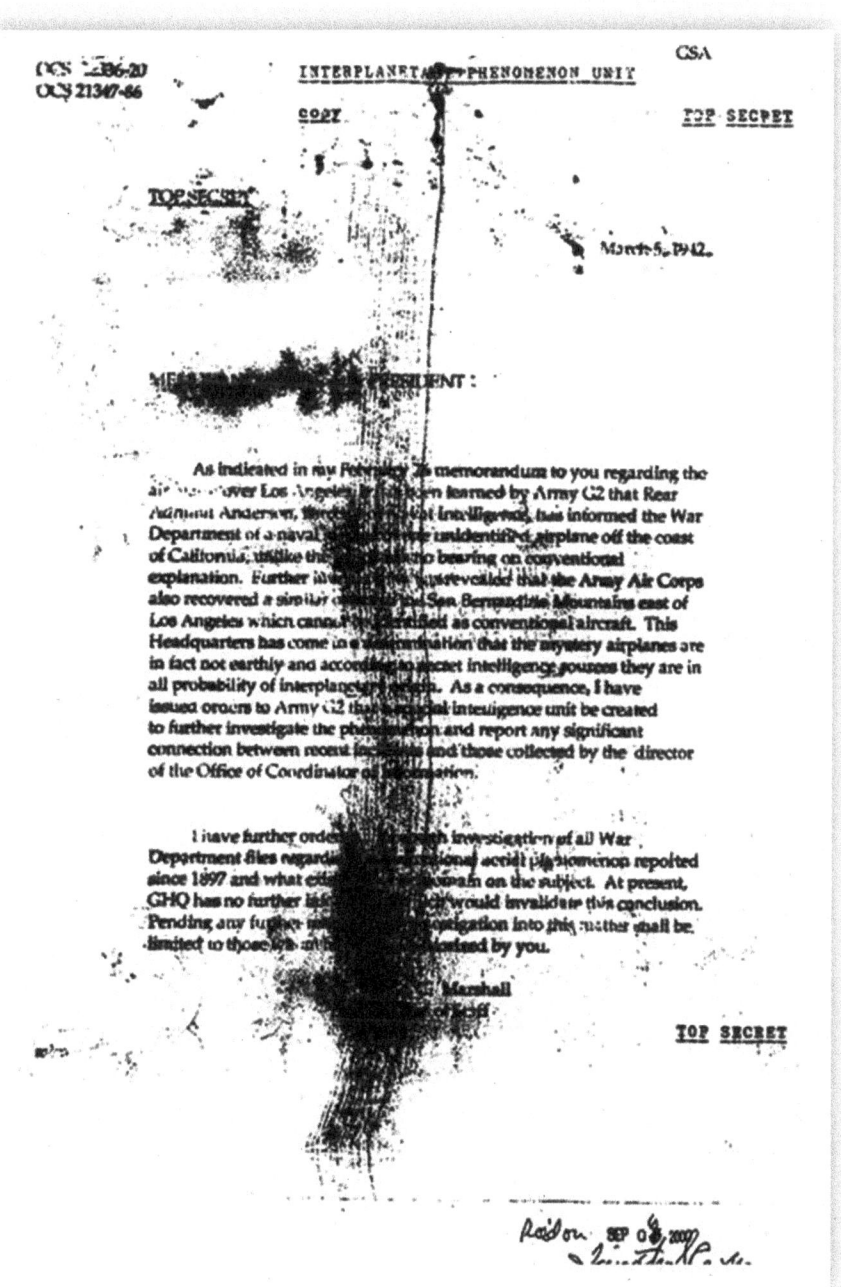

OCS 2186-20
OCS 21347-86

INTERPLANETARY PHENOMENON UNIT   CSA

COPY   TOP SECRET

TOP SECRET

March 5, 1942.

MEMORANDUM FOR THE PRESIDENT :

As indicated in my February 20 memorandum to you regarding the
air ..... over Los Angeles it has been learned by Army G2 that Rear
Admiral Anderson, ... of naval intelligence, has informed the War
Department of a naval .... the unidentified airplane off the coast
of California, unlike the .... bearing on conventional
explanation. Further in .... prevailed that the Army Air Corps
also recovered a similar .... San Bernardino Mountains east of
Los Angeles which cannot be ...... as conventional aircraft. This
Headquarters has come in ..... confirmation that the mystery airplanes are
in fact not earthly and according to ..... intelligence sources they are in
all probability of interplanetary origin. As a consequence, I have
issued orders to Army G2 that ..... special intelligence unit be created
to further investigate the phenomenon and report any significant
connection between recent .... and those collected by the director
of the Office of Coordinator of ....

I have further ordered .... investigation of all War
Department files regarding .... aerial phenomenon reported
since 1897 and what exists .... on the subject. At present,
GHQ has no further ..... which would invalidate this conclusion.
Pending any further in .... investigation into this matter shall be
limited to those .... by you.

Marshall
.... off

TOP SECRET

Abb. 4: Angebliches Memorandum von General Marshall für Roosevelt

»Der Bericht trägt die korrekten Aktenzeichen des Büros des Stabschefs [Office of Chief of Staff = OCS] und wurde zu einer späteren Zeit mit einer anderen Schreibmaschine mit dem Vermerk ›Interplanetary Phenomenon Unit‹ (IPU) versehen. Es ist naheliegend anzunehmen, dass dies der Befehl ist, durch den die IPU eingerichtet wurde.«[16]

Ein weiterer Hinweis auf die Authentizität des geleakten Marshall-Memorandums vom 5. März 1942 stammt von einem Dokument, das offiziell 1974 durch den Freedom of Information Act veröffentlicht wurde.[17] Die Akte ist auf den 26. Februar 1942 datiert und bezieht sich wieder auf ein Memorandum von General Marshall für Präsident Roosevelt. Auf den Tag nach dem Los Angeles Air Raid datiert, liefert sie einen vorläufigen Bericht über das Geschehene, der inhaltlich mit dem Dokument vom 5. März übereinstimmt, der eine Woche später ausgegeben wurde. In dem Memorandum vom 26. Februar teilt Marshall Roosevelt Folgendes mit:

»Das Nachstehende bietet die Informationen, über die wir vom GHQ [General Head Quarter, Generalkommando] derzeit hinsichtlich des Luftalarms über Los Angeles von gestern morgen verfügen:

Aus den zu dieser Stunde verfügbaren Details:

Nicht identifizierte Flugzeuge, andere als solche der U.S. Army oder Navy, flogen wahrscheinlich über Los Angeles und wurden zwischen 3:12 und 4:15 früh von Truppen der 37. CA-Brigade (AA) beschossen. Diese Einheiten verbrauchten 1430 Schuss Munition pro Minute.

Nicht weniger als fünfzehn Flugzeuge waren daran beteiligt; sie flogen mit verschiedenen Geschwindigkeiten, die nach offiziellen Berichten zwischen ›sehr langsam‹ und immerhin 2.000 Meilen pro Stunde [ca. 3.200 km/h] lagen, und bewegten sich in einer Höhe von 9.000 bis 18.000 Fuß [ca. 2,7 bis 3,6 Kilometer].

Keine Bomben wurden abgeworfen.

Keine Flugzeuge wurden abgeschossen.

Keine Flugzeuge des amerikanischen Heeres oder der Navy waren im Einsatz. Die Untersuchungen dauern noch an. Die Schlussfolgerung ist naheliegend, dass die nicht identifizierten Flugzeuge, wenn denn solche

SECRET

File

OCS 21347-86

February 26, 1942.

Record Action

MEMORANDUM FOR THE PRESIDENT:

The following is the information we have from GHQ at this moment regarding the air alarm over Los Angeles of yesterday morning:

"From details available at this hour:

"1. Unidentified airplanes, other than American Army or Navy planes, were probably over Los Angeles, and were fired on by elements of the 37th CA Brigade (AA) between 3:12 and 4:15 AM. These units expended 1430 rounds of ammunition.

"2. As many as fifteen airplanes may have been involved, flying at various speeds from what is officially reported as being 'very slow' to as much as 200 MPH and at elevations from 9000 to 18000 feet.

"3. No bombs were dropped.

"4. No casualties among our troops.

"5. No planes were shot down.

"6. No American Army or Navy planes were in action.

"Investigation continuing. It seems reasonable to conclude that if unidentified airplanes were involved they may have been from commercial sources, operated by enemy agents for purposes of spreading alarm, disclosing location of antiaircraft positions, and slowing production through blackout. Such conclusion is supported by varying speed of operation and the fact that no bombs were dropped."

(Sgd) G. C. MARSHALL

Chief of Staff.

DECLASSIFIED
E.O. 11652, Sec. 3(E) and 5(D) or (E)
OSD letter, May 3, 1972
By ... NARS Date 4-9-74

21347
86

SECRET

akm

Orig. dispatched to Pres.
2/26/42

Abb. 5: Memorandum vom 26. Februar 1942 von Marshall für Roosevelt

beteiligt waren, einen kommerziellen Ursprung hatten und von feindlichen Agenten gesteuert wurden, um Alarm auszulösen, Flugabwehrstellungen zu lokalisieren und die Produktion durch Verdunkelung zu verlangsamen. Ein solcher Schluss wird durch die unterschiedlichen Einsatzgeschwindigkeiten ebenso wie durch das Ausbleiben von Bombenabwürfen nahegelegt.«[18]

Das offizielle Memorandum vom 26. Februar hebt hervor, dass weitere Untersuchungen der Armee durchgeführt wurden, womit angedeutet wird, dass Marshall, sobald er etwas erfahren hat, neue Meldungen über den Vorfall vorlegen wird.

Bedeutsamerweise bezeichnet das Memorandum vom 26. Februar die Geschwindigkeit mancher dieser nicht identifizierten Fluggeräte als »sehr langsam«, was Tompkins' Mitteilung untermauert, dass einige davon tatsächlich über Los Angeles schwebten. Dies stärkt die Annahme, dass sie nicht irdischen Ursprungs waren, da die einzigen Fluggeräte, die zu jener Zeit imstande waren zu schweben, Ballons oder Luftschiffe gewesen sind, die für die Flugabwehrgeschütze leichte Ziele gewesen wären. Entsprechend ist Marschall, nachdem das erste Memorandum am 26. Februar verschickt war, noch darüber informiert worden, dass man zwei der nicht identifizierten Flugobjekte gefunden hat und sie über hoch entwickelte Antriebstechniken verfügten. Diese Entwicklungen sollten, nach der Versendung des Memos vom 26. Februar, einen nachfolgenden Bericht Marshalls an Roosevelt erfordern, bei dem es sich offenbar um das Memorandum vom 5. März handelt.

Schließlich könnte eine weitere Bestätigung der Echtheit von Marshalls Memorandum vom 5. März 1942 vom Direktor des FBI persönlich, J. Edgar Hoover, kommen. In einem offiziellen, durch den Freedom of Information Act an die Öffentlichkeit gelangten Memorandum notierte Hoover am 15. Juli 1947 (eine Woche nach dem angeblichen UFO-Absturz von Roswell) handschriftlich: »Wir müssen auf vollen Zugang zu aufgefundenen Flugscheiben bestehen. Im Fall von La beispielsweise griff sie sich das Heer und wollte sie uns nicht einmal für eine flüchtige Begutachtung überlassen.«[19] Bezog sich Hoover hier auf eine Flugscheibe, die nach dem Los Angeles Air Raid wiederentdeckt wurde, oder auf eine Scheibe, die nach dem Roswell-Absturz im National Laboratory von Los Alamos (La) gelagert wurde? Wie immer die Antwort aussehen mag, Hoover deutet an, dass das Heer gefundene Flugscheiben untersuchte und keine Informationen mit dem FBI teilte.

Wenn der Heeresgeheimdienst also die Interplanetary Phenomenon Unit einsetzte, um die abgestürzten Überbleibsel eines der Geräte des Los Angeles Air Raid zu erforschen, was tat die Navy dann mit der Maschine, die sie im Pazifik entdeckt hat? Nach den von Tompkins mitgeteilten Informationen rief die Navy ihr eigenes Geheimdienstprogramm ins Leben, um mit Hilfe ihrer weltweiten Agenten so viel Wissen wie möglich über das Phänomen Fliegender Untertassen zu erlangen. Dies war besonders wichtig, wenn es darum ging, Geheimdienstberichte über die Entwicklung von Prototypen Fliegender Untertassen in NS-Deutschland zu analysieren.

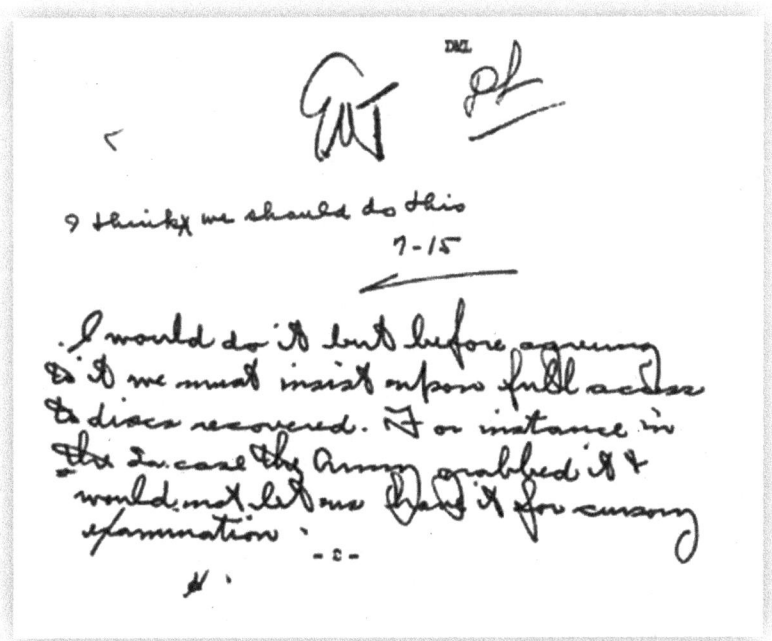

Abb. 6: Hoovers handschriftlicher Kommentar zum FBI-Memorandum

Anmerkungen

1 Wesley Frank Craven und James Lea Cate (Hrsg.): *The Army Air Forces in World War II* (Office of Air Force History, 1983), p. 283. Online zugänglich unter http://tinyurl.com/jcxxmu8

2 Ebd., p. 284. Online zugänglich a.a.O.

3 Ebd., p. 284. Online a.a.O.

4 Ebd., p. 285. Online a.a.O.

5 William Tompkins: *Selected by Extraterrestrials: My life in the top secret world of UFOs, think-tanks and Nordic secretaries* (Createspace, 2015), p. XI

6 »The Great Los Angeles Air Raid«, http://theairraid.com/

7 Siehe Tompkins: *Selected by Extraterrestrials*, p. XII

8 »The Great Los Angeles Air Raid,« http://theairraid.com/

9 William Tompkins' geheime Tätigkeit für das Office of Naval Intelligence wird im Kapitel 2 behandelt.

10 Telefonisches Interview mit William Tompkins am 19. September 2016

11 Online zugänglich unter http://majesticdocuments.com/pdf/marshall-fdr-march 1942.pdf

12 Ebd.

13 Online verfügbar unter http://www.textfiles.com/ufo/UFOBBS/1000/1723.ufo

14 Timothy Good: *Above Top Secret*, p. 484

15 Online zugänglich unter http://majesticdocuments.com/pdf/marshall-fdr-march 1942.pdf

16 Robert und Ryan Wood, http://majesticdocuments.com/documents/pre1948.php

17 Nach Timothy Good bestritt das Verteidigungsministerium vor der Freigabe der Dokumente, irgendwelche weiteren Informationen über den Los Angeles Air Raid zu haben; siehe *Above Top Secret: The World Wide U.F.O. Cover Up* (Quill, 1988), p. 17.

18 Zit. nach Timothy Good: *Above Top Secret*, p. 17

19 Das Dokument ist online zugänglich unter http://aboutfacts.net/ufo/UFO043/Small/HooverUFO.jpg.

2 Ein geheimes Marine-Spionagepro-gramm erkundet die Flugscheiben-Projekte NS-Deutschlands

Mussolinis Fliegende Scheibe

Nach dem offiziellen Eintritt der USA in den Zweiten Weltkrieg am 7. Dezember 1941 wollten die beiden militärischen Hauptdienste der Vereinigten Staaten, das Heer und die Navy, ihre weltweite geheimdienstliche Tätigkeit schnellstmöglich ausdehnen, um über die neuesten Waffen- und Technologieprogramme der Achsenmächte Bescheid zu wissen. Und in dieser Situation erfolgte am 24./25. Februar 1942 der außerordentliche UFO-Zwischenfall des Los Angeles Air Raid, der die G2 der Armee dazu bewegte, die Interplanetary Phenomenon Unit (IPU) zu gründen, um Berichte über irgendwo gesehene oder entwickelte »Fliegende Untertassen«-Technologien zu untersuchen, damit das US-Militär einen Zugriff darauf erhält.

Parallel dazu sollte das Office of Naval Intelligence (ONI), das bereits 1882 gegründete Amt für nachrichtendienstliche Angelegenheiten der amerikanischen Kriegsmarine, seine eigenen geheimdienstlichen Operationen starten, um mit Hilfe seiner weltweit tätigen Agenten das UFO-Phänomen zu erforschen. Sowohl Armee als auch Marine waren eindeutig über die Möglichkeit besorgt, dass die Achsenmächte Technologien entwickeln könnten, die sich in dem spiegelten, was anlässlich des Los Angeles Air Raid gesehen und aufgefunden wurde.

Nichtsdestotrotz kann die erste dokumentierte Untersuchung einer fortgeschrittenen Fliegenden Untertasse fast ein Jahrzehnt früher in das faschistische Italien zurückverfolgt werden. In den 1990er

Jahren wurden italienischen Forschern achtzehn geleakte, aus den 1930er Jahren stammende Dokumente der faschistischen Epoche zugänglich, die UFOs behandeln.[1] Diese Akten waren angeblich offizielle Dokumente, die jemand hatte »durchsickern« lassen, der sie von einem früheren hochrangigen Insider der italienischen Geheimdienst-Community geerbt hatte. Die italienischen Dokumente waren Originale von herausragender Bedeutung, die eine forensische Analyse ermöglichten, um ihr Alter und ihre Echtheit zu bestimmen. Nachdem die forensische Untersuchung abgeschlossen und die Möglichkeit, dass es sich um moderne Fälschungen handeln könnte, ausgeschlossen war, machten die italienischen Forscher die Dokumente und ihre Funde der Öffentlichkeit zugänglich.

Unter den Akten fanden sich Dokumente, die einen UFO-Absturz in der Lombardei im Jahre 1933 erwähnten; es handelte sich um eine hoch entwickelte Maschine, die einer Fliegenden Untertasse ähnelte. Man richtete eine streng geheime Organisation namens Cabinet RS/33 ein, um das gefundene Gerät sowie die wachsende Zahl von Sichtungen Fliegender Untertassen zu erforschen.[2] Geleitet wurde sie von dem berühmten italienischen Erfinder Guglielmo Marconi.

Im Laufe der geheimen Untersuchung der 1933 gefundenen Fliegenden Untertasse sowie von Sichtungen ähnlicher Flugobjekte durch Cabinet RS/33 in den folgenden Jahren legten Mussolinis Berater ihrem Dienstherrn eines Tages ihren Befund vor, wonach NS-Deutschland damit zu tun hatte. Die im Besitz Italiens befindliche Fliegende Untertasse von 1933 und/oder UFOs, die später gesichtet wurden, gehörten entweder zu einem streng geheimen Luft- und Raumfahrt-Programm der Nazis oder hatten zumindest irgendeinen Bezug dazu.

Als Mussolinis Cabinet RS/33 bemerkte, dass NS-Deutschland und nicht Frankreich oder Großbritannien hinter dem Phänomen der Fliegenden Untertassen stand, musste dies zweifellos das faschistische Italien dabei beeinflussen, wie es seine Luftwaffe für die wachsende Wahrscheinlichkeit eines weiteren großen europäischen Krieges modernisierte. Die Entdeckung einer Fliegenden Untertasse und damit zusammenhängender Maschinen, die zu einem von Deutschland initiierten Geheimen Weltraumprogramm gehörten, erklärt Mussolinis rätselhafte Entscheidung, sich zunehmend mit Hitler zu verbünden.

Irgendwann im Jahre 1938 wurde, laut einer der geleakten italienischen UFO-Dokumente, ein geheimes Abkommen zwischen Hitler und Mussolini bezüglich der Erforschung und Entwicklung von Technologien Fliegender Untertassen geschlossen:

»... seiner neuesten Lieferung von Materialien fügte er Kopien neuer Dokumente bei, die – wie er sagte – die Existenz eines Abkommens zwischen Hitler und Mussolini zum Zwecke des Studiums alliierter Technologie belegen; diese Abmachungen müssen 1938 getroffen worden sein. Die Dokumente waren folgende: eine Meldung der Agentur Stefani aus Florenz, die ein Interview mit dem Führer Hitler enthält, das während einer Italienreise geführt wurde; eine Banknote mit dem Nennwert von einer Million Lire (vielleicht ›Schwarzgeld des CABINET RS/33‹); Protokolle der Vereidigung von Professoren, die mit der faschistischen Regierung kollaborierten; eine (registrierte) Einladung an Benito und Rachele Mussolini in die Villa Torlonia (ausgesprochen von ›Mr. X‹ für ein ... äußerst privates Treffen, das CABINET RS/33 gewidmet war).«[3]

Die geheime Übereinkunft zwischen dem faschistischen Italien und NS-Deutschland, bei der Entwicklung Fliegender Untertassen und eines Geheimen Weltraumprogramms zusammenzuarbeiten, sollte am Vorabend des Zweiten Weltkriegs die Aufmerksamkeit der Militärgeheimdienste großer europäischer Nationen wie Großbritannien, Frankreich und der Sowjetunion auf sich ziehen. Besonders Winston Churchill korrespondierte von 1936 bis 1940 mit Benito Mussolini in dem vergeblichen Bemühen, ihn davon abzubringen, ein Bündnis mit Hitler einzugehen. Es ist sehr wahrscheinlich, dass Churchill zu irgendeinem Zeitpunkt etwas davon mitbekam, was die Italiener auf dem Gebiet fortgeschrittener Luftfahrt taten. Nach dem Zweiten Weltkrieg reiste Churchill, angeblich mit Unterstützung des britischen MI6, nach Norditalien, um seine private Korrespondenz mit Mussolini zu finden und zu vernichten.[4]

Als Großbritannien und die Vereinigten Staaten nach dem Beginn bewaffneter Feindseligkeiten am 1. September 1939 in wachsendem Maße zusammenarbeiteten, gab der britische Geheimdienst seine Erkenntnisse über die nationalsozialistisch-faschistische Kooperation bei Programmen mit Fliegenden Untertassen weiter. Um herauszufinden, ob möglicherweise ein Zusammenhang mit dem an dem Zwischenfall des Los Angeles Air Raids beteiligten Gerät bestand, führten die amerikanischen Militärgeheimdienste eingehende Ermittlungen durch.

In der Folge wurde vom Office of Naval Intelligence (ONI) ein geheimes Spionageprogramm initiiert, um die hoch entwickelten Luftfahrtprogramme NS-Deutschlands, von denen man wusste, dass sie Antigravitationsflugzeuge zur möglichen Verwendung im Zweiten Weltkrieg und sogar für Weltraumflüge entwickelten, zu unterwandern. Bei einigen der am weitesten fortgeschritten Forschungs- und Entwicklungsprogramme NS-Deutschlands wurden verdeckte Marine-Spione eingeschleust, die den Auftrag hatten, anlässlich geheimer Einsatzbesprechungen in der Naval Air Station in San Diego mitzuteilen, was sie gesehen haben. Diese Informationen wurden sodann von einem eigens dafür eingesetzten »Informationsverteiler« an verschiedene amerikanische Denkfabriken oder Think Tanks, Luftfahrtunternehmen und Universitätsfakultäten weitergeleitet, wo Wissenschaftler und Ingenieure versuchten, ihre Prinzipien und ihr militärisches Potenzial für antigravitationstechnologische Projekte der Nazis zu verstehen. Endlich wissen wir jetzt, dass all dies wirklich geschah – seit es der Informationsverteiler der U.S. Navy im Dezember 2015 selbst aufdeckte.

William Tompkins: Der Verteiler von Informationen für das geheime Spionageprogramm der Navy aus dem von den Nazis besetzten Europa

William Tompkins hat offengelegt, dass er von 1942 bis Anfang 1946 als »Informationsverteiler« für das verdeckte Spionageprogramm der U.S.

Navy in NS-Deutschland arbeitete. Um seine Aussage zu bekräftigen, hat er seine Einsatzbefehle, datiert auf den 26. September 1945, vorgelegt, die, wie er erklärt, im Nachhinein auf seinen Dienst während der Kriegszeit bezogen wurden. Tompkins' Dokument liefert einen stichhaltigen Beweis für seine Behauptung, dass er Teilnehmer eines verdeckten Spionageprogramms der Navy gewesen ist, das in Europa während der Nazi-Okkupation gegründet wurde, um fortgeschrittene Luftfahrtprogramme auszuforschen, von denen einige, seinen Beschreibungen nach, Antigravitationsprinzipien angewandt haben.

Tompkins' Geschichte beginnt 1932, als er erst neun Jahre alt war. Er erzählt, wie ihn sein Vater zum Tiefwasserhafen der Navy in Long Beach, Kalifornien, mitnahm, wo er den ersten von vielen öffentlichen Besichtigungsausflügen zu Flugzeugträgern, Kriegsschiffen, Kreuzern und Zerstörern, die dort vor Anker lagen, unternahm. Der Öffentlichkeit war allerdings nicht erlaubt, Fotos von den Schiffen zu machen, deren Geschützpositionen und Radar-Einrichtungen noch immer als geheim eingestuft waren.

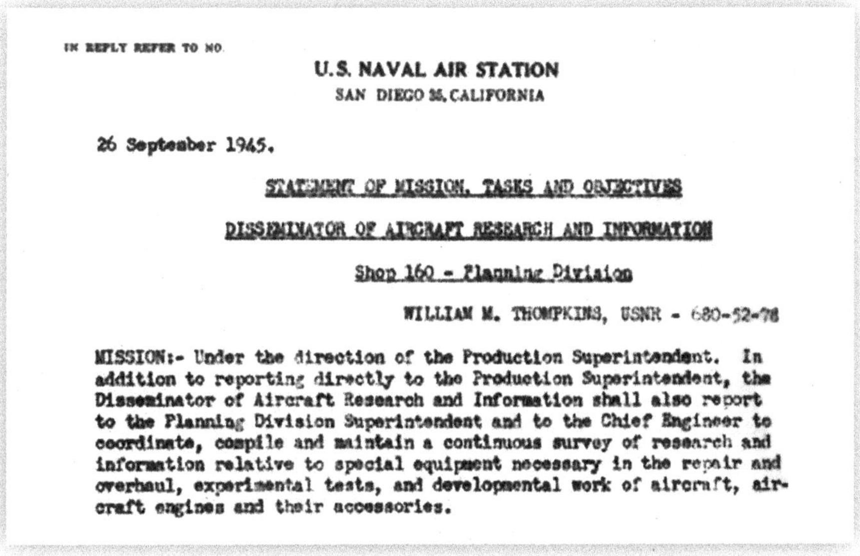

IN REPLY REFER TO NO.

U.S. NAVAL AIR STATION
SAN DIEGO 35, CALIFORNIA

26 September 1945.

STATEMENT OF MISSION, TASKS AND OBJECTIVES

DISSEMINATOR OF AIRCRAFT RESEARCH AND INFORMATION

Shop 160 - Planning Division

WILLIAM M. THOMPKINS, USNR - 680-52-78

MISSION:- Under the direction of the Production Superintendent. In addition to reporting directly to the Production Superintendent, the Disseminator of Aircraft Research and Information shall also report to the Planning Division Superintendent and to the Chief Engineer to coordinate, compile and maintain a continuous survey of research and information relative to special equipment necessary in the repair and overhaul, experimental tests, and developmental work of aircraft, aircraft engines and their accessories.

Abb. 7: Tompkins' Einsatzbefehle als Informationsverteiler
der Abteilung Aircraft Research & Information

Tompkins berichtet, wie er, ausgestattet mit einem fotografischen Gedächtnis, überall um die Schiffe herumging, sich Notizen davon machte, was er beobachtete, und bald darauf maßstabsgerechte Modelle anzufertigen begann. Acht Jahre später hatte er viele detaillierte und fehlerlos genaue Modelle der Navy-Schiffe, die er gesehen hatte, gebaut, und sein Vater präsentierte sie sodann in einem Kaufhaus in Hollywood.

Im Jahre 1941, nachdem die Navy von den Schiffsmodellen, die streng geheime Details zeigten, erfahren hatte, wurde Tompkins' Vater – und danach er selbst – streng verhört. Die Modelle wurden schnell dem öffentlichen Kreislauf entzogen. Nichtsdestotrotz waren leitende Navy-Offiziere von Tompkins' bemerkenswertem Talent äußerst beeindruckt.

Abb. 8: Tompkins' Schiffsmodelle werden in Hollywood ausgestellt.

Ein Artikel vom 26. März in der Zeitung *Evening Outlook* aus Santa Monica brachte ein Foto von Tompkins (damals 17 Jahre alt), wie er einige seiner Schiffsmodelle dem Navy Captain G. C. Gearing zeigt, dem Kommandanten des 11. Marinedistrikts in San Diego.

Rear Admiral C. A. Blakeley wird im *Evening Outlook* folgendermaßen zitiert:

»Mit beträchtlichem Interesse und mit Freude habe ich, gemeinsam mit Offizieren aus meinem Stab, einige der Schiffsmodelle begutachtet. Ein handwerkliches Können, wie du es gezeigt hast, verdeutlicht, dass du genaue Details und die Schiffskonstruktionen insgesamt eifrig studiert hast. Und was freilich das Beste von allem ist: Du tust dabei etwas Wertvolles als ein junger Amerikaner – du trägst dazu bei, im amerikanischen Geist ein Bewusstsein für die Bedeutung der vordersten Verteidigungslinie zu verankern, bei jedem Amerikaner, ob jung oder alt.«[5]

EVENING OUTLOOK, SANTA MONICA, CALIFORNIA

Youth Models Ships Of American Fleet

Naval Officers Praise His Work

Carving of units of the U. S. fleet from balsa wood, started three years ago by 17-year-old William M. Tompkins, has created a furor among naval officers.

Young Tompkins, who resided at 833 21st st. for six years and attended school in Santa Monica, now lives at 3224 Ellington Drive, Hollywood. The family moved from Santa Monica three years ago, but there still are relatives here.

HAS 51 SHIPS

In all he has 51 ships, each made on a scale of 1 inch to 50 feet and ranging from 18½ inches for the aircraft carrier Lexington to 1½ inches for shore boats. The Lexington if this miniature fleet carries 38 perfectly modeled fighting planes on its deck.

Tompkins exhibited his fleet to navy officers in San Diego. Capt. H. C. Gearing, commandant of the 11th Naval District, was so impressed by the fidelity to detail that he arranged to borrow them for display at the Naval Training Station in San Diego.

The "fleet" is made up of four battleships, the New York, Idaho, Oklahoma and West Virginia; the airplane carrier, 11 destroyers and many light and heavy cruisers, submarines, tenders, repair ships and other units that go to make up the country's first line of defense.

MINIATURE FIGHTING SHIPS modeled by 17-year-old William M. Tompkins, formerly of Santa Monica, have aroused the interest and admiration of naval officers. Photo shows the youth displaying his fleet to Capt. H. C. Gearing, commandant of the 11th Naval District, San Diego.

Abb. 9: Bill Tompkins stellt seine Modelle Captain Gearing vor.

Admiral Blakely hatte Tompkins am 10. März 1941 direkt angeschrieben und ihm unmittelbar zu seiner Leistung gratuliert. Tompkins' fotografisches Gedächtnis und seine Fähigkeit, komplexe Schiffsdesigns zu reproduzieren, waren außergewöhnlich, und ein Geheimdienstoffizier der U.S. Navy, Lt. Perry Wood, erkannte den Beitrag, den Tompkins für das Streben der Navy nach fortgeschrittener Technologie leisten könnte:

»Anfang 1942 schnürte der Marinegeheimdienst-Offizier Lt. Perry Wood, der die für den Bau der Schiffsmodelle nötigen technischen Fähigkeiten und historischen Kenntnisse erkannt hatte, ein Auftragspaket zusammen, das zu Bills Aufnahme in die Navy führte. Nachdem er das Ausbildungslager in San Diego absolviert hatte, wurde ihm eine Position im Marinegeheimdienst zugewiesen, bei der es um fortgeschrittene technologische Projekte ging.«[6]

Es war schicksalhaft, dass Tompkins' Fähigkeiten die Aufmerksamkeit führender Offiziere erregten, die nach der richtigen Person suchten, um bei den Nachbesprechungen von Spionen teilzunehmen, die aus verdeckten Spionageprogrammen in NS-Deutschland und seinen besetzten Gebieten zurückkehrten. Tompkins teilt mit, dass Rear Admiral Rico Botta ihn für vier Jahre (1942-1946) in seinen persönlichen Stab aufnahm und bald auf eine führende Position in dem verdeckten Spionageprogramm beförderte, das Navy-Agenten im Leutnantsrang einsetzte. Alle waren Amerikaner deutscher Abstammung in der zweiten Generation, was es ihnen ermöglichte, NS-Deutschland leicht zu infiltrieren.

Obwohl offiziell nur ein »seaman« [Gefreiter], als er zu seinem geheimen Auftrag antrat, ersetzte Tompkins, wie er sagt, einen Kommandeur in der North Island Naval Air Station von San Diego, der zuvor die Aufgabe eines »Verteilers von Informationen zur Forschung an Flugzeugen« in dem Spionageprogramm wahrgenommen hatte. Laut Tompkins kamen die insgesamt 29 Spione im sechsmonatigen Turnus nach San Diego, um einer kleinen Gruppe Bericht zu erstatten, zu der der Leiter des Programms, Admiral Botta, drei Kapitäne, ein Stenograf und er selbst gehörten. Tompkins beschreibt, wie diese Treffen abliefen:

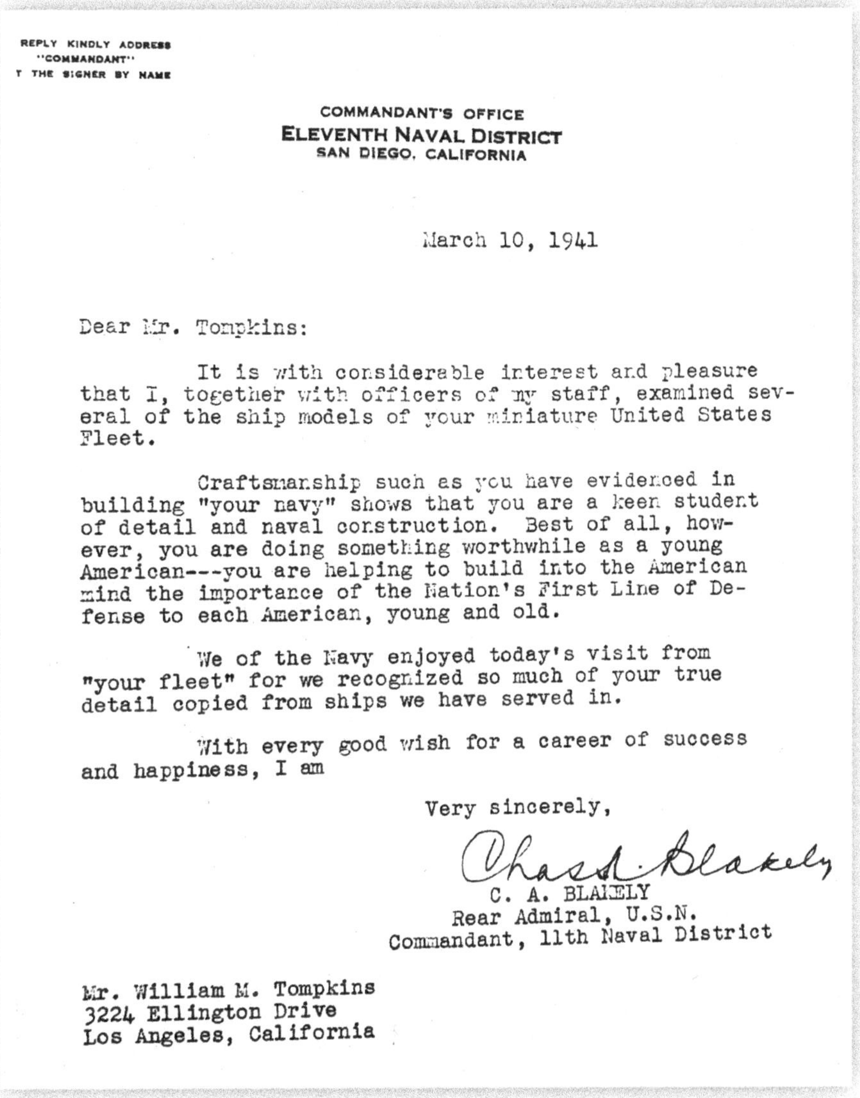

REPLY KINDLY ADDRESS
"COMMANDANT"
T THE SIGNER BY NAME

COMMANDANT'S OFFICE
ELEVENTH NAVAL DISTRICT
SAN DIEGO, CALIFORNIA

March 10, 1941

Dear Mr. Tompkins:

It is with considerable interest and pleasure that I, together with officers of my staff, examined several of the ship models of your miniature United States Fleet.

Craftsmanship such as you have evidenced in building "your navy" shows that you are a keen student of detail and naval construction. Best of all, however, you are doing something worthwhile as a young American---you are helping to build into the American mind the importance of the Nation's First Line of Defense to each American, young and old.

We of the Navy enjoyed today's visit from "your fleet" for we recognized so much of your true detail copied from ships we have served in.

With every good wish for a career of success and happiness, I am

Very sincerely,

C. A. BLAKELY
Rear Admiral, U.S.N.
Commandant, 11th Naval District

Mr. William M. Tompkins
3224 Ellington Drive
Los Angeles, California

Abb. 10: Admiral Blakelys Brief an Bill Tompkins

»Wir hatten dieses kleine, schmale Büro. Er [Rico Botta] war Kommandeur der Naval Air Station, San Diego, und folglich saß der Admiral immer hier. Ich saß neben ihm, und einer meiner drei Kapitänchefs saß hier. Ein Stenograf saß auf der anderen Seite des Tisches, und der Navy-Spion – ein Lieutnant Commander oder Lieutnant – nahm dort drüben Platz. Und er trug die Informationen immer zusammen mit einigen Skizzen, ein paar Fotos vor, so dass fast alles mündlich ablief, fast alles. Und wenn es ein System war, von dem wir bereits durch andere Agenten zwei Jahre zuvor erfahren hatten und es sich um eine Aktualisierung desselben handelte, dann bündelte er alles von den anderen Organisationen, die mit diesem speziellen Teil, sagen wir, der zigarrenförmigen Flugschiffe zusammenhingen, und erklärte, welches die Waffen waren, die Einsätze und die verschiedenen Firmen unterhalb des Erdbodens, die Sklavenarbeitsgesellschaften waren.«[7]

Mit der allergrößten Sorgfalt und Aufmerksamkeit hörte Tompkins den Agenten während der Einsatznachbesprechungen zu und erstellte anschließend eine detaillierte Zusammenfassung der Berichte, die er ausgewählten Luft- und Raumfahrtwerken persönlich überbrachte, wobei er ein privates Flugzeug nutzte, das ihm Admiral Botta zur Verfügung gestellt hatte. In einem Interview erklärte Tompkins noch mehr über diesen Ablauf:

»… ein Junge von der Navy kommt aus Deutschland zurück; er erzählt uns davon, wir stellen die Päckchen zusammen. Ich hatte zehn oder zwölf Mädchen, Stenotypistinnen, die diese Päckchen packten. Es geht nicht um das Päckchen, sondern darum, es zum CalTech [California Institute of Technology] zu bringen, und dort ›studiert man es‹. Bring das Paket zu Lockheed, und ›was kann man damit machen?‹«[8]

Tompkins gab auch einige der Navy-Forschungseinrichtungen an, denen die Pakete gebracht wurden:

»Wir brachten die Daten zu jeder Navy-Forschungsorganisation. Wir brachten sie zum Navy-Entwicklungszentrum, Warminster, Pennsylvania. Okay, das ist eine große Einrichtung. Ich wette, ich ging zwanzig Mal dorthin mit dem Material. Das [Paket] vom CalTech, ich ging deswegen nicht einmal nach Pasadena. Ich ging zum Marine-Waffensystem am

China Lake, weil CalTech da an anderen Programmen arbeitete. Sie zogen dann ihre Wissenschaftler dort ab, wovon auch immer, und die Kerle warfen sich auf das Paket und rannten damit los ...«[9]

Foto von Tompkins (1943) mit weiblichen Schreibkräften, die ihm halfen, Pakete mit Berichten zu verteilen. Sein vergrößertes Abzeichen zeigt Details der Marineeinheit, die bei dieser verdeckten Operation eingesetzt wurde.

Abb. 11: Tompkins mit vier seiner Stenotypistinnen

Um seine Behauptung zu bekräftigen, legte Tompkins Kopien zweier verschiedener Pässe vor, die er erhalten hatte, um die Naval Air Station von San Diego mit bis zu drei Paketen zu betreten und zu verlassen. Diese Päckchen enthielten die von den Navy-Spionen abgelieferten geheimen Daten, die Tompkins an ausgewählte Think Tanks und Konzerne verteilte. Die beiden Pässe auf der folgenden Abbildung verdeutlichen, dass Tompkins die Genehmigung hatte, eines beziehungsweise drei Pakete (mit Berichten) aus der Naval Air Station mitzunehmen, und zwar am 17. April 1944 und am 24. Dezember 1943.

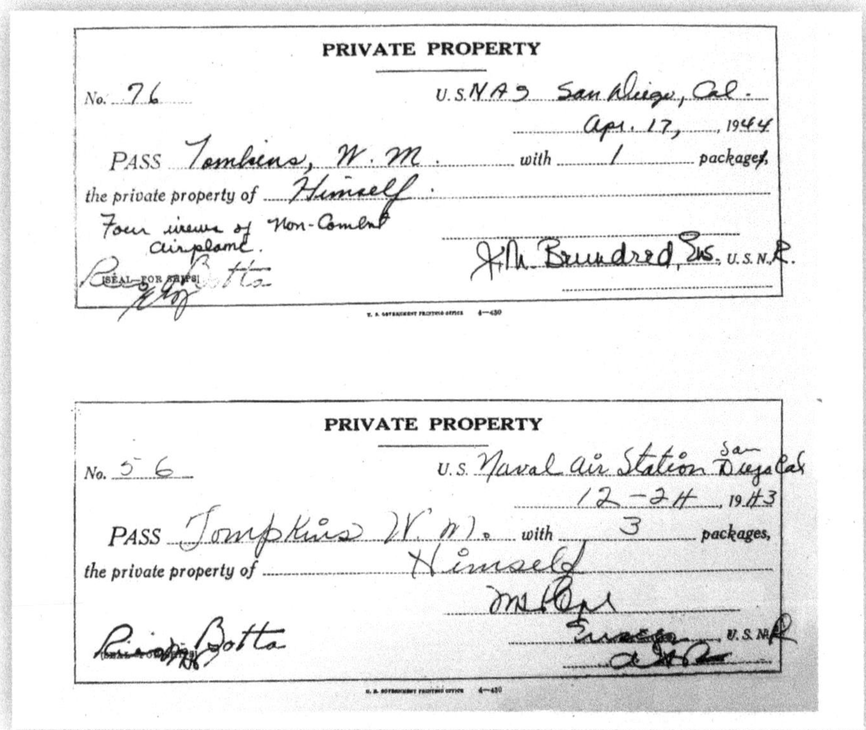

Abb. 12: Tompkins' zwei Passierscheine der Naval Air Station San Diego

Abgesehen von seiner Unterschrift (unten links) als Offizier, der die abschließende Genehmigung erteilte, ist Admiral Rico Botta selbst hoch interessant, denn eine genaue Prüfung des Passierscheines vom April 1943 führt zu einer weiteren wesentlichen Information, die Tompkins' Geschichte bekräftigt. Admiral Botta stand das kleinere von zwei Flugzeugen zur Verfügung, zu denen Tompkins – wie er in seinem Buch sagt – Zugang hatte. Tompkins erläutert, dass er das Flugzeug nutzte, um die Pakete mit den Berichten zu verschiedenen Luft- und Raumfahrteinrichtungen zu bringen, wo man sie bei der Forschung an Technologien mit außerirdischen Bezügen verwendete:

»Flog vier Jahre lang mit dem Flugzeug des Admirals zu Douglas El Segundo, Lockheed Burbank und zum China Lake … von 1943 bis 1945. Verbrachte viel Zeit in der Anlage am China Lake, wo sie an Raketen für Tests (40 Besuche) und an ihren außerirdischen Projekten arbeiteten.«[10]

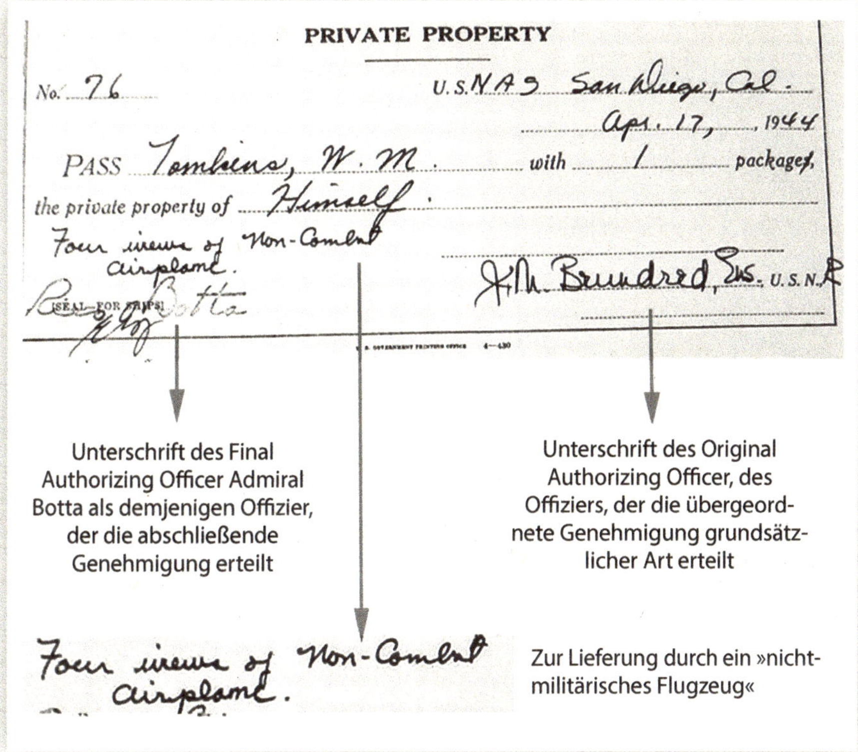

PRIVATE PROPERTY

No. 76   U.S.NAS San Diego, Cal.
                                         Apr. 17,   1944
PASS Tompkins, W. M.   with   1   package/
the private property of   Himself.
Four views of Non-Combat
       airplane.
[SEAL FOR PASS] Botta   J. M. Brundred, Ens. U.S.N.R

Unterschrift des Final Authorizing Officer Admiral Botta als demjenigen Offizier, der die abschließende Genehmigung erteilt

Unterschrift des Original Authorizing Officer, des Offiziers, der die übergeordnete Genehmigung grundsätzlicher Art erteilt

Four views of Non-Combat airplane.

Zur Lieferung durch ein »nichtmilitärisches Flugzeug«

Abb. 13: Analyse des Passierscheins zum Verlassen des Geländes vom 17. April 1944

Im Passierschein zum Verlassen des Geländes (siehe Abb. 13) steht: »für nichtmilitärische Flugzeuge«. Dies unterstreicht seine Äußerung, dass er die Genehmigung hatte, die Pakete mit den Berichten zügig zu einer ausgewählten Zahl von Luft- und Raumfahrtunternehmen, Think Tanks und Universitätsfakultäten zu bringen. Der Ausgangspass von April 1944, der Tompkins erlaubt, ein Paket mit einem nichtmilitärischen Flugzeug zu transportieren, ist insofern äußerst bedeutsam, weil er verdeutlicht, dass Tompkins zusätzlich zu seinen offiziellen Pflichten in der Naval Air Station verdeckte Aufträge als »Wissensverteiler von Forschungsergebnissen« ausführte.

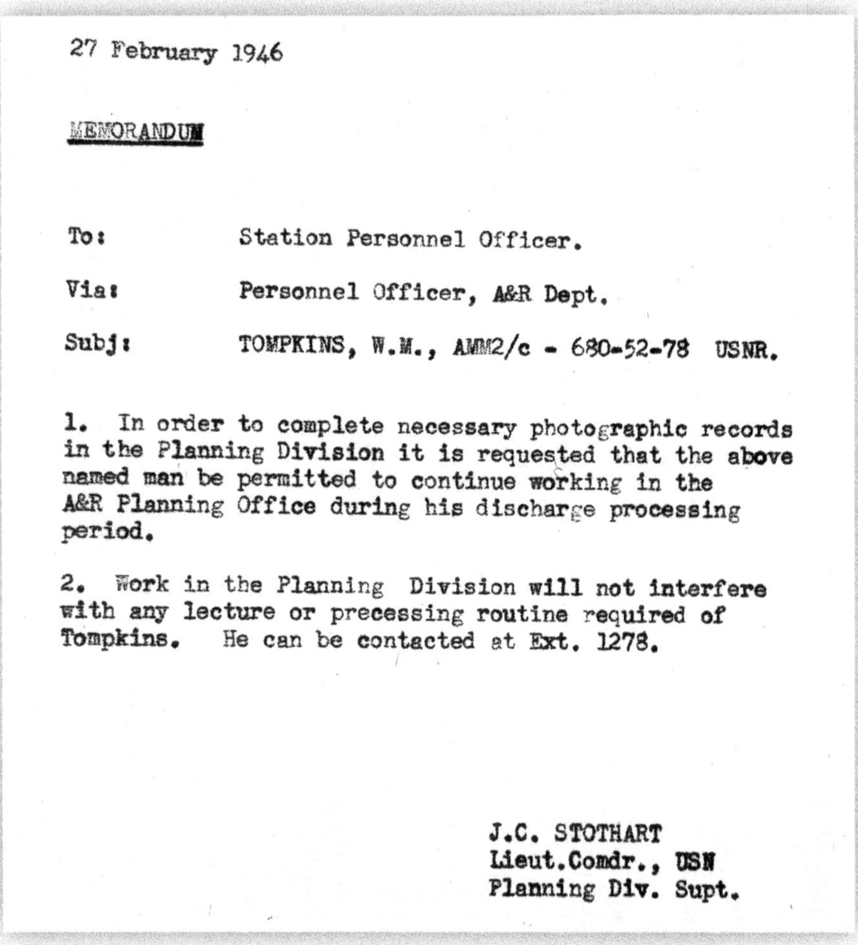

27 February 1946

MEMORANDUM

To: Station Personnel Officer.

Via: Personnel Officer, A&R Dept.

Subj: TOMPKINS, W.M., AMM2/c - 680-52-78 USNR.

1. In order to complete necessary photographic records in the Planning Division it is requested that the above named man be permitted to continue working in the A&R Planning Office during his discharge processing period.

2. Work in the Planning Division will not interfere with any lecture or precessing routine required of Tompkins.   He can be contacted at Ext. 1278.

J.C. STOTHART
Lieut.Comdr., USN
Planning Div. Supt.

Abb. 14: Tompkins Letzte Pflicht vor der ehrenhaften Entlassung

Das nächste Dokument (siehe Abb. 14), ausgegeben am Vorabend seines ehrenhaften Abschieds 1946, belegt Tompkins letzten Arbeitsauftrag während des Zweiten Weltkriegs als Aviation Machinist's Mate Petty Officer 2. Klasse (AMM2).

Laut Mitteilungsblatt des Amtes für Marinepersonal vom Mai 1944 waren die offiziellen Pflichten eines Aviation Machinist's Mate oder Luftfahrtmaschinistenmaates die folgenden: »Wartet und repariert Flugzeugtriebwerke, Propeller, Brennstoffsysteme, Bremsen, das hydraulische System, das Getriebe, Anlasser. Bedient Werkzeuge im Maschinenraum.«[11] »Pakete« an unbekannte Orte zu bringen und dabei zivile Flugzeuge zu benutzen, liegt eindeutig weit jenseits der Verantwortlichkeiten eines Aviation Machinist's Mate.

Außerdem zeigen Tompkins' beide Ausgangspässe eine Unterschrift, die seiner Angabe nach dem Kommandeur der Montage- und Reparaturabteilung der Naval Air Station, San Diego, gehört – Admiral Rico Botta. Wenn es also Botta war, der die beiden Ausweise unterzeichnete, dann trägt dies wesentlich dazu bei, Tompkins' Aussagen, zusätzlich zu seinen offiziellen Pflichten auch verdeckte Missionen durchgeführt zu haben, zu bestätigen. Bottas Unterschrift erscheint auf einer Reihe von Dokumenten, die im Nationalarchiv auf der Grundlage des Freedom of Information Acts zugänglich waren.[12] Ein Dokument zeigt ein Bild Bottas, datiert auf 1934, als er noch Lieutnant Commander war.

Das Dokument von 1934 beinhaltet ein klares Bild seiner Unterschrift, die mit derjenigen auf den beiden Passierscheinen, die Tompkins vorlegte, verglichen werden kann. Wie die folgende Grafik zeigt und Dr. Robert Wood als Experte für die Prüfung von Dokumenten bestätigt, sieht die Unterschrift identisch aus.[13]

Die Bestätigung, dass es tatsächlich Bottas Unterschrift ist, die auf den Ausgangspässen erscheint, ist ein Urkundenbeweis, der Tompkins' Behauptung bekräftigt, dass er, wie in seinen Einsatzbefehlen beschrieben, Pflichten als Verteiler von »Forschungs- und Entwicklungsergebnissen in Marine und Luftwaffe« ausführte. Zusätzlich hatte Tompkins die Erlaubnis, zur Unterstützung seines Einsatzes ein Flugzeug zu fliegen.

Botta ist eine äußerst wichtige Figur, deren außerordentliche Leistung bei der Leitung der San Diego Naval Air Station und dem Spionageprogramm sehr hohe Anerkennung fand. Er führte ein Personal von fünftausend Personen, die Wartungs-, Reparatur- und Erneuerungsarbeiten am besten Schlachtschiff der Navy zu Beginn des Zwei-

Rico Botta, Lieutenant Commander, USN
27 August, 1934.

Rico Botta
Signature.

Abb. 15: Bottas Unterschrift auf dem Dokument von 1934

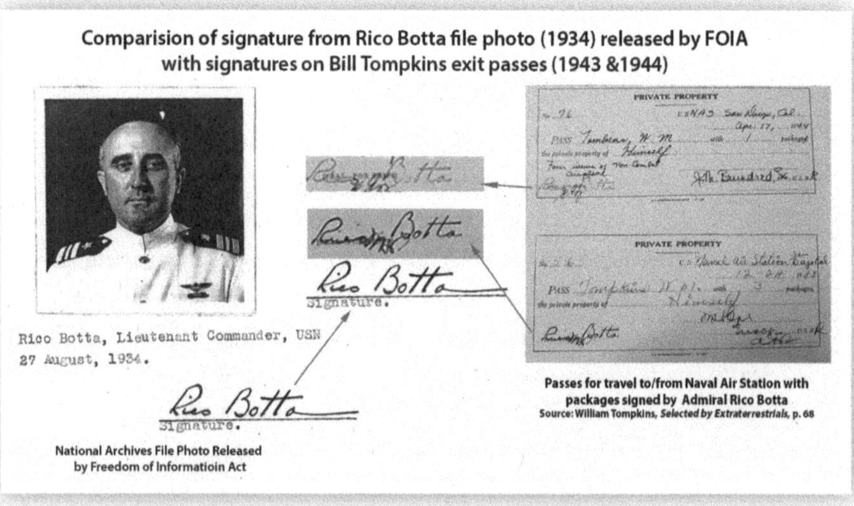

Comparision of signature from Rico Botta file photo (1934) released by FOIA with signatures on Bill Tompkins exit passes (1943 &1944)

Rico Botta, Lieutenant Commander, USN
27 August, 1934.

Rico Botta
Signature.

National Archives File Photo Released
by Freedom of Informatioin Act

PRIVATE PROPERTY

Passes for travel to/from Naval Air Station with
packages signed by Admiral Rico Botta
Source: William Tompkins, *Selected by Extraterrestrials*, p. 68

Abb. 16: Vergleich von Bottas Unterschriften

U.S. NAVAL AIR STATION

SAN DIEGO 35, CALIFORNIA

To: Secretary of the Navy.
Via: (1) Commander, Naval Air Bases, Eleventh Naval District.
      (2) Commandant, Eleventh Naval District.
      (3) Chief of Bureau of Aeronautics.

Subj: CAPTAIN RICO BOTTA, U.S.N. - Recommendation for Award of Legion
       of Merit.

Ref: (a) AlNav 291, 27 September 1945.

1. Captain Rico Botta, U.S.N. has served as the Assembly and Repair
Officer for the Naval Air Station, San Diego, since 31 December 1942.
At the time he assumed this duty the Assembly and Repair Department had
3,440 civilian employees and 1,925 enlisted men, a total of 5,365 personnel. At the termination of hostilities on 15 August 1945, this
Department had expanded to 5,342 civilian employees and 5,219 enlisted
personnel, a total of 10,561 personnel. During the year 1943, 520 naval
aircraft were reconditioned in the A&R Department in addition to 6,426
aircraft on which modifications and minor repairs were made, including
preparation for shipping to combat areas. In 1944, 989 aircraft were
reconditioned in addition to 10,769 on which modifications and minor repairs were made. In 1945, up to 11 November, 1,243 aircraft were reconditioned in addition to 5,664 on which modifications and minor repairs
were made, up to 1 September 1945. These figures indicate the tremendous
expansion not only in the number of persons employed in the A&R Department,
but in the numbers of aircraft worked over and made ready in this Department for combat service. In addition to this tremendous load of aircraft
work, this Department was frequently called upon to accomplish many other
emergency projects, such as building and constructing special bomb and
ammunition storage racks in ships alongside the Air Station docks. One of
the outstanding special rush projects which was undertaken and pushed to
completion was the manufacture of a large quantity of a newly developed
special device for aerial torpedoes which resulted in the well-known and
outstanding improvement in performance of aerial torpedoes launched against
the Japanese fleet, and contributed in such a large degree to the defeat of
the enemy in the battles of the Philippine Seas.

2. This Station, as the principal reconditioning and modification center
for new carrier aircraft was called upon throughout the war to incorporate
the latest changes dictated by combat experience in new aircraft assembled
here for shipment to the forward areas. This invariably required the development of new tools and new processes, always working against a strict
time limit, in order that there would be no delay in shipment of sorely
needed combatant aircraft to the forward areas. Month after month, the
Assembly and Repair Department of this Station, under Captain Botta's
outstanding leadership, and as a result of his superior technical knowledge

- 1 -

Abb. 17: Aufnahme von Rico Botta in die Legion of Merit

ten Weltkriegs durchführten. Das vorbildliche technische Wissen und
die Führungskraft des Admirals in der äußerst wichtigen Basis von San
Diego führten dazu, dass er 1945 in die Legion of Merit oder »Legion
des Verdienstes« aufgenommen wurde (siehe Abb. 17).

Es ist keine unerhebliche Kleinigkeit, dass der hochdekorierte Befehlshaber mit einem derart großen Verantwortungsbereich derjenige

war, der Tompkins' Ausgangspass unterzeichnete. Gewöhnlich würde ein weniger hochrangiger Vorgesetzter ein derart unbedeutendes Dokument unterschreiben. Tompkins wurde also eindeutig in einer Position von zentraler Wichtigkeit für den Admiral eingesetzt, so dass er in dem verdeckten Spionageprogramm unmittelbar unter Bottas Fittichen seinen Platz einnahm.

Admiral Rico Bottas spezielles Fachwissen & seine Rolle im Geheimdienst

Es ist entscheidend, Botta mit dem Fund der Flugmaschine vom Los Angeles Air Raid in Verbindung zu setzen und den Grund aufzudecken, warum er ausgewählt wurde, die Berichterstattungen getarnter Navy-Bediensteter, die über geheime Nazi-Aktivitäten berichteten, zu leiten. Das nächste FOIA-Dokument (siehe Abb. 18) enthüllt, dass Botta am 25. Februar 1942, dem Tag des Los Angeles Air Raid, die Weisung erhielt, sich vom Marineamt für Aeronautik in Washington/D.C. nach Wright Field, Dayton in Ohio, zu begeben. Zur damaligen Zeit war Wright Field der Ort, an dem sowohl die Army Air Force als auch die Navy fremde und experimentelle Fluggeräte erforschten. Es war zudem der Ort, an den entweder die Army-G2 oder das Office of Naval Intelligence (oder beide gemeinsam) die aufgefundene Flugmaschine aus der Nacht des 24./25. Februar gebracht haben.

Und schließlich waren die Anlagen für experimentelle Flugmaschinen in Wright Field auch genau derselbe Ort, zu dem später, laut zahlreicher Dokumente und Whistleblower, das nach dem UFO-Zwischenfall von Roswell im Juli 1947 gefundene Fluggerät transportiert worden sein soll. Ein offizielles Fernschreiben des FBI, datiert auf den 8. Juli 1947 (siehe Abb. 19), belegt, dass UFO-Trümmer vom Roswell-Absturz in der Tat unverzüglich nach ihrer Entdeckung nach Wright Field gebracht wurden – trotz der in die Irre führenden Behauptung der Army Air Force, dass es sich um einen verwechselten Wetterballon gehalten hätte:

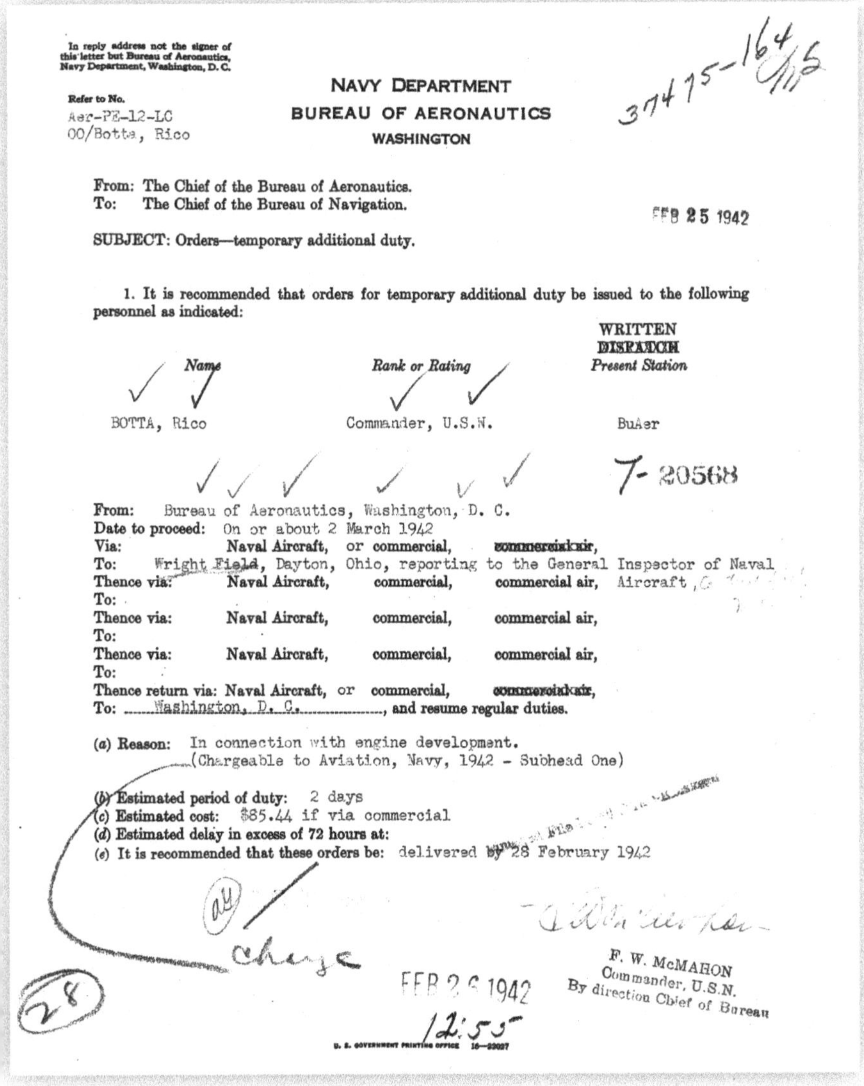

In reply address not the signer of this letter but Bureau of Aeronautics, Navy Department, Washington, D. C.

Refer to No.
Aer-PE-12-LC
00/Botta, Rico

NAVY DEPARTMENT
BUREAU OF AERONAUTICS
WASHINGTON

37475-164 C/11/5

From: The Chief of the Bureau of Aeronautics.
To: The Chief of the Bureau of Navigation.

FEB 25 1942

SUBJECT: Orders—temporary additional duty.

1. It is recommended that orders for temporary additional duty be issued to the following personnel as indicated:

Name	Rank or Rating	WRITTEN ~~DISPATCH~~ Present Station
BOTTA, Rico	Commander, U.S.N.	BuAer

7- 20568

From: Bureau of Aeronautics, Washington, D. C.
Date to proceed: On or about 2 March 1942
Via: Naval Aircraft, or commercial, ~~commercial air~~,
To: Wright Field, Dayton, Ohio, reporting to the General Inspector of Naval
Thence via: Naval Aircraft, commercial, commercial air, Aircraft,
To:
Thence via: Naval Aircraft, commercial, commercial air,
To:
Thence via: Naval Aircraft, commercial, commercial air,
To:
Thence return via: Naval Aircraft, or commercial, ~~commercial air~~,
To: Washington, D. C., and resume regular duties.

(a) Reason: In connection with engine development.
(Chargeable to Aviation, Navy, 1942 - Subhead One)

(b) Estimated period of duty: 2 days
(c) Estimated cost: $85.44 if via commercial
(d) Estimated delay in excess of 72 hours at:
(e) It is recommended that these orders be: delivered by 28 February 1942

charge

F. W. McMAHON
Commander, U.S.N.
By direction Chief of Bureau

FEB 26 1942
12:55

28

U. S. GOVERNMENT PRINTING OFFICE 16—23027

Abb. 18: Dieses Dokument belegt Bottas Reise nach Wright Field, genehmigt am 25. Februar 1942.

»... EIGHT AIR FORCE TEILTE DIESEM BÜRO TELEFONISCH MIT, DASS BEI ROSWELL, NEW MEXICO, EIN FÜR EINE FLUGSCHEIBE GEHALTENES OBJEKT GEBORGEN WURDE. ... SCHEIBE UND BALLON WURDEN MIT EINEM

SPEZIALFLUGZEUG ZUR ÜBERPRÜFUNG NACH WRIGHT FIELD VER-
BRACHT. DIE INFORMATION ERGING AUFGRUND VON NATIONALEM IN-
TERESSE AN DIESES BÜRO.«[14]

Die UFO-Forscher Tom Carey und Donald Schmitt verfassten das Buch
*Im Inneren der wahren Area 51: Die geheime Geschichte von Wright-Pat-
terson*, in dem sie detailliert gewichtige Beweise anführen, dass Wright
Field und seine Nachfolgeeinrichtung, die Wright Patterson Air Force
Basis, die primären Anlagen der U.S. Air Force für die Untersuchung
aufgefundener Antigravitationsmaschinen waren.

Sie schrieben:

> »Außerhalb der UFO-Community war nur wenigen die Aufgabe von
> Wright-Patterson bekannt, von 1947 bis 1969 die offizielle Erforschung
> des UFO-Phänomens zu betreiben. Angesichts seiner herausragenden
> Erfahrung beim Nachbau und Testen sämtlicher Materialien fremden
> Ursprungs sowie ›aus dem Weltraum‹ ist es eine historische Tatsache,
> dass das, was auch immer außerhalb von Roswell abstürzte, in seinen
> Aufgabenbereich fiel. Ebenso ist dokumentiert, dass die ›Trümmer‹ aus
> New Mexiko nach Wright Field geschickt wurden ...«[15]

Das Dokument vom 25. Februar 1942 belegt, dass Botta am selben
Tag, an dem die Army Air Force die Flugscheibe von Los Angeles fand
und alles in die Wege geleitet wurde, sie nach Wright Field zu transportieren, seinen Befehl erhielt, sich dorthin zu begeben. Er kam am
2. März an, blieb mindestens für zwei Tage und begutachtete das
UFO-Fluggerät im Auftrag des Bureau of Aeronautics, der Material-
unterstützungsorganisation der U.S. Navy für die Marinefliegerei. Das
Büro war zuständig für das Design, die Beschaffung und die Unterstützung von Marineflugzeugen und verwandten Systemen.

Die Bedeutsamkeit des Dokuments kann kaum überschätzt werden, da es aufdeckt, dass Botta von der führenden Forschungseinheit
der Navy, dem Luftfahrtamt, als Bevollmächtigter für die Erforschung der Antriebssysteme aufgefundener Antigravitationsflugma-
schinen angesehen wurde. Zu jener Zeit leitete er, damals noch Com-

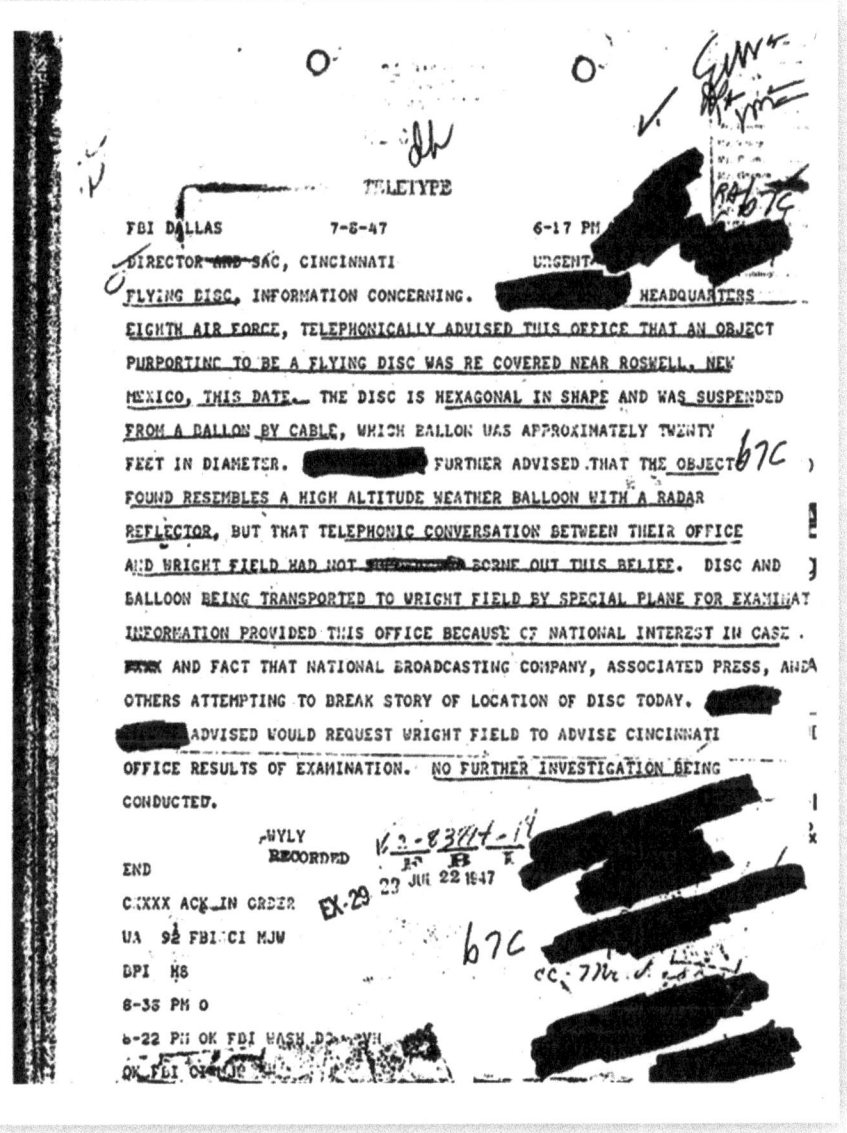

TELETYPE

FBI DALLAS   7-8-47   6-17 PM

DIRECTOR AND SAC, CINCINNATI   URGENT

FLYING DISC, INFORMATION CONCERNING.   HEADQUARTERS

EIGHTH AIR FORCE, TELEPHONICALLY ADVISED THIS OFFICE THAT AN OBJECT
PURPORTING TO BE A FLYING DISC WAS RE COVERED NEAR ROSWELL, NEW
MEXICO, THIS DATE. THE DISC IS HEXAGONAL IN SHAPE AND WAS SUSPENDED
FROM A BALLON BY CABLE, WHICH BALLON WAS APPROXIMATELY TWENTY
FEET IN DIAMETER.   FURTHER ADVISED THAT THE OBJECT
FOUND RESEMBLES A HIGH ALTITUDE WEATHER BALLOON WITH A RADAR
REFLECTOR, BUT THAT TELEPHONIC CONVERSATION BETWEEN THEIR OFFICE
AND WRIGHT FIELD HAD NOT   BORNE OUT THIS BELIEF. DISC AND
BALLOON BEING TRANSPORTED TO WRIGHT FIELD BY SPECIAL PLANE FOR EXAMINAT
INFORMATION PROVIDED THIS OFFICE BECAUSE OF NATIONAL INTEREST IN CASE.
AND FACT THAT NATIONAL BROADCASTING COMPANY, ASSOCIATED PRESS, AND
OTHERS ATTEMPTING TO BREAK STORY OF LOCATION OF DISC TODAY.
ADVISED WOULD REQUEST WRIGHT FIELD TO ADVISE CINCINNATI
OFFICE RESULTS OF EXAMINATION. NO FURTHER INVESTIGATION BEING
CONDUCTED.

                    WYLY
                    RECORDED

END

CXXXX ACK IN ORDER

UA 92 FBI CI MJW

DPI HS

8-35 PM O

6-22 PM OK FBI WASH D

OK FBI O

Abb. 19: Das FBI-Fernschreiben, das die Überführung von UFO-Trümmern von Roswell nach Wright Field belegt.

mander, die Dienststelle für die Konstruktion von Triebwerken.
Seine technische Fachkompetenz und sein Wissen über massive An-

Prepared--7 Feb 1946

Pers 328--wcf   Signed: 8 FEB 1946

The Secretary of the Navy takes pleasure in commending

CAPTAIN RICO BOTTA
UNITED STATES NAVY

for service as set forth in the following

CITATION:

"For outstanding performance of duty as Head
of the Power Plant Design Branch in the Engineering
Division, Bureau of Aeronautics, prior to the out-
break of hostilities and until December 1942.
Charged with the responsibility for the design
and development of power plants of maximum effect-
iveness for Fleet aircraft, Captain Botta performed
his exacting duties with unusual competence,
technical skill and aggressive leadership. It
was largely through his keen foresight and intelligent direction of the aircraft engines program
that Naval Aviation entered the war with the best
aircraft engines in the world. The improvements
contributed directly by him were major factors in
the extraordinary advancement of aircraft engines
during the war. His professional skill, penetrat-
ing insight and steadfast devotion to duty acted
as a stimulus to those with whom he served and
reflect the highest credit upon Captain Botta and
the United States Naval Service."

A copy of this citation has been made a part of Captain
Botta's official record, and he is authorized hereby to
wear the Commendation Ribbon.

Prepared by: Capt H.G. Patrick,   James Forrestal
             U.S. Navy, Retired,
             Navy Dept Bd of Dec & Medals

                                  Secretary of the Navy
Copy to: Pers 328
             Secretary's Files

Ref: BdAwdsMtg 27 Dec 1945
             End-2 on BuAer ltr Aer-E-4-SBS
             00/Botta,Rico., Ser 296464,
             dtd 30 Oct 1945
             SHORE BASED A-62

SELECTION
BOARD

Finished File Pers-328

*Abb. 20: Bottas Ehrung für seine vorbildliche Arbeit im Bereich
der Triebwerke-Konstruktion für die Navy*

triebssysteme waren seinen Vorgesetzten in der Behörde wohlbekannt. Nach dem Krieg wurde er aufgrund seines vorbildlichen Dienstes zum Leiter dieser Dienststelle berufen, wie das folgende Dokument vom 18. Februar 1946 zeigt. Ein weiteres Dokument (siehe Abb. 21) zeigt, dass Botta jetzt Captain – am 1. Oktober 1942, einen Monat, bevor er zur Naval Air Station, San Diego, geschickt wurde, nach wie vor beim Luftfahrtamt stationiert, fünf führende Forschungsanlagen an der Westküste besuchte, in denen an Experimentalflugzeugen gearbeitet wurde. Dieses am 30. September 1942 ausgestellte FOIA-Dokument belegt, dass er direkt in die Erforschung experimenteller Flugzeuge einbezogen war und dass dies mit seiner bevorstehenden Rückversetzung an eine dieser Anlagen, die Naval Air Station in San Diego, im Dezember 1942 zusammenhing.

Von besonderer Bedeutung ist die Bezugnahme auf die Douglas Aircraft Company, die Tompkins zufolge bei der Erforschung und Entwicklung von Antigravitation eng mit der Navy und der Army Air Force zusammenarbeitete. Seinen Angaben nach führte diese Zusammenarbeit zu einer informellen Arbeitsgruppe, zu der drei Ingenieure von Douglas, zwei Generäle und zwei Admiräle gehörten, die einen Plan entwerfen sollten, was mit dem nach dem Los Angeles Air Raid von 1942 gefundenen UFO-Fluggerät geschehen soll. Die Tätigkeit der Arbeitsgruppe gipfelte in der Gründung des RAND-Projektes in der Zentrale von Douglas in Santa Monica, Kalifornien, im Oktober 1945. Ich werde Tompkins' Äußerungen über das RAND-Projekt im nächsten Kapitel eingehend behandeln.

Schließlich bezeugt das obige Dokument der Reise-Genehmigung, dass Botta über den Hintergrund und die Erfahrung verfügte, um Tompkins zu verschiedenen experimentellen Flugzeuganlagen zu schicken, damit er dort Päckchen mit Berichten eines von ihm geleiteten getarnten Geheimdienstprogramms abliefert. Hinsichtlich der Erwähnung von Bottas Dienstrang als Captain in dem FOIA-Dokument vom 30. September 1942 (siehe Abb. 22) beurkunden online zugängliche Berichte des US-Senat, dass Botta aufgrund seiner Verdienste während des Krieges seit Juni 1943 rückwirkend zum Rear

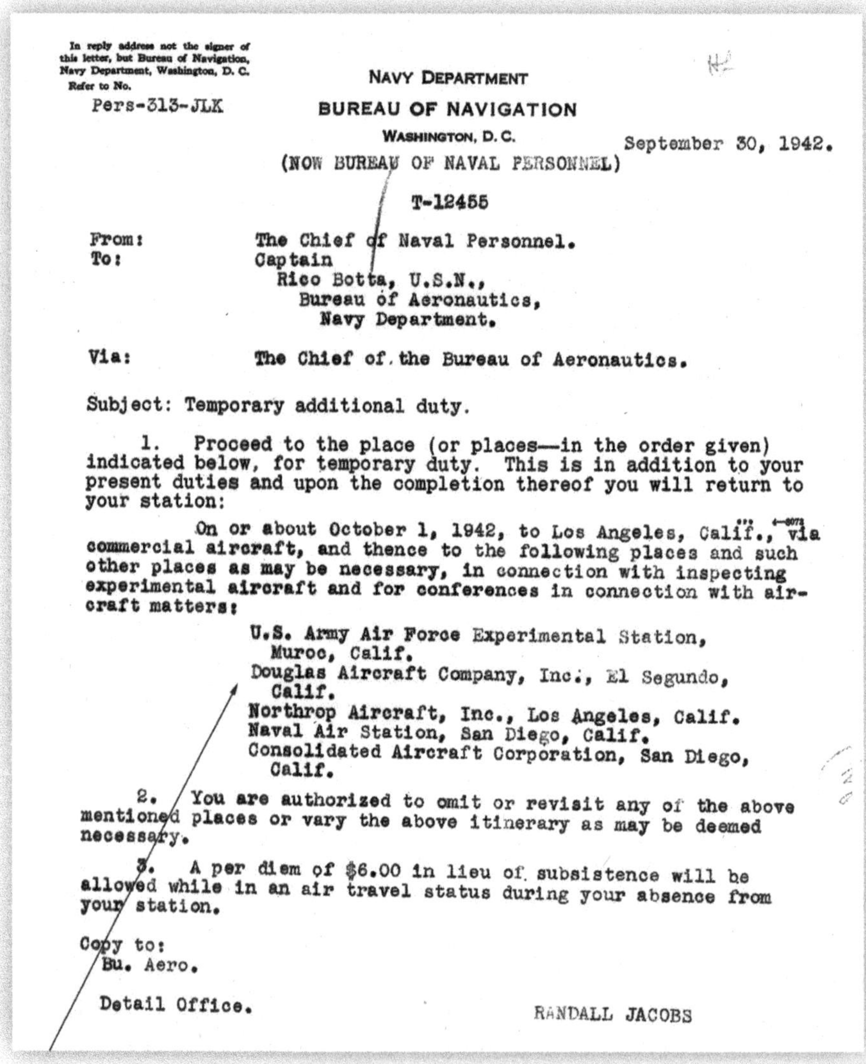

In reply address not the signer of this letter, but Bureau of Navigation, Navy Department, Washington, D. C.
Refer to No.
Pers-313-JLK

NAVY DEPARTMENT
BUREAU OF NAVIGATION
WASHINGTON, D. C.
(NOW BUREAU OF NAVAL PERSONNEL)

September 30, 1942.

T-12455

From: The Chief of Naval Personnel.
To: Captain
Rico Botta, U.S.N.,
Bureau of Aeronautics,
Navy Department.

Via: The Chief of the Bureau of Aeronautics.

Subject: Temporary additional duty.

1. Proceed to the place (or places—in the order given) indicated below, for temporary duty. This is in addition to your present duties and upon the completion thereof you will return to your station:

On or about October 1, 1942, to Los Angeles, Calif., via commercial aircraft, and thence to the following places and such other places as may be necessary, in connection with inspecting experimental aircraft and for conferences in connection with aircraft matters:

U.S. Army Air Force Experimental Station, Muroc, Calif.
Douglas Aircraft Company, Inc., El Segundo, Calif.
Northrop Aircraft, Inc., Los Angeles, Calif.
Naval Air Station, San Diego, Calif.
Consolidated Aircraft Corporation, San Diego, Calif.

2. You are authorized to omit or revisit any of the above mentioned places or vary the above itinerary as may be deemed necessary.

3. A per diem of $6.00 in lieu of subsistence will be allowed while in an air travel status during your absence from your station.

Copy to:
Bu. Aero.

Detail Office.

RANDALL JACOBS

Abb. 21: Rico Botta besuchte im Oktober 1942 Anlagen für experimentelle Flugzeuge.

Admiral (Konteradmiral) befördert worden war.[16] Weitere FOIA-Dokumente liefern zusätzliche Informationen, etwa das folgende, von Botta unterschriebene Dokument, in dem er seine rückwirkende Beförderung annahm.

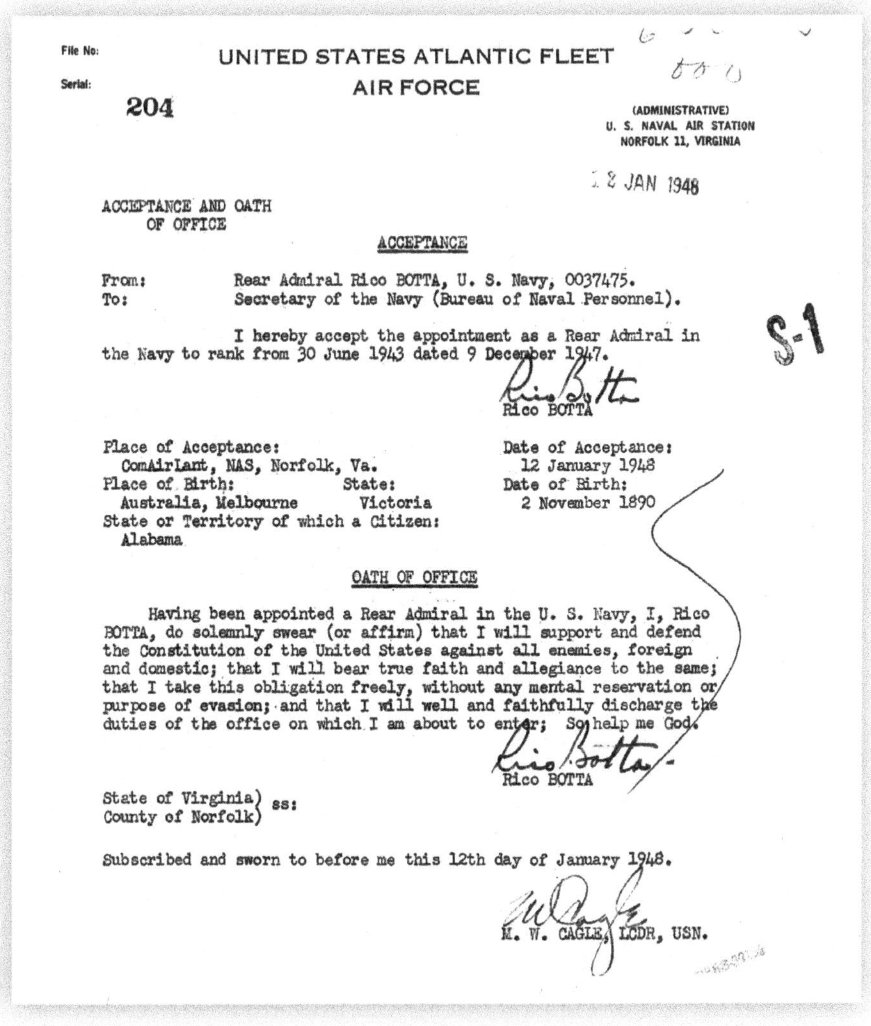

File No:

Serial: 204

UNITED STATES ATLANTIC FLEET
AIR FORCE

(ADMINISTRATIVE)
U. S. NAVAL AIR STATION
NORFOLK 11, VIRGINIA

12 JAN 1948

S-1

ACCEPTANCE AND OATH
OF OFFICE

ACCEPTANCE

From: Rear Admiral Rico BOTTA, U. S. Navy, 0037475.
To: Secretary of the Navy (Bureau of Naval Personnel).

I hereby accept the appointment as a Rear Admiral in the Navy to rank from 30 June 1943 dated 9 December 1947.

Rico BOTTA

Place of Acceptance:
ComAirLant, NAS, Norfolk, Va.
Place of Birth: State:
Australia, Melbourne Victoria
State or Territory of which a Citizen:
Alabama

Date of Acceptance:
12 January 1948
Date of Birth:
2 November 1890

OATH OF OFFICE

Having been appointed a Rear Admiral in the U. S. Navy, I, Rico BOTTA, do solemnly swear (or affirm) that I will support and defend the Constitution of the United States against all enemies, foreign and domestic; that I will bear true faith and allegiance to the same; that I take this obligation freely, without any mental reservation or purpose of evasion; and that I will well and faithfully discharge the duties of the office on which I am about to enter; So help me God.

Rico BOTTA

State of Virginia) ss:
County of Norfolk)

Subscribed and sworn to before me this 12th day of January 1948.

M. W. CAGLE, LCDR, USN.

Abb. 22: Rico Bottas Annahme der rückwirkenden Beförderung zum Rear Admiral

Dies belegt, dass Botta Ende Dezember 1942, mindestens sieben Monate, nachdem er seine neue Stelle als Leiter der Reparatur- und Wartungsanlage der Naval Air Station angetreten hatte, eine auf die Kriegszeit befristete Beförderung zum Rear Admiral erhielt. Aufgrund der kriegsbedingten Umstände, die zu einer rapiden Zunahme der Stellen von Flaggoffizieren führten, wurde der gewöhnliche Beförderungsprozess in vielen Fällen umgangen. Botta findet sich auf einer Liste von achtundfünfzig Flaggoffizieren der Navy, die bis zum Kriegsende auf die Fortsetzung des offiziellen Prozesses zu warten hatten und eine rückwirkende Vergütung erhielten, die ihrem Dienstrang während des Krieges entsprach.[17]

Außerdem bestätigen FOIA-Dokumente, dass Botta im Dezember 1952 im Rang eines Rear Admiral Upper Class (als Zwei-Sterne-Admiral) in den Ruhestand versetzt wurde, nachdem er seine letzte Tätigkeit als Leiter des Naval Air Material Centers in Philadelphia beendet hat.

Die Analyse der bislang vorgestellten Dokumente bestärkt Tompkins' Äußerung, dass er tatsächlich als Kurier (»Informationsverteiler für Flugzeugforschung«) eines getarnten Navy-Geheimdienstprogramms tätig war und in diesem Rahmen während des Zweiten Weltkriegs mit bis zu neunundzwanzig Spionen im von Deutschland eroberten Europa zu tun hatte. Dies führt zu der folgenden Frage: Was erfuhr Tompkins dabei und welche Informationen führte er in den Paketen mit Berichten für die führenden amerikanischen Forschungs- und Entwicklungsanlagen, die experimentelle Flugzeuge studierten, mit sich?

Die Antigravitationsprogramme und außerirdischen Allianzen NS-Deutschlands

Das, was die Navy-Agenten während ihrer nächtlichen Berichte mitteilten, war laut Tompkins völlig überraschend, ja sogar äußerst verblüffend. Admiral Botta und die drei Navy-Captains konnten nur schwer glauben, was sie da hörten. Die Spione hatten entdeckt, wie Tompkins sagte, dass in NS-Deutschland vor dem Zweiten Weltkrieg und währenddessen zwei voneinander unabhängige Fliegende-Untertassen-Programme im Aufbau waren. Das erste war ein weitgehend ziviles Unternehmen, das der Machtergreifung der Nazis 1933 voranging, während das zweite von der SS geleitet wurde.

Tompkins sagte, dass das zivile deutsche Weltraumprogramm von einer nordischen Gruppe Außerirdischer inspiriert wurde, die mit

Hilfe junger deutscher weiblicher Medien kommunizierten. In einem Interview gab Tompkins an, dass die Leiterin dieser Gruppe Maria Oršić war.[18] Eine erstaunliche äußerliche Ähnlichkeit zwischen ihr und einer der nordischen Außerirdischen, von der Tompkins sagt, dass er ihr begegnet sei, während er für die Douglas Aircraft Company arbeitete, wird im vierten Kapitel behandelt werden.

Ganz ähnlich sagte Corey Goode, dass der Schweizer Kontaktler Billy Meier, als ihm ein Foto von Maria Oršić gezeigt wurde, er sie angeblich mit »Semjase« identifizierte, der plejadischen/nordischen Außerirdischen, der er begegnet war.

In einem Vortrag am 19. Februar 2016 sagte Goode:

»... als das Militär von Meiers Fall erfuhr, schickte es Leute mit einigen Fotos zu ihm, um das weibliche Wesen, das er gesehen hatte, möglichst zu identifizieren. Schnell deutete er auf ein Foto und sagte: ›Das ist sie! Das ist sie!‹ Offenkundig zeigte das Foto, auf das er wies, Maria Oršić, das Medium der Vril-Gesellschaft, das Kontakt zu Gruppen der Inneren Erde hergestellt und eine wichtige Rolle in dem deutschen Geheimen Weltraumprogramm vor und nach dem Zweiten Weltkrieg gespielt hatte.«[19]

Angeblich teilte Oršić ihre Ideen und Theorien führenden Erfindern wie Nikola Tesla und Guglielmo Marconi mit. Wie schon erwähnt, leitete Marconi die italienische Forschungsgruppe zu Fliegenden Untertassen, die Mussolini 1933 gegründet hatte. Durch seine Verbindung zu Oršić wurde Marconi bekannt, wie weit fortgeschritten das zivil geführte Geheime Weltraumprogramm bereits war. Nachdem er einige dieser Informationen an Mussolini weitergegeben hatte, der dadurch wahrscheinlich in seiner Entscheidung beeinflusst wurde, ein Bündnis mit Hitler zu schließen, entschloss sich Marconi, seinen Tod vorzutäuschen und nach Südamerika zu verschwinden, um ein ziviles Programm Fliegender Untertassen ins Leben zu rufen.[20]

Tompkins fuhr fort zu erklären, dass viele von Oršićs Informationen inspiriert wurden beziehungsweise den Informationen der angeblich vom Aldebaran stammenden Außerirdischen, mit denen sie in den

1920er und 1930er Jahren zusammenarbeitete. Das Ziel bestand darin, Flugmaschinen zu bauen, die in der Lage wären, mit Hilfe von Prinzipien der Teleportation in den freien Weltraum und sogar bis zum Sternensystem des Aldebarans zu fliegen.

Er sagte, es habe sage und schreibe 1.442 Personen aus allen gesellschaftlichen Schichten gegeben, die ihre Ressourcen für etwas einsetzten, das mit einer modernen Arche Noah für die Flucht vor einem weiteren prophezeiten Weltkrieg verglichen werden könnte:

>»Manche dieser 1.442 Personen waren Wissenschaftler und Ingenieure in Deutschland, manche waren auch Schuhverkäufer. Sie alle wollten ein Raumschiff bauen. Sie liehen sich Geld, nahmen eine Hypothek auf den Bauernhof auf und verschuldeten sich bis über den Kopf, während sie versuchten, Material für ihr Raumschiff zu kaufen. Es war geradeso, als wenn sie dachten, sie könnten einfach ihre Familien und Freunde in ihr Schiff laden und zu irgendeinem entfernten Stern davonfliegen.«[21]

Es mag ziemlich unglaubwürdig klingen, dass gewöhnliche Bürger ohne signifikante Unterstützung durch nationale Regierungen Raumschiffe bauen könnten, mit denen man unter Verwendung von Teleportationsprinzipien in den freien Weltraum fliegen kann. Doch in den frühen 1960er Jahren hat Otis Carr, ein Schüler von Nikola Tesla, eine Fliegende Untertasse entwickelt, die ebensolche Prinzipien der Teleportation anwandte. Carrs Ziel war außerdem, eine zivile Raumfahrtindustrie anzukurbeln. Zum großen Unglück für Carr und seine Unterstützer wurde sein ziviles Weltraumprogramm von Regierungsbehörden beendet, die Carrs Raumschiffprototypen, das OTC-X1, beschlagnahmten und ihn wegen eines vorgetäuschten Wertpapierbetrugs einsperrten.[22]

Das Programm Fliegender Untertassen in NS-Deutschland stand unter der Kontrolle von Himmlers SS, die versuchte, es für Kriegszwecke waffentechnisch nutzbar zu machen. Laut Tompkins berichteten die Spione, dass die Bemühungen der Nazis, den Krieg durch die Bewaffnung der Flugscheiben-Technologie zu gewinnen, von einer weiteren Gruppe Außerirdischer, den sogenannten »Reptiloiden« (engl. *reptili-*

Abb. 23: Das Foto von Maria Oršić, das Meier angeblich vorgelegt wurde und auf dem er Semjase identifizierte

ans), unterstützt wurden. Dieses gefährliche und eroberungsorientierte Lager hatte mit Hitler geheime Abkommen geschlossen:

»Die Navy-Agenten (Spione) in Deutschland fanden heraus, was all jene Außerirdischen ›von außerhalb dieser Welt‹ Hitler gaben: UFOs, Antigravitationsantrieb, Strahlenwaffen, ein verlängertes Leben und zahlreiche willige, unter Gedankenkontrolle stehende Mädchen. Die Reptiloiden machten einen Deal mit der SS des Dritten Reiches, indem sie ihr dieses dicke Paket voller Spielsachen gaben und dafür Hitler den Rest des Planeten versklaven ließen.«[23]

Abb. 24: Otis Carrs OTC-X1 im Jahr 1961

Weiterhin hat Tompkins herausgestellt, wie ›reptiloide Berater‹ der SS halfen, fortgeschrittene Waffentechnologien zu entwickeln:

»Sie hatten, wenn man das so nennen will, ›Berater‹, die Reptiloide waren und ihnen bei all den verschiedenen Dingen halfen, die erforderlich waren, um diese Raumschiffträger und Antriebssysteme zu entwerfen und zu bauen. Es ist also ein extrem hochentwickeltes Programm und dokumentiert wie verrückt. Kopien der Dokumente zu bekommen war schwierig für sie, schwierig für unsere Spione. Es handelte sich um ein offenes Programm auf der höheren Ebene der SS.«[24]

Die Spione erfuhren, dass das Ziel des Reptiloiden-Planes nicht nur darin bestand, den Nazis zu helfen, den Krieg zu gewinnen und die Unterwerfung des Planeten zu erreichen, sondern auch Flotten mit antigravitativen Raumschiffträgern zu bauen, die zur interplanetarischen Eroberung in anderen Sternsystemen genutzt werden könnten:

»Donnerwetter, die Sache ging weit darüber [über die Welteroberung] hinaus. Und wieder war das, worüber wir gerade gesprochen haben, nur die Spitze des Eisbergs von dem, was sie taten. Die Reptiloiden taten es bereits mit den Planeten anderer Sterne überall in diesem Bereich der Galaxis ... Diese jungen Kerle, die Agenten, konnten kaum die Hälfte von dem glauben, was sie da mitbrachten, was da alles vor sich ging. Aber einige von ihnen waren wirklich clevere Burschen; sie wussten, wie man an die richtigen Stellen gelangt und mitbekommt, was passiert, und herausfindet, was dieser Typ [getan hat], mit dem er gesprochen oder was er gehört hat und zu wem er geht, weil, ja, weil sie das dort eben taten.«[25]

Tompkins' Informationen sind atemberaubend, aber es ist nicht das erste Mal, dass jemand behauptet, NS-Deutschland habe während des Kriegs außerirdische Hilfe erhalten.

Der Vater der deutschen Raketentechnik, Hermann Oberth, antwortete das Folgende auf eine Frage nach der rasanten technologischen Entwicklung in NS-Deutschland:

»Unsere rekordverdächtigen Errungenschaften auf bestimmten wissenschaftlichen Gebieten sind nicht allein unser Verdienst. Uns wurde geholfen.« Und auf die Frage von wem, gab er zur Antwort: ›Von Leuten aus anderen Welten.‹«[26]

Im Jahre 1998 interviewte Linda Moulton Howe einen früheren CIA-Agenten, der die Pseudonyme Kewper und Stein verwendete. Von 1957 bis 1969 hatte er Zugang zu Unterlagen von Einsatzbesprechungen gehabt, die als streng geheim eingestuft waren. Seinen Angaben nach enthüllten die Dokumente, dass den Nazis bei ihren aeronautischen Waffenprojekten tatsächlich von einer außerirdischen Rasse geholfen wurde:

»Als Vril [die Vril-Gesellschaft] dieses erste Fluggerät baute, hatte sie Unterstützung von einem oder zwei Außerirdischen, die mit ihnen in Deutschland zusammenarbeiteten, wo sie Raketen von Peenemünde aus abfeuerten. Die Dokumente, die ich in Washington studieren konnte, besagten, dass dort das erste Vril-Flugzeug gebaut wurde. ... Sie [die Außerirdischen] waren Deutschlands Helfer.«[27]

In neuerer Zeit sagte ein anderer Whistleblower, Corey Goode, dass er von 1987 bis 2007 die Möglichkeit hatte, geheimdienstliche Einsatzbesprechungen auf gläsernen Pads zu lesen, die detailliert beschrieben, was während des Zweiten Weltkriegs geschah. Goodes Behauptungen über zahlreiche »Geheime Weltraumprogramme«, in denen er gedient habe, wurden in meinem Buch *Geheime Weltraumprogramme & Allianzen mit Außerirdischen* eingehend geprüft und als übereinstimmend mit vielen historischen Dokumenten, Indizien und den Zeugnissen weiterer Whistleblower befunden. Goode schildert, wie deutsche Geheimgesellschaften vor dem Zweiten Weltkrieg und währenddessen Hilfe von zwei unterschiedlichen außerirdischen Gruppen erhalten haben. Er kennzeichnete eine als eine reptilienartige Rasse, die »Draconer« genannt wurde, und die andere als »Nordische«:

»Die Deutschen standen mit den Reptiloiden in Verbindung und arbeiteten Seite an Seite mit ihnen ... aber es waren auch nordische Gruppen beteiligt, mit denen verschiedene Elemente des deutschen Weltraumprogramms Kontakt hatten.«[28]

Sowohl die Reptiloiden als auch die Nordischen hatten ihren Anteil an der Unterstützung der Deutschen bei der Entwicklung geheimer Antigravitationsraumschiffe:

»Zur selben Zeit hatten diese [deutschen Geheim-]Gesellschaften Kontakt zur Draco-Föderation und einer anderen Gruppierung [den Nordischen] hergestellt, die die Dracos mieden. Die deutschen Okkultisten waren seit der Jahrhundertwende sehr aktiv, besonders in der Zeit kurz vor, während und nach dem Ersten Weltkrieg. Ihre großen Durchbrüche vollzogen sich in den späten 1930er Jahren.«[29]

Corey Goode sagte, dass das letztendliche Ziel der Reptiloiden bei ihrer Hilfe für die deutschen Geheimgesellschaften und die SS darin bestand, Gefechtsverbände hochmoderner Weltraumträgerschiffe zu schaffen, die für interplanetarische Eroberungszüge geeignet wären.

Schließlich wurden die deutschen/nationalsozialistischen Weltraum-Kampfeinheiten das, was Goode als die »Dunkle Flotte« beschrieben hat. Sie operiert außerhalb unseres Sonnensystems und wird ausführlich in dem Buch *Geheime Weltraumprogramme & Allianzen mit Außerirdischen* behandelt.[30]

Goodes Whistleblower-Zeugnisse und die des CIA-Agenten stützen folglich Tompkins' Äußerungen, denen zufolge geheimdienstliche Mitschriften von Einsatzbesprechungen aus dem Zweiten Weltkrieg tatsächlich auf NS-Deutschland und dessen Unterstützung durch Außerirdische – zweier außerirdischer Gruppen mit völlig unterschiedlichen Plänen – verweisen. Die Nordischen oder Aldebaraner hatten das Ziel, Deutschland sowohl technologisch als auch spirituell bei der Erkundung des Weltraums zu helfen. Sie arbeiteten hauptsächlich mit privaten Bürgern/Gruppen wie Oršić und der Vril-Gesellschaft zusammen, denen Hitler auch nach seiner Machtergreifung erlaubte, sich weiter zu betätigen.

Tompkins merkt darüber in einem Interview an:

»Deutschland erfuhr von der Blonden [Oršić], übernahm sie, stoppte alles und gelangte dann an den Punkt, an dem es eine Art Programm gab, das von der SS unterdrückt wurde, um die ursprüngliche Gruppe zu kontrollieren. Nun, sie arbeiteten mehrmals zusammen, aber Hitler erlaubte ihnen, unabhängig von dem gesamten SS-Programm – der gesamten Entwicklung – tätig zu sein. Wir hatten also zwei Entwicklungen, die in Deutschland nebeneinander herliefen. Die Mädels wollten nicht, dass ihre Raumschiffe zu etwas anderem als zur Raumfahrt benutzt werden. Sie fürchteten, dass sie jemand in die Hände bekommen und militärisch nutzen könnte, was dann natürlich auch geschah.«[31]

Die Reptiloiden hingegen hatten kein ethisches oder spirituelles Programm, das sie unter den Deutschen oder im Namen der Menschlichkeit voranbringen wollten, und arbeiteten primär mit der NS-Regierung zusammen, um Raumschiffe zu entwickeln, die vor allem gebaut wurden, um als Kriegswaffen zu dienen. Das letztendliche Ziel der deutsch-reptiloiden Allianz ging weit über den Sieg im Zweiten Weltkrieg und die Eroberung des Planeten hinaus, wie die U.S. Navy, was Tompkins attestiert, mit großer Besorgnis von ihren Spionen erfahren hat.

Außerdem sagt Tompkins, dass die SS 1939 von den Reptiloiden die Lage zweier großer Höhlen in der Antarktis erfahren und sodann nach und nach die Hauptmasse der deutschen Geheimen Weltraumprogramme dorthin verfrachtet hat. Ab August 1944, als offensichtlich wurde, dass der Krieg nach der erfolgreichen Landung der Alliierten in der Normandie verloren war, beschleunigten die Nazis ihre Anstrengungen, die besten Wissenschaftler, Ingenieure und lebenswichtigen Ressourcen mit Hilfe eigens gebauter, für den Transport besonders großer Güter geeigneter U-Boote in die Antarktis und zu alternativen Höhlen in Argentinien zu bringen.

Laut Tompkins erfuhr die U.S. Navy von der Existenz dieser geheimen arktischen Stützpunkte unmittelbar von ihren in NS-Deutschland eingeschleusten Spionen, die herausfanden, dass die Nazis/Deutschen diese abgelegenen Basen nutzten, um dort die ersten Weltraummissionen der modernen Menschheit zu starten. Tompkins führt dazu weiter aus, dass die Deutschen bereits 1913 begannen, Ausrüstungsgegenstände und Vorräte in die Antarktis zu schaffen. Historisch fällt dies mit der Zweiten Deutschen Antarktisexpedition von 1911 bis 1913 unter der Führung von Wilhelm Filchner zusammen.[32] Diese Zeitspanne korrespondiert auch mit der wachsenden Rolle deutscher Geheimgesellschaften bei der Erforschung abgelegener Orte okkulten Wissens in der Welt. Es ist bedeutsam, dass Filchner später NS-Expeditionen nach Nepal und Tibet geleitet hat.

Die Verlegung von Ausrüstungsgegenständen in die Antarktis erreichte ihren Höhepunkt kurz vor Ausbruch des Zweiten Weltkriegs, wie Tompkins hervorhebt:

>»Der Umzug Deutschlands in die Antarktis vollzog sich seit … [1938], lange bevor der Krieg begann. Tatsächlich war einiges an Material schon 1913 dorthin gebracht worden.«[33]

Navy-Spione, die Tompkins bei den Einsatzgesprächen freimütig reden hörte, hatten von geheimen Verträgen erfahren, die zwischen Hitlers Regime und den draconischen Reptiloiden geschlossen wurden. Tompkins hat einige der zentralen Elemente dieses Abkommens enthüllt und verdeutlicht, inwiefern es die Antarktis betraf:

»Große Ladungen an Ausrüstung wurden dorthin geschickt. Aber direkt daneben befanden sich drei Höhlen von gewaltiger Größe, die die Reptiloiden für sich hatten. Keine Greys, sondern Reptiloide. Deutschland bekam zwei weitere von etwa einem Zehntel der Größe der großen Reptiloidenhöhle. Sie waren in der Lage ... dorthin zu fahren, gewöhnlich mit dem U-Boot. Sie bauten diese flachen U-Boote, die von normaler Art; damit konnten sie das ganze Material verschiffen.«[34]

Tompkins' bemerkenswerte Informationen stimmen mit den Aussagen von Großadmiral Karl Dönitz überein, der sich bei drei Gelegenheiten auf eine unbezwingbare Festung bezog, die für Hitler an einem abgelegenen Ort mit Hilfe von Deutschlands hoch entwickelter U-Boot-Flotte gebaut worden war. 1943 soll Dönitz, wie berichtet wird, behauptet haben: »Die deutsche U-Boot-Flotte ist stolz, dem Führer in einem anderen Teil der Erde ein Shangri-La zu Lande, eine uneinnehmbare Festung, gebaut zu haben.«[35]

Die zweite Gelegenheit war 1944, als Dönitz enthüllte, welche Pläne es gab, um Hitler an einen anderen Ort zu bringen, wo er einen neuen Versuch unternehmen könnte, sein tausendjähriges Reich zu gründen:

»Die deutsche Marine wird in Zukunft eine große Herausforderung zu bewältigen haben. Sie kennt alle Verstecke in den Ozeanen, und es wird daher sehr einfach sein, den Führer, sollte die Notwendigkeit auftreten, an einen sicheren Ort zu bringen, wo er die Möglichkeit haben wird, seine letzten Pläne auszuarbeiten.«[36]

Schließlich legen Dönitz' Aussagen bei seinem Kriegsverbrecherprozess in Nürnberg eindeutig nahe, dass es die Antarktis war, wohin die am höchsten entwickelten Technologien Deutschlands von seiner U-Boot-Flotte insgeheim verschifft wurden. Bei dem Prozess prahlte er mit einer »unverletzlichen Festung, einer paradiesartigen Oase inmitten ewigen Eises«.[37]

Dönitz' Bemerkungen wurden 1966 von dem Kartografen und Künstler der National Geographic Society Heinrich C. Berann glaubhaft gemacht. In der Zeichnung einer eisfreien Antarktis zeigt er Unterwasserwege, die durch den gesamten antarktischen Kontinent verlaufen.[38] Sie bieten eine plausible Möglichkeit, wie U-Boote erhebliche Entfernungen unter dem Eis bis zu NS-Deutschlands »unverwundbarer Festung« zurücklegen konnten.

Dönitz' Behauptungen werden außerdem durch Dokumente eines angeblichen deutschen U-Boot-Besatzungsmitglieds nach dem Krieg unterstützt, der die Anweisungen für U-Boot-Kapitäne zur Erreichung der antarktischen Stützpunkte durch die verborgenen Passagen beschrieb. Abb. 26 zeigt eine Abbildung des Dokuments und darunter die ins Englische übersetzten Anweisungen.[39]

Tompkins beschreibt zwei gleichzeitige Programme Fliegender Untertassen, die von den Nazis entwickelt worden waren. Eines hatte seinen Sitz im NS-besetzten Europa, das andere befand sich in der Antarktis. In seiner Antwort auf eine Frage, wo die deutschen Antigravitationsmaschinen gebaut wurden, sagte er:

> »Sie bauten die Prototypen in Deutschland. Weiter entwickelte Modelle, die bereits produktionsreif waren, bauten sie in der Antarktis. Sie begannen mit der Produktion dieser Geräte in allen Ländern unter deutscher Herrschaft [im besetzten Europa], und sie fuhren fort, ähnliche Flugmaschinen in der Antarktis zu bauen.«[40]

Als Nächstes kommen wir zu einem der verblüffendsten Geheimnisse, die man von den in Deutschland eingeschleusten Navy-Spionen erfahren hat. Tompkins teilt nämlich auch mit, dass das Antarktis-Programm der Nazis mit Hilfe der Reptiloiden erfolgreich bemannte Missionen zum Mond, zu den Planeten und sogar zu anderen Sternensystemen entsandt hat.

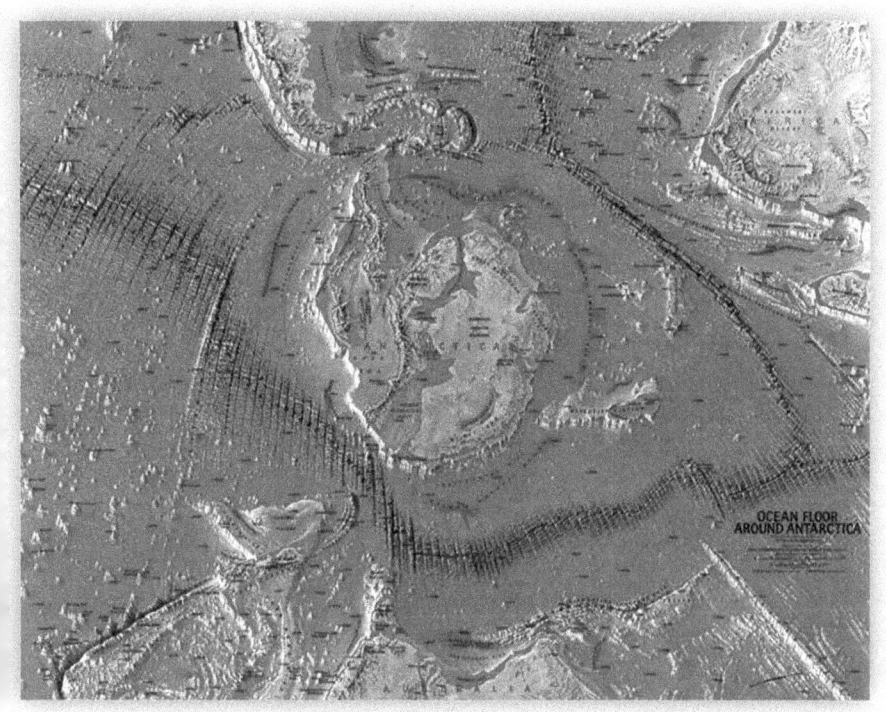

Abb. 25: Illustration der eisfreien Antarktis von Heinrich Berann

»Dann wurde die Frage gestellt, ob wir jemals bis zum Mond geflogen sind. Sie sehen, dass das auf bestimmte Weise der Fall war, es war wohlbekannt, dass die Deutschen eine Reihe von Flugmaschinen besaßen, die losflogen und wieder zurückkamen. Eine der ersten geriet in Schwierigkeiten, stürzte ab, und die gesamte Besatzung starb. Aber fast alles kam aus der Antarktis. Lange vor Kriegsende, vier Jahre davor, waren sie unablässig dabei, das ganze Zeug rauszuschicken. Daher starteten die Flüge, fast alle, mit denselben Leuten in der Antarktis. ... Ich weiß nicht, ob es war wahr ist oder nicht, aber von einigen dieser Jungs [den Navy-Spionen] wurde behauptet, dass sie zu anderen Sternen gelangten und wieder zurückgekommen sind.«[41]

Darüber hinaus hörte Tompkins von den Navy-Agenten, dass die Deutschen Ende April 1945 den ersten Weltraumflug zum Mars ver-

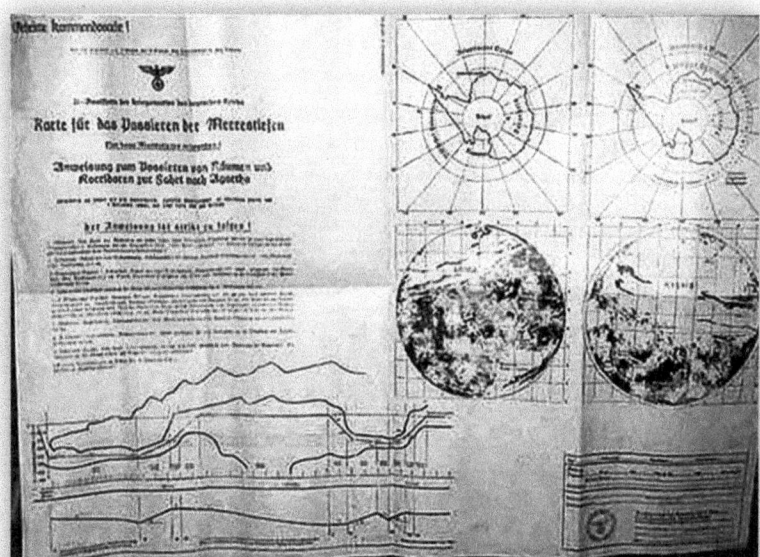

Decent at the point with the coordinates: Exact Intersection: 64° southern latitude and 1° eastern longitude, to a depth of 400 meter.

The instruction have to be strictly followed!

1. Decent, from the point of decent with half speed, a starboard declination of 10° with a bow-heaviness declination angle of 5°. Distance 188 sm. Given depth – 500 meter. (Because of the moving inside the corridor the pressure on the ship body when maneuvering is insignificant)
2. Ascent, Full load with a stern trim, Ascent angle 23° with a port declination of 22°. 190 meter upwards. Distance 75.5 sm.
3. Difficult maneuver! Ascent full speed with a stern trim, Ascent angle 41°. Proceed straight ahaead. 110 meter upwards, distance 21.5 sm. Afterwards starboard declination of 8° until ascent to the surface in a distance of 81sm.
4. Proceed on the surface within the grotto with a starboard declination of 8°, Distance 286 sm.
5. 6. Schwieriges maneuver! Descent. With a bow-heaviness declination 45° to a depth of 240 meter, Distance 60 sm. Afterwards with a port declination of 20°, at which the descent to 310 meter to the entrance to the corridor continues. After the 310 meter mark the bow heavy descent need to be continued. Descent angle 7° until 360 meter, distance 70 sm. Futher starboard declination of 31°to a depth of 380 meter.
6. Descent, Bow heavy, ascent angle 22°, 100 meter upwards with a port declination of 26°. Distnace 43 sm.
7. Ascent. Stern trim, Ascent angle 45°, straight ahead until reaching the surface of Agartha. Distance 70 sm.
8. Proceed to Agartha. Full Speed. Proceed straight ahead, until the new light can be seen. Change of magnetic poles. The changes of the compass needle and instruments are to be disregarded.

(Further instructions in package Nr. 3 only when arrived in Agartha to be opened)

Abb. 26: Wege zu den antarktischen Stützpunkten

wirklicht hatten, den eine Besatzung von dreißig Personen, darunter drei japanische Astronauten, unternahm. Diese erstaunliche Leistung endete in einer Katastrophe, als das Raumschiff eine Bruchlandung machte, die zum Tod der gesamten Mannschaft führte.

Tompkins' bemerkenswerte Aussagen bestärken wiederum das Zeugnis des Whistleblowers Geheimer Weltraumprogramme Corey Goode, dessen ›kluge gläserne Pads‹, zu denen er Zugang hatte, wie er sagt, das erfolgreiche NS-Weltraumprogramm beschrieben, das von der Antarktis aus operierte. Goode äußerte allerdings, dass das Antarktis-Programm eher von deutschen Geheimgesellschaften als von der SS kontrolliert wurde:

»Wie dargestellt, hielten die NS-Überreste, die hauptsächlich aus Geheimgesellschaften bestanden, die eine ›Abtrünnigen-Zivilisation‹ geschafften hatten, ihre am weitesten fortgeschrittene Technologie sogar vor den höchsten militärischen und politischen Führern geheim und bildeten Enklaven in Südamerika und der Antarktis. Bei den Stätten in der Antarktis handelte es sich um einige Ruinen antiker Zivilisationen, die von bestimmten Gruppen in thermischen Gebieten besetzt geblieben waren; dort waren Örtlichkeiten ähnlich wie Lavahöhlen und Kuppeln unter den Gletschern entstanden.«[42]

Goode bestärkt im Folgenden Tompkins' Aussage, dass die NS-Basen an Höhlen angrenzend gebaut wurden, die von einer anderen hochentwickelten Zivilisation beherrscht wurden, den Reptiloiden:

»Es gab dort einen unterirdischen und unter dem Gletscher gelegenen Stadtkomplex, der an manchen Stellen bereits bewohnt und eingerichtet war, und die Nazis renovierten ein Gebiet, das an der Oberfläche größtenteils zerstört war, aber über weite Räumlichkeiten unter dem Eisgewölbe, über unterirdische Thermalenergie und Höhlen verfügte (die per U-Boot unter den Eisströmen und Öffnungen erreichbar waren, die diese Stätte ideal für eine versteckte multifunktionale Basis machten); dies alles war während des Zweiten Weltkriegs in perfekter Weise für sie ausbaubar.«[43]

Äußerungen von Admiral Dönitz stützen Tompkins' Behauptungen, dass NS-Deutschland Erfolg dabei hatte, unterirdische Anlagen unter dem antarktischen Kontinent zu lokalisieren und zu bauen. Die weite Strecke unter den antarktischen Eisschollen, die die deutsche U-Boot-Flotte angeblich bewältigte, um diese versteckten Höhlen zu erreichen, macht Tompkins' Zeugnis glaubhaft, dass reptiloide Außerirdische die Nazis mit den Informationen, die nötig waren, um die verborgenen antarktischen Höhlen zu lokalisieren, versorgt hatten, sowie über die Durchgänge unter dem Eis, um sie zu erreichen.

Was die Navy-Spione Admiral Botta und seinen Untergebenen offenbarten, darunter Tompkins in der Naval Air Station von 1942 bis 1946, war absolut erstaunlich. Diese Informationen machten es sogar noch dringlicher, das, was von der Navy und der Army nach dem Los Angeles Air Raid aufgefunden wurde, auf seine Anwendbarkeit im Krieg zu überprüfen, und obendrein, sämtliche erbeutete Nazi-Prototypen aus dem befreiten Europa zum weiteren Studium in die USA zu überführen:

»Am Ende des Zweiten Weltkriegs durchforsteten Agenten (Spione) des Navy-Geheimdienstes fast alle deutschen Geheimwaffen, fortgeschrittenen Systeme, Raketen, Flugzeuge, UFOs und Schwerwasser-[Projekte] im Land. Sie lokalisierten und kennzeichneten die Personen in diesen Anlagen. Als die Feindseligkeiten zu Ende gingen, kamen die Offiziere des Navy-Geheimdienstes und anderer Dienste direkt an diese Orte und entfernten nicht nur die Forscher, sondern auch ihre Dokumente und so viel von den Waffensystemen, wie sie konnten. Sie wurden alle im Rahmen der Maßnahme, die man Project Paperclip nannte, in die USA gebracht.«[44]

Die eng verschwisterten Notwendigkeiten, sowohl von den außerirdischen als auch von den nationalsozialistischen Technologien Fliegender Untertassen zu erfahren, mündeten in eine informelle Arbeitsgruppe, die von Donald Douglas, dem Gründer der Douglas Aircraft Company, initiiert wurde und sich mit dem Ende des Zweiten Weltkriegs zum Projekt RAND entwickelte.

Anmerkungen

1   Diese Dokumente sind online unter den Mussolini-UFO-Akten zugänglich; http://
    web.tiscali.it/lareteufo/mussof1.htm (aufgerufen am 30.06.15).

2   Eine detaillierte Untersuchung der 1933 gegründeten italienischen UFO-Forschungs-
    gruppe findet sich in Kapitel 3 von Michael E. Sallas Buch *Geheime Weltraumpro-
    gramme & Allianzen mit Außerirdischen*, Amra Verlag, Hanau 2018.

3   Alfredo Lissoni: »New Documents ›Will Revolutionize UFOlogy‹! (UFO Cover-
    Up By Mussolini)«, http://www.ufoevidence.org/documents/doc1885.htm (aufge-
    rufen am 29.07.15)

4   Andrew Gumbel: »Scholars in a spin over Churchill link to the death of Mussolini«,
    The Independent, http://www.independent.co.uk/news/world/scholars-in-a-spin-
    over-churchill-link-to-the-death-of-mussolini-1601820.html

5   »A Lesson in Naval History in 1:600 Scale«, http://craftsmanshipmuseum.com/
    Tompkins.htm

6   »A Lesson in Naval History in 1:600 Scale«, http://craftsmanshipmuseum.com/
    Tompkins.htm

7   ExoNews TV, »Interview Transcript – Navy Disseminated Nazi Antigravity Secrets to
    Leading US Companies & Think Tanks«, http://exopolitics.org/interview-transcript-
    navy-disseminated-nazi-antigravity-secrets-to-leading-u-s-companies-think-tanks/

8   Transkript einer Video-Aufzeichnung vom 15. Februar 2016

9   Ebd.

10 William Tompkins: *Selected by Extraterrestrials*, p. 427

11 http://www.ww2f.com/topic/29345-amm2-duties/?p=361199

12 Ich bin Duke Brickhouse, J. D., sehr dankbar, dass er in meinem Namen die Brie-
    fe aufgrund des Freedom of Information Acts verfasst und an die US National
    Archives gesandt hat, um die Herausgabe der persönlichen Akten von Admiral Ri-
    co Botta zu erreichen.

13 eMail von Dr. Robert Wood, 25. September 2016

14 FBI, The Vault, https://vault.fbi.gov/UFO/UFO%20Part%202%20of%2016/vi
    ew#document/p5

15 Tom Carey und Donald Schmitt: *Inside the Real Area 51: The Secret History of Wright
    Patterson* (New Page Books, 2013), Kindle Edition Location 329.

16 Siehe http://exopolitics.org/wp-content/uploads/2016/07/Admiral-Botta-Retroac
    tive-Promotion.jpg Ebenfalls zugänglich unter: http://www.senate.gov/legislative/
    LIS/executive_calendar/1946/05_25_1946.pdf

17 Ken McCanliss: »Retroactive Promotions to Flag Officer«, http://forum.axishistory.
    com/viewtopic.php?t=14146&start=15#p721732

18 Privates Interview am 16. Januar 2016

19 Justin Deschamps: »David Wilcock and Corey Goode: History of the Solar System
    and Secret Space Program – Notes from Consciousness Life Expo 2016«, http://
    sitsshow.blogspot.com.au/2016/02/david-wilcock-and-corey-goode-history.html

20 Weitere Informationen über Marconis Flugscheiben-Programm in Südamerika
    finden sich in Kapitel 9 von Sallas Buch *Geheime Weltraumprogramme & Allianzen
    mit Außerirdischen*, Amra Verlag, Hanau 2018.

21 William Tompkins: *Selected by Extraterrestrials*, p. 427

22 Ein Kapitel über Otis Carrs ziviles Raumfahrtprogramm findet sich in Sallas *Ge-
    heime Weltraumprogramme & Allianzen mit Außerirdischen*, Amra Verlag, Hanau
    2018, S. 228-250.

23 William Tomplins: *Selected by Extraterrestrials*, p. 70f.

24 William Tompkins: »Interview Transcript – U.S. Navy Spies Learned of Nazi Alliance with Reptilian Extraterrestrials«, *ExoNewsTV*, http://exopolitics.org/interview-transcript-us-navy-spies-learned-of-nazi-alliance-with-reptilian-extraterrestrials/

25 Ebd.

26 Robin Collyns: ›Did Spacemen Colonize the Earth?‹ (Pelham Books, 1974, p. 236. »The Aldebaran Mystery: The Nazi/ET UFO Connection«, http://ufodigest.com/news/0208/aldebaran-mystery.html (aufgerufen am 29.10.16)

27 Interviewed von Linda Moulton Howe, *Earth Files*, http://www.earthfiles.com/news.php?ID=1464&category=Real%20X-Files (aufgerufen am 06.06.15)

28 Interview-Transkript, »Cosmic Disclosure (S5E10): SSP Testimonials with William Tompkins«, http://spherebeingalliance.com/blog/transcript-cosmic-disclosure-ssp-testimonials-with-william-tompkins.html

29 Zit. nach Michael Salla: »Corporate bases on Mars and Nazi infiltration of US Secret Space Program«, http://exopolitics.org/corporate-bases-on-mars-and-nazi-infiltration-of-us-secret-space-program/

30 Michael E. Salla: *Geheime Weltraumprogramme & Allianzen mit Außerirdischen*, Amra Verlag, Hanau 2018, S. 126-154.

31 Interview-Transkript, »Cosmic Disclosure (S5E10): SSP Testimonials with William Tompkins«, http://spherebeingalliance.com/blog/transcript-cosmic-disclosure-ssp-testimonials-with-william-tompkins.html

32 Siehe Wikipedia auf https://en.wikipedia.org/wiki/Wilhelm_Filchner

33 William Tompkins: »Interview Transcript – Reptilian Aliens Helped Germans Establish Space Program in Antarctica«, http://exopolitics.org/interview-transcript-reptilian-aliens-helped-germans-establish-space-program-in-antarctica/

34 William Tompkins: »Interview Transcript – Reptilian Aliens Helped Germans Establish Space Program in Antarctica«, http://exopolitics.org/interview-transcript-reptilian-aliens-helped-germans-establish-space-program-in-antarctica/

35 »Antarctic Enigma«, http://www.bibliotecapleyades.net/tierra_hueca/esp_tierra_hueca_6c.htm (aufgerufen am 29.10.16).

36 »The Antarctic Survival Myth«, http://www.bibliotecapleyades.net/antarctica/antartica22.htm

37 Ebd.

38 »Ancient Antarctica Was As Warm As Today's California«, http://atlanteangardens.blogspot.com/2014/04/ancient-antarctica-was-as-warm-as.html

39 Ebd.

40 William Tompkins: »Interview Transcript – Reptilian Aliens Helped Germans Establish Space Program in Antarctica«, http://exopolitics.org/interview-transcript-reptilian-aliens-helped-germans-establish-space-program-in-antarctica/

41 William Tompkins: »Interview Transcript – Reptilian Aliens Helped Germans Establish Space Program in Antarctica«, http://exopolitics.org/interview-transcript-reptilian-aliens-helped-germans-establish-space-program-in-antarctica/

42 Zit. nach Michael Salla: »Corporate bases on Mars and Nazi infiltration of US Secret Space Program«, http://exopolitics.org/corporate-bases-on-mars-and-nazi-infiltration-of-us-secret-space-program/

43 Zit. nach Michael Salla: »Corporate bases on Mars and Nazi infiltration of US Secret Space Program«, http://exopolitics.org/corporate-bases-on-mars-and-nazi-infiltration-of-us-secret-space-program/

44 William Tompkins: *Selected by Extraterrestrials*, p. 139

3 Projekt RAND & die Zukunft nicht-irdischer Technologien

Geleakte »Majestic-Dokumente« offenbaren, dass Präsident Roosevelt, dem Rat führender Militärs folgend, beschloss, dass die Untersuchung der hochentwickelten Wissenschaft hinter der entdeckten Antigravitationsmaschine des Los Angeles Air Raid in einem den Erfordernissen des Kriegs gewidmeten Zeitrahmen eine zu große Herausforderung darstellen würde. In einem Memorandum an seinen Wissenschaftsberater Dr. Vannevar Bush erteilte Roosevelt 1944 einem Forschungs- und Entwicklungsprogramm »nicht-irdischer« Technologien auf der Basis von Antigravitationsprinzipien eine förmliche Absage. Die Kosten waren der Hauptpunkt; zudem würde es die Entwicklung eher konventioneller militärischer Waffen wie der Atombombe beeinflussen. In diesem streng geheimen Memorandum schrieb Roosevelt das Folgende:

»Man hat verschiedene Argumente hinsichtlich der Schwierigkeiten vorgetragen, die ein solches Unterfangen für die ohnehin schon schwierige Ausarbeitung fortgeschrittener Waffenprogramme sowie für die Unterstützerkreise unserer Kriegsbestrebungen bedeuten würden, und ich stimme zu, dass jetzt nicht die Zeit dafür ist. Es ist meine persönliche Einschätzung, dass, wenn der Krieg gewonnen und der Frieden wiederhergestellt ist, eine Zeit kommen wird, in der Überschüsse verfügbar sein können, die es möglich machen, ein dem Verständnis nicht-irdischer Wissenschaft und deren noch weitgehend unerforschter Technologie gewidmetes Programm zu verfolgen.«[1]

Dennoch postulierte Roosevelt auch weiterhin, dass die USA eines Tages eine führende Rolle bei der Entwicklung der unglaublichen Technologien, die ihnen in die Hände gefallen waren, spielen würde.

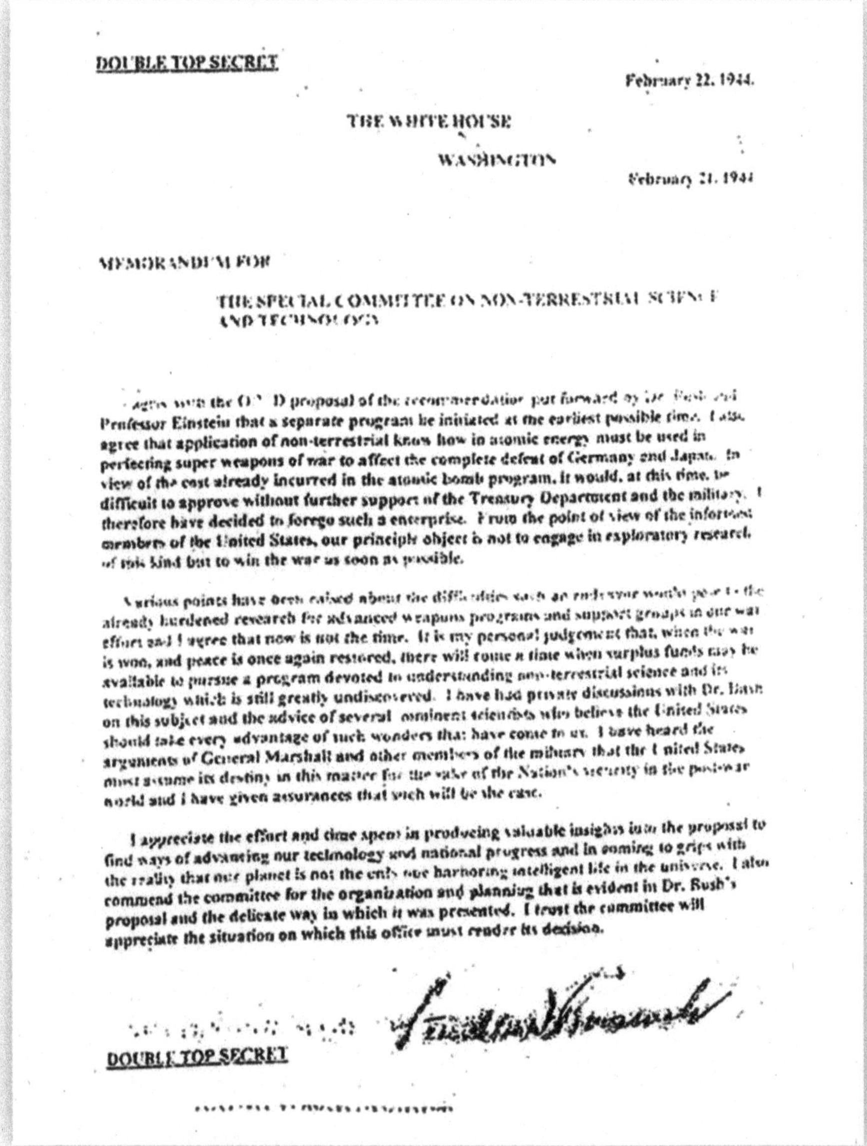

DOUBLE TOP SECRET

February 22, 1944.

THE WHITE HOUSE

WASHINGTON

February 21, 1944

MEMORANDUM FOR

THE SPECIAL COMMITTEE ON NON-TERRESTRIAL SCIENCE
AND TECHNOLOGY

I agree with the O.S.D. proposal of the recommendation put forward by the Bush and Professor Einstein that a separate program be initiated at the earliest possible time. I also agree that application of non-terrestrial know how in atomic energy must be used in perfecting super weapons of war to affect the complete defeat of Germany and Japan. In view of the cost already incurred in the atomic bomb program, it would, at this time, be difficult to approve without further support of the Treasury Department and the military. I therefore have decided to forego such a enterprise. From the point of view of the information members of the United States, our principle object is not to engage in exploratory research of this kind but to win the war as soon as possible.

Various points have been raised about the difficulties such an endeavor would pose to the already burdened research for advanced weapons programs and support groups in our war effort and I agree that now is not the time. It is my personal judgement that, when the war is won, and peace is once again restored, there will come a time when surplus funds may be available to pursue a program devoted to understanding non-terrestrial science and its technology which is still greatly undiscovered. I have had private discussions with Dr. Bush on this subject and the advice of several eminent scientists who believe the United States should take every advantage of such wonders that have come to us. I have heard the arguments of General Marshall and other members of the military that the United States must assume its destiny in this matter for the sake of the Nation's security in the postwar world and I have given assurances that such will be the case.

I appreciate the effort and time spent in producing valuable insights into the proposal to find ways of advancing our technology and national progress and in coming to grips with the reality that our planet is not the only one harboring intelligent life in the universe. I also commend the committee for the organization and planning that is evident in Dr. Bush's proposal and the delicate way in which it was presented. I trust the committee will appreciate the situation on which this office must render its decision.

DOUBLE TOP SECRET

Abb. 27: Streng geheimes, von Präsident Roosevelt unterzeichnetes Dokument

In der Folge sollten erst nach dem Krieg bedeutsame wissenschaftliche Ressourcen der Erforschung und Weiterentwicklung der aufgefundenen Antigravitationsmaschine gewidmet werden. Zwischenzeitlich sollte das amerikanische Militär so viele geheimdienstliche Informationen wie möglich darüber sammeln, was die Achsenmächte auf diesem Gebiet unternehmen, und sich bemühen, auch weiterhin jedes Fluggerät außerirdischen Ursprungs, das ihnen begegnete, in Besitz zu nehmen.

In dieser Interimszeit wurden mindestens drei Dinge unternommen, um notwendige Geheimdienstdaten zur Vorbereitung auf die Zeit zu erhalten, in der die US-Regierung und ihr Militär signifikante Ressourcen in die Verwirklichung eines umfassenden wissenschaftlichen Plans hinsichtlich des Phänomens Fliegender Untertassen lenken könnte. Zunächst sollte die Army Air Force über die Interplanetary Phenomenon Unit (IPU) so viele Erkenntnisse über Antigravitationsfluggeräte wie möglich erhalten und jedes Gerät, das in den Besitz des US-Militärs oder seiner Alliierten gelangte, in die USA überführen.

Zweitens sollte die Navy mit Hilfe ihrer Geheimagenten im nationalsozialistisch besetzten Europa insgeheim Informationen darüber erlangen, was die Nazis bei ihrer Erforschung und Entwicklung der Technologie Fliegender Untertassen taten.

Und drittens wurden vorläufige Untersuchungen durch eine informelle Studiengruppe durchgeführt, die in der Lage war, das gesamte militärische und wissenschaftliche Potenzial dessen einzuschätzen, was man durch den Los Angeles Air Raid, zusammen mit den Informationen von Air Force und Navy, bekommen hat. Die informelle Studiengruppe sollte die richtigen Leute und Sitzungsberichte nutzen, um sich auf eine Zukunft vorzubereiten, in der Geldmittel und Personal für das Programm einer rekonstruierenden Erforschung Fliegender Untertassen und der Informationen aus NS-Deutschland verfügbar würden. William Tompkins hat Schlüsselinformationen über diese informelle Studiengruppe enthüllt.

Kurz nach dem Los Angeles Air Raid von 1942 berief laut Tompkins der Präsident der Douglas Aircraft Company, Donald Douglas senior, gemeinsam mit seinem Chefingenieur Arthur Raymond und dessen Assistenten Franklin Collbohm eine informelle Arbeitsgruppe ein, zu der zwei Generäle der Army Air Force und zwei Admiräle der Navy gehörten. Das Ziel bestand darin, die wissenschaftlichen Prinzipien der beiden gefundenen UFO-Fluggeräte zu untersuchen und deren Implikationen zu erforschen.[2]

Die Douglas Aircraft Corporation hatte ihren Hauptsitz in Santa Monica, weshalb es naheliegend erscheint, dass führende Douglas-Mitarbeiter das Ereignis in Los Angeles beobachtet hatten. Unverzüglich begann eine Nachforschung, die Tompkins wahrscheinlich an der Stelle seiner Autobiografie meint, an der er schrieb:

>»Frank Collbohm hat im Geheimen seit 1942 – unter der Leitung von Arthur Raymond und Donald Douglas – den merkwürdigen Flug von Vehikeln über Santa Monica und Los Angeles untersucht.«[3]

Weiterhin beschreibt Tompkins den gewaltigen Einfluss, den das Ereignis von Los Angeles auf Donald Douglas und andere Schlüsselfiguren hatte, die unmittelbar an der informellen Arbeitsgruppe beteiligt waren oder von ihr erfuhren; intern wurde sie unter dem Namen Advanced Design (Fortschrittliches Design) bekannt. Diese Gruppe sollte letztlich zur formellen Gründung des Projekts RAND im Oktober 1945 führen:

>»Es gab mehrere Leute im Navy Department, dem Army Air Corps und einem Luftfahrtunternehmen, deren Leben dadurch vollständig umgekrempelt wurde. Dies waren Admiral Roscoe H. Hillenkoetter, der Marineminister James V. Forrestal, General Nathan F. Twining vom Army Air Corps und General Curtis Le May, Edward Bowles vom M.I.T., Dr. Vannevar Bush und Donald Douglas senior, um nur einige zu nennen.«[4]

Die Douglas Aircraft Company gehörte zu Beginn des Zweiten Weltkriegs zu den führenden Flugzeugherstellern sowohl für die U.S. Navy als auch für die U.S. Army Air Force. Bis 1945 produzierte Douglas fast 30.000 Flugzeuge für den erfolgreichen Kriegsausgang, und seine Ingenieure und Produktionsstätten waren weltberühmt. Tompkins war mit den Operationen sowie der Geschichte der Douglas Aircraft Company sehr vertraut, sowohl aufgrund seiner Anstellung in deren technischer Abteilung von 1950 bis 1963 als auch wegen seiner Besuche bei Douglas, als er von 1942 bis 1946 unter Rear Admiral Rico Botta in der San Diego Naval Air Station arbeitete.

Deshalb ist es sehr plausibel, dass Donald Douglas senior bereits 1942 leitende Offiziere in der Armee wie auch bei der Navy kontaktiert haben könnte, um eine informelle Arbeitsgruppe zu gründen, die den UFO-Zwischenfall von Los Angeles und seine Auswirkungen auf die aeronautische Industrie erörtern sollte. Schließlich steigerte die Douglas Aircraft Company die Flugzeugproduktion zu Kriegszwecken für die Air Force und die Navy gleichermaßen, und jedem oblag es, so viel wie möglich über die am Los-Angeles-Zwischenfall beteiligten UFOs zu erfahren.

In den Monaten unmittelbar nach dem Luftangriff wurden Geheimdienstdaten über die NS-Forschungs- und Entwicklungsprogramme in der Naval Air Station von San Diego gesammelt und, Tompkins zufolge, an die Douglas Aircraft Company übermittelt. Im vorangegangenen Kapitel wurde ein Dokument vorgestellt, welches belegt, dass Admiral Botta die Douglas Aircraft Company im Oktober 1942 besucht hat, um Themen hinsichtlich experimenteller Flugzeuge zu diskutieren. Wahrscheinlich war dies das erste Mal, dass Douglas vom Bestreben der Navy, Geheimdienstinformationen über NS-Programme zu erhalten, erfuhr.

Nach dem Beginn seines Geheimauftrags unter der Leitung Bottas fuhr Tompkins laut eigenen Aussagen seit Frühjahr 1943 mindestens drei Mal mit Einsatzbesprechungspaketen, die neueste Informationen über die NS-Programme enthielten, zur Douglas Aircraft Company.

»Ich bin seit Frühling 1943 von der Naval Air Station North Island, San Diego, zu Douglas geflogen. Ich gehörte zum Stab des Admirals [Rico Botta], des Commanders sowie zum Navy-Geheimdienst. Mir war sein ›high-wing‹-Flugzeug DH-2 [eine Maschine, bei der die Tragflächen oberhalb des Rumpfes angebracht sind] für den Gebrauch bei diesen und anderen Einsätzen im Westen [in den USA] zugewiesen worden. ... [Ich] besuchte als geheim eingestufte Anlagen von Douglas in Santa Monica und am CalTech, jede drei oder vier Mal.«[5]

Tompkins nannte sowohl Arthur Raymond als auch Franklin Collbohm, die unmittelbar mit dem Studium der zu Douglas gebrachten Pakete mit Einsatzbesprechungsmitschriften befasst waren. In einem Interview erinnert sich Tompkins, dass einer der Douglas-Ingenieure, mit denen er über die Pakete sprach, Collbohm gewesen sein könnte, der später erster Präsident der RAND Corporation wurde.[6] Folglich wird Tompkins' Behauptung, dass die Entstehung dieser von Donald Douglas gegründeten informellen Arbeitsgruppe drei Jahre später zu der förmlichen Gründung des Projektes RAND im Oktober 1945 führen sollte, durch historische Ereignisse gestützt.

Tompkins beschrieb die Entstehung und den Zweck von Projekt RAND sowie seine Verbindung zu einer streng geheimen Denkfabrik innerhalb der technischen Abteilung von Douglas folgendermaßen:

»Die Wissenschaftler und Konzept-Entwickler von Douglas/RAND untersuchten Gegenstände, die durchaus über dem Top-Secret-Level standen. Sie arbeiteten in einem Think Tank [Denkfabrik] tief im Innern der technischen Abteilung A-250 der Douglas Aircraft Company, von deren Existenz am Santa Monica Airport in Kalifornien niemand wusste.«[7]

Er benannte einige der Schlüsselfiguren, die an der Initiative des RAND-/Douglas-Projekts beteiligt waren:

»Unter der Leitung von James Forrestal, dem Marineminister, wurden am 1. Oktober 1945 mehrere gewichtige hohe Tiere an Bord geholt, darunter General Hap Arnold, Edward Bowles (vom M.I.T.) und ein Berater des Kriegsministers, Donald Douglas ... Sie trafen sich geheim im Hauptquartier der Army Air Corps [Force], Hamilton Field, in Kalifornien, um das Projekt RAND, einen noch höher als streng geheim eingestuften wissenschaftlichen Think Tank einzurichten. Er wurde ... [im Oktober] 1945 durch einen speziellen Vertrag mit der Douglas Aircraft Company gegründet. Am kommunalen Flughafen von Santa Monica. Innerhalb eines streng geheimen, eingemauerten Bereichs der technischen Abteilung von Douglas **untersuchte das Projekt RAND die Implikationen bedrohlicher außerirdischer Pläne.** ... Dann wurde am 2. März 1945 ein Vertrag abgeschlossen, der das Projekt RAND der Leitung des stellvertretenden Chefingenieurs von Douglas, Frank Collbohm, unterstellte. Der Douglas Think Tank war geboren.«[8] [Hervorhebung von MES]

Tompkins hob die exklusive Rolle hervor, die Douglas zugemessen wurde, als die Firma gegen Ende des Krieges den ersten amerikanischen Think Tank einrichtete, um den Blick auf Fliegende Untertassen zu richten sowie auf die mögliche Bedrohung durch außerirdische Besucher, wie sie durch den Los Angeles Air Raid 1942 schonungslos deutlich geworden war:

»Die Douglas Aircraft Company war, was die meisten von uns 1945 nicht wussten, ein ›ausgewählter Alleinanbieter‹ [engl. *sole-source selected*]. Es wurde ein mehr als streng geheimer RAND-Vertrag ausgestellt, um militärische Satelliten (inoffiziell: außerirdische Bedrohungen) im Erdorbit zu lokalisieren und zu studieren. Die technische Abteilung Advanced Design wurde großzügig erweitert, um dem massiven Problem gerecht zu werden. Der erste galaktische Think Tank auf diesem Planeten wurde gegründet.«[9]

Weiterhin legte Tompkins dar, wie der Vertrag des RAND-Projektes Douglas-Mitarbeitern Zugang zu den technischen Informationen gab, über die alle anderen amerikanischen Forschungs- und Entwicklungsprogramme verfügten, insofern sie für die Technologie Fliegender Untertassen und außerirdisches Leben relevant waren:

»Dieser Vertrag sorgte für den fast vollständigen Zugang zu nahezu allen technologischen Experten und Organisationen der USA sowie deren Hilfe. ... Der RAND-Vertrag drängte Douglas in großartige technische Programme hinein. Sie definierten die außerirdischen Bedrohungen und erforschten jede mögliche Methode und technische Herausforderung für die Leute, die in die Verteidigung sowie in offensive Einsätze der

Navy einbezogen waren. Es wurden Methoden entwickelt, um Weltraum-Missionen und Kampfeinheiten der Navy zu planen und Raumschiffe/Raumschiffträger sowie Waffen zu entwerfen, die die außerirdischen Einsatzgruppen bekämpfen sollten. Das bedeutete, technisch unterstützt zu werden von der North American Aviation Incorporated, der Northrup Aircraft Company, der Lockheed Aircraft Corporation, dem Jet Propulsion Laboratory, von SRI, M.I.T. und dem CalTech. Was wir bereits wussten, wurde durch die Fülle dessen, was wir noch zu lernen hatten, in den Schatten gestellt.«[10]

Unter den geleakten »Majestic-Dokumenten« findet sich auch eines, das Tompkins' Behauptung unmittelbar unterstützt, das Projekt RAND sei primär initiiert worden, um das Phänomen der Fliegenden Untertassen zu erforschen, und habe mit anderen führenden wissenschaftlichen Organisationen der USA dabei zusammengearbeitet, um Luft- und Raumfahrtforschung auf modernstem Niveau durchzuführen. Der *White Hot Report* listet das Projekt RAND unter den Forschungsorganisationen auf, die nach dem Absturz außerirdischer Fluggeräte gefundene Artefakte untersuchen:

»Auf der Basis sämtlicher verfügbarer Belege, die anhand von Exponaten gesammelt wurden, die von AMC, AFSWP, NEPA, ABC, NACA, JRDB, **RAND**, USAAF, SAG und dem M.I.T. untersucht werden, hält man sie für außerirdischer Natur.«[11] [Hervorhebung von MES]

Bemerkenswerterweise wurde dem geleakten *White Hot Report* aufgrund einer unabhängigen Untersuchung durch die altgedienten Dokumentationsforscher Dr. Robert Wood und Ryan Wood der höchste Grad an Echtheit zugesprochen.[12] Der *White Hot Report* ist folglich eine unabhängige Bestätigung dafür, dass die Douglas Aviation Company über das Projekt RAND mit der Erforschung aufgefundener außerirdischer Raumschiffe verbunden war, genau wie Tompkins behauptet. Auch dies stützt ein weiteres zentrales Element von Tompkins' Zeugnis hinsichtlich seines Beitritts zum Think Tank einer geheimen technischen Abteilung bei Douglas im Jahre 1951, der im Auftrag der

Navy mit Studien zur Realisierbarkeit verschiedener Antigravitationsraumschiffe befasst war.

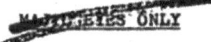

0020133

MAJESTIC EYES ONLY

PART III SCIENTIFIC PROBABILITIES

1. Based on all available evidence collected from recovered exhibits currently under study by AMC, AFSWP, NEPA, AEC, ONR, NACA, JRDB, RAND, USAAF SAG, and MIT, are deemed extraterrestrial in nature. This conclusion was reached as a result of comparisons of artifacts ▓▓▓▓▓▓ discovery in 1941. The technology is outside the scope of US science, even that of German rocket and aircraft development.

White Hot Report - Sept 19, 1947 - Project RAND studying extraterrestrial artifacts. Source: Majestic Documents

Abb. 28: Geleakter White Hot Report, datiert auf den 19. September 1947.
Quelle: Majestic Documents

Tompkins sagt das Folgende über die Geheimhaltung im Zusammenhang mit dem Projekt RAND: »Sie hatten die höchste Geheimhaltungsstufe sogar noch über der Atombombe.«[13] Seine Aussage über die außerordentliche Sicherheitsstufe des RAND-Projektes wird durch das Dokument eines Briefes bestätigt, den ein führender Radiotechniker dem kanadischen Transportministerium geschrieben hat. Mit Datum vom 21. November 1951 schrieb Wilbert Smith dem Fernmeldekontrolleur über Flugscheibentechnologien, die damals im Geheimen in den USA erforscht wurden: »Diese Sache ist für die US-Regierung die auf höchster Geheimhaltungsstufe stehende Angelegenheit; sie rangiert noch höher als die Atombombe.«[14] Ein Artikel des Journalisten Wesley Marx in *The Progressive* vom November 1965 bekräftigt zusätzlich Tompkins' Angaben über die außerordentlich hohen Sicherheitsvorkehrungen, die die Douglas Company für das Projekt RAND vornahm:

»Douglas richtete Verwaltungsdienste, Sicherheitsbedienstete und ab-
gesperrte Räume in seiner Anlage in Santa Monica, Kalifornien, ein, und
RAND wurde eine untergeordnete, tatsächlich aber nahezu autonome
Abteilung bei Douglas.«[15]

Außer Donald Douglas war auch der Befehlshabende General der Army Air Force Henry H. »Hap« Arnold einer der Gründer des Projektes
RAND. Er schrieb an General Marshall, den Stabschef der Armee,
einen Bericht, der mit den Worten beginnt:

»Während dieses Krieges haben die Armee, die Luftwaffe und die Marine beispiellosen Gebrauch von wissenschaftlichen und industriellen
Ressourcen gemacht. Die Schlussfolgerung ist unausweichlich, dass wir
das nötige Gleichgewicht zur Sicherung einer kontinuierlichen Zusammenarbeit von Militär, anderen Regierungsbehörden, der Industrie und
den Universitäten noch nicht errichtet haben. Die wissenschaftliche
Planung muss der gegenwärtigen Forschungs- und Entwicklungsarbeit
um Jahre vorausgehen.«[16]

Das Projekt RAND wurde gestartet, um einen Think Tank zu unterhalten, der den militärischen Diensten helfen sollte, die nötige stra-
tegisch-wissenschaftliche Planung zu umreißen, die sie für die letzt-
liche Erforschung und Entwicklung fortgeschrittener Luft- und
Raumfahrt-Technologien benötigen, besonders solcher, die auf Anti-
gravitations- oder anderen exotischen Antriebssystemen beruhen.
Dies war für die Ausarbeitung langfristiger Pläne von entscheidender
Bedeutung, als es um UFOs fing, die entweder interplanetarischen
Ursprungs waren oder mit hoch entwickelten technologischen Projekten der Nazis zu tun hatten.

Es ist bedeutsam, dass Arnold eine Schlüsselfigur auch bei der
Schaffung der Interplanetary Phenomenon Unit (IPU) ist, die ins
Leben gerufen wurde, um sich mit UFO-Abstürzen kurz nach dem
Zwischenfall von Los Angeles zu befassen. Zur damaligen Zeit war
Arnold der befehlshabende General der neu geschaffenen Army Air
Force, die nur acht Monate zuvor im Juni 1941 gegründet worden

war und zwei zuvor selbständige Einheiten, das Army Air Corps und die General Headquarters Air Force, vereinigte. Als befehlshabender General der Army Air Force sollte Arnold die Aufgabe haben, Personal mit dem nötigen technischen Fachwissen derjenigen militärischen Geheimdiensteinheit zur Verfügung zu stellen, die speziell gegründet worden war, um Berichte über Flugzeugabstürze, an denen interplanetarische UFOs oder andere Formen fortgeschrittener Flugtechnologie beteiligt waren, zu untersuchen.

Arnolds Einbeziehung führte zu einer wichtigen Verbindung zwischen der Gründung von Projekt RAND und der IPU. Dadurch wird Tompkins' Äußerung gestützt, dass das RAND-Projekt aus einer informellen Forschungsgruppe mit dem Ziel der Erforschung des UFO-Zwischenfalls von Los Angeles 1942 hervorging und dass RANDs geheime Mission von Anfang an darin bestand, eine auf lange Sicht angelegte Strategie hinsichtlich des UFO-Phänomens und außerirdischen Lebens zu entwickeln.

In seinem Artikel vom November 1965 beschrieb Marx, wie Arnold die Geldmittel für das Projekt RAND erhöhte, wobei er den Kongress und den üblichen Ausschreibungsprozess gleichermaßen umging:

»Ohne den Auftrag des Kongresses und ebenso ohne öffentliche Ausschreibung schaffte es der Air Force General H. H. ›Hap‹ Arnold, genügend Mittel zu verschieben, um der Douglas Aircraft Company einen Vertrag über zehn Millionen Dollar anzubieten, mit dem das Projekt RAND initiiert werden konnte.«[17]

Zehn Millionen Dollar im Jahre 1945 bedeuten in Begriffen von 2016 nicht weniger als 790 Millionen Dollar.[18] Zu jener Zeit war dies eine gewaltige Summe Geldes, wenn man sie, ohne Angebote von Mitbewerbern einzuholen, einem Luft- und Raumfahrt-Unternehmen für Forschungszwecke gibt. Arnolds Entschluss zeigt, dass die Douglas Company, wie er glaubte, ihren Hauptrivalen Lockheed, Boeing und Northrup in jener wegweisenden Ära hinsichtlich der Erforschung und Entwicklung fortgeschrittener Luft- und Raumfahrt-Technologien weit voraus war.

Arnolds Entscheidung für die Douglas Aircraft Company zur Unterstützung des Projekts RAND 1945 stärkt Tompkins' Aussage, dass bei Douglas 1942, nach dem Los Angeles Air Raid, eine informelle Forschungsgruppe gegründet wurde. Um 1945 war Douglas das naheliegende Privatunternehmen geworden, um einen langfristig zwischen Regierung, Militär und Privatwirtschaft koordinierten Plan bezüglich des Studiums von Fliegenden Untertassen und Antigravitationstechnologien zu entwickeln.

Außer General Arnold nennt die RAND-Webseite noch weitere am Start des RAND-Projektes Beteiligte:

> »Andere an der Gründung dieser neuen, privaten Organisation mitwirkende Hauptakteure waren Major General Curtis LeMay; General Lauris Norstad, der stellvertretende Chef des Luftwaffenstabs Plans; Edward Bowles vom Massachusetts Institute of Technology, ein Berater des Kriegsministers; Donald Douglas, Präsident der Douglas Aircraft Company; Arthur Raymond, Chefingenieur bei Douglas, sowie Franklin Collbohm, Raymonds Assistent. Der Name der Organisation? Projekt RAND.«[19]

Die auf der Webseite der RAND Corporation, dem Nachfolger des Projektes RAND, gefundene historische Übersicht ist insofern bemerkenswert, als sie die führende Rolle der Douglas Aircraft Company bei der Unterstützung des US-Militärs und bei dessen Mitwirkung an der Ausarbeitung der nötigen wissenschaftlichen Forschungs- und Entwicklungskonzepte für fortgeschrittene Luft- und Raumfahrt-Technologien belegt. Die Fachkompetenz der Wissenschaftler und Ingenieure von Douglas war damals unangefochten.

Während die Webseite der RAND Corporation Tompkins' Behauptung einer Beteiligung führender Luftwaffengeneräle und Ingenieure der Douglas Aircraft Company bei der Gründung des Projektes RAND bestätigt, findet sich keinerlei Erwähnung der Navy oder einer Mitwirkung des Ministers Forrestal. Warum nicht?

Um die Finanzierung des RAND-Projektes kümmerte sich, wie bereits bemerkt, die Army Air Force über General Arnold. Der

RAND-Vertrag wurde sodann von der neu geschaffenen Position eines Deputy Chief of Air Staff for Research and Development, eines Stellvertretenden Luftwaffenstabschefs für Forschung und Entwicklung, aus organisiert; im Oktober 1945 war das General Curtis LeMay – also ein anerkannter Mitbegründer des Projekts RAND. LeMay war verantwortlich für die Forschungsanlagen der Army Air Force in Wright Field, Dayton, Ohio, das die nach dem Los Angeles Air Raid gefundene Fliegende Untertasse erhalten hat. Wright Field sollte noch weitere, von der Interplanetary Phenomenon Unit (IPU) entdeckte Geräte bekommen, darunter das nach dem Roswell-Absturz 1947 entdeckte sowie NS-Antigravitationsmaschinen, die im Rahmen der Operation Paperclip in die USA überführt wurden.

Die Tatsache, dass nur Offiziere der Army Air Force von offiziellen RAND-Historikern als an der Gründung beteiligt anerkannt wurden, spiegelt wider, dass der Hauptgeldgeber die Armee war. Ebenso folgt daraus, dass die Navy ihr Interesse an der Erforschung von Fliegenden Untertassen und Antigravitation während des Krieges herunterspielte, wie es auch das Beispiel der Zurückweisung des Los Angeles Air Raid als falscher Alarm durch den Marineminister Frank Knox zeigt. Gleichwohl begann die Navy laut Tompkins unverzüglich, hinter den Kulissen gemeinsam mit der Army Air Force und den Ingenieuren von Douglas Aircraft, im Rahmen der informellen Forschungsgruppe bei Douglas von 1942 bis 1945 daran zu arbeiten, das Phänomen zu verstehen. Zur selben Zeit verfolgte die Navy ihr verdecktes Geheimdienstprogramm mit Agenten, die in die Flugscheiben-Programme NS-Deutschlands eingebettet waren.

Schnell bemerkte die Navy, dass die Army Air Force auf dem neu aufkommenden Gebiet der Weltraum-Einsätze ihren Vorrang durchsetzen wollte. Einfach gesagt, die Army Air Force sah den Weltraum als eine der bald zu schaffenden U.S. Air Force (1947) zugehörige Domäne. Durch das Projekt RAND sollte die wissenschaftliche und militärische Erforschung des Phänomens Fliegender Untertassen dazu dienen, die Navy davon ausschließen, eine führende Rolle im Weltraum zu spielen. Zwischen Army Air Force und Navy kam es zu einer Auseinandersetzung um die Regeln, als es dann darum ging, das erste System von Überwachungssatelliten einzurichten. Diesen Richtlinienstreit verdeutlicht eine kurze Beschreibung auf der Webseite der RAND Corporation:

> »Das Interesse an der Machbarkeit von Weltraum-Satelliten war schon etwas früher in einem Navy-Plan für ein zwischen den Streitkräften angesiedeltes Weltraumprogramm aufgekommen (März 1946). Major General Curtis E. LeMay, damals Stellvertretender Air-Force-Stabschef für Forschung und Entwicklung, sah Missionen im Weltraum als eine Erweiterung von Luft-Einsätzen an.«[20]

LeMay gab bei dem Projekt RAND eine Studie in Auftrag, die im Mai 1946 veröffentlicht wurde und den Titel trug »Preliminary Design of an Experimental World-Circling Spaceship« (»Vorläufiges Design eines experimentellen erdumkreisenden Raumschiffes«).[21] Die Studie führte dazu, dass die Navy die aufkommende Regel-Auseinandersetzung mit der Army Air Force bezüglich der gemeinsamen Entwicklung eines Aufklärungssystems mit Weltraum-Satelliten verlor. Nachfolgende RAND-Publikationen sollten sodann den Eindruck hervorrufen, dass lediglich die Army Air Force – und später die U.S. Air Force (gegründet im September 1947) – bei Weltraum-Operationen sowie dem Bau des für den Weltraumflug nötigen exotischen Antriebssystems ernst zu nehmen war.

Zwischenzeitlich setzte die Navy allerdings im Geheimen ihre Forschungs- und Entwicklungsarbeit bei der Rekonstruktion des nach dem Los Angeles Air Raid entdeckten außerirdischen Fluggerätes fort; ebenso erforschte sie die Prototypen Fliegender Untertassen der Nazis, die bei Kriegsende aufgefunden und in ihre eigenen Forschungsanlagen gebracht worden waren. Der vorrangige Ort, den die Navy wählte, um ihre Prüfung von Flugscheiben-Technologien fortzusetzen, sollte ihr »Flaggschiff« der Forschung und Entwicklung in Kalifornien sein: die Naval Air Weapons Station am China Lake.

Tompkins sagt, dass er während des Zweiten Weltkriegs häufig mit den Besprechungspaketen, die er nach den Einsatzbesprechungen der Navy-Spione vorbereitet hatte, zum China Lake flog: »Verbrachte viel

Zeit in der Anlage am China Lake, wo Raketen für Tests vorbereitet wurden (vierzig Besuche) und wo sie an ihren Alien-Projekten arbeiteten.«[22] Dies spiegelt das nachhaltige Interesse der Navy an einem Verständnis außerirdischer Technologien nach der Entdeckung des Alien-Fluggeräts vom Los-Angeles-Zwischenfall sowie ihre weiteren Ziele zukünftiger Navy-Weltraumeinsätze wieder.

Dank Projekt RAND konzentrierte sich die gesamte öffentliche Aufmerksamkeit auf die Army Air Force, wenn es um zukünftige Weltraum-Operationen und das UFO-Phänomen ging. Sie erreichte nach dem Roswell-Ereignis im Juli 1947 einen Höhepunkt, als die Army Air Force bekanntgab, dass eine Fliegende Untertasse abgestürzt war, nur um diese Angabe ein paar Stunden später zu widerrufen.[23] Der Eindruck, dass die Army Air Force das Phänomen Fliegender Untertassen geheim hielt, war dadurch herbeigeführt. Auf diese Weise wurde die öffentliche Aufmerksamkeit mit Nachdruck davon abgelenkt, was die Navy insgeheim in ihren führenden Forschungs- und Entwicklungsanlagen tat.

Ende 1947 wurde die Entscheidung getroffen, das Projekt RAND förmlich von Douglas zu trennen, wie die Webseite der RAND Corporation erläutert:

»Es scheint, als ob beim Projekt RAND – das damals noch ziemlich selbstständig tätig war – eine Ablösung von Douglas erwogen wurde. Im Februar 1948 schrieb der Stabschef [Carl A. Spaatz] der neu geschaffenen United States Air Force einen Brief an den Präsidenten der Douglas Aircraft Company, der die Überführung des RAND-Projekts in eine Nonprofit-Gesellschaft, unabhängig von Douglas, genehmigte.«[24]

Laut Tompkins war die Trennung kein so reibungsloser Übergang, wie es die RAND-Webseite darstellt. In einem Interview sagte er, dass etwa zwei Drittel der rund zweihundert Mitarbeiter, die beim Projekt RAND tätig waren, zur Anlage in Santa Monica der neu gegründeten RAND Corporation wechselten. Das letzte Drittel verblieb bei Douglas in dessen eigener, streng geheimer technischer Anlage in Santa Monica.[25]

Es ist dieses Überbleibsel des RAND-Projekts, das bei dem geheimen Think Tank von Douglas, Advanced Design, verblieb, für den Tompkins Anfang 1951 zu arbeiten begann, nachdem er nur ein paar Monate zuvor Ende 1950 bei Douglas eingetreten war. Tompkins verglich die Trennung des Projektes RAND von Douglas mit einer traumatischen Scheidung, wie er in seiner Autobiografie beschreibt:

>Ich bin seit Frühjahr 1943 von der Naval Air Station North Island San Diego zu Douglas geflogen. ... Nun, sieben Jahre später, war die Trennung mehr als ein Jahr her. Die Atmosphäre in dem Think Tank war von Anspannung und Verbitterung gezeichnet. Diejenigen Mitarbeiter, die gezwungen waren, bei der Familie [der Douglas Aircraft Company] zu blieben, hatte es am schlimmsten getroffen. Und auch diejenigen, die bleiben wollten, aber zum Gehen genötigt wurden, hatten ebenfalls Wut im Bauch.«[26]

Tompkins fährt fort, seine Überraschung zu beschreiben, als er 1951 von den Antigravitationsprojekten erfuhr, die insgeheim von den Douglas-Forschern und -Ingenieuren in dem geheimen Think Tank studiert wurden, und ebenso davon, dass es noch einen weiteren, davon unterschiedenen Think Tank gab, das RAND-Projekt, das einen ähnlichen Zweck verfolgte:

>Wir waren uns überhaupt nicht bewusst gewesen, dass dieses seltsame, wie aus einer anderen Welt stammende Ding jemals in einer streng geheimen technischen Abteilung, innerhalb eines Luftfahrt-Unternehmens, existierte; einer Abteilung, die wiederum innerhalb einer anderen geheimen Anlage existierte. Ein weiterer Think Tank [RAND], zu dem andere Leute gehörten, hatte ebenfalls die Aufgabe, die unglaublichen Ereignisse zu beurteilen.«[27]

Obwohl Advanced Design, wenngleich umstrukturiert, mit den fast siebzig Wissenschaftlern und Ingenieuren, die vom Projekt RAND verblieben waren, fortgeführt wurde, entwickelte sich schnell eine antagonistische Beziehung zwischen der RAND Corporation und dem Think

Tank bei Douglas. Was Tompkins als Nächstes in seinem Buch berichtet, verdeutlicht, dass dies zu einem langfristigen Problem wurde:

»Jahrelang war dies ein Stachel in unserem Fleisch. Wir waren fortwährend Unterbrechungen in unseren Konferenzräumen ausgesetzt, wenn andere Leute dort erschienen, um unsere Studien und Konzepte zu bewerten.«[28]

Diese »anderen Leute« waren nach Tompkins Industriespione, und sie sollten die Bemühungen der Navy, mit dem Douglas-Think-Tank Advanced Design an dem Ziel der Schaffung von Antigravitationsflugzeugen weiterzuarbeiten, behindern.

Außerirdische Unterstützung & Industriesabotage

Advanced Design sollte sich selbst als Mitspieler in zwei sich entfaltenden außerirdischen Agenden wiederfinden. Kurz gesagt, begannen menschlich – typisch skandinavisch – aussehende Außerirdische, die Tompkins daher als »die Nordischen« bezeichnete, einerseits, den Ingenieuren von Douglas' Think Tank dabei zu helfen, kilometerlange Weltraumträgerschiffe und Kreuzer zu entwerfen.[29] Tompkins sagt, dass die nordischen Außerirdischen die Navy als zukünftigen Alliierten pflegten, da anderswo in der Galaxis militärische Auseinandersetzungen mit den (draconischen) Reptiloiden aufkamen:

»Ich bin überzeugt, dass einige dieser guten Außerirdischen [die Nordischen] uns unterstützen. Sie möchten, dass wir Raumschiffträger bauen und ihren Navy-Weltraumkampfeinheiten dabei helfen, die finsteren Außerirdischen [die Reptiloiden] zu bekämpfen.«[30]

Andererseits erklärt Tompkins weiterhin, dass die Reptiloiden gemeinsam mit ihren Nazi-Alliierten Projekte sabotierten, an denen Douglas Advanced Design für ein zukünftiges, von der Navy geführtes Weltraumprogramm arbeitete. Die RAND Corporation war nach Tompkins' Zeugnis mit dieser Industriesabotage verbunden, was nahelegt, dass RAND und die USAF von den reptiloiden Außerirdischen und den Nazis beeinflusst waren.

Es sind hier zwei Hauptpunkte zu erwägen, wenn man Tompkins' unglaubliche Äußerungen über nordische und reptiloide Außerirdische bedenkt, die die U.S. Navy und die Air Force als Stellvertreter in einem galaktischen Konflikt nutzten. Beide beziehen sich unmittelbar auf die Geschichte der RAND Corporation und ihre derzeitigen Aktivitäten.

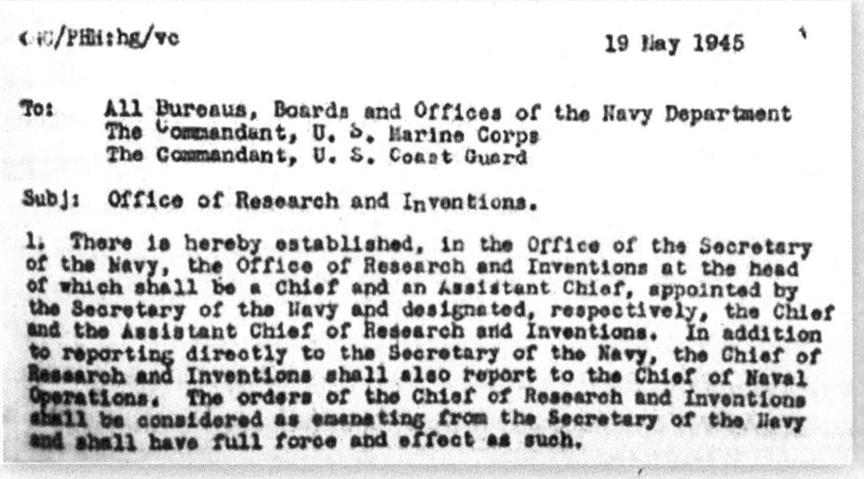

```
< C/PHi:hg/vc                              19 May 1945

To:    All Bureaus, Boards and Offices of the Navy Department
       The Commandant, U. S. Marine Corps
       The Commandant, U. S. Coast Guard

Subj:  Office of Research and Inventions.

1. There is hereby established, in the Office of the Secretary
of the Navy, the Office of Research and Inventions at the head
of which shall be a Chief and an Assistant Chief, appointed by
the Secretary of the Navy and designated, respectively, the Chief
and the Assistant Chief of Research and Inventions.  In addition
to reporting directly to the Secretary of the Navy, the Chief of
Research and Inventions shall also report to the Chief of Naval
Operations.  The orders of the Chief of Research and Inventions
shall be considered as emanating from the Secretary of the Navy
and shall have full force and effect as such.
```

Abb. 29: Forrestal gründet das Office of Research & Inventions.

Zunächst ist wohlbekannt, dass der frühere Marineminister James Forrestal, der im September 1947 zum ersten Verteidigungsminister ernannt wurde, mit Stuart Symington, dem ersten Minister der U.S. Air Force (von September 1947 bis April 1950), in eine Reihe erbitterter programmatischer Streitigkeiten verstrickt war.[31] Weniger bekannt ist jedoch, nach Tompkins, dass Forrestal während des Zweiten Weltkriegs für das Spionageprogramm der Navy, das die Antigravitationsprogramme der Nazis und deren Bündnis mit den Draconern beziehungsweise Reptiloiden auskundschaftete, verantwortlich war.

Tompkins sagt, dass die Erkenntnisse des Navy-Spionageprogramms unmittelbar zu Forrestals Befehl führten, im Mai 1945 (siehe Abb. 29) das Office of Research and Inventions zu gründen, die Behörde für Forschung und Erfindungen. Sie machte seine Oberaufsicht über das von Admiral Botta von der Naval Air Station in San Diego aus geleite te verdeckte Geheimdienstprogramm offiziell.

Forrestals Rolle beim Navy-Spionageprogramm war sehr wahrscheinlich ein wesentlicher Faktor bei seiner Beförderung zum Verteidigungsminister im September 1947. Sicher war er sich des Ausmaßes wie der Feinheiten der heraufziehenden Schwierigkeiten bewusst. Forrestal war dafür, dass die Navy eine führende Rolle bei der Lösung sowohl des Nazi- als auch des Außerirdischen-Problems spielen sollte; außerdem trat er dafür ein, der Öffentlichkeit einen größeren Teil der Wahrheit zu enthüllen.

Tompkins gab an, dass Forrestal unter direktem Einfluss von nordischen Außerirdischen stand, die einen Kontakt zu ihm hergestellt hatten. In einem Interview äußerte er die überraschende Behauptung, dass es die Nordischen waren, die Admiral Botta Forrestal als diejenige Person empfohlen hatten, die das Navy-Spionageprogramm im nationalsozialistisch besetzten Europa leiten sollte.

»Am wichtigsten ist hier nun das Folgende, und ich möchte ganz frei heraus sagen, dass dies definitiv nicht allgemein bekannt ist. Der Marineminister [Forrestal] hatte eine Mitteilung von den Nordischen erhalten, eine Person auszuwählen, die dieses [Navy-Spionage-]Programm übernehmen sollte. Jenes Individuum [Botta] war nicht einmal ein Amerikaner. Er stammte aus Australien. Er ging hier zur Schule, trat in die Navy ein und stieg sehr schnell auf, bis er schließlich Ein-Stern-Admiral war. Aber das Entscheidende ist hier, dass unter den siebenunddreißig Admirälen, die für diese Aufgabe hätten ausgewählt werden können, die Wahl ausgerechnet auf eine Person fiel, die nicht dadurch beeinflusst war, dass sie einen Abschluss in Annapolis gemacht oder all die falschen Informationen über praktisch alles auf diesem Planeten erhalten hatte, diese Fülle an Fehlinformationen, die uns von den Reptiloiden, die diesen Planeten beherrschen, seit mindestens fünftausend Jahren aufge-

zwungen worden ist. Keiner dieser Annapolis-Absolventen wurde ausgewählt, sondern jemand, der niemals eine akademische Ausbildung
genossen hatte. Und ich glaube, dies ist äußerst wichtig, denn nahezu
jedem Ph.D. auf diesem Planeten wurden falsche Informationen einge-
trichtert. Es ist das Hauptproblem in dieser Hinsicht, soweit es die Enthüllung betrifft. Die Ph.D.s – und zwar alle von ihnen – wurden nämlich
belogen! Warum geschah es, dass Marineminister Forrestal einen Aust-
ralier – ohne Ausbildung – auswählte, um die bedeutendste Information,
die es jemals auf diesem Planeten gegeben hat, umzusetzen? Wir müssen diese Fragen stellen! Punktum.«[32]

Bottas technisches Fachwissen und seine Führungsqualitäten während des Zweiten Weltkriegs wurden von der Navy erkannt, die ihn
schnell beförderte und ihm verschiedene militärische Ehrungen zu-
teilwerden ließ, wie historische Berichte belegen. Forrestals Entscheidung, Botta das Navy-Geheimdienstprogramm führen zu lassen, war
eine gute Wahl.

Wenn Tompkins recht hat, arbeitete Forrestal direkt mit nordischen
Außerirdischen zusammen, die ihn dabei beeinflussten, nicht nur den
Marineoffizier auszuwählen, der das den NS-Flugscheibentechnologien
gewidmete Forschungs- und Entwicklungsprogramm der Navy grün-
den, sondern auch die US-Administration davon abbringen sollte, mit
Nazis und Reptiloiden zusammenzuarbeiten; vielmehr sollte sie der
Öffentlichkeit die Wahrheit enthüllen.

Forrestal repräsentierte allerdings nur eine kleine Minderheit
unter den programmatischen Entscheidungsträgern, die mit der
Problematik der Nazis und Außerirdischen über ein festgesetztes
Komitee zu tun hatten, das Präsident Truman 1947 einberief und
Operation Majestic 12 genannt wurde (siehe das Truman-Memorandum, Abb. 30). Das Majestic-12-Komitee war durchaus nicht zugunsten irgendeiner öffentlichen Bekanntmachung der außerirdischen Problematik eingestellt.

Der Luftwaffenminister Symington war ein entschiedener Unterstützer von General Curtis LeMay, der »Weltraum-Operationen für
eine Erweiterung von Luft-Einsätzen hielt« und daher für die beherr-

schende Rolle der U.S. Air Force im Hinblick auf die Entwicklung künftiger Weltraumprogramme eintrat.[33] Sowohl Symington als auch LeMay waren strikt gegen Forrestals Versuch, der Navy die Führungsrolle bei Weltraum, NS-Raumschiffen und außerirdischem Leben zu geben. Darüber hinaus waren Symington und LeMay auch heftige Gegner einer Aufdeckung der Wahrheit der außerirdischen Problematik vor der breiten Öffentlichkeit.

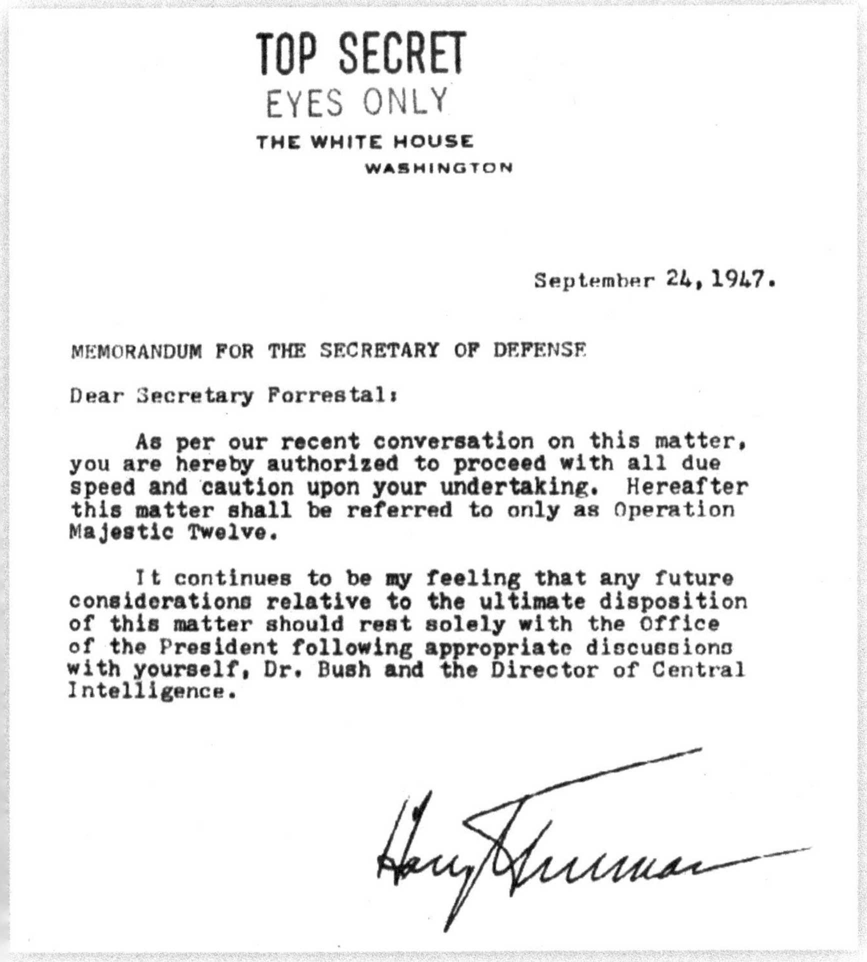

TOP SECRET
EYES ONLY
THE WHITE HOUSE
WASHINGTON

September 24, 1947.

MEMORANDUM FOR THE SECRETARY OF DEFENSE

Dear Secretary Forrestal:

As per our recent conversation on this matter, you are hereby authorized to proceed with all due speed and caution upon your undertaking. Hereafter this matter shall be referred to only as Operation Majestic Twelve.

It continues to be my feeling that any future considerations relative to the ultimate disposition of this matter should rest solely with the Office of the President following appropriate discussions with yourself, Dr. Bush and the Director of Central Intelligence.

Abb. 30: Das Truman-Memorandum, das die Operation Majestic 12 genehmigte

Diese programmatischen Streitigkeiten waren ein unmittelbarer Faktor bei den Ereignissen, die zu Forrestals Entlassung als Verteidigungsminister am 28. März 1949 und zu dem »Attentat« auf ihn zwei Monate später führten. Bemerkenswerterweise war dies derselbe Zeitraum, in dem die Zusammenarbeit von Navy und Army Air Force beim Projekt RAND über die Douglas Aircraft Company endete. Die RAND Corporation wurde als unabhängige juristische Person Anfang 1948 neu etabliert.

Abb. 31: James Forrestal erhält im März 1949 von Präsident Truman eine Auszeichnung für besondere Verdienste.

Der zweite zu bedenkende Aspekt ist ein extraterrestrischer Stellvertreterkrieg, der von USAF und Navy getrennt geführte Geheime Weltraumprogramme betraf. Es gibt eine Reihe von Whistleblower-Zeugnissen, die darlegen, dass die USAF über einen Geheimvertrag mit einer Gruppe Außerirdischer, die direkt mit der NS-Reptiloiden-Allianz verbunden war, vorausgegangen war. Im Februar 1955 kam es zu einem Treffen in der Holloman Air Force Basis, bei dem Präsident Eisenhower im Geheimen ein Abkommen mit einer Gruppe NS-verbündeter Außerirdischer, genannt die »Großen Grauen«, aushandelte.[34]

Wie von einer Anzahl Whistleblower dargestellt, arbeitete die USAF direkt mit Außerirdischen und Nazis, die hinter der Übereinkunft von 1955 standen, zusammen, um in den 1960er und 1970er Jahren Geschwader von Antigravitationsraumschiffen für ein von der USAF geführtes Geheimes Weltraumprogramm zu entwickeln.[35] Charles Hall war 1963 bis 1967 ein Wetterbeobachter im Dienste der U.S. Air Force. Er war in der Anlage von Indian Springs der Nellis Air Force Basis stationiert, wo er, seinen Angaben nach, häufig Außerirdische beobachtet hat, die »Große Weiße« (oder Große Graue) genannt wurden und sich regelmäßig mit hochrangigen Militärführern trafen. In Indian Springs wurde eine geheime unterirdische Station gebaut, um die Außerirdischen und ihre fortschrittlichen interstellaren Schiffe zu beherbergen. Gerüchte von diesen Außerirdischen in der Nellis AFB gehen bis in die Mitte der 1950er Jahre zurück, was mit den Whistleblower-Zeugnissen übereinstimmt, dass die Verträge in der Zeit der Eisenhower-Administration zustande kamen. Für einige von Halls Behauptungen über anomale Ereignisse im Gebirge wurden Belege gefunden, darunter die Finanzierung einer geheimen unterirdischen Basis in Indian Springs durch die Regierung.[36]

Hall erläuterte die legalistische Weise, in der Abkommen mit den Großen Weißen Außerirdischen interpretiert wurden. So sagte er in einer Antwort auf eine Interviewfrage, warum er ausgesucht worden war, mit ihnen Verbindung aufzunehmen:

»Die Entscheidung, mich und keinen anderen ins Sperrgebiet hinaus zu schicken, wurde von einem Gremium von Individuen getroffen, zu dem die Großen Weißen ebenso gehörten wie hochrangige USAF-Generäle und andere hochgestellte Mitglieder der US-Regierung. Die Großen Weißen sind sehr genau darauf bedacht, ihre Verträge einzuhalten, und erwarten dieselbe peinlich genaue Einhaltung der Verträge ebenso von der US-Regierung. Wenn ich von jemandem verletzt oder bedroht worden wäre, hätten das die Großen Weißen so interpretiert, dass der US-Regierung bezüglich der Einhaltung ihrer Verträge nicht getraut werden könne. Die Konsequenzen wären gewaltig.«[37]

Halls Zeugnis ist bedeutsam, da es aufzeigt, dass Außerirdischen eine Reihe von Mitteln zur Verfügung gestellt wurde, einschließlich des Rechts, Stützpunkte zu unterhalten, im Tausch gegen technologische Unterstützung der USAF. Von Amtsträgern des Pentagon und anderen zentralen Regierungsbehörden im Geheimen formalisiert, ergaben sich ein oder mehrere Verträge aus Begegnungen, bei denen sich sowohl Bedienstete der Air Force als auch nationale Sicherheitsbeamte Auge in Auge mit den Großen Weißen trafen.

Eine zweite Person, eine frühere Mitarbeiterin der Air Force, die graue Außerirdische, die mit der USAF zusammenarbeiteten, aus nächster Nähe erlebt hat, ist Niara Isley. Sie war für die U.S. Air Force in den späten 1970er Jahren als Radarspezialistin tätig. Für einen dreimonatigen Zeitraum von Januar bis März 1980 wurde sie unfreiwillig für ein schwarzes Projekt rekrutiert, bei dem sie aufgefordert wurde, auf dem Tonopah-Testgelände die Radarmessung eines UFOs durchzuführen. Dabei bekam sie das UFO zu Gesicht. Sie beschreibt hier, welche Konsequenzen sie erleiden musste, nachdem sie die ihr aufgetragene Mission erfolgreich beendet hatte:

>»Ich wurde über etwas, das wie eine ungewöhnlich große Treppe aussah, durch eine andere Tür in dem Raum geschleppt. Man setzte mich auf den Boden eines Raumes mit einem einseitig verspiegelten Sichtfenster, das natürlich auf meiner Seite verspiegelt war. Dort eingesperrt, erlebte ich die Wirkung der Injektion, die ebenfalls schrecklich war. Ich kann es nur so beschreiben, dass ich mich fühlte, als würde ich mich auf atomarer Ebene auflösen. An Schmerzen kann ich mich nicht erinnern, nur an die Angst, mich in Nichts aufzulösen. Nachdem die Wirkungen der Injektion abzuklingen begannen, wurde ich aus dem Raum herausgeschleppt und von zwei Wachmännern vergewaltigt, während acht andere Leute zusahen, darunter ein grauer Außerirdischer. Ich erinnere mich an einige Details davon und kann Teile dieser Erinnerungen auch im Detail beschreiben.«[38]

Isleys Zeugnis ist ein weiterer Beleg dafür, dass graue Außerirdische aktiv mit Angehörigen des amerikanischen Militärs in einem Geheimprogramm zusammenarbeiteten, das regelmäßig Menschenrechte verletzte. Die Zusammenarbeit zwischen der USAF und den Grauen oder auch Greys sowie anderen verbündeten reptiloiden Außerirdischen dauert bis zum heutigen Tage an.

Die RAND Corporation fährt fort, die USAF dabei zu unterstützen, eine einheitliche Linie globaler Forschung und Entwicklung in Bezug auf ihr Geheimes Weltraumprogramm auszubilden, das völlig von dem in aller Öffentlichkeit inszenierten Weltraumprogramm der NASA unabhängig ist. Damals wie heute forscht RAND, gemeinsam mit dem Weltraum-Kommando der U.S. Air Force, im Geheimen an Antigravitationsbauplänen, die dabei helfen könnten, neue Geschwader aus Antigravitationsraumschiffen zu entwickeln.

Gegenwärtig setzt das USAF-Weltraumkommando Antigravitationsraumschiffe, die, wie das Fliegende Dreieck TR-3B, mit außerirdischer Hilfe entwickelt wurden, von Area 51 in Nevada aus für erdnahe Weltraummissionen ein.[39] Die Fliegenden Dreiecke dienen zwei getarnten Weltraumstationen, die die Erde insgeheim umkreisen. In seiner Antwort auf eine Frage, ob Astronauten auf der Internationalen Weltraumstation die Aktivitäten Geheimer Weltraumprogramme beobachten, teilt Goode wesentliche Informationen über die verdeckten Weltraumstationen der USAF mit:

»Ja, sie [die ISS-Astronauten] beobachten definitiv Aktivitäten, die um sie herum geschehen. Größtenteils sehen sie das Militär, das MIC SSP, das Programm, das von NSA, DIA und Air Force kontrolliert wird; diese ganze Sache. Sie haben ein paar Weltraumstationen da oben, bei denen sie jedes Mal, wenn sie die Erde umkreisen, vorbeischauen. Dann sehen sie also diese Weltraumstationen, die rund vierhundert bis fünfhundert Meilen da draußen schweben, und sie sehen dann auch die offiziell nicht bestätigten Maschinen [die Fliegenden Dreiecke TR-3B], die diesen Weltraumstationen dienen.«[40]

Das nächste Kapitel legt dar, dass die U.S. Navy bis in die frühen 1960er Jahre, im Gegensatz zu der engen Kooperation der USAF mit RAND, eng mit Douglas Aircraft's Advanced Design zusammenarbeitete, um Weltraum-Kampfverbände mit gewaltigen Weltraumträgerschiffen und Kreuzern zu entwerfen. Laut Tompkins erhielten die Navy und Douglas dabei die Unterstützung einer ganz anderen Gruppe von Außerirdischen.

Anmerkungen

1 Roosevelt-Memorandum vom 22. Februar 1944, http://majesticdocuments.com/pdf/fdr_22feb44.pdf
2 Privates Telefon-Interview vom 19. September 2016
3 William Tompkins: *Selected by Extraterrestrials*, p. XV
4 Ebd., p. XII
5 Ebd., p. 58
6 Telefonisches Interview mit William Tompkins vom 19. September 2016
7 Tompkins: *Selected by Extraterrestrials*, p. 104
8 Ebd., p. XV
9 Ebd., p. 192
10 Ebd.
11 »Twining's ›White Hot‹ Report«, *The Majestic Documents* (Wood and Wood Enterprises, 1998), p. 75
12 Siehe die Webseite der *Majestic Documents*, http://tinyurl.com/jt49ov3
13 William Tompkins: *Selected by Extraterrestrials*, p. 192
14 Smiths Memo ist online zugänglich unter http://www.majesticdocuments.com/pdf/smithmemo-21nov51.pdf.
15 Wesley Marx: »The Military's ›Think Factories‹«, *The Progressive*, https://www.cia.gov/library/readingroom/docs/CIA-RDP88-01315R000400280026-3.pdf
16 »A Brief History of RAND«, http://www.rand.org/about/history/a-brief-history-of-rand.html
17 Wesley Marx: »The Military's ›Think Factories‹«, *The Progressive*, https://www.cia.gov/library/readingroom/docs/CIA-RDP88-01315R000400280026-3.pdf. Siehe auch Wikipedia auf https://en.wikipedia.org/wiki/Henry_H._Arnold. Aufgerufen am 19.10.2016. Dies ist weitaus mehr als auf der Webseite der RAND Corporation dargestellt wird. http://www.rand.org/about/history/a-brief-history-of-rand.html
18 Laut der Webseite *Measuring Worth* entsprechen 10 Millionen Dollar 1945 zwischen 107 und 790 Millionen im Jahre 2016.
19 »A Brief History of RAND«, http://www.rand.org/about/history/a-brief-history-of-rand.html
20 »Preliminary Design of an Experimental World-Circling Spaceship«, http://www.rand.org/pubs/special_memoranda/SM11827.html
21 »Preliminary Design of an Experimental World-Circling Spaceship«, Santa Monica, CA: RAND Corporation, 1946. http://www.rand.org/pubs/special_memoranda/SM11827.html. Auch in gedruckter Form erhältlich.
22 Tompkins: *Selected by Extraterrestrials*, p. 427
23 Eine detaillierte Analyse der einander widersprechenden Bekanntmachungen der Army Air Force Press findet sich in Thomas Carey und Don Schmitt: *Wit-

ness to Roswell: Unmasking the Government's Biggest Cover-up (New Page Books, 2009).

24 »A Brief History of RAND«, http://www.rand.org/about/history/a-brief-history-of-rand.html
25 Privates telefonisches Interview, 19. September 2016
26 Tompkins: *Selected by Extraterrestrials*, p. 58
27 Ebd.
28 Ebd.
29 Dies wird in Kapitel 4 behandelt.
30 Tompkins: *Selected by Extraterrestrials*, p. 73
31 »The Death of James Forrestal«, http://tinyurl.com/j5h78y2
32 »William Tompkins Answers Some Viewers Questions«, 12. Januar 2017. https://youtu.be/5J5Vl6wkMpM?t=49m15s
33 »Preliminary Design of an Experimental World-Circling Spaceship«, http://www.rand.org/pubs/special_memoranda/SM11827.html
34 »Ike and UFO's«, *Exopolitics Journal*, Bd. 2:1 (2007), http://exopoliticsjournal.com/vol-2/vol-2-1-Exp-Ike.htm
35 Siehe Michael Salla: *Exposing US Government Policies on Extraterrestrial Life* (Exopolitics Institute, 2009)
36 Siehe Michael Salla: »Further Investigations of Charles Hall and Tall Whites at Nellis Air Force Base: The David Coote Interviews«, http://exopolitics.org/Exo-Comment-36.htm
37 »Charles Hall and the Tall Whites: Another perception of the extraterrestrial phenomenon and the Area 51«, http://karmapolis.be/pipeline/interview_hall_uk.htm
38 Niara Isley: »Nellis AFB Radar Specialist Witnesses UFO«, http://www.ufodigest.com/news/1208/dreamland.html
39 Die TR-3B wird in Kapitel 10 behandelt. Siehe auch Michael Salla: »Tom DeLonge & UFO Disclosure: Rocking the Secret Space Programs Boat – Pt 2«, http://exopolitics.org/tom-delonge-ufo-disclosure-rocking-the-secret-space-programs-boat-pt-2/
40 Transkript von »Cosmic Disclosure: Viewer Questions Part 5«, https://spherebeingalliance.com/blog/transcript-cosmic-disclosure-viewer-questions-part-5.html

4 Innenansichten des Douglas Think Tanks & seine Infiltration durch nordische Außerirdische

Über einen Zeitraum von zwölf Jahren, der im Jahr 1951 begonnen hat, arbeitete William Tompkins für einen auf höchster Geheimhaltungsstufe stehenden Think Tank innerhalb der Douglas Aircraft Company, der von der Navy verdeckt nachgefragte Antigravitationsraumschiffe entwarf. Tompkins sagt, dass er diese Stelle bei »Advanced Design« aufgrund der außerordentlichen Fähigkeiten erhielt, die er während seines Kriegsdienstes beim Geheimdienst der Navy von 1942 bis 1946 gezeigt hat.

Während seines Dienstes an der Naval Air Station in San Diego nahm Tompkins persönlich an den Einsatzbesprechungen von Navy-Spionen teil, die während des Zweiten Weltkrieges und unmittelbar danach innerhalb der geheimsten Luft- und Raumfahrtanlagen NS-Deutschlands arbeiteten. Wie Tompkins berichtet, half er in seinen vier Jahren beim Navy-Geheimdienstprogramm, Informationen aus den beiden unterschiedlichen Geheimen Weltraumprogrammen NS-Deutschlands der Douglas Aircraft Company zu übermitteln, ebenso weiteren ausgewählten Luft- und Raumfahrtfirmen sowie Universitäten, die über die wissenschaftliche Kompetenz verfügten zu verstehen, was die Nazis taten.

Als Tompkins 1950 zur Douglas Aircraft Company ging, existierte der Think Tank Advanced Design bereits, um Antigravitationsraumschiffe zu entwerfen und zu studieren, allerdings nicht mehr als Teil des Projektes RAND (1945-1948). Ein Majestic-Dokument mit dem Titel *White Hot Report* bietet eine unabhängige Quelle, die bestätigt, dass Tompkins durch das Projekt RAND an streng geheimen Untersuchungen aufgefundener außerirdischer Raumschiffe beteiligt war.[1]

Weltraum-Kampfgeschwader der Navy werden entworfen

Nachdem Tompkins 1951 innerhalb von Douglas zu Advanced Design wechselte, hatte er vor allem die Aufgabe, eine Vielzahl von antigravitativen Raumschiffen zu entwerfen, wobei er sein Wissen aus dem Navy-Geheimdienst über nahezu dreißig NS-deutsche Prototypen sowie seine Begabung zur Darstellung detaillierter technischer Designs nutzte. Tompkins beschreibt die beiden Persönlichkeiten, die im Thank Tank Advanced Design seine Vorgesetzten waren:

»Ich unterstand unmittelbar Dr. [Wolfgang] Klemperer und Elmer Wheaton, dem V.P. [Vice President] der technischen Abteilung, der zwei Funktionen ausübte. Er war V.P. sämtlicher geheimer Raketen- und Weltraumsystem-Programme. Außerdem war er, was zu 99,9% unbekannt war, der V.P. des noch höher als *top secret* eingestuften Think Tanks, der außerirdische Bedrohungen erforschte und den man manchmal als Advanced Design bezeichnete.«[2]

Wheaton und Klemperer waren führende Experten für Raketen und Weltraum-Systeme und verfassten gemeinsam das fünfzehnte Kapitel der RAND-Studie über die Entwicklung des weltweit ersten die Erde umkreisenden Satelliten, in der sie Dauer und Kosten dieses Projekts untersuchten.[3] Tompkins hat außerdem ein Dokument vorgelegt, das belegt, dass Wheaton und Klemperer, abgesehen von ihrer bekannten Fachkenntnis auf dem Gebiet der konventionellen Raketentechnik, auch UFO-Berichte erforschten und anhand öffentlich zugänglichen Materials Studien zur Antigravitation betrieben. Das Dokument bestätigt, dass Tompkins' unmittelbare Vorgesetzte im Douglas Think Tank tatsächlich während der 1950er Jahre Theorien über Antigravitations-

To: E. P. Wheaton, A-250

From: W. B. Klemperer, A-250

Subject: UNCONVENTIONAL PROPULSION SCHEMES

Copies to: H. Aurand, A-250; R. Demoret; A-250; J. B. Edwards, A-250;
           S. Kleinhans, A-250; T. A. Kvaas, A-250; H. Luskin, A-250;
           C. C. Martin, A-215; G. M. Files

Reference: MTM-622, December 20, 1954 (Declassified)

Our studies of the possible merits or significance of occasionally appearing publications concerning Unconventional Propulsion Schemes have been casually continued since writing the first memorandum (MTM-622) about their progress to mid December 1954.

Between that time and the end of February 1955, twenty more papers on pertinent topics have been obtained and read. They are reviewed in the appended Astronautical Literature Review pages, serial 026 to 045. The content of most of them falls into similar categories as those reviewed before, under serial numbers 001 to 025.

Several more occasions were had to talk personally to people about the subject. Two of such interviews are abstracted, one with Dr. C. B. Millikan and the other with Captain W. T. Sperry of American Airlines who encountered an UFO in flight in 1950.

We have also looked at a few typical "Flying Saucer" books but found none of them of technical significance thus far. Brief reviews of six of them are appended. A print of a color film tracking two Unidentified Foreign Objects near Missoula, Montana, was obtained. It is now being analysed by Iconolog techniques.

Correspondence was exchanged with Aviation Studies (International) Limited, 20-31 Cheval Place, Kinghtsbridge, London SW 7, England, who describe themselves as Management Consultants and who prepare and distribute the Aviation Reports discussing technical, commercial and political developments in the world of aviation, as mentioned in paragraph 1. Reference was made by us particularly to the article "Gravitic Steps" in their issue No. 357 of 19 Nov. 1954 (p. 531) in which veiled intimations were made of promising experimental results with a test rig; specific questions concerning details of these alleged experiments were submitted to the editor of the British publication. An answer dated 4 February 1955 was promptly received. In this reply, signed by R. G. Worcester (Director of Aviation Studies (International) Limited) we were referred to "an unclassified report on Project Winterhaven

*Abb. 32: Ein Memorandum, das die Erforschung von Antigravitations-
Antrieben bei Douglas bestätigt*

antriebe untersuchten, was ihnen bei ihrer Überwachung der Entwürfe großer Raumschiffe für die Navy unmittelbar zugutekam.

Tompkins sagt, dass er sich seiner Arbeit annäherte, indem er die Einsatzparameter für die gewünschten zukünftigen Weltraum-

Kampfgeschwader entwickelte. Das ermöglichte es ihm, Entwürfe vorzulegen, die der Navy erlaubten, ihre vorhergesagten Weltraummissionen zu erfüllen.

>Jede mögliche Mission wurde erwogen für Raumschiffträger, Schlachtkreuzer und Hilfsraumschiffe, die sich für Flüge zum südöstlichen Quadranten, dem Spiralarm unserer Milchstraße sowie seinen Sternen und Planeten eigneten. Für die Planung von Weltraumeinsätzen der Navy, bei denen vom Think Tank entworfene Zerstörer und Träger für Welttraumkampfschiffe der Navy/Marine benutzt werden sollten, konnte Douglas unaufgefordert Angebote einreichen.«[4]

Tompkins schildert in seiner Autobiografie die getarnte Art und Weise, in der die Navy daran ging, Entwurfsanfragen bei Advanced Design zu stellen und unaufgefordert eingegangene Angebote anzunehmen:

»Nachdem unser nicht angeforderter Vorschlag für Raumschiffe bei ihnen eingegangen war [erhielten sie von der Navy eine Alleinanbieter-Anfrage nach einem Angebot für Sternenschiffe für Forschungsmissionen …]. Eigentlich bekamen wir gar kein RFP (Request for Proposal = Anfrage nach einem Angebot); es wurde lediglich unter der Flurtür bei Advanced Design durchgeschoben … Auf dem Umschlag stand bloß: >An denjenigen, der sich angesprochen fühlt.‹«[5]

Admiral Bobby Ray Inman war angeblich ein Vermittler der unaufgefordert erfolgten Douglas-Angebote für Navy-Aufträge, interstellare Fluggeräte zu entwerfen. In seiner Autobiografie beschreibt Tompkins ein Gespräch zwischen ihm selbst und Elmer Wheaton über die Frage, wie man die Annahme eines Angebotes bei der Navy erreicht:

»>Mach dir keine Sorgen um die Zustimmung des ONR [Office of Naval Research, Marineamt für wissenschaftliche Forschung],‹ sagte Wheaton: >Sie können das für uns erledigen.‹ Dann sagte er: >Okay, gut gemacht, Gentlemen. Wenn wir das durchbekommen bei den Schwergewichten auf der anderen Seite, können wir ein gutes Ergebnis hinkriegen. Ich denke, das ONI [Office of Naval Intelligence = oberste Geheimdienstbehörde der Navy] und das ONR werden beide mitmachen. Das ist die Art von Beistand, den Bobby Ray (Bobby Ray Inman) braucht, um Forrestals Leute zu überzeugen, dass wir die Lücke zu den anderen da draußen schließen können.‹ Ich fragte mich, wer diese sind? Und wer sind die Schwergewichte auf der anderen Seite?«[6]

Dr. Robert Wood, der Herausgeber von Tompkins' Autobiografie, ergänzte das Zitat von Tompkins durch die folgende erläuternde Anmerkung:

»Meine Interpretation dieser Bemerkungen und ihrer Reihenfolge lautet wie folgt: Elmar Wheaton hatte Kontakt zu einer Gruppe innerhalb der Navy mit UFO-Befugnis, auf die er sich mit der Formulierung ›Forrestals Leute‹ als diejenigen bezog, die über die UFO-Angelegenheiten Bescheid wissen. Einer der neuen jungen Navy-Offiziere, der eine Genehmigung hatte, sich mit dem UFO-Thema zu befassen, scheint Bobby Ray Inman gewesen zu sein, und sein Insiderwissen bezüglich des UFO-Problems kann sehr gut den besonderen Faktor bei seiner folgenden, äußerst erfolgreichen Karriere gebildet haben. Offensichtlich war Bobby Ray in der Zeit dieser Gespräche die Hauptperson, die mit Wheatons Think Tank zu tun hatte. Da Bill Tompkins einige Jahre [1951-1963] in diesen Kreisen verbrachte, ist nicht wirklich klar, ob dieses Gespräch 1952 oder vielleicht ein Jahr oder so später stattfand.«[7]

Ich war in der Lage, Admiral Inman zu kontaktieren, und befragte ihn wegen Tompkins' Behauptungen. Er sagte: »Es gibt überhaupt keine Möglichkeit, dass ich in den 50er oder 60er Jahren irgendetwas gewusst oder an etwas teilgehabt hätte, was Douglas Aircraft gemacht hat.«[8] Hinsichtlich seiner strikten Verneinung jeder Beziehung zur Douglas Company und deren Projekten ist es wichtig hervorzuheben, dass er offiziell verpflichtet gewesen wäre – und dies wahrscheinlich noch ist –, jede Verbindung zu bestreiten, wenn das Projekt als nicht bestätigtes Programm mit speziellem Zugang klassifiziert worden ist.

Gemäß Tompkins erhielten die Projekte bei Douglas die höchste Sicherheitseinstufung, die in der Verteidigungsindustrie möglich war; sie würde heute einem Unacknowledged Special Access Program (SAP) entsprechen, einem offiziell geleugneten Projekt mit Sonderzugriff. Eine Dienstvorschrift des Verteidigungsministeriums (DoD, Department of Defense) von 1995 mit dem Titel *National Industrial Security Program Operating Manual* (NISPOM, Handbuch für Programme der nationalen Sicherheitsindustrie) beschreibt die Sicherheitsverpflichtungen der an einem SAP teilnehmenden Mitarbeiter:

»Es gibt zwei Arten von SAPs, bestätigte und unbestätigte. Ein bestätigtes SAP ist ein Programm, das öffentlich wahrgenommen wird oder bekannt ist; gleichwohl sind Besonderheiten innerhalb des SAPs als geheim eingestuft. Die Existenz eines unbestätigten SAP oder eines unbestätigten Teilbereichs eines bestätigten Programms wird niemandem bekannt gemacht werden, der nicht befugt ist, diese Information zu erhalten.«[9]

Trotz seines Eintritts in den Ruhestand wäre Inman auch weiterhin offiziell verpflichtet, die Existenz eines unbestätigten SAPs oder seine Verbindung zu einem solchen, an dem die Navy und die Douglas Aircraft Company beteiligt sind, zu bestreiten. Inmans Karrierestationen legen die Möglichkeit nahe, dass er während Tompkins' Zeit bei Advanced Design bis 1963 ein Verbindungsglied der Navy zwischen ONI und Douglas Aircraft war.

Während meines telefonischen Interviews mit Inman am 1. Dezember 2016 sagte er, dass er seinen Navy-Dienst im März 1951 begann und nach verschiedenen Aufträgen 1957 in ein geheimdienstliches Postgraduate-Programm der Navy in Washington/D.C. eintrat. Weiterhin teilte er mit, dass er nach seinem Examen bis 1960 als Geheimdienst-Berichterstatter im Pentagon blieb. Danach wurde er, nach einem anderen kurzen Auftrag, von Oktober 1961 bis 1965 als Geheimdienstexperte zu einem Büro der Navy in der National Security Agency geschickt. Während dieser Zeit im Pentagon und/oder in der NSA könnte er die Rolle eines Verbindungsmannes zwischen Navy und Douglas Aircraft's Advanced Design gespielt haben, wie Tompkins behauptet.

Außerdem sagte Tompkins, dass Advanced Design eng mit einer Reihe von Forschungs- und Entwicklungsanlagen der Navy wie dem Naval Development Center, Warminster, Pennsylvania, der Naval Air Weapons Station, China Lake, und der Naval Air Station, San Diego, zusammenarbeitete.[10] Er versichert, dass 75% der technischen Projekte bei Advanced Design von der Navy finanziert wurden und dass oft Admiräle in dem Think Tank zu finden waren. Im Gegensatz dazu war ein USAF-General bei Douglas Aircraft's Advanced Design selten zu sehen. Der Fokus der USAF hatte sich verlagert, und sie wurde zum Hauptgeldgeber der RAND Corporation, nachdem sich diese 1948 von der Douglas Aircraft Company getrennt hatte.

Tompkins stellt dar, wie er mit der Gestaltung eines Weltraum-Kampfgeschwaders der Navy, das anhand der Einsatzparameter, die er formuliert hatte, kilometerlange Flugmaschinen enthalten sollte, fortfuhr:

»Ich definierte ein standardmäßiges Komplement eines Weltraum-Kampfgeschwaders neu, wobei ich annahm, dass es aus einem 2,5 km langen Raumschiffträger mit einem Zweisterner [Zwei-Sterne-Admiral] als Flaggoffizier an Bord, drei bis vier 1,4 k schweren Weltraumkreuzern, vier bis fünf 1 k Weltraum-Zerstörern, zwei 2 k im Weltraum landenden Angriffsschiffen für Sturzflugeinsätze, zwei 2 k Hilfsschiffen für Weltraumlogistik und zwei 2 k Weltraum-Personaltransportern bestehen sollte.«[11]

Tompkins schreibt auch über zwei Navy-Raumschiffentwürfe, die beim Douglas Think Tank fertiggestellt wurden, und teilt die Dokumente in seiner Autobiografie mit:

»Die folgenden Bilder zeigen die Originalzeichnungen von Navy-Raumschiffträgern und Schlachtkreuzern, die wir 1954 bei Advanced Design unter Dutzenden alternativer Gestaltungen auswählten und grafisch umsetzten. Anschließend wurden maßstabsgetreue Modelle dieser kilometerlangen Schiffe hergestellt.«[12]

Abb. 33: Ein Sparrowhawk-Jagdflugzeug wird in die U.S.S. Akron gezogen

*Abb. 34: Die U.S.S. Akron – heliumgefülltes Starrluftschiff und erster
fliegender Flugzeugträger, im April 1933 abgestürzt*

....

113

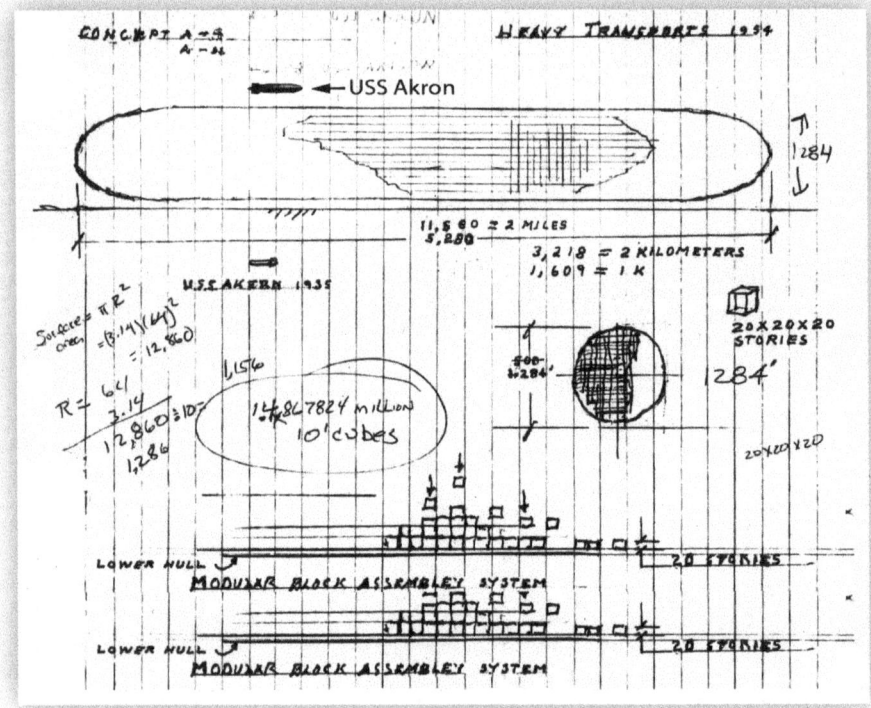

Abb. 35: Ein massives Weltraumträgerschiff

In einem der beiden Entwürfe verwendete Tompkins zu Vergleichszwecken die U.S.S. *Akron*, ein 1931 eingesetztes Navy-Luftschiff, das eine Länge von 239 Metern aufwies. Es konnte Flugzeuge vom Typ F9C *Sparrowhawk* und *Waco* XJW-1 aufnehmen und war der erste fliegende Flugzeugträger der Welt.

Die U.S.S. *Akron* und ihr Schwesterschiff, die U.S.S. *Macon*, waren als gemeinschaftliches Projekt von dem Unternehmen Goodyear, das seinen Sitz in den USA hatte, und der deutschen Firma Zeppelin gebaut worden. Die Luftschiffe der Akron-Klasse bezeugen, dass die U.S. Navy bereits in den späten 1920er Jahren am Bau fliegender Flugzeugträger beteiligt war. Folglich hatte die Navy also die historische Tradition und verfügte über die Fachkompetenz, um mit der Entwicklungsarbeit an Weltraumträgerschiffen zu beginnen, nachdem Technologien des Antigravitationsantriebs in den 1950ern realisierbar wurden.

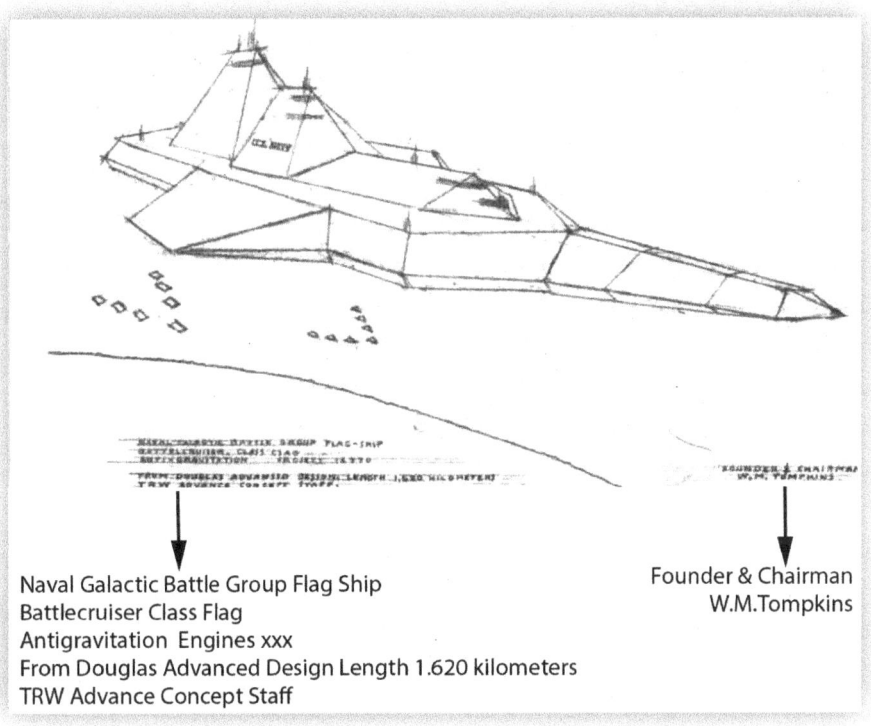

Naval Galactic Battle Group Flag Ship
Battlecruiser Class Flag
Antigravitation Engines xxx
From Douglas Advanced Design Length 1.620 kilometers
TRW Advance Concept Staff

Founder & Chairman
W.M.Tompkins

Abb. 36: Flaggschiff eines Weltraum-Kampfgeschwaders

In einem Entwurf für ein schweres Transportraumschiff von drei Kilometern (zwei Meilen) Länge vergleicht Tompkins es hinsichtlich der Größe mit der U.S.S. *Akron*. Er zeigt, wie es unter Verwendung einer modularen Konstruktion mit fast fünfzehn Millionen ›10-Fuß‹-Würfeln gebaut werden könnte.

Tompkins schildert, dass er und seine Kollegen bis 1952, nur zwei Jahre, nachdem er in Advanced Design bei Douglas eingetreten war, bereits eine große Zahl von Skizzen für die verschiedenen Flugmaschinenklassen der zukünftigen Weltraum-Kampfgeschwader der Navy angehäuft hatten:

»Zu der Zeit hatten wir in dem Tank schon einen Aktenschrank voller Navy-Weltraummissionen und einen weiteren voller Navy-Raumschiffe von Raumschiffträgern bis zu Raumschifftransportern, sechs Jahre bevor die NASA überhaupt existierte [sie wurde am 29. Juli 1958 gegründet]. Eine große Zahl dieser Missionen wurde zu Prototypen für die NASA (NAVY) bei unseren Vorstößen zu den Planeten und Sternen des Sonnensystems während der nächsten dreißig Jahre.«[13]

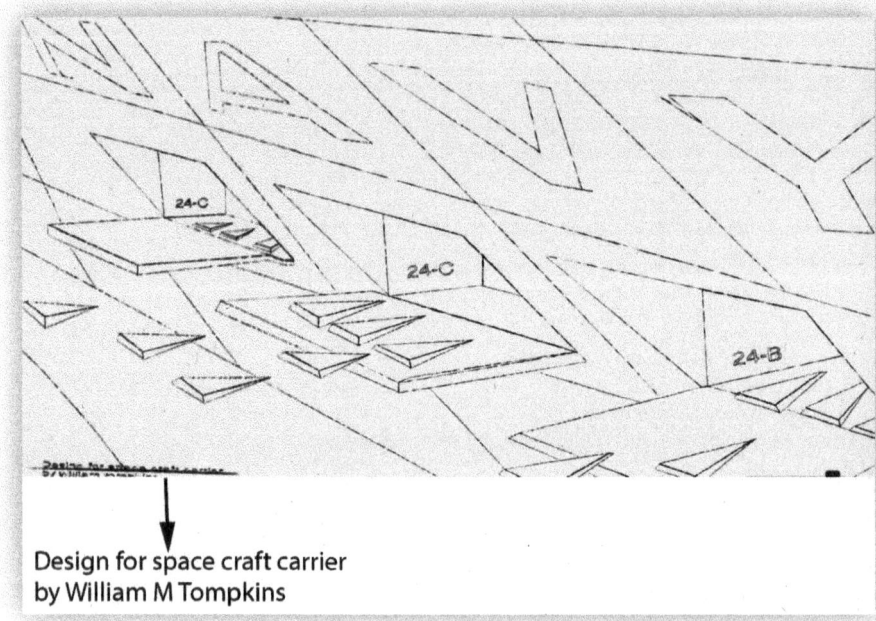

Design for space craft carrier
by William M Tompkins

Abb. 37: Dreieckige Raumschiffe beim Einfliegen in das Flaggschiff

Tompkins legte noch ein weiteres Dokument vor, das ein eins Komma sechs Kilometer (also eine Meile) langes Kampfgeschwader-Flaggschiff zeigt. Der Kommentar zur Grafik verdeutlicht, dass das Modell ursprünglich bei Douglas Advanced Design entworfen und später bei einem ähnlichen Think Tank innerhalb von TRW, genannt »Advanced Concept«, neu eingeführt wurde, wo Tompkins von 1967 bis 1971 arbeitete.

In einem Interview auf *Gaia TV* erklärte Tompkins dazu:

»Und was Sie hier sehen, sind die verschiedenen Klassen von Angriffs- und Kampfflugzeugen, die zum Mutterschiff oder dem Raumschiffträger mit vakuumkontrollierten Eingangsbereichen zurückkehren ... Tatsächlich entwarfen wir sie [die Luken] herunterklappbar, so dass man bereits die Landung im Inneren unterstützt. In Wahrheit fliegt in diesen Geschwadern niemand, der die Flugmaschinen kontrolliert. Alles läuft automatisch, so dass man nicht gegen die Wände oder etwas anderes von diesem Teil stoßen kann. Aber man kann die Luken an der Seite sehr schnell öffnen. Die Luke wird dann zu einer Art Rampe, auf der es möglich ist zu landen, wenn man zu tief ist. Und das ist auch die Antwort auf die Frage, was wir mit den großen Räumen an Bord der Schiffe machen, die bei den Missionen eingesetzt werden.«[14]

Während die Entwürfe für die gewaltigen Weltraum-Kampfstaffeln bei Douglas und später bei TRW ausgeführt wurden, erfolgten die genaue technische Umsetzung und die Konstruktion in einer geheimen Anlage in Utah nahe den Wasatch Mountains, so Tompkins. In seiner Antwort auf eine Frage danach berichtete Tompkins von einem Gespräch mit »Admiral Roscoe« (Hillenkoetter) über die Fertigstellung des Projekts und schrieb darüber in seiner Autobiografie das Folgende:

»Nun, Admiral ... wie Sie wissen, empfehlen wir hier auf der arbeitenden Seite beim DAC/RAND-Think-Tank – wir empfehlen, eine große Anlage zur Entwicklung und Konstruktion von Raumschiffen in Utah zu bauen. Sie schafft Ihre zwei Kilometer langen Raumschiffträger und hat die Kapazität, die Einrichtungen so zu erweitern, dass sie Schiffe von der zehnfachen Größe unterbringen kann. Wir brauchen natürlich die finanziellen Mittel dazu. Das ist es, worum es hier geht, Admiral.«[15]

In einem Rundfunkinterview teilte Tompkins weitere Details über die Konstruktionsanlagen für die kilometerlangen Raumschiffe mit, die bei Douglas entworfen wurden, sowie über die am Konstruktionsprozess beteiligten Luft- und Raumfahrtfirmen:

»Eine der Anlagen, die verwendet wurden, befand sich östlich der Wasatch Mountains in Utah. Es war eine überaus große Höhle. Daneben lagen weitere kleinere, aber diese war gewaltig. Und sie waren dort in der Lage, Weltraumsysteme von Lockheed und Anlagen von Northrup-Grumman zu verbinden; sogar Boeing war bei der tatsächlichen Konstruktion dieser kilometerlangen Raumschiffträger dabei, so dass die Navy jetzt acht dieser Raumschiffträger-Schlachtgeschwader draußen in der Galaxis hat.«[16]

Es ist wichtig hervorzuheben, dass Lockheed Martin (formell Lockheed) und Northrup Grumman (formell Northrup) ebenso wie die Douglas Aircraft Company von 1943 bis 1946 Pakete mit Einsatzbesprechungen von Tompkins erhalten haben. Tompkins sagt, dass »Skunk Works«, Lockheeds streng geheimer Think Tank, als direktes Ergebnis dieser Inhalte der Päckchen mit Berichten, die er ihnen lieferte, entstanden ist.[17] 1997 übernahm Boeing McDonnell Douglas, das zuvor durch die Verbindung zwischen der Douglas Aircraft Company und McDonnell Aircraft entstanden war. Infolgedessen können die drei wichtigsten Unternehmen, die für den Bau und die Weiterentwicklung der acht seit den 1980er Jahren an geheimen Orten in Utah gefertigten Weltraum-Kampfgeschwader der Navy verantwortlich sind, alle direkt auf die ursprünglichen Firmen zurückgeführt werden, die Tompkins' Pakete mit dem Material der Einsatzbesprechungen erhielten.

Nordische Außerirdische unterwanderten die Douglas Aircraft Company

Tompkins berichtet, dass ihm und seinen Kollegen heimlich drei nordische Außerirdische halfen, die sich als normale, bei der Douglas Aviation Company angestellte Bürger ausgaben. Er schilderte, wie diese drei Nordischen, zwei weibliche und ein männliches Wesen, wesentliche Informationen über das Design und die Konstruktion von Raumschiffen mitteilten, ohne ihre wahre Identität preiszugeben. Tompkins erklärte einem Mitarbeiter bei Advanced Design sogar, dass seine Sekretärin Jessica ihre wahre Herkunft zwar nicht

Abb. 38: Nach Tompkins Angaben sah Jessica (eine nordische Außerirdische) genauso aus wie Maria Oršić.

enthüllte, aber zweifellos eine der nordischen Außerirdischen war, die ihm dabei zur Seite standen, die Projekte der Douglas Company im Auftrag der Navy fertigzustellen:

»Ich versuchte, John zu erklären, dass Jessica niemals gesagt hat, sie sei eine Nordische, außer indem … sie ihr unglaubliches Wissen über das Universum zum Ausdruck brachte. Und, ja – häufig stopft sie meinen Kopf genau mit dem voll, was gerade für ein bestimmtes

Programm benötigt wird. Wenn ich den Plan dann umsetze, funktioniert er jedes Mal.«[18]

Als Tompkins zum ersten Mal ein Foto von Maria Oršić sah, das er 2015 in der amerikanischen Originalausgabe meines Buches *Geheime Weltraumprogramme & Allianzen mit Außerirdischen* entdeckte, war er überrascht. Sie sah nämlich genauso aus, wie er Jessica in Erinnerung hatte, die nordische Außerirdische, die in die Douglas Aircraft Company als Sekretärin eingeschleust worden war.[19]

Tompkins' Behauptung, dass die Douglas Aircraft Company von drei nordischen Außerirdischen unterwandert worden ist, wird von mehreren Whistleblower-Zeugnissen sowie den Äußerungen privater Bürger bekräftigt, denen zufolge sich menschlich aussehende Außerirdische erfolgreich in alle Bereiche der menschlichen Gesellschaft integriert haben, darunter die höchsten Ebenen der Streitkräfte dieser Erde, einschließlich der NATO.[20]

Robert Dean (CSM, U.S. Army im Ruhestand) arbeitete von 1963 bis 1967 im Obersten Hauptquartier der NATO und war während dieser Zeit in der Einsatzzentrale mit einer Sicherheitseinstufung für streng geheime kosmische Angelegenheiten stationiert. Er sagt, dass er eine geheime NATO-Studie eingesehen habe, die in Auftrag gegeben worden war, um die von UFOs auf NATO-Missionen in Osteuropa ausgehende Bedrohung zu analysieren. Der als Verschlusssache eingestufte Bericht trug den Titel »An Assessment: An Evaluation of a Possible Military threat to Allied Forces in Europe« (»Evaluation einer möglichen militärischen Bedrohung alliierter Streitkräfte in Europa – eine Lagebeurteilung«). Der Bericht konzentrierte sich auf die Gefahren durch UFOs, die irrtümlich für einen ballistischen Raketenangriff durch die Sowjetunion gehalten werden könnten.

Dean gab an, dass die NATO-Studie vier verschiedene außerirdische Zivilisationen identifiziert hat, die zu jener Zeit die Erde besuchten. Seiner Aussage nach beunruhigte es die obersten NATO-Militärs besonders, dass einige der Besucher so sehr wie wir aussahen, dass sie beinahe ununterscheidbar von uns wären. Nach Dean hatten die NATO-Generäle eine geradezu wahnsinnige Angst vor der Möglichkeit, dass die außerirdischen Besucher einfach die Korridore bei der NATO, im Pentagon oder gar im Weißen Haus selbst entlanggehen könnten.

In einem Interview äußerte er dazu das Folgende:

>»Es gab eine menschliche Gruppe, die uns so ähnlich sah, dass dies die Admiräle und Generäle verrückt machte, denn sie stellten fest, dass diese Leute – und sie hatten sie wiederholt gesehen – Kontakt mit ihnen hatten ... Diese Leute sahen so sehr wie wir aus, dass sie neben dir in einem Flugzeug oder Restaurant sitzen könnten, und du würdest den Unterschied niemals bemerken. Und da sie Militärs und vor allem paranoid waren, beunruhigte dies die Generäle und Admiräle ganz schön. Es war die Tatsache, dass diese intelligenten Wesen mit uns zu tun haben könnten, die Korridore des SHAPE [Supreme Headquarters Allied Powers Europe] entlanglaufen oder durch die Gänge des Pentagon spazieren könnten. Mein Gott, einigen von ihnen dämmerte es, dass diese Burschen sogar im Weißen Haus sein könnten! Wie ich schon sagte, paranoid, wie man in jenen Jahren war, schaukelte man die Dinge ein Bisschen auf.«²¹

Ein weiterer bekannter Amtsträger, der die Wahrheit über Außerirdische, die die Menschen infiltrieren und unter ihnen leben, aufgedeckt hat, ist der gegenwärtige russische Premierminister und frühere Präsident Dmitri Medwedew. Am 7. Dezember 2012 machte er, scheinbar nicht auf Sendung, einige Bemerkungen zu Reportern, während sein Mikrofon noch eingeschaltet war. Er war gefragt worden, ob dem Präsidenten während seiner Amtszeit einige Geheimakten über Außerirdische gegeben worden seien. In seiner Antwort bestätigte Medwedew nicht nur, dass Außerirdische die Erde besuchen, sondern dass einige derzeit tatsächlich unter uns leben:

>»Zusammen mit dem Aktenkoffer mit Nuklearcodes bekommt der Präsident des Landes eine spezielle ›Top-Secret‹-Mappe. Dieser Mappe enthält zur Gänze auch Informationen über Außerirdische, die unseren Planeten besuchen ... Zusätzlich dazu erhält er einen Bericht des absolut geheimen Geheimdienstes, der Kontrolle über Außerirdische auf dem Territorium unseres Landes ausübt ...«²²

Deans und Medwedews Äußerungen sind ein entscheidender Schlüssel bei der Aufdeckung der Wahrheit über Außerirdische, die unter der menschlichen Bevölkerung leben und den Militärisch-Industriellen Komplex unterwandern. Sein Zeugnis zeigt zweifelsfrei, dass offizielle Militär- und Regierungsämter sich dieses Eindringens bewusst sind und durchaus Strategien gegen diesen Notstand ausgearbeitet haben.

Corey Goode hat berichtet, dass er für mehrere Jahre bei einem Programm zur Befragung und Vernehmung von Außerirdischen, die auf der Erde angetroffen wurden, angestellt war.[23] Das Verhörprogramm würde Aliens, die die menschliche Gesellschaft unterwandert haben, identifizieren und vernehmen. Das Ziel ist, wie Goode sagt, ihre Vorhaben herauszufinden, warum sie hier auf der Erde sind und jede Täuschung auf Seiten der Außerirdischen während des Verhörs zu entlarven. Auch Zwangsmaßnahmen wie Folter wurden bei den außerirdischen Eindringlingen angewandt. Was Goode beobachtet hat, war zutiefst traumatisch, und er sagt, dass er Hilfe benötigte, um mit der Traumatisierung durch die Ereignisse, an die er sich noch immer vollkommen erinnert, umzugehen. In einer eMail schrieb er mir:

»Ihre Technologie [die der Maya] arbeitete zur Gänze mit neurologischen Schnittstellen und war äußerst eindrucksvoll. Der Apparat, den sie verwendeten, um mir dabei zu helfen, den ›Schmerz‹ und die ›Negativen Energieassoziationen‹ mit gewissen dunklen Erinnerungen zu überwinden, war interessant. Sie bezeichneten es als ›Halo‹ und es sah aus wie aus ›Gold‹ angefertigt, war aber leicht wie eine Feder. Wenn sie es mir oben auf meinen Kopf legten, ›saugte‹ es sich an meinem Schädel/meiner Kopfhaut fest, als wäre mein Kopf ein Magnet. Und sie blickten auf eine schwebende Konsole, die sie niemals berührten, sondern mit der sie ausschließlich mental interagierten … Sie waren mir gegenüber sehr hilfsbereit und teilten mir mit, dass sie hierher gebracht worden waren, um vielen der Menschen zu helfen, die von Stützpunkten und sogar aus der Sklaverei in anderen Sternensystemen ›gerettet‹ worden wären. Es gibt geheime Orte in anderen Sonnensystem, wo sich Kolonien zur Erholung für diese Menschen befinden, da sie in absehbarer Zeit nicht in der Lage sein würden, sich wieder in unsere Gesellschaft einzufügen. Diese Gruppe hat ihnen großartig geholfen. Viele glauben, dass es sich um ›Aliens‹ handelt, die frühere menschliche Sklaven unterstützen. Diese Leute wissen aber nicht vollständig Bescheid.«[24]

Hinsichtlich der Nordischen, die sich im Inneren von Douglas etabliert hatten, behauptet Tompkins, dass sie ihm auf außerordentliche Weise zu Diensten waren. Tatsächlich hat die Unterstützung, die er von seinen nordischen Freunden erhielt, ihn in eine herausragende Position als Autorität für verschiedene Arten von Außerirdischen und deren Technologien gebracht:

»Mit der Zeit entwickelte ich sowohl innerhalb als auch außerhalb des Advanced Design Think Tanks den Ruf eines maßgeblichen Denkers hinsichtlich der Bedrohungen durch böse Außerirdische [das Draco-Reptiloide Reich] und der Ausarbeitung von Programmen, um diesen entgegenzutreten. Irgendwie flüsterten mir einige gute Außerirdische [Nordische] dabei Pläne ein, die stets funktionierten. Es war gerade so, als besäße ich einiges von ihrer Technologie, die unserer hier auf der Erde um Jahrtausende voraus war.«[25]

In einem späteren Kapitel werden sowohl dokumentarische Belege als auch Zeugenaussagen angeführt werden, um zu zeigen, dass Tompkins von den mittlerweile pensionierten Navy-Offizieren, die in den 1990er Jahren mit ihm an »Sonderprojekten« in der Navy League arbeiteten, tatsächlich als Autorität für außerirdisches Leben und die entsprechende Technologie angesehen wurde.

Die Navy bestätigt Tompkins' Beziehung zu nordischen Außerirdischen

Tompkins erinnert sich besonders an ein Gespräch mit Elmer Wheaton, der ihm mitteilte, dass man bei der Navy überlegte, ob er in jugendlichem Alter von den Nordischen auserwählt worden sei, um eine entscheidende Vermittlerrolle zwischen der Navy und den Nordischen zu spielen:

»Wir wissen, dass einige von euch Jungs, vor allem du, von manchen dieser außerirdischen Burschen ausgewählt wurden, wenn du verstehst, was ich meine. Der Navy-Geheimdienst war nicht allein, als sie anfingen, sich für die zu interessieren. Außerirdische – möglicherweise Nordische – haben dich als Kind dazu ausgesucht, ihnen bei ihren Bemühungen zu helfen, die USA zur Entwicklung galaktischer Navy-Raumschiffe sowie zu Unternehmungen anzuregen, die beiderseits vorteilhaft sind für uns. ... Unser Navy-Geheimdienst hält dich für einen bevorzugten menschlichen Kontakt. Die kommunikative Verbindung zwischen diesen außerirdischen Rassen und euch Kontaktpersonen versorgt uns mit fortschrittlichen Konzepten gegen Bedrohungen, nicht nur im Hinblick auf das *Apollo*-Programm oder die Navy-Basis auf dem Mond, sondern buchstäblich für alle hoch entwickelten Weltraumkonzepte, bei denen künftige Begegnungen eine Rolle spielen. ...«[26]

Tompkins' hier mitgeteilte Erinnerungen sind atemberaubend in ihren Konsequenzen. Sie legen nahe, dass Schlüsselpersonen im Office of Naval Intelligence (ONI) bekannt war, dass Tompkins und andere, wie etwa der Marineminister James Forrestal und Rear Admiral Rico Botta, eine besondere Verbindung zu einer freundlich gesonnenen menschen-ähnlich aussehenden Gruppe von Außerirdischen hatten, die in einem Konflikt mit denselben Reptiloiden standen, die ein Bündnis mit Hitler geschlossen hatten. Das bedeutet, dass diese besonders ausgewählten Individuen oder »bevorzugten menschlichen Kontakte« eine besondere Rolle dabei spielen würden, eine verdeckte Allianz zwischen der U.S. Navy und nordischen Außerirdischen schmieden zu helfen.

Eine solche Allianz musste geheim bleiben aufgrund der Unterwanderung des Militärisch-Industriellen Komplexes durch von der bestehenden Gesellschaft abtrünnig gewordene NS-Gruppen und ihre reptiloiden Alliierten, wozu es seit den Anfängen in der Holloman Air Force Basis im Februar 1955 als Folge formeller Abmachungen zwischen den Nazi-Reptiloiden und der Eisenhower-Administration gekommen war. Die nationalsozialistisch-reptiloide Allianz sollte mit der Zeit weite Teile des Militärisch-Industriellen Komplexes der USA übernehmen, darunter zentrale Bereiche der Air Force, der RAND Corporation, der Central Intelligence Agency und sogar der Douglas Aircraft Company.

Im Gegensatz dazu arbeiteten führende Navy-Offiziere im Geheimen mit den Nordischen zusammen, sowohl um NS-reptiloide Infiltration zu vermeiden als auch um zukünftige Weltraum-Kampfgeschwader der Navy zu bauen. In einem Gaia-TV-Interview mit David Wilcock bestätigte Goode Tompkins' Zeugnis, dass die Navy den nordischen Außerirdischen erlaubt habe, große Konzerne wie die Douglas Aircraft Company zu unterwandern:

>*David:* Wie sollte jemand von diesen nordischen Männern oder Frauen in der Lage gewesen sein, in ein derart stark untergliedertes, ein dermaßen geheim gehaltenes Ding einzudringen? Müsste unsere Regierung oder der Militärisch-Industrielle Komplex nicht eine Mordsangst vor ihnen haben, weil doch die Möglichkeit bestand, dass sie uns entweder betrügen oder ihrer eigenen Gruppe geheime Informationen zuschanzen könnten, die diese dann waffentechnisch gegen uns verwendeten?

Corey: Ja, und wissen Sie was? Nach einer Weile fanden sie auch heraus, dass wir hinsichtlich einiger Dinge, die die Nordischen – wie wir sie nennen – für die Sicherheit der Einsätze taten, tatsächlich getäuscht worden waren. Wir wurden definitiv einige Male in die Irre geführt. Aber vor allem erfuhren sie von der reptiloiden Bedrohung und der Bedrohung ihrer Alliierten. Und diese Gruppe [die Nordischen] sehen uns sehr ähnlich. Im Grunde ist es, wie wenn ein Vetter seinem Vetter zu Hilfe kommt.

David: Der Feind meines Feindes ist mein Freund.

Corey: Ja, genau. Aber diese Leute stellten sich so dar, als wollten sie, dass wir uns von unseren Atomwaffen befreien, als wollten sie, dass wir liebevoller und friedlicher werden. Und sie … nun ja, sie [das US-Militär] sahen eben keine so große Gefahr in ihnen [den Nordischen] wie in deren Feinden, den Reptiloidengruppen.«[27]

Die Frucht dieser verdeckten Zusammenarbeit war in den 1980er Jahren die Durchführung gemeinsamer Operationen zwischen den ersten Weltraum-Kampfstaffeln der Navy und den Weltraumflotten der nordischen Außerirdischen, die Tompkins hier beschreibt:

>Ich kenne jetzt nicht die eigentliche Mission, aber in den meisten Zeiträumen [während der 1980er] wurden die Ersten gebaut und flogen in die Galaxis hinaus, eben weil sie hier gebaut worden waren. Sie operierten nur mit einem der acht [Raumschiffträger], die im Solsystem im Einsatz waren. Die anderen befanden sich draußen in der Galaxis und führten gemeinsame Operationen gegen die Reptiloiden und andere üble Figuren durch, aber sie arbeiteten mit der Nordischen Flotte und den Leuten zusammen, die uns zumindest bei *Apollo* unterstützt hatten.«[28]

Tompkins fuhr damit fort, dass er das Ausmaß der Zusammenarbeit zwischen den nordischen Flotten und dem Solar-Warden-Programm der Navy beschrieb und den zahlenmäßigen Unterschied zu den Flotten des Reiches der Reptiloiden:

>Wir operieren gemeinsam mit der Flotte der Nordischen, und das schon seit den 1980er Jahren. Und diese Leute ... Es ist vielleicht einfacher, die Situation vor Ort zu beschreiben ... Auf zehn Kampfgeschwader der Nordischen Flotte kommen bei den Reptiloiden gut und gern hundert. Wir befinden uns also in einem ziemlichen Nachteil, was die Zahlen angeht, aber die Flotte der Nordischen war uns schon eine enorme Unterstützung. Unsere Navy arbeitet mit ihnen zusammen und führt nicht nur mit den Reptiloiden da draußen im Weltraum Krieg, sondern auch noch mit einigen anderen üblen Zivilisationen.«[29]

Das obige Szenario mag sich vielleicht anhören wie eine Episode aus *Star Trek*, in der ein galaktischer Konflikt zwischen der fiktiven Vereinigten Föderation der Planeten und dem Reich der Klingonen ausgetragen wird, aber es gibt Grund zu der Annahme, dass Gene Roddenberry einige Schlüsselelemente der Wahrheit bewusst gewesen waren.

Durch den Sohn eines Navy-Admirals war Roddenberry vertraulich über Pläne, eine Weltraumflotte zu schaffen, informiert worden, und so hatte er auch vom galaktischen Krieg zwischen nordischen Außerirdischen und dem Imperium der Reptiloiden erfahren.

Die Menschheit fand sich plötzlich im Zentrum dieses die Galaxis umspannenden Konfliktes wieder, und die Inspiration für *Star Trek* bestand teilweise darin, Schlüsselelemente dieses Konflikts aufzudecken, um die Menschheit durch den Prozess einer »sanften Enthüllung« auf die Wahrheit vorzubereiten.

Anmerkungen

1 »Twining's ›White Hot‹ Report«, *The Majestic Documents* (Wood and Wood Enterprises, 1998), p. 75
2 William Tompkins: *Selected by Extraterrestrials*, p. 48
3 *Preliminary Design of an Experimental World-Circling Spaceship*. Santa Monica, CA: RAND Corporation, 1946.
4 William Tompkins: *Selected by Extraterrestrials*, p. 105
5 Ebd., p. 68
6 Ebd., p. 12
7 Ebd.
8 Telefonisches Interview mit Admiral Bobby Ray Inman am 1. Dezember 2016
9 »National Industrial Security Program Operating Manual«, DoD 5220.22-M-Sup. 1, 1. Februar 1995. 1-1-2. Online zugänglich unter https://www.fas.org/sgp/library/nispon_sup.pdf
10 Telefonisches Interview mit William Tompkins am 19. September 2016
11 William Tompkins: *Selected by Extraterrestrials*, p. 80
12 Ebd., p. 67
13 Ebd., p. 396
14 »Cosmic Disclosure: Founders of Solar Warden with William Tompkins, Season 6, Episode 8«, http://spherebeingalliance.com/blog/transcript-cosmic-disclosure-founders-of-solar-warden-with-william-tompkins.html
15 William Tompkins: *Selected by Extraterrestrials*, p. 99
16 Rense Radio Interview mit William Tompkins, Major George Filer und Frank Chille am 4. Mai 2016; http://spherebeingalliance.com/blog/the-amazing-story-continues-part1.html
17 »Robert Wood and William Tompkins Interview – Part 3«, Interview mit William Tompkins, https://youtu.be/ebIJYXe5iY8?t=57m20s
18 William Tompkins: *Selected by Extraterrestrials*, p. 274
19 Privates Interview am 16. Januar 2016
20 Siehe Michael Salla: »Extraterrestrials Among Us«, *Exopolitics Journal*, Bd. 1:4 (2006). Online zugänglich unter http://www.exopoliticsjournal.com/vol-1/1-4-Salla.htm

21 Bob Hieronimus: »Transcript of Interview with Bob Dean, 24. März 1996«, online veröffentlicht unter http://tinyurl.com/jaxr6ef

22 Siehe Michael Salla: »Russian Prime Minister claims extraterrestrials live among us«, http://exopolitics.org/russian-prime-minister-claims-extraterrestrials-live-among-us/

23 Er behandelt sein Abhör- und Befragungsprogramm in einem Interview, »Cosmic Disclosure: Contact is Made«; siehe http://spherebeingalliance.com/blog/transcript-cosmic-disclosure-contact-is-made.html.

24 Am 13. April 2015 erhaltene eMail, online publiziert unter http://exopolitics.org/ancient-space-programs-human-extraterrestrial-alliance-meetings/

25 William Tompkins: *Selected by Extraterrestrials*, p. 182

26 Ebd., p. 310f.

27 »Transcript, Cosmic Disclosure: SSP Think Tank with William Tompkins«, http://spherebeingalliance.com/blog/transcript-cosmic-disclosure-ssp-think-tank-with-william-tompkins.html

28 Rense Radio Interview mit William Tompkins, Major George Filer und Frank Chille am 4. Mai 2016; http://spherebeingalliance.com/blog/the-amazing-story-continues-part1.html

29 Ebd.

5 *Star Trek* beruht auf einer geheimen Weltraumflotte der Navy

Der 8. September 2016 markierte den fünfzigsten Jahrestag der Ausstrahlung der Original-TV-Serie *Star Trek*, die 1966 auf NBC Television ihren Anfang nahm. Ihr offizieller Schöpfer Gene Roddenberry wird für die bahnbrechenden Konzepte der Serie hochgeschätzt, obwohl es gewichtige Hinweise darauf gibt, dass die Idee zu *Star Trek* nicht nur seine eigene Leistung war. Vielmehr war er dazu angeregt worden, die Serie auf der Grundlage streng geheimer Informationen über den Aufbau einer echten Weltraumflotte, die mit einer Gruppe menschlich aussehender Außerirdischer verbündet ist, zu entwickeln. Das war die Basis für Roddenberrys Idee einer Vereinigten Föderation von Planeten, in der viele Welten friedlich kooperieren und zuweilen Technologie sowie Personal für die Erforschung des Weltraums miteinander teilen.

Roddenberry fing an, Ideen für eine Science-fiction-Show zu entwickeln, nachdem eine seiner Serien 1964 ein Fehlschlag war:

»Der einzige Grund, warum Roddenberry *Star Trek* schuf, zumindest zu Beginn, bestand darin, dass er einer Fernsehgesellschaft eine andere Serie verkaufen wollte. Er war, wenn nicht verzweifelt, so doch ziemlich in Sorge ... Gerade war er bei Norman Feltons [Produktionsfirma] Arena Productions mit [seiner ersten Fernsehserie] *The Lieutenant* gescheitert ... Niemand verlangte nach einer weiteren Serie von Roddenberry oder auch nur nach seinen Drehbüchern. Sein Agent schlug vor, dass er sich eine Weltraumserie ausdenken sollte ... Dies könnte der Grund dafür gewesen sein, dass er vehement verbürgten – wenn auch nicht allgemein bekannten – Schilderungen von Historikern der Serie *Outer Limits* zufolge sich zuweilen am Set von *Outer Limits* [*Die unbekannte Dimensi-*

on] herumgetrieben haben soll. Als ich davon erfuhr, fiel es mir nicht besonders schwer, mir vorzustellen, dass der Serienschöpfer und Produktionsleiter Leslie Stevens ... jemand war, dem Roddenberry nachzueifern versuchte.«[1]

Der Bericht wird bestätigt von Tom Seldon, einem der Produktionsassistenten der Fernsehserie *Outer Limits*, die zwei Staffeln lang (1963-1965) auf ABC lief:

> »*Star Trek* war tatsächlich eine Nebenerscheinung von *Outer Limits*. Gene Roddenberry sah stets unsere täglichen Folgen und telefonierte viel von unserem Vorführraum aus. Er befeuerte seine Fantasie und erlebte die unglaubliche Qualitätskontrolle, die wir hatten. Ich wunderte mich, warum er da war, aber während der Zeit, in der er mit *Star Trek* schwanger ging, war er so gut wie immer bei uns anzutreffen.«[2]

Chris Knowles, ein Medien-Blogger, der eine achtteilige Artikelreihe über die Entstehung von *Star Trek* geschrieben hat, vermutet, dass Roddenberry und Leslie Stevens IV. eine geschäftliche Übereinkunft bezüglich geplanter Science-fiction-Serien getroffen hatten:

> »Wenn man sich klarmacht, dass Roddenberry bei einem konkurrierenden Studio und einer konkurrierenden Fernsehgesellschaft unter Vertrag stand, ist die Wahrscheinlichkeit wohl gleich null, dass die beiden Männer nicht irgendeine geschäftliche Vereinbarung getroffen hatten, ob nun schriftlich oder nicht.«[3]

Der Buchautor Gordon White kommt zu dem gleichen Schluss, was Stevens und Roddenberrys höchst ungewöhnliche Beziehung betrifft:

> »[Knowles] hat bereits überzeugend dargelegt, dass Leslie Stevens – nicht so sehr Roddenberry – das irdische Epizentrum der großartigen, weitblickenden Fremdartigkeit von *Star Trek* war, ein Erbe von *Outer Limits*. Wer sich mit Filmproduktionen auskennt, weiß, dass es so etwas wie eine unschuldige Teilung von Produktionsmitteln nicht gibt. Wenn

Roddenberry ein ganzes Jahr lang seine Zelte beim Team von *Outer Limits* aufgeschlagen hatte, dann hat das etwas zu bedeuten.«[4]

Ein weiterer Aspekt, der eine Verbindung von Stevens und Roddenberry glaubwürdig erscheinen lässt, ist die Tatsache, dass sie beide denselben Produktionsassistenten hatten, Robert Justman, der sowohl bei *Outer Limits* als auch bei *Star Trek* mitarbeitete. White sagt über ihn:

»Jahrzehntelang teilten Stevens und Roddenberry sich denselben Assistenten, Robert Justman, schoben ihn hin und her, wann immer einer von ihnen einen Auftrag hatte. Justman nahm dann in den frühen 1990er Jahren an einem militärischen Weltraum-Zukunftsexperiment teil.«[5]

Deutliche Belege weisen also darauf hin, dass Stevens und Roddenberry tatsächlich eine geschäftliche Vereinbarung über die neue Serie *Star Trek* abgeschlossen hatten. Hier wird nun Stevens' Hintergrund für ein Verständnis der Art ihres Vertrags relevant.

Stevens war 1924 geboren worden, und als sein Vater, ein U.S. Navy-Offizier 1935 zur amerikanischen Botschaft in London geschickt wurde, geschah das Folgende:

»Der elfjährige Junge sah Shakespeare-Inszenierungen im Old Vic Theatre als Teil seines Schulunterrichts und nahm sich vor, Bühnenautor zu werden. Zurück in den Staaten verkaufte er vier Jahre später ein Stück, *The Mechanical Rat* [»Die mechanische Ratte«], an Orson Welles' Mercury Theatre und lief von zu Hause weg, um sich dem Ensemble anzuschließen. Offiziere, die auf Ausreißer spezialisiert waren, spürten ihn auf, und er schloss seine Ausbildung mit dem Bachelor of Arts ab.«[6]

1942 ging er als Achtzehnjähriger zur Army Air Force und wurde Geheimdienstoffizier. Stevens tat sich besonders durch die Fähigkeiten, die er als Stückeschreiber erworben hatte, hervor und beendete den Krieg als jüngster diensthabender Captain der Army.[7]

Bei seiner Tätigkeit als Geheimdienstoffizier wären ihm seine Fähigkeiten als Stückeschreiber besonders im Rahmen der psychologischen

Kriegführung nützlich gewesen. Es ist durchaus möglich, dass Stevens während seiner Zeit beim militärischen Geheimdienst von der Interplanetary Phenomenon Unit (IPU) erfuhr, die von der G2 der Army gegründet worden war, um das Phänomen Fliegender Untertassen zu studieren. Psychologische Kriegführung gehörte zu den wesentlichen Bestandteilen der IPU-Arbeit bei der »Vertuschung der Wahrheit« über dieses Phänomen vor der allgemeinen Öffentlichkeit, während es ernsthaft untersucht wurde.[8]

Noch bedeutsamer ist die Tatsache, dass Stevens' Vater Leslie Stevens III. ein Vice Admiral der Navy gewesen ist. Vice Admiral Stevens war ein Zeitgenosse von Rear Admiral Rico Botta, der eine entscheidende Rolle bei den anfänglichen Bemühungen der Navy gespielt hatte, die nach dem Los Angeles Air Raid aufgefundenen Fliegenden Untertassen zu erforschen und ein verdecktes Navy-Spionageprogramm in NS-Deutschland zu überwachen, um während des Zweiten Weltkriegs etwas von den NS-Flugscheiben in Erfahrung zu bringen.

Die neunundzwanzig Spione der Navy in diesem Programm erfuhren nicht nur, dass die Nazis bis zu dreißig verschiedene Prototypen

Abb. 39: Leslie Stevens III. und Leslie Stevens IV.

EXECUTIVE CALENDAR

Saturday, May 25, 1946

NOMINATIONS

Date of report	Calendar No.	Message No.	Name of nominee	Office	Predecessor
			IN THE NAVY		
			APPOINTMENTS IN THE NAVY FOR TEMPORARY SERVICE		
24	849	237	John H. Towers............	Admiral, to rank from Nov. 7, 1945.	
24	849	237	DeWitt C. Ramsey.........	Admiral, to rank from Dec. 28, 1945.	
24	849	237	Arthur W. Radford.........	Vice admiral, to rank from Dec. 28, 1945.	
24	849	237	Forrest P. Sherman........	.....do................	
24	849	237	Lawrence B. Richardson....	Rear admiral, to rank from Apr. 6, 1943.	
24	849	237	Rico Botta................	Rear admiral, to rank from June 30, 1943.	
24	849	237	Leslie C. Stevens..........	Rear admiral, to rank from July 3, 1943.	

Abb. 40: Bestätigung der rückwirkenden Beförderung der Admiräle Stevens und Botta durch den US-Senat

von Fliegenden Untertassen entwickelt hatten, sondern dabei auch direkt von einer außerirdischen Zivilisation, die aus reptiloiden Hominiden bestand, beim Bau von Stützpunkten für zukünftige Weltraum-Kampfgeschwader in der Antarktis unterstützt wurden.

Sowohl Admiral Botta als auch Stevens waren führende Experten in der Luft- und Raumfahrttechnik und leiteten während ihrer Laufbahn wichtige diesbezügliche Anlagen der Navy. Botta stand der Antriebsabteilung des Luftfahrtamtes der Navy vor, der Power Plant Branch des Bureau of Aeronautics, als er 1942 nach Wright Field und zu anderen Top-Anlagen reiste, an denen mit Fluggeräten experimentiert wurde.

Im Jahr 1946 wurden beide, wie das folgende Dokument zeigt, rückwirkend ab 1943 für ihre Pflichterfüllung im Krieg in den Rang eines Rear Admirals befördert.

Bottas Beförderung erfolgte rückwirkend eine Woche früher als diejenige Stevens', was nahelegt, dass er hinsichtlich ihrer jeweiligen Befehlsgewalt im Krieg den etwas höheren Rang innehatte. Botta leitete anschließend von 1950 bis 1952 das Naval Air Material Center in der Werft von Philadelphia.[9] Aus diesem und ähnlichen Posten als Befehlshaber folgt, dass Planungen für eine geheime Navy-Weltraumflotte aufkamen, die das Ziel haben sollte, dem, was die Nazis in der Antarktis aufbauten, etwas entgegenzusetzen. Ganz ähnlich war auch Admiral Stevens für seine Leistungen in der Aeronautik bekannt, und es wird von ihm gesagt, dass er »ein Händchen für das Design und die Konstruktion sämtlicher Navy-Flugzeuge, Flugzeugträger und Träger-Landegeräte hatte«.[10]

Admiral Stevens' aeronautisches Fachwissen bedeutet, dass er fast sicher von dem wusste, was durch Botta seit Anfang 1942, seit dem Los Angeles Air Raid, über die Luft- und Raumfahrt-Projekte der Nazis in Erfahrung gebracht worden war. Nach William Tompkins war sich Admiral Stevens in der Tat dessen bewusst, was die Navy über die Flugscheiben-Programme NS-Deutschlands herausgefunden hatte.[11]

Dokumente belegen, dass die Admiräle Botta und Stevens gemeinsam in einem Ausschuss von Navy-Kommandeuren mit Leitungsfunktion dienten. Eines ist datiert auf den 6. Januar 1950 und beordert Admiral Botta zum Büro für Navy-Personal, um dort eine Reihe anderer Admiräle zu treffen, zu denen auch Stevens gehörte (siehe Abb. 41). Das Dokument bestätigt, dass Botta und Stevens einander bei der Erfüllung ihres gewöhnlichen Pflichtpensums begegneten, was ihnen die Möglichkeit gab, programmatische und technische Fragen mit Bezug zur Entwicklung des Geheimen Weltraumprogramms der Navy zu diskutieren. Besonders ist hier zu beachten, dass ungefähr zu jener Zeit, als Botta und Stevens in diesem Ausschuss Dienst taten, Stevens innerhalb der Stabschefs die Verantwortung für geheime Aktivitäten und verdeckte Operationen zugewiesen bekommen hatte, wie freigegebene CIA-Dokumente belegen (siehe Abb. 42).

Bald darauf wurde Stevens zum Leiter der Joint Subsidiary Plans Division (JSPD) ernannt, einer einvernehmlich tätigen Planungsabteilung mit unterstützender Funktion, die Ende 1949 unter dem Befehl

6   JAN 1950

Rear Admiral Rico Botta, USN
Assistant Chief of Naval Material &
Director of Production & Policy Division
Navy Department
Washington, D. C.

Dear Admiral:

This is to inform you that the Secretary of the Navy has
confirmed your nomination for temporary additional duty
as a member of a line selection board to recommend commanders
for temporary promotion to the grade of captain. As stated
before, the board will convene on 16 January at the Bureau
of Naval Personnel.

For your information the membership of this board is as
follows: Rear Admiral Frank E. Beatty, President, Rear
Admirals Riggs, Ofstie, Redman, McLean, Ingersoll, W. D.
Johnson, Maher and Schindler. Rear Admirals Kell, Solberg
and Dowd (EDO) and Rear Admirals Stevens and Lonnquest (AEDO)
will serve as members when considering restricted line
commanders for promotion.

The services of my staff in the Bureau are available to you.
If you wish I will be glad to make any necessary personal
arrangements for your temporary duty here.

With my very best wishes,

                    Sincerely,

                    J. W. ROPER
                    Rear Admiral, USN

Rear Admiral Rico Botta, USN   Rear Admirals Stevens

*Abb. 41: Dieses Dokument belegt, dass die Admiräle Botta und Stevens
im selben Ausschuss dienten.*

der Stabschefs gebildet worden war. Der Armeehistoriker Alfred H.
Paddock beschreibt die Aufgabe dieser Abteilung folgendermaßen:

»[Es ging darum,] die Entwicklung der psychologischen Kriegführung
in Friedenszeiten sowie die Fähigkeit zu verdeckten Operationen inner-

halb der Bewaffneten Dienste abzustimmen, detaillierte militärische Pläne mit anderen Regierungsbehörden, besonders dem Außenministerium und dem Office of Policy Coordination (CIA), zu koordinieren und in Kriegszeiten das Instrument zu sein, durch das die JCS kontinuierliche Führungsaufgaben und Zielvorgaben auf diesen speziellen Gebieten an die Kommandeure unter ihrer Kontrolle weitergeben können. Rear Admiral Leslie C. Stevens war als erster Leiter der JSPD ausgewählt worden, obwohl er nur über begrenze Erfahrung in der psychologischen Kriegführung und bei verdeckten Operationen verfügte. Unterstützt von Vertretern aller anderen Dienste hatte er zu Beginn einen kleinen Stab von sechs Offizieren. Die Army stimmte seiner Ernennung zu.«[12]

Obwohl Paddock nichts von einer früheren Erfahrung Stevens' in psychologischer Kriegführung und verdeckten Operationen bekannt war, ist es schwer vorstellbar, dass diesem eine derart bedeutende Aufgabe unter dem Kommando der Vereinigten Stabschefs ohne jede vorangegangene Erfahrung zugewiesen wurde.

Stevens' Hintergrund in der Luft- und Raumfahrttechnik legt nahe, dass er von den Forschungen der Navy an der infolge des Los Angeles Air Raid entdeckten Fliegenden Untertasse wusste oder unmittelbar daran beteiligt war; dasselbe gilt für das verdeckte Geheimdienstprogramm, das von der Naval Air Station in San Diego aus geleitet wurde. Es ist mehr als wahrscheinlich, dass Stevens, während Botta die Nachbesprechungen der Einsätze der neunundzwanzig Navy-Spione von San Diego aus beaufsichtigte, mit anderen Aspekten dieses oder eines ähnlichen Programms zu tun hatte, das anderswo von der Navy betrieben wurde.

Stevens wurde mit dem Orden Legion of Merit ausgezeichnet. Er wird verliehen für die

»... außerordentlich lobenswerte Ausführung bei der Erfüllung herausragender Dienste für die Regierung der Vereinigten Staaten als Stellvertretender Stabschef für Materialien im Stab des Commanders, der Air Force oder der Pazifikflotte vom 3. November 1944 bis zum 5. August 1945.«[13]

In einer solchen Position wäre Stevens ein wichtiger Navy-Offizier bei der Unterstützung der Interplanetary Phenomenon Unit (IPU), um deren Ziele zu erreichen. Dazu würde die Erforschung des Phänomens Fliegender Untertassen auf dem pazifischen Kriegsschauplatz ebenso gehören wie die Teilnahme an psychologischen Operationen, um die verdeckten Einsätze der IPU zu tarnen. Infolgedessen kann es fast als sicher gelten, dass die Admiräle Botta und Stevens schon früh für eine geheime Führungsgruppe der Navy rekrutiert wurden, die seit den späten 1940er Jahren die Konstruktion und Fertigung einer Navy-Weltraumflotte überwachte; diese wurde nach und nach Teil einer interplanetarischen Allianz. Eine solche Flotte würde auf ähnlichen strategischen Prinzipien beruhen, wie sie bei der Bereitstellung moderner Flugzeugträger-Kampfgeschwader angewandt werden.

Angesichts seiner Erfahrung mit verdeckten Operationen und psychologischer Kriegführung ist es mehr als wahrscheinlich, dass Admiral Stevens vertrauliche Details über die Navy-Weltraumflotte seinem Sohn mitgeteilt hat, dessen eigene Tätigkeit beim militärischen Geheimdienst während des Krieges ihn vermutlich mit psychologischer Kriegführung und sogar den Operationen der IPU vertraut gemacht hat. Dies bedeutet, dass Stevens IV., nachdem er 1945 aus dem Militärdienst ausgeschieden war, um seine Laufbahn als Bühnenautor fortzusetzen, höchstwahrscheinlich auch noch weiterhin in fortlaufende Operationen psychologischer Kriegführung eingebunden gewesen sein wird.

Als Admiral Stevens III. im Jahr 1949 Leiter der Joint Subsidiary Plans Division wurde, der übergreifend tätigen militärischen Planungsabteilung mit unterstützender Funktion, rekrutierte er seinen Sohn, wie realistischerweise angenommen werden kann, als Agenten des Geheimdienstes. Er gab ihm die Aufgabe, mit Hilfe seiner Stücke sowie der Film- und Fernsehindustrie zentrale Ideen zu verbreiten, die Teil der Operationen psychologischer Kriegführung waren. Nach Knowles ist das eine Möglichkeit, die viele Forscher hinsichtlich Stevens schon lange vermuten:

»Stevens senior starb 1956, aber sein Sohn war selbst Geheimdienstagent während des großen Krieges und hielt seine Beziehungen ziemlich sicher auch nach dem Krieg aufrecht. Tatsächlich glauben manche, dass er auch während seiner Hollywoodkarriere weiterhin auf der Gehaltsliste stand.«[14]

Tompkins bestätigt in einem Interview, dass Admiral Stevens eine unmittelbare Rolle bei der Einrichtung eines geheimen Navy-Weltraumprogramms spielte und dass auch sein Sohn Leslie Stevens IV. Bescheid wusste, was vor sich ging.[15]

Wir wissen also, dass Admiral Stevens bis zu seinem Tod 1955 seinem Sohn bedeutsame geheime Informationen über die Existenz außerirdischen Lebens und Geheimer Weltraumprogramme enthüllt hat. Stevens IV. war daher mit hoher Wahrscheinlichkeit in eine von der Navy genehmigte Initiative einer »sanften Enthüllung« eingebunden, die die Film- und Fernsehindustrie strategisch nutzte, um Elemente des von der Navy geplanten Geheimen Weltraumprogramms aufzudecken. Dies wäre Teil eines größeren psychologischen Kriegführungsprozesses gewesen, der einerseits die Öffentlichkeit durch Vertuschung der Wahrheit vor aller Augen vorbereitet, während er dadurch andererseits Mittel liefert, diejenigen zu verspotten, die Details des Geheimen Weltraumprogramms der Navy ohne Genehmigung aufdecken.

Beispiele für diesen Vorgang sind die Empfehlungen des von der CIA finanzierten Robertson-Gremiums (1953), das den *Durant Report* herausgab, der zur Nutzung der Massenmedien riet, um die Öffentlichkeit über Fliegende Untertassen zu »belehren«. Der *Durant Report* riet aus Gründen der nationalen Sicherheit zur Aufdeckung von Forschungen über Fliegende Untertassen – wobei das UFO-Phänomen wie auch die Möglichkeit außerirdischen Lebens der Lächerlichkeit preisgegeben werden sollten. Der *Report* behauptet:

»Das Ziel der ›Aufdeckung‹ würde zu einer Abnahme des öffentlichen Interesses an ›Fliegenden Untertassen‹ führen, die derzeit starke psychologische Reaktionen hervorrufen. Diese Erziehung könnte durch Massenmedien wie Fernsehen, Kino und populäre Artikel erreicht werden. ... Ein solches Programm sollte dazu beitragen, die gegenwärtige Leicht-

COPY #7
TS 43516

CENTRAL INTELLIGENCE AGENCY
Washington 25, D.C.

Office of the Director

8 January 1951

MEMORANDUM TO: EXECUTIVE SECRETARY
NATIONAL SECURITY COUNCIL

SUBJECT   : Draft of NSC Directive on Covert Operations
                  and Clandestine Activities

1. On 14 December 1950, at my request, the National
Security Council suspended paragraph 4 of NSC 10/2.

2. I am submitting herewith the draft of a directive
for issuance by the National Security Council which clearly
defines the responsibilities for covert operations and
clandestine activities in peace or in war. This draft
was prepared by representatives of this agency in consultation
with Rear Admiral Leslie Stevens from the Joint Chiefs
of Staff, Brigadier General John Magruder from the Office
of the Secretary of Defense, and Mr. Robert Joyce from the
Department of State.

3. It is my recommendation that this Directive be
sent by the National Security Council to the Departments
of State and Defense and the Joint Chiefs of Staff for
comment.

4. A related subject which needs clarification is
the distinction between covert operations such as may be
planned and executed by this agency and guerrilla warfare
conducted by regular forces. I have directed that a paper
on this subject be prepared for submission to the NSC.

/s/ WALTER B. SMITH   MORI/CDF Pages 1/3/4
Director

25X1

*Abb. 42: Dieses Dokument belegt, dass Admiral Leslie Stevens
an verdeckten Operationen beteiligt war.*

gläubigkeit der Öffentlichkeit und deren daraus folgende Empfänglichkeit für geschickte feindliche Propaganda zu reduzieren.«[16]

Film und Fernsehen sollten demnach als Bestandteile eines Programms psychologischer Kriegführung genutzt werden, das sich einer Reihe von Methoden bedient, um die Realität Fliegender Untertassen/des UFO-Phänomens zu verschleiern und diejenigen, die darüber Forschungen anstellen, lächerlich zu machen.

Ein von Edward Snowden verbreitetes Dokument der National Security Agency (NSA) beschreibt sechs verschiedene Weisen, auf die die allgemeine Öffentlichkeit über das, was ihr gezeigt wird, getäuscht werden kann. Es trägt den Titel »The Art of Deception: Training for a New Generation of Online Covert Operations« (»Die Kunst der Täuschung: Schulung für eine neue Generation verdeckter Operationen im Internet«) und enthält eine Grafik, die verschiedene Methoden illustriert, wie die Wahrheit vor aller Augen durch Techniken wie »Maskierung« und »Nachahmung« verborgen werden kann.[17]

Bei der Methode, die Wahrheit vor aller Augen zu verbergen, erhielten Film- und Fernsehproduzenten teilweise Informationen über Geheimprogramme, die dann bei neuen Produktionen Verwendung fanden. Dieser Prozess der »sanften Enthüllung« diente gleichermaßen dem Ziel, Mittel bereitzustellen, um UFO-Forscher von Kritikern entzaubern zu lassen, die betonen, dass ihre Behauptungen nur auf populären Film- und Fernsehserien beruhen, wie der geheimen Vorbereitung der breiten Öffentlichkeit auf die Wahrheit für den Fall katastrophaler Enthüllungen von Außerirdischen, falls beispielsweise außerirdische Mutterschiffe plötzlich über New York City erschienen.

All diese Informationen tragen erheblich dazu bei, die genaue Art der Geschäftsbeziehung zwischen Roddenberry und Leslie Stevens IV. zu verstehen. Stevens konnte nicht selbst eine Science-fiction-Show ins Leben rufen, um Details der Geheiminformationen zu enthüllen, die er von seinem verstorbenen Vater oder aufgrund dessen erfuhr, was er bei seiner Tätigkeit für den militärischen Geheimdienst gelernt hatte. Stattdessen ist es aber sehr plausibel, dass er von Navy-Offizieren die Erlaubnis erhielt, als geheim klassifizierte Infor-

Dissimulation - Hide the real

Masking   Repackaging   Dazzling

Mimicking   Inventing   Decoying

Simulation – Show the false

SECRET//SI//REL TO USA, FVEY

Abb. 43: Dieses NSA-Dokument zeigt, mit welchen Methoden
die Wahrheit vor aller Augen verborgen wird.

mationen Film- und Fernsehproduzenten wie Roddenberry mitzuteilen, die diese dann fiktional verarbeiteten.

Roddenberry war nicht der einzige Film- oder Fernsehproduzent, an den Stevens klassifizierte Informationen als Ideen für neue Filme oder TV-Serien weitergab. In Kapitel 8 untersuche ich Stevens' Beziehung zu Glen A. Larson, dem Schöpfer einer weiteren berühmten Film- und Fernsehproduktion – *Battlestar Galactica* –, die einen einzigartigen Platz in der Geschichte des Fernsehens einnimmt. Es ist bemerkenswert, dass seine Hauptdarsteller und Drehbuchautoren am 17. März 2009 zu einer besonderen, von den Vereinten Nationen ausgerichteten Diskussionsveranstaltung eingeladen wurden, um Lehren, die sie aus den Fernsehserien gezogen haben, im Hinblick auf die Lösung von Konflikten zwischen verschiedenen Arten zu erörtern.

Das geschäftliche Verhältnis zwischen Gene Roddenberry und Leslie Stevens legt nahe, dass *Star Trek* anfänglich auf klassifizierten Informationen beruhte, die von den Admirälen Botta und Stevens stammten und eventuell auch auf eigene Recherchen des jüngeren Stevens bei Geheimdienstoperationen während des Zweiten Weltkriegs und danach zurückgingen. Es ging darum, eine zukünftige Navy-Weltraumflotte zu entwickeln, die aktiv mit nordischen Außerirdischen in einer Allianz zusammenarbeiten würde, um den Nazis und ihren reptiloiden Verbündeten entgegenzutreten.

In der Serie *Star Trek* werden die Nordischen als Vulkanier und die Reptiloiden als Klingonen dargestellt, während die Nazis als genetisch verbesserte Menschen geschildert werden.

Eine Fülle von Belegen deutet darauf hin, dass *Star Trek* nicht nur eine reine Science-fiction-Serie gewesen ist, sondern aktiv durch eine geschäftliche Übereinkunft zwischen Roddenberry und dem Sohn eines Navy-Admirals motiviert war, der sich unmittelbar an der Entwicklung einer geheimen Weltraumflotte der U.S. Navy beteiligte. Während der Ausstrahlung der ursprünglichen *Star-Trek*-Serie von 1966 bis 1968 machte die Navy einen bedeutenden Schritt in Richtung ihres geheimen Ziels – und zwar mit Hilfe des *Apollo*-Mondlandeprogramms.

Anmerkungen

1 James H. Burns: »Why Roddenberry Created *Star Trek*«, http://file770.com/?p=26855
2 Chris Knowles: »Secret *Star Trek*, Part 8: Daystar Trek and the Majestic Nine«, http://secretsun.blogspot.com/2013/07/secret-star-trek-part-8-daystar-trek.html
3 Chris Knowles: »Secret *Star Trek*, Part 8: Daystar Trek and the Majestic Nine«, http://secretsun.blogspot.com/2013/07/secret-star-trek-part-8-daystar-trek.html
4 Gordon White: »Apocalypse Puja«, http://runesoap.com/2013/08/apocalypse-puja/
5 Ebd.
6 Tom Vallance: »Obituary: Leslie Stevens«, http://www.independent.co.uk/news/obituaries/obituary-leslie-stevens-1159807.html
7 Ebd.
8 Siehe Michael Salla: »President Kennedy's deadly confrontation with the CIA & MJ-12 over ET/UFO X-Files«, *Exopolitics Journal*, Bd. 3:2 (Juli 2009). Online zugänglich unter: http://exopoliticsjournal.com/vol-3/vol-3-2-Salla.htm
9 Legion of Merit, http://valor.militarytimes.com/recipient.php?recipientid=30746 5%5D

10 Chris Knowles: »Secret *Star Trek*, Part 8: Daystar Trek and the Majestic Nine«, http://secretsun.blogspot.com/2013/07/secret-star-trek-part-8-daystar-trek.html
11 Privates Interview am 24. August 2016
12 Alfred H. Paddock jr.: *U.S. Army Special Warfare: Its Origins: Psychological and Unconventional Warfare*, 1941-1952 (National Defense University Press, 1982), p. 78f. Online zugänglich unter http://www.dtic.mil/dtic/tr/fulltext/u2/a118758.pdf
13 »Military Times Hall of Valor«, http://valor.militarytimes.com/recipient.php?recipientid=312320
14 Chris Knowles: »Secret *Star Trek*, Part 8: Daystar Trek and the Majestic Nine«, http://secretsun.blogspot.com/2013/07/secret-star-trek-part-8-daystar-trek.html
15 Privates Interview am 24. August 2016
16 Zitiert nach der Online-Version des Robertson-Gremiums unter http://www.cufon.org/cufon/robertdod.htm
17 The Intercept: »The Art of Deception: Training for a New Generation of Online Covert Operations«, https://theintercept.com/document/2014/02/24/art-deception-training-new-generation-online-covert-operations/

6   *Apollo* & das *Nova*-Programm der Navy

Am 25. Mai 1961 hielt Präsident John F. Kennedy seine berühmte Rede vor dem versammelten Kongress, in der er versprach, bis zum Ende des Jahrzehnts »einen Mann auf den Mond zu schicken und ihn sicher wieder zur Erde zurückzubringen«.[1] Er forderte den Bau von Raketen, die »weitaus größer sind als jede bis jetzt entwickelte, bis man sicher sein kann, welche überlegen ist«. Kennedys Rede führte dazu, dass der Kongress der NASA beträchtliche Mittel bewilligte, um Schwerlastraketen für die Entsendung von Menschen und Ausrüstungsgegenständen zum Mond zu schicken. Große Luft- und Raumfahrtkonzerne begannen unverzüglich, um die lukrativen Verträge zu wetteifern, mit dem Ziel, die Schwerlastraketen zu bauen, die die NASA für das *Apollo*-Weltraumprogramm zur Verwirklichung von Kennedys Vision brauchen würde.

Nach William Tompkins war das *Apollo*-Programm der NASA nur der erste Schritt eines noch weit ambitionierteren Planes, der von der Navy in den frühen 1950er Jahren ausgearbeitet worden war. Während der »Projekthorizont« der Army vorsah, bis 1966 ein Dutzend Soldaten auf eine militärisch-wissenschaftliche Mission zum Mond zu entsenden, plante die Navy, bis in die 1970er Jahre zehntausend Menschen im Rahmen eines noch weit umfassenderen Projektes bemannter Mondstationen auf dem Mond zu haben.[2]

Tompkins sagt, dass die NASA sowie ihre verschiedenen zivilen Weltraumprogramme wie *Apollo* als Deckmantel für das Geheime Weltraumprogramm der Navy angelegt waren; die Präsidenten Eisenhower und Kennedy hatten beide diese Einrichtung unterstützt. Die Navy sollte hinter dem vordergründig zivilen NASA-Programm daran arbeiten, ihre militärischen Weltraumziele zu erreichen, denen man das allerhöchste nationale Sicherheitsinteresse beimaß. Entsprechend stellte Tompkins fest, dass »die NASA eine Militärorganisation der Navy ist«.[3]

Seine diesbezügliche Aussage wird von den NASA-Forschern Richard Hoagland und Mike Bara, den Autoren von *Geheimakte Mond, die schwarzen Projekte der NASA*, unterstützt. Sie schreiben:

»Die NASA ist vordergründig eine ›zivile Behörde, die Kontrolle über aeronautische und weltraumbezogene Aktivitäten ausübt, welche von den Vereinigten Staaten unterstützt werden ...‹ Aber im Gegensatz zu der gewöhnlichen und medialen Wahrnehmung, dass die NASA eine offene, strikt zivile wissenschaftliche Einrichtung darstellt, ist es eine juristische Tatsache, dass die Space Agency im Stillen als direktes Anhängsel des Verteidigungsministeriums mit dem Ziel gegründet wurde, der nationalen Sicherheit der USA auf spezielle Weise zu dienen ... So heißt es in der ursprünglichen NASA-Charta: ›Paragraph 305 ... (I): Die National Aeronautics and Space Administration ist als Verteidigungsbehörde der Vereinigten Staaten im Sinne von Kapitel 17, Titel 35 des United States Code anzusehen.‹«[4]

Das Navy-Programm bemannter Stationen auf dem Mond war Teil eines vierstufigen Weltraumprogramms namens *Nova*, das, wie Tompkins feststellt, teilweise durch die NASA umgesetzt wurde. *Nova* war seit seiner Gründung ganz speziell darauf ausgerichtet, die Navy in die Lage zu versetzen, konventionelle Raketentechnologien zu nutzen, um in den 1960er und 1970er Jahren große Stützpunkte auf Mond und Mars zu errichten.

Laut Tompkins waren die *Apollo*-Mondlandungen für *Nova* lediglich der erste Schritt eines ehrgeizigen Vierstufenplanes. Stufe zwei sah vor, zehntausend Menschen auf den Mond zu schicken. Bei Stufe drei sollten Stationen auf dem Mars und anderen planetarischen Himmelskörpern im Sonnensystem eingerichtet werden. Und Stufe vier bedeutete, dass schließlich bemannte Militärstützpunkte der U.S. Navy in zwölf benachbarten Sternensystemen platziert werden.[5]

Während *Nova* die Verwirklichung der ersten beiden Stufen und auch noch erste Teilbereiche der dritten erreichen kann, wird es nötig sein, fortgeschrittenere Raumschiffe auf der Basis von Antigravitations- und anderen exotischen Antriebssystemen einzusetzen, um die gesamte Stufe drei und insbesondere Stufe vier umzusetzen. Diese höher entwickelten Schiffe sollten in den Forschungsanlagen der Navy am China Lake in Kalifornien entworfen und entwickelt und sodann in riesigen unterirdischen Stationen in den Wasatch Mountains in Utah gebaut werden, um letzten Endes mit Interstellarreise-Technologien Operationen im offenen Weltraum auszuführen.

Es ist eine anerkannte Tatsache, dass das *Nova*-Konzept gewaltiger Raketen-Startrampen in den frühen 1960er Jahren von zwei großen Aerospace-Unternehmen studiert wurde, die keine Verträge für die Produktionsschritte der massiven *Saturn*-Startrampen für die *Apollo*-Missionen erhalten hatten. Die *Encyclopedia Aeronautica* schreibt dazu:

>»General Dynamics (Convair) und Martin Marietta erhielten im Juli 1962 für *Nova* ›Trostverträge‹ zu Forschungszwecken. Philip Bono von Douglas Aircraft führte seine eigenen Forschungen bezeichnenderweise ohne Vertrag durch. Die Vertragspartner hatten vorläufige Entwürfe für Trägerraketen mit einer Nutzlast von einer Million Pfund vorzulegen ... Martin reichte die umfassendste Untersuchung ein, bei der alle möglichen Kombinationen geprüft waren ... General Dynamics hatte die konservativsten Designs und verwendete Lokomotiven oder riesige konventionelle Glockenkammer-Maschinen in der Drei-Millionen-Pfund-Schubklasse. Bono war bei Douglas wie immer optimistisch hinsichtlich erreichbarer Massenanteile der Plattformen und präsentierte Entwürfe mit erheblich niedrigerer Masse als von den anderen beiden Vertragsinhabern errechnet.«[6]

Unter Bezugnahme auf seine Mitarbeit bei Douglas sagt Tompkins, dass er und andere Ingenieure im Laufe der Jahre unterschiedliche innovative Antriebssysteme verwendet haben, um verschiedene Konfigurationen der gewaltigen *Nova*-Raketen und ihrer jeweiligen Traglasten von einer Million Pfund zu entwickeln – der zehnfachen Nutzlast der *Saturn*-V-Rakete:

»Wir haben, mit Unterbrechungen, sieben Jahre über diesen Entwürfen gebrütet, bis die NASA wegen Angeboten für die *Nova*-Raumfahrzeuge anfragte (*Nova* war lange vor *Apollo*). Jim Jenkins, Mack Davis und ich verbrachten viel Zeit damit, diese Raketen zu diskutieren und zu entwerfen. Unsere Aufgabe bei Advanced Design bestand darin, das Antriebskonzept zu analysieren, Konfigurationen zu entwickeln, alternative Studien zu betreiben und gewaltige Weltraum-Frachttransporter zu entwerfen ... Ich selbst habe ein über sechshundert Fuß hohes, kegelförmiges *Nova*-Fahrzeug entworfen ...«[7]

Offiziell dauerte das *Nova*-Forschungsprogramm von 1959 bis 1964, als die Unterstützung von der NASA infolge des erfolgreichen Tests und der Entwicklung der *Saturn*-V-Rakete eingestellt wurde. Nach Tompkins wurde *Nova* dennoch hinter den Kulissen weiterhin von der Navy unterstützt, die ihr Interesse aufrechterhielt, als große Vertragspartner der Luft- und Raumfahrt unverlangt Angebote für die Durchführbarkeit von *Nova* vorlegten.

Während dieser bedeutsamen frühen Epoche der Ausarbeitung und Entwicklung schwerer Lastfahrzeuge für das NASA-Weltraumprogramm nahm Tompkins' zwölfjährige Karriere ein stürmisches Ende. Es lohnt ein Rückblick darauf, was passierte und wie seine Entlassung ihn veranlasste, zu anderen großen Luft- und Raumfahrtunternehmen zu wechseln, die seine Bemühungen unterstützten, Verträge von der Navy zu erhalten, um die *Nova*-Raketen trotz deren vordergründiger Streichung durch die NASA zu bauen.

Am 1. Juli 1962 ergriff Tompkins die Initiative und ging zu den führenden Köpfen der Fertigungsabteilung der Douglas Aircraft Company, um sich mit ihnen zu treffen und eine neue persönliche Beziehung zum Leiter des Launch Operations Center der NASA (später, nach der Ermordung Kennedys, in Kennedy Space Center umbenannt), Dr. Kurt Debus, aufzubauen.[8] 1961 wurde Debus, nach Kennedys Rede, in der der Präsident die Landung eines Mannes auf dem Mond bis zum Ende des Jahrzehnts versprochen hatte, dazu ausgewählt, »Design, Entwicklung und Konstruktion der *Saturn*-Startanlagen der NASA« in Cape Canaveral zu leiten.[9] Anschließend wurde er am 1. Juli 1962 zum ersten Direktor des Space Centers ernannt und behielt diese Position bis zu seiner Versetzung in den Ruhestand im November 1974 inne.

Tompkins teilt mit, dass er mit einem ausführlichen Modell- und Designvorschlag für die *Saturn*-Startanlagen sowie mit Angeboten für Bau und Rationalisierung des Launch Operations Center nach Cape Canaveral reiste. Dort traf er sich mit Dr. Debus und Dr. Wernher von Braun. Vor allem Debus war von Tompkins' Entwurf und seinem detaillierten Wissen derart beeindruckt, dass er seine Pläne augenblicklich billigte und ihn in eine Reihe von Gremien der NASA aufnahm, darunter das renommierte Launch Operations Committee, eine Arbeitsgruppe, die Debus persönlich leitete.

Das Komitee war einberufen worden, um die *Apollo*-Startanlagen für die *Saturn*- sowie gleichermaßen für die *Nova*-Raketenprogramme zu entwerfen und zu beaufsichtigen. Tompkins erinnert sich an das von Debus nach ihrem ersten Treffen Gesagte:

»Ich nehme Sie in mein Launch Operations Committee, in das Complex 39 Facility Planning Committee und in das Mission Planning Committee auf. Außerdem würde ich Sie gerne als technischen Berater meines Systems Management Committees, des Mission Control Committees, des Facilities and Complex Panes, der Launch Operations Working Group, des Checkout Project Office sowie des Launch Project Office gewinnen.«[10]

Tompkins hat ein Dokument der Douglas Aviation Company vorgelegt, das seine Behauptung, ein Mitglied der Arbeitsgruppe des Launch Operations Committee (L.O.C.) am Kennedy Space Center gewesen zu sein, belegt; dort beriet er Debus unmittelbar in Bezug auf verschiedene Design-Entwürfe. Das Dokument bezeichnet Tompkins als »ein Mitglied der Arbeitsgruppe L.O.C. Facilities, die von Dr. Debus, dem Direktor des L.O.C., im Auftrag der NASA geleitet wurde«.

Tompkins' persönliche Beziehung zu Debus führte dazu, dass er der Douglas Aircraft Company einen Systemtechnik-Vertrag über sechsunddreißig Millionen Dollar sicherte.[11] Da jedoch höherrangige Leute übergangen wurden, erregte er damit den Zorn von Leitern der macht-

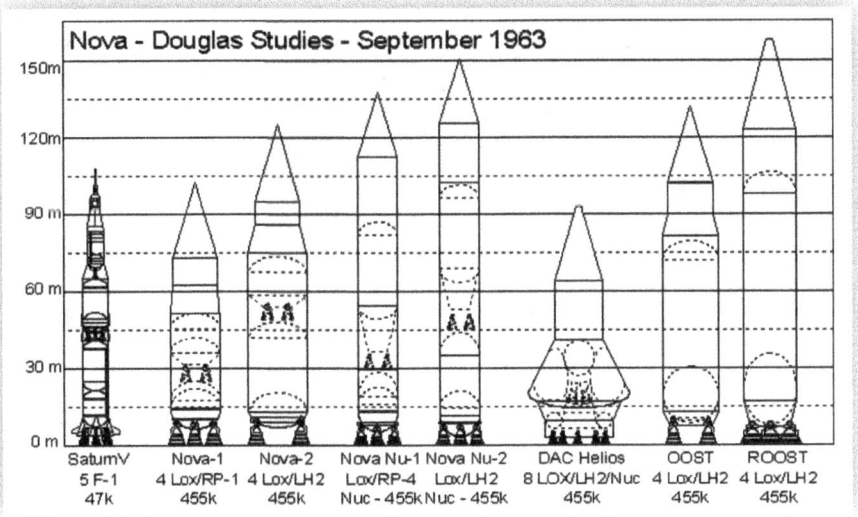

Nova - Douglas Studies - September 1963							
SatumV	Nova-1	Nova-2	Nova Nu-1	Nova Nu-2	DAC Helios	OOST	ROOST
5 F-1	4 Lox/RP-1	4 Lox/LH2	Lox/RP-4	Lox/LH2	8 LOX/LH2/Nuc	4 Lox/LH2	4 Lox/LH2
47k	455k	455k	Nuc - 455k	Nuc - 455k	455k	455k	455k

Abb. 44: Douglas-Entwürfe für Nova-Raketen

vollen Fertigungsabteilung von Douglas. Tompkins wurde infolgedessen entlassen, aber die Entscheidung aufgrund der Intervention seiner Vorgesetzten bei der technischen Abteilung widerrufen. Schließlich wurde er jedoch am 4. Mai 1963 erneut, zum zweiten Mal, von der Douglas Aviation Company entlassen.

Dr. Robert Wood, der bei der Douglas Aircraft Company und deren Nachfolgeunternehmen McDonnell Douglas insgesamt dreiundvierzig Jahre lang arbeitete, erinnert sich noch lebhaft an die von Tompkins beschriebenen Umstände seiner Kündigung.[12] Er sagt, es sei damals bei Douglas eine große Neuigkeit gewesen, dass jemand dafür gefeuert wurde, weil er einen großen Vertrag mit der NASA unter Umgehung höhergestellter Douglas-Mitarbeiter erwirkt hat. Viele Jahre später, im Jahr 2009, sollte Wood Tompkins schließlich treffen und sich entschließen, ihm bei der Veröffentlichung seiner Autobiografie als Herausgeber behilflich zu sein.

In Kapitel 4 wurde bereits erklärt, dass nordische Außerirdische die Douglas Aircraft Company unterwandert hatten und Tompkins insgeheim bei seinen Entwürfen kilometerlanger Navy-Raumschiffe unterstützten. Dazu zählte auch die Hilfe bei den Bauplänen für die schweren Trägerraketen und später die *Saturn*-Raketen für das *Apollo*-Programm. Die Umstände seiner Entlassung wurden nach Tompkins orchestriert von reptiloiden Außerirdischen, die Führungspersonal in der Technischen Abteilung von Douglas kontrollierten. Ihr Ziel war es, die Bemühungen der Douglas Aircraft Company, das *Apollo*-Programm zu unterstützen, zu sabotieren.

Nachdem Tompkins das Verschwinden von zwei Ingenieuren der Technischen Abteilung bemerkt hatte, sagte er, wie er sich erinnert, zu einem Kollegen:

>»In der Chefetage der Herstellungsleitung bei Douglas muss es Reptiloide geben. Sie hindern uns daran, unsere gesamten technischen Entwürfe umzusetzen, die ich der Firma Douglas vorgelegt habe, um all die Mond- und Marsmissionsprogramme der NASA auszuführen.«[13]

In einer weiteren Erklärung enthüllt Tompkins, dass die Reptiloiden Douglas unterwandert haben könnten, indem sie fortgeschrittene Technologien nutzten, die sie physisch menschlich erscheinen ließen. Er sagte: »Einige der nordischen Außerirdischen bei Douglas, von denen ich dachte, sie würden uns helfen, könnten getarnte Reptiloide gewesen sein, und vielleicht war dies nun bei der NAA [der North American Aviation, einem bedeutenden amerikanischen Flugzeughersteller] ebenso der Fall.«[14] Anschließend fasst Tompkins die komplexe Situation unter Beteiligung unterschiedlicher außerirdischer Gruppen zusammen, die in verschiedene Firmen eingesickert waren, um die Navy- und *Apollo*-Programme entweder zu unterstützen oder zu sabotieren:

>»Was ich mich am meisten frage … ist: Warum zum Teufel drängen die Nordischen uns zum Mond, während uns diese verdammten Reptiloiden, die anscheinend wie Nordische aussehen, Sand ins Getriebe streuen?«[15]

Darüber hinaus bringt Tompkins vor, dass Debus sehr gut über die nordischen Außerirdischen Bescheid wusste, die Maria Oršić dabei geholfen hatten, die ersten Vril-Prototypen deutscher Fliegender Untertassen zu bauen.[16] Debus stand sogar, laut Tompkins, selbst telepa-

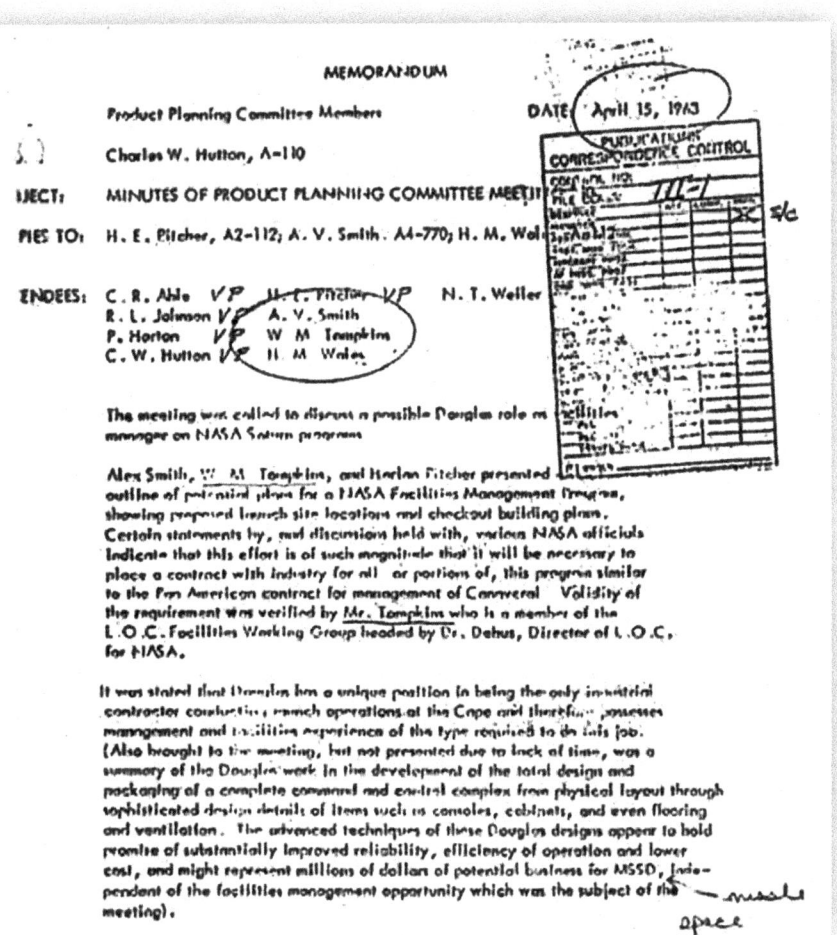

*Abb. 45: Ein Douglas-Memorandum belegt, dass Tompkins in Kurt Debus'
NASA-Arbeitsgruppe tätig war. Quelle: William Tompkins:
Selected by Extraterrestrials*

thisch mit nordischen Außerirdischen in Verbindung, die hinter den
Kulissen daran mitarbeiteten, dass das *Apollo*-Programm Erfolg haben
sollte. In einem späteren Interview schilderte Tompkins, wie seine
erste Begegnung mit Debus von seiner nordischen außerirdischen Sekretärin bei Douglas eingefädelt worden war, die es ihm ermöglichte,
viele Hindernisse zu überwinden, um sich mit Debus zu treffen.[17]

»Meine Sekretärin sagte, ich hätte, noch ehe wir überhaupt dort runterge-
gangen seien, einen Brief an Sie geschrieben, der sie bei den Topleuten der
NASA einführt, Sie ihn aber nie benutzen würden. Dann erledigte sie den
ganzen Kram, wo ich diese Zone, das geheime Gebiet, betrete, und die
geheimen Türen und Tore öffneten sich, ohne mich zu stoppen. Die bewaffneten Wächter fassten mich nicht an und schossen nicht auf mich ... Und
all das geschah genauso, wie sie es mir zuvor erzählt hatte.

Sie riet mir auch, viel von dem Zeug, was die Deutschen sagen würden, nicht zu glauben. Aber Debus wurde für mich, obwohl von Braun
der führende Mann war, irgendwie sofort, gleich nach meinen ersten
Worten, zum Freund. Ich kann es nicht anders beschreiben. Und eigentlich habe ich mich darin auch nie getäuscht.«[18]

Die Verbindung, die sowohl Tompkins als auch Debus zu nordischen
Außerirdischen hatten, sollte sich als ein Schlüsselfaktor dafür erwei-
sen, dass die beiden seit ihrer ersten Begegnung eine starke persönliche Beziehung zueinander entwickelten.

Nachdem Tompkins von Douglas zum letzten Mal im Mai 1963
hinausgeworfen worden war, vermittelte Debus ihm den Kontakt zu
seinem nächsten Arbeitgeber, der North American Aviation (NAA).
Tompkins fasst die Situation folgendermaßen zusammen:

»Wegen meiner unaufgefordert eingereichten großen Änderungen am
gesamten *Apollo*-Mondprojekt ein Jahr zuvor wurde ich bei Douglas gefeuert. Das geschah, weil ich einige Firmenchefs übergangen hatte. Meine Präsentation [vom 1. Juli 1962] erfolgte vor den beiden wichtigsten
Weltraumleuten auf diesem Planeten, Dr. Kurt Debus und Dr. von Braun,
dem Leiter der NASA ... Dr. Debus war von der Tiefe [meines Wissens um]
die außerirdischen Bedrohungen und deren Implikationen für die *Apollo*-
und Navy-Missionen so angetan, dass er mich in sein Mission Launch
Control und sein Facilities Planning Committee aufnahm. Ein Anruf bei Dr.
Debus, und eine Woche später war ich bei der North American Aviation,
Rocketdyne, an Bord, einer NAA-Abteilung, und bei Nucleonics, ebenfalls
einer NAA-Abteilung, und zwar auf der Stufe eines Direktors für fortgeschrittene technologische Forschung.«[19]

Von 1963 bis 1966 arbeitete Tompkins bei der Rocketdyne Division of North America (jetzt ein Teil von Boeing) und nahm viele seiner Entwürfe für hochmoderne Raumschiffe, die er bei Douglas angefertigt hatte, dorthin mit.

Tompkins berichtet, wie er in der Zeit seiner Anstellung bei Rocketdyne das Management erfolgreich davon überzeugte, das zu wiederholen, was er schon bei Douglas getan hatte, indem er der Navy unverlangt Angebote schickte, um Verträge für streng geheime Programme zu bekommen.[20] So brachte er Rocketdyne-Manager dazu, ein unaufgefordertes Angebot – auf der Grundlage der alten Douglas-Aircraft-Angebote, an denen er zuvor gearbeitet hatte –, schwere *Nova*-Raumfrachter zu bauen, zu befürworten.

Tompkins sagt, dass ihm jetzt zwei verschiedene weibliche nordische Außerirdische assistierten – andere als jene bei Douglas. Sie halfen ihm dabei, bei seinen Entwürfen großer Raketensysteme wie *Nova* und *Saturn* V, an denen er auch bei Rocketdyne arbeitete, komplizierte technische Probleme zu lösen.

Er schrieb, dass die beiden nordischen »Außerirdischen hier den Auftrag hatten, dafür zu sorgen, dass die Ziele der *Apollo*-Mondprogramme auch eingehalten wurden«.[21]

Tompkins arbeitete einen Businessplan für Rocketdyne aus, der einige der innovativen Antriebstechnologien für Interstellarreisen enthielt, die er bei Douglas erforscht hatte, sowie eher konventionelle Raketentechnologien für *Nova*-Missionen im Sonnensystem:

»Dazu gehörten interplanetarische, bemannte Mars-, Venus-, Merkur- und weitere Missionen in den offenen Weltraum, solche zu den großen Planeten des Sonnensystems oder zu deren bewohnbaren Monden. Ich entwarf und sie entwickelten Navy-Stützpunkte auf allen von ihnen ... Die Verfügbarkeit der verbesserten *Nova*-Raumtransporter für die Navy-Aufklärungsschiffe wird die Effektivität früher Missionen in das Sonnensystem sowie bemannter planetarischer Mond- und (kurz- wie langfristiger) Mars-Missionen der Navy merklich erhöhen. Ebenso wird es die Entwicklung des Marsbasis-Einsatzes der Navy beschleunigen.«[22]

Dies erreichte in einem detaillierten systemtechnischen Plan für die Besiedelung unseres eigenen sowie benachbarter Sonnensysteme seinen Höhepunkt. Der nordamerikanische Systemplan bestand darin, die kraftvollen *Nova*-Raketen als wesentlichen Faktor für die Kolonisation zu nutzen. Tompkins sagt, dass sein fehlender Ehrgeiz, nukleare Antriebssysteme bei seinen Entwürfen zukünftiger Navy-Raumschiffe zu verwenden, führenden Mitarbeitern bei Rocketdyne zu Ohren kam.

Während dieser Zeit ermutigte ihn einer seiner alten Douglas-Chefs, zu TRW zu wechseln, wo seine innovativen gestalterischen und technischen Fähigkeiten besser genutzt werden könnten:

»Noel Crates, mein alter Boss bei Douglas für die Delta-II-Thor-DM-18-Rakete, der nach meiner Entlassung seinen Dienst quittierte, hatte eine Forschungsstelle in der Weltraum-Denkfabrik von TRW in Redondo Beach unweit des LAX [Los Angeles International Airport] angenommen ... Jahrelang versuchte Noel immer wieder, mich zu einem Wechsel von North American Rocketdyne zu TRW zu bewegen, indem er sagte: ›Bill, das ist das Zentrum der Galaxis, wo alles abgeht; alles passiert hier bei TRW. Du musst an den Kram hier ran. Es gibt viel, was sie nicht wissen, was du aber, aus irgendeinem Grund, begreifst. Es gibt buchstäblich Hunderte geheimer Projekte, die deine Bewertung aus einer umfassenden Perspektive benötigen. Bill, du bist ihnen in so vieler Hinsicht um Lichtjahre voraus.‹«[23]

Als das Jahr 1966 gekommen war, führte Tompkins' immer mehr zunehmendes Interesse an Antigravitations- zugunsten von Nuklearantrieben dazu, dass er bei Rocketdyne's Nucleonics hinausgeworfen wurde und schließlich doch das Angebot seines Freundes annahm, auf die grüneren Weiden von TRW (2002 von Northrup Grumann übernommen) zu wechseln. Die nächsten vier Jahre (von 1967 bis 1971) verbrachte Tompkins bei TRW und fand, wie er sagte, auf dem futuristischen Campus in Redondo Beach viel Unterstützung bei seinen innovativen Design- und technischen Ideen für verschiedene Weltraum-Antriebssysteme:

»TRW ist der fantastischste Weltraum-Denkfabrik-Campus an der Spitze dieses südwestlichen Armes der Galaxis. Es hat seit 1960 außerirdische Bedrohungen in den Blick genommen und entwirft Navy-Weltraumkampfgeschwader und Waffen, um diesen Bedrohungen zu begegnen.«[24]

Aufgrund seines Hintergrunds beim Navy-Geheimdienst und seiner Erfolge damit, wichtige Navy-Verträge an Land zu ziehen, als er noch bei Douglas und Rocketdyne gearbeitet hatte, wurden Tompkins viele TRW-Projekte anvertraut.[25] Dazu gehörte auch ein *Nova*-Angebot von TRW, bei dem die Firma schließlich auch den Zuschlag für diesen äußerst gefragten Vertrag mit der Navy bekam. Tompkins schreibt dazu:

»Nach ausgiebiger Auswertung Hunderter Forschungsprojekte, darunter aller möglichen Ideen für unkonventionelle Weltraumbesiedelung und vierzehn Hauptklassen von Navy-Weltraumschiffen von Kampfflugzeugen bis zu zweieinhalb Kilometer langen intergalaktischen Schlachtkreuzern, wurde unaufgefordert ein Systementwicklungsplan entworfen und zusammen mit zahllosen Mond-, Planeten- und Sternmissionsprojekten für *Apollo* und *Nova* an das ONI [Office of Naval Intelligence, Amt für Marinenachrichtendienliche Angelegenheiten] sowie das ONR [Office of Naval Research, Marineamt für wissenschaftliche Forschung] geschickt. Ich führte solche Missionen, einige Jahre später, bei TRW durch.«[26]

Nichtsdestotrotz fand der verdeckte Navy-Plan, *Nova* voranzubringen, um ein Personal von zehntausend Menschen auf dem Mond zu platzieren, während der *Apollo*-11-Mission ein niederschmetterndes Ende. Zur Zeit der *Apollo*-Mondlandung arbeitete Tompkins für TRW, das für eine Reihe wichtiger Bauteile, die im *Apollo*-Raumschiff verwendet wurden, verantwortlich war. Die Mitarbeiter von TRW erhielten dieselben Fernmessdaten, wie sie am Launch Operations Center beziehungsweise Kennedy Space Center für die *Apollo*-Mondmissionen zu sehen war. Es gibt keinen Grund, Tompkins' Bericht zu bezweifeln – schließlich war er Angestellter bei TRW –, dass er mit einem großen Mitarbeiterkontingent persönlich im »Space Park«-Hauptquartier von TRW in Redondo Beach anwesend war, um die Mondlandung zu verfolgen.

Während der Landung von *Apollo* 11 auf dem Mond im Juli 1969 sorgten – so Tompkins – Fernsehkameras vom *Apollo*-Landefahrzeug für eine Liveübertragung dessen, was Armstrong und Aldrin sahen. Und Tompkins schildert, wie Armstrong und Aldrin auf eine Flotte außerirdischer Raumschiffe trafen, die sich in erstaunlicher Nähe zum *Apollo*-Mondlandefahrzeug befanden:

> »Das Landemodul (LEM) berührte die Mondoberfläche tatsächlich in dem Krater namens Mare Tranquillitatis, um dessen Rand Fahrzeuge von ungeheurer Größe parkten. Als der Astronaut Neil Armstrong jenen ersten Schritt des Menschen auf dem Mond unternahm, sah er zur Kante des Kraters hinauf und sagte zur Einsatzleitung: ›Hier sind andere Schiffe; sie sind gewaltig.‹ Das Publikum hörte weder diese Bemerkung noch sah es die riesigen außerirdischen Raumschiffe. Armstrong schwenkte seine Kamera in einer 360-Grad-Bewegung um den gesamten Krater, und anschließend stufte die CIA die Information noch oberhalb von *top secret* ein.«[27]

Tompkins zeichnete eine Skizze davon, was er gemeinsam mit dem anderen TRW- und NASA-Personal bei der *Apollo*-Liveübertragung gesehen hatte (siehe Abb. 46).

Unglaublicherweise war, wie Tompkins berichtet, eine außerirdische Stimme klar durch die Funkübertragung von *Apollo* 11 zu hören: »Beenden Sie insgesamt sechs Ihrer *Apollo*-Missionen; machen Sie Ihre Fotos, nehmen Sie einige Steine mit, dann kehren Sie nach Hause zurück – und kommen Sie nicht wieder.«[28] Wie diese Drohung einer oder mehrerer außerirdischer Gruppen das *Apollo*-Programm ebenso wie das verdeckte *Nova*-Programm der Navy für bemannte Mondstationen tatsächlich enden ließ, wird von Tompkins folgendermaßen beschrieben: »Das Schild ›Betreten verboten‹ ruckte hoch. Mit Beendigung des Programms ging jeder nach Hause, und fast vierhunderttausend Angestellte der NASA und ihrer Vertragspartner bekamen den Blauen Brief.«[29]

Das von Tompkins, wie er hervorhebt, via NASA-Liveübertragung von der Mondlandung Gesehene stimmt mit den von diesen Übertragungen empfangenen Amateurfunk-Aufzeichnungen sowie mit den Aussagen des früheren NASA-Mitarbeiters Otto Bender überein. Bender zufolge funkten die Astronauten von *Apollo* 11, dass sie von großen außerirdischen Fahrzeugen aus beobachtet wurden.

Abb. 46: William Tompkins' Zeichnung (anhand der NASA-Liveübertragung) von Raumschiffen am Kraterrand des Mare Tranquillitatis, die den Astronauten von Apollo 11 drohen. Quelle: William Tompkins: Selected by Extraterrestrials

Bender bestätigt, dass Funkamateure tatsächlich Signale auf Ultrakurzwelle empfangen haben, die vom Hauptquartier der NASA in Houston ausgingen und folgende – von der NASA für das Publikum zensierte – Botschaft übermittelten:

»*Mission Control:* Was gibt's da? Einsatzleitung ruft *Apollo* 11.
Apollo 11: Diese Babies sind gewaltig, Sir … riesengroß … Oh Gott, Sie würden es nicht glauben! Ich sage Ihnen, hier draußen gibt es noch andere Raumschiffe … in einer Reihe auf der anderen Seite des Kraterrandes … Sie sind auf dem Mond und beobachten uns.«[30]

Am 27. August 2012 enthüllte Dr. Steven Greer, der Gründer des *Disclosure Projects* und Autor des weltweiten Bestsellers *Offiziell geleug-*

net!, dass er mit nahen Verwandten von Armstrong und Aldrin gesprochen hat, denen die Wahrheit darüber gesagt wurde, was die Astronauten auf dem Mond gesehen hatten:

>»Gute Freunde und sehr enge Familienmitglieder von Neil Armstrong und von Buzz Aldrin haben mir unabhängig voneinander mitgeteilt, dass in der Tat zahlreiche große UFOs um den Krater herum standen, wo die Mondfähre landete, und dass diese sowohl von Armstrong als auch von Aldrin gesehen wurden. Außerdem habe ich mit Militäroffizieren gesprochen, die das Filmmaterial von diesem Ereignis gesehen haben – aber das wurde niemals öffentlich gemacht.«[31]

Greers Zeugnis ist bedeutsam, da es Tompkins' Äußerung untermauert, dass es eine Video-Liveübertragung gab, die das aufzeichnete, was Armstrong und Aldrin sahen.

Warum also beendete die NASA schließlich die *Apollo*-Missionen, wenn außerirdische Besucher dort waren und die Erde beobachteten? Die Antwort lautet nach Armstrong, wie von einem ungenannten Professor bei einem NASA-Symposium wiedergegeben, folgendermaßen:

>»*Professor:* Was geschah wirklich da draußen mit *Apollo* 11?
>
>*Armstrong:* Es war unglaublich ... Wir hatten natürlich immer gewusst, dass die Möglichkeit bestand ... Tatsache ist, dass wir weggeschickt wurden. Danach gab es nie mehr irgendwelche Fragen nach einer Weltraumstation oder einer Mondstadt.
>
>*Professor:* Was meinen Sie mit ›weggeschickt‹?
>
>*Armstrong:* Ich kann nicht ins Detail gehen; ich kann nur sagen, dass ihre Schiffe unseren an Größe wie auch hinsichtlich der Technologie weit überlegen waren – Junge, waren die riesig! ... und bedrohlich ... Nein, die Frage nach einer Weltraumstation stellt sich nicht mehr.
>
>*Professor:* Aber die NASA hatte doch noch weitere Missionen nach *Apollo* 11?
>
>*Armstrong:* Natürlich – die NASA hatte Zusicherungen gemacht und konnte keine Panik auf der Erde riskieren. ... Aber es war nur ein kurzer Hype, der schnell wieder in der Versenkung verschwand.«[32]

Der ungenannte Professor wurde erstmals von Timothy Good in seiner bahnbrechenden Dokumentation *Jenseits von Top Secret, das geheime UFO-Wissen der Regierungen* zitiert, und er stützt Tompkins' Aussage, dass die NASA buchstäblich vom Mond geworfen wurde, sowie diejenige, dass es Pläne gab, eine »Mondstadt« zu bauen. Tatsächlich war diese Stadt im Rahmen des *Nova*-Programms als Stützpunkt der Navy geplant gewesen.

Die außerirdische Besatzung der großen Raumschiffe, welche die *Apollo*-11-Mission so sehr eingeschüchtert hatten, wollte nicht, dass die U.S. Navy einen Brückenkopf für zukünftige militärische Stützpunkte auf dem Mond einrichtet. Dadurch, dass die Navy daran gehindert wurde, mit ihrem Plan fortzuschreiten, während der 1970er Jahre mit Hilfe einer Anzahl von *Nova*-Raketenabschussbasen zehntausend Menschen auf den Mond zu bringen, fand das *Nova*-Programm im Juli 1969 *de facto* ein vernichtendes Ende.

Es sollte die Navy mehr als ein Jahrzehnt kosten, bis sie im Rahmen ihres Geheimen Weltraumprogramms den Bau ihrer ersten Antigravitations-Weltraumschiffe fertigstellen konnte. Erreicht wurde dies mit der verdeckten Unterstützung nordischer Außerirdischer, trotz der Sabotagebemühungen in den Militärisch-Industriellen Komplex eingesickerter Reptiloider. Tompkins und anderen Whistleblowern zufolge wurden die ersten Weltraum-Kampfgeschwader der Navy in den frühen 1980er Jahren während der Reagan-Administration eingesetzt, wodurch erstmals eine Präsenz der U.S. Navy im offenen Weltraum etabliert wurde.[33] Zu jener Zeit schied Tompkins gerade aus der Luft- und Raumfahrtindustrie aus. In den späten 1980ern nahm er den neuen Auftrag an, Navy-Angehörige und deren Kinder auf eine Zukunft vorzubereiten, in der offener Kontakt mit außerirdischem Leben und das Wissen von Geheimen Weltraumprogrammen weit verbreitet werden sollten.

Anmerkungen

1   Präsident John F. Kennedy: »Excerpt from the ›Special Message to the Congress on Urgent National Needs‹«, 25. März 1961; https://www.nasa.gov/vision/space/features/jfk_speech_text.html#.WA-MyaLvRBw

2   United States Army: *Project Horizon: Volume II: Technical Considerations & Plans*. http://www.history.army.mil/faq/horizon/Horizon_V2.pdf

3   William Tompkins: *Selected by Extraterrestrials* (Createspace, 2015), p. 408

4   Richard Hoagland und Mike Bara: *Dark Mission: The Secret History of NASA* (Feral House Book, 2007), p. II.

5   William Tompkins behandelt *Nova* und seine Ziele in *Selected by Extraterrestrials*, p. 366f.

6   »Nova«, in: *Encyclopedia Astronautica*, http://www.astronautix.com/n/Nova.html

7   William Tompkins: *Selected by Extraterrestrials*, p. 31f.

8   Dr. Robert Wood, der Herausgeber von Tompkins' Autobiografie, teilt dort mit, dass er über ein auf den 28. August [1962] datiertes NASA-Memorandum verfügt, das ein solches Treffen bestätigt. Siehe Tompkins: *Selected by Extraterrestrials*, p. 339

9   Wikipedia, https://en.wikipedia.org/wiki/Kurt_H._Debus

10 William Tompkins: *Selected by Extraterrestrials*, p. 338

11 Ebd., p. 344

12 Dr. Robert Wood enthüllte dies in einem persönlichen Gespräch am 11. Oktober 2016 während eines Treffens mit William Tompkins in San Diego. Biografische Informationen über Dr. Wood finden sich unter http://majesticdocuments.com/team/robertwood.php

13 William Tompkins: *Selected by Extraterrestrials*, p. 353

14 Ebd., p. 370

15 Ebd., p. 371

16 William Tompkins: Interview mit Jeff Rense am 8. Juli 2016, http://rense2.gsradio.net/rense/special/rense_070816_hr2.mp3

17 Siehe Tompkins' Interview mit Jeff Rense am 8. Juli 2016, http://rense2.gsradio.net/rense/special/rense_070816_hr2.mp3

18 »Rense Radio Interview with William Tompkins and Major George Filer & Frank Chille«, 23. März 2016, http://spherebeingalliance.com/blog/our-technology-decades-ahead-of-whats-known-part2.html

19 William Tompkins: *Selected by Extraterrestrials*, p. 355f.

20 Ebd., p. 368f.

21 Ebd., p. 363

22 Ebd., p. 397

23 Ebd., p. 399

24 Ebd., p. 405

25 In seiner Autobiografie beschreibt Tompkins 72 Projekte, an denen er in seiner Zeit bei TRW arbeitete. William Tompkins: *Selected by Extraterrestrials*, p. 407

26 Ebd., p. 398

27 Ebd., p. 418

28 Ebd., p. 415

29 Ebd.

30 »Bad Moon Rising«, http://www.thelivingmoon.com/46roslin_gate/01archives/BadMoonRising.htm

31 Dr. Steven Greer: »Neil Armstrong's UFO Secret«, http://tinyurl.com/h7csgpz

32 Timothy Good: *Above Top Secret: The Worldwide U.F.O. Cover-Up* (Quill, 1989), p. 186.

33 Siehe Michael Sallas *Geheime Weltraumprogramme & Allianzen mit Außerirdischen*, Amra Verlag, Hanau 2018.

7   Extraterrestrische »Sonderprojekte«
bei der Navy League

William Tompkins hat offengelegt, dass er von den späten 1980er Jahren bis 1999 die Erlaubnis hatte, eine Anzahl »Sonderprojekte« ins Leben zu rufen, bei denen es um außerirdisches Leben und fortgeschrittene Technologien geht. Dies sollte durch die Navy League der Vereinigten Staaten geschehen. Der Zweck bestand darin, diese zivile Organisation als Instrument der Aufklärung pensionierter Navy-Offiziere und deren Kinder über die Realität dieser drängenden Themen zu nutzen.

Die Navy League ist eine nationale Organisation mit rund vierzigtausend Mitgliedern in mehr als 220 Gremien auf der Welt. Sie unterstützt die Navy und ihre Schwesterdienste zur See. Im Jahr 1902 gegründet, startete sie mit der Ermutigung von Präsident Theodore Roosevelt, der sagte: »Schenken Sie Ihre herzliche Unterstützung den Grundsätzen, die zu fördern die Navy League gegründet wurde.«[1] Die Navy League beschreibt sich selbst als »die führende Organisation der Bürger, die allen Diensten zur See – der U.S. Navy, dem U.S. Marine Corps, der U.S. Coast Guard und der Handelsmarine unter amerikanischer Flagge – dient, sie unterstützt und für sie einsteht.«[2]

Tompkins gründete 1991 das Rogue Valley Council der Navy League in Medfort, Oregon, und wurde dessen Antrittspräsident. Seine frühere Arbeit für den Navy-Geheimdienst und führende Vertragspartner der Luft- und Raumfahrt von 1942 bis 1984 hatten ihn zu dem Schluss gebracht, dass die Navy League im Hinblick auf außerirdisches Leben und hochmoderne Technologien eine bedeutende Rolle zu spielen habe. Diese Erkenntnis wurde auch von führenden Offizieren in der Navy League und ihren Ansprechpartnern beim Navy-Geheimdienst geteilt.

Die vorangegangenen Kapitel haben Tompkins' Teilnahme an verschiedenen Aspekten des Geheimen Weltraumprogramms der Navy behandelt, wie es sich von der Phase früher Entwürfe in den 1950er Jahren über die detaillierten systemtechnischen und architektonischen Konstruktionspläne in den 1970ern schließlich bis zu den Weltraum-Kampfgeschwadern entwickelte, die in den frühen 1980er Jahren eingesetzt wurden. Zeitgleich mit der Aufstellung der geheimen Weltraum-Schlachteinheiten wurde Tompkins 1984 von der Luft- und Raumfahrtindustrie »offiziell in den Ruhestand versetzt«. Er begann eine neue Phase in seiner ohnehin schon bemerkenswerten Karriere. Tompkins sollte nun ausgewählte Navy-Offiziere und deren Kinder über außerirdische Lebensformen und Technologien aufklären, um sie auf eine Welt vorzubereiten, in der die Existenz außerirdischen Lebens und eines interstellaren Weltraumprogramms der Navy zum Allgemeinwissen geworden ist.

Im Januar 1984 zog Tompkins nach Medford in Oregon, wo eine große Zahl von Navy-Offizieren der Reserve oder im Ruhestand wohnte. Später besuchte er eine Nationalversammlung der Navy League in Seattle, Washington. Gespräche mit hochrangigen Navy-Offizieren und Mitgliedern der Navy League führten dazu, dass er Unterstützung für seinen Plan erhielt, eine Anzahl »Sonderprojekte« unter Führung der Navy auszuarbeiten, die mit der außerirdischen Thematik zu tun hatten.

Tompkins schrieb einen Brief an Rear Admiral Larry Marsh, den Kommandeur des Navy-Stützpunktes Seattle sowie (von September 1990 bis Juni 1992) Leiter der U-Bootgruppe Neun in Bangor, Washington, und bat um die Genehmigung, mit einer Gruppe pensionierter Navy-Angehöriger eine Fahrt in einem U-Boot unternehmen zu dürfen. Dabei ließ er den Admiral auch, wie er sagt, von seinen Plänen wissen, ein Gremium der Navy League in Medford zu gründen.

Die Navy ist laut Tompkins sehr vorsichtig, wenn es darum geht, jemandem Zutritt zu ihren Atom-U-Booten zu erlauben, und sie nimmt strenge Sicherheitsprüfungen vor. Wahrscheinlich entschloss sich Admiral Marsh nach der Durchführung eines Sicherheitschecks bei Tompkins nicht nur dafür, seine Erlaubnis für die U-Boot-Fahrt zu gewähren, sondern auch etwas zu tun, was Tompkins als einen *seltenen Schritt* beschreibt, nämlich persönlich nach Medford zu kommen und der Eröffnungszeremonie für das Rogue Valley Navy League Council in Medford vorzusitzen.

Öffentliche Berichte bestätigen, dass der Admiral nach Medford reiste, wo er sich mit Tompkins und anderen in den Ruhestand oder in die Reserve versetzten Navy-Offizieren traf und offiziell an der Gründung des Rogue Valley Councils der Navy League teilnahm. Ein Foto zeigt Tompkins 1991 bei seinem Treffen mit Admiral Marsh während der Eröffnungszeremonie für das Gremium.

Abb. 47: Bill Tompkins und Admiral Larry Marsh bei der Eröffnung des Rogue Valley Councils der Navy League im Jahr 1991

Später fuhren Tompkins und seine Offizierskameraden von der Navy League für ihre U-Boot-Fahrt nach Seattle, und er berichtet, dass Admiral Marsh sich auch privat mit ihm dort traf. Tompkins erinnert sich daran, dass er mit dem Admiral vor allem über das außerirdische Phänomen und über UFO-Sichtungen in der Gegend von Seattle gesprochen hat. Im Gegenzug teilte Marsh laut Tompkins einiges von seinem unmittelbaren Wissen über außerirdisches Leben und dessen Technologien mit und erläuterte, wie dieses bei einem Geheimen Weltraumprogramm der Navy genutzt wurde. Weiterhin stellt Tompkins fest, dass Admiral Marsh über das Geheime Weltraumprogramm der Navy informiert wurde und die »Sonderprojekte« genehmigte, die Tompkins im Navy League Council in Medford durchzuführen plante.

Es ist wichtig hervorzuheben, dass der Dienst auf U-Booten viele Ähnlichkeiten zu dem im Weltraum aufweist. Tompkins weist deshalb darauf hin, dass die ersten Prototypen von Navy-Raumschiffen tatsächlich umgebaute U-Boote waren. In einem Interview erklärte er, dass diese Prototypen erstmals 1950 unter Verwendung von U-Booten entwickelt wurden:

> »Und bei Douglas, in dem geheimen Think Tank, suchten wir nach jeder Art von Raumschiff, das wir verwenden könnten, um damit in die Galaxis hinaus zu fliegen; erst wir und anschließend unsere U.S. Navy. Dabei dachten wir auch an U-Boote und diskutierten darüber. Wir sagten: ›Das ist die einfachste Sache, der schnellste Weg, wir können damit hinauskommen. Wir werden einfach ein gewöhnliches Navy-U-Boot zugrunde legen, das ganze Nuklearsystem herausnehmen, ein Antigravitationssystem einbauen, und wir könnten es sofort verwenden.‹«[3]

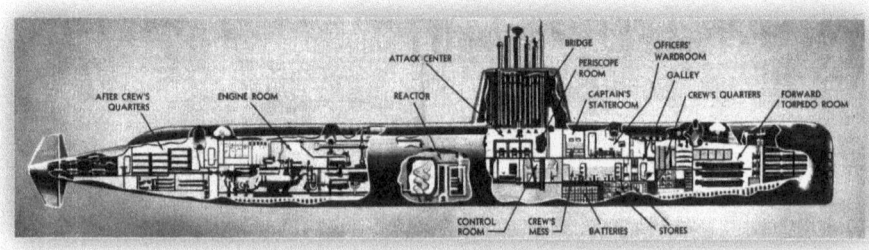

Abb. 48: Das erste Atom-U-Boot der »Nautilus-Klasse«, von General Dynamics für die Navy gebaut

Historische Berichte zeigen, dass das erste nuklear betriebene U-Boot, die U.S.S. *Nautilus* (SSN-571), 1955 eingesetzt wurde.[4] Dies lässt

Tompkins' Szenario möglich erscheinen, zumal eine »Nautilus-Klasse« von Raumschiffen auf der Grundlage umgebauter nuklear angetriebener U-Boote realisierbar wäre.

Tompkins sagt, dass die umgewandelten U-Boote zum allersten Mal in den späten 1970er Jahren, als eine Art Vorspiel für den Einsatz der größeren, kilometerlangen Raumschiffe, in den offenen Weltraum geschickt wurden.[5]

Abb. 49: Tompkins mit Mitgliedern der Navy League, die eine Fahrt mit dem atomar betriebenen U-Boot U.S.S. Alaska SSBN 732 unternahmen

Es ist wahrscheinlich, dass Admiral Marsh, als Befehlshaber der Anlage Submarine Group Nine, von der Idee von Raumschiffen der »Nautilus-Klasse« zumindest gewusst hat, insbesondere wenn man bedenkt, dass die Ausbildung des Personals dem gewöhnlichen Training der Mannschaften nuklear betriebener U-Boote sehr ähnlich

wäre. Dieser Zusammenhang dürfte Tompkins' Behauptung untermauern, dass Marsh mit dem Geheimen Weltraumprogramm der
Navy vertraut war und etwas davon bei ihrem zweiten Treffen offengelegt haben könnte.

Besonders bedeutsam ist Folgendes: Wenn Tompkins daran mitwirkte, Seekadetten, die der Navy League verbunden waren, auf zukünftige Weltraumeinsätze innerhalb des Geheimen Weltraumprogramms der Navy Solar Warden vorzubereiten, dann wäre es für ihre
Schulung von unschätzbarem Wert, wenn dabei Ausbilder beteiligt
wären, die mit dem konventionellen Training von Mannschaften für
moderne nuklear betriebene U-Boote vertraut sind.[6] Tompkins hob
in einem Interview nachdrücklich hervor, dass der Besuch auf dem
U-Boot kein reiner Vergnügungsausflug gewesen ist, sondern ein
wichtiger Teil eines der »Sonderprojekte«, die vom Rogue Valley
Council für die Ausbildung des Personals für künftige Weltraummissionen durchzuführen sind.[7]

Später traf sich Tompkins mit Rear Admiral Hugh Webster, dem
Präsidenten des San Diego Councils und Corporate Director der Navy
League auf nationaler Ebene. Tompkins sagt, dass er Webster bei ihrem
Treffen einiges von seinem Wissen über außerirdische Projekte mitteil-
te, an denen er während seiner Navy- und Aerospace-Karriere beteiligt
war. Admiral Webster war bis zu seiner Versetzung in den Ruhestand
1991 Kommandeur der Operational Test and Evaluation Force, einer
angeblich unabhängigen Stelle innerhalb der Navy für die operative
Erprobung und Bewertung von Marinefliegerei, Landkrieg und U-
Boot-Krieg.[8] Zuvor hatte er als Befehlshaber der Naval Surface Group
Western Pacific, einer im Westpazifik stationierten Einrichtung der
U.S. Navy, gedient – und zwar als Commander Task Force (CTF) 73/
CTF 75.[9] Am 1. November 1986 leitete Admiral Webster den ersten
Besuch in China seit vierzig Jahren. Und von 1978 bis 1980 war er
Kommandeur der U.S.S. *England* DLG/CG-22.

Darüber hinaus erhielt Tompkins, wie er sagt, die volle Unterstützung Admiral Websters für seine Pläne, eine Reihe von marinegeführten
»Sonderprojekten« auszuarbeiten, die mit der außerirdischen Angelegenheit zu tun hatten. Glaubt man Tompkins' Zeugnis, so bedeutet

dies, dass zwei Navy-Admiräle, Marsh und Webster, mit den »Sonderprojekten« vertraut waren, die er in Medford, Oregon, leitete.

Später, im Jahr 2001, gab Admiral Tompkins ihm, wie er sagt, die Erlaubnis, alles, was er über die Beteiligung der Navy an Projekten mit außerirdischem Bezug wusste, in seiner geplanten Autobiografie zu enthüllen. Auf der Rückseite von *Selected by Extraterrestrials* (»Ausgewählt von Außerirdischen«) ruft Tompkins sich das Gespräch, das er mit Webster hatte, in Erinnerung:

> »Anfang 2001 rief ich Admiral Hugh Webster, den Corporate Director der Navy League in Washington/D.C. und San Diego/CA an. Wir trafen uns

Abb. 50: Rear Admiral Hugh L. Webster und Admiral Xinchun Ma feiern den ersten Besuch von Schiffen der U.S. Navy in China seit vierzig Jahren.

auf fünf Stunden und sprachen über die Arbeit an meinem Buch im Hinblick auf die außerirdischen Bedrohungen unseres Planeten. Nachdem Admiral Webster Abschnitte meines Dokuments und technischer Belege zu dessen Untermauerung gelesen hatte, fragte ich Hugh: ›Wieviel davon kann ich in einem veröffentlichten Buch mitteilen?‹ Darauf sagte er: ›Bill, ERZÄHLE ALLES. Das ist von höchster Wichtigkeit für unser Land. Lasse nichts davon weg.‹«[10]

Als Antrittspräsident des Rogue Valley Councils wurde Tompkins bald darauf zum Vizepräsidenten der Navy League für den gesamten Staat von Oregon befördert. Er hat Dokumente vorgelegt, die bestätigen, dass er tatsächlich auf diese sehr hohen Positionen innerhalb der Navy League beordert worden war, obwohl er zuvor kein Mitglied gewesen ist. Dies ist äußerst unüblich und kann nur mit der Billigung von Führungspersönlichkeiten der nationalen Führungsebene der Navy League wie den Admirälen Marsh und Webster geschehen sein, wie Tompkins feststellt.

In seiner Autobiografie beschreibt Tompkins seine Hauptaufgabe bei der Schaffung des Navy League Councils in Medford:

»Habe mit siebenunddreißig Top-Offizieren der Navy, der Gruppe für ›Sonderprojekte‹, Piloten verschiedener Dienstherren, die alle an Projekten mit außerirdischer Interaktion arbeiten, die Southwest Navy League Council [Medford] gegründet.«[11]

Später fügte Tompkins in einem Interview im März 2016 hinzu:

»Da gab es eine Hand voll Navy-Leute, die für dieses Navy League Council verantwortlich waren, das ich in Oregon gegründet hatte, und es ging dort um spezifische Missionen mit Außerirdischen, besonders in den großen Bergen in der Gegend. Wenn man die kleine Liste mit Namen liest, ist es erstaunlich, wie viele dieser Mitarbeiter, die aus der Navy stammten, aber noch in der Reserve waren, Piloten, Navy-Piloten, Commander oder Captain sind. Ich hatte zufällig eine der größten Gruppen der Navy League im Land, die außerirdische Missionen unterstützte.«[12]

Navy League of the United States
Oregon State Vice President

Captain Byron Rollins
Commanding Officer
Naval Air Station Miramar
45249 Miramar Way
San Diego, CA 92145-5005

Dear Captain Rollins,

The Navy League of the United States, Oregons Rogue Valley Council want to thank you

for your support and providing us with the computer systems for our CIC Simulator

Project at the Naval Reserve Center. This show of support has been a incredible boost to

getting this project implemented. I look forward to seeing you agian the next time your in

the Southern Oregon area. Please call me if you have any questions at 541-772-0461

Sincerely,

Bill

William M. Tompkins
Navy League of the United States
Oregon State Vice President
Special Programs

*Abb. 51: Das Schreiben, in dem Tompkins der Miramar NAS für Computersysteme
zur Verwendung als CIC-Simulatoren dankt*

Eine der unmittelbarsten Aufgaben bestand darin, ein Kommando-, Kommunikations- und Kontrollsystem für das Gremium der Navy League in Medford einzurichten. Um dies zu erreichen, stellte Tompkins die »Seekadetten« [engl. *sea cadets*] auf, bei denen jüngere High-School-Kinder von Navy-Offizieren und anderen eine Basisausbildung in See-, Luft- und Weltraum-Operationen der Navy bekommen sollten.

Tompkins gelang es, zu diesem Zweck von der Miramar Naval Air Station vierzehn Computer zu erhalten, die zuvor für das F-14-Flugtraining verwendet worden waren. Er sagt, dass das Kommando- und Kontrollsystem CIC [Command and Control System], das für die Seekadetten eingerichtet wurde, als Mittel geplant war, um Navy-Offiziere und eben diese »Seekadetten« über außerirdische Einsätze und geheime Weltraum-Operationen zu unterrichten.

' Auch in diesem Zusammenhang hat Tompkins Dokumente vorgelegt, die seine bemerkenswerten Behauptungen bestätigen. Eines davon belegt, dass ihm Computersysteme von der Miramar Air Station zur Verfügung gestellt wurden (siehe Abb. 51).

Ein anderes Dokument ist ein Informationsblatt, das Tompkins für die Navy League erstellt hat. Darin wird das von der Navy League gestartete Projekt von Einsätzen im offenen Weltraum und außerirdischen Operationen beschrieben. Er bezieht sich darin auf das Netzwerk von Operationen, die als »Sonderprojekte« eingerichtet wurden.

Und noch ein weiteres Dokument bestätigt, dass tatsächlich »Sonderprojekte« bei der Navy League in Medford diskutiert und durch-

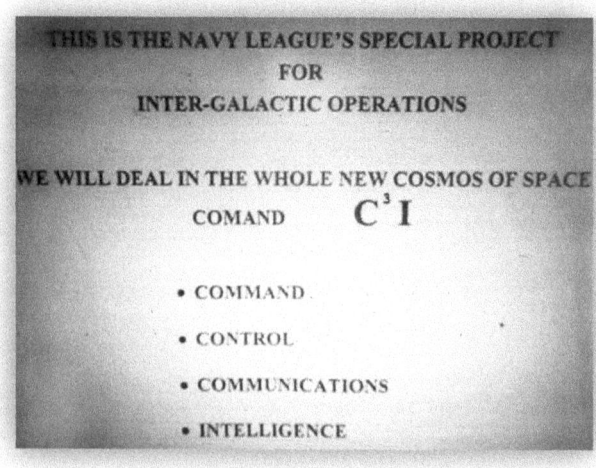

Abb. 52: Sonderprojekte für intergalaktische Einsätze

geführt wurden, wie Tompkins behauptet. Dieses Dokument ist das Protokoll einer Sitzung, die am 5. Oktober 1993 abgehalten wurde.

```
NAVY LEAGUE OF THE UNITED STATES
Rogue Valley Council
625 E. Jackson St., Suite 333
Medford, OR  97504

                    AGENDA FOR BOARD MEETING
                        October 5, 1993

OFFICERS:        Bill Tompkins, President
                 Dave Baker, Vice President
                 Dave Hall, Treasurer
                 Larry Boeck, Secretary
                 Bill Haberlach, Judge Advocate

DIRECTORS:       Jerry Barnes
                 Bob Bush
                 John DeZell
                 Jerry Lausmann
                 Art Lumley
                 Earl MacPherson
                 Mike Michaelson
                 Marjorie Morris
                 Norm Sease

The meeting is scheduled to begin at 1730 at the Airport
Conference Room.

REVIEW OF MINUTES:

TREASURER'S REPORT:

COMMITTEE REPORTS:                              Sonderprojekte

    Sea Cadet Program
    Membership
  ✓ Special Projects
    Programs
    The Anchor
    Cruise Program

OLD BUSINESS:

    19 Foot Boat for Sea Cadets
    Nominating Committee Report

NEW BUSINESS:

NEXT BOARD MEETING DATE:    Tuesday Nov 2, 1993 at 1730 at the
Airport Conference Room.

ADJOURN
```

Abb. 53: Das Sitzungsprotokoll, in dem das Komitee für Sonderprojekte [Special Projects] aufgeführt wird

Es belegt, dass Tompkins Präsident des Rogue Valley Councils [Medford] gewesen ist.

Was aber am wichtigsten ist: Dieses »Protokoll« bestätigt außerdem, dass ein Punkt auf der Tagesordnung der Bericht eines »Komitees für Sonderprojekte« war. Tompkins sagt, dass dieses Komitee für sechs »Sonderprojekte« verantwortlich war, die jeweils ihr eigenes Unterkomitee hatten. Eines davon war, laut dem genannten Dokument, das »Inter-Galactic Operations Special Project«.

In privaten Interviews hat Tompkins einige der anderen »Sonderprojekte« beschrieben, an denen er, seinen Angaben nach, direkt beteiligt war. Eines davon führt auch Berichte über UFOs auf, die gesichtet wurden, wie sie den Mount Shasta anflogen und wieder verließen, der für eine außerirdische Basis gehalten wurde. Piloten, die der Navy League verbunden waren, sollten den Berg umfliegen, um Eingänge zu finden, und geländegängige Fahrzeuge wurden zum selben Zweck eingesetzt.

Ein weiteres »Sonderprojekt« hatte vor allem mit Programmen für die »Verlängerung des Lebens« zu tun. Tompkins berichtet, dass eines der Programme, denen er während seiner Arbeit bei TRW von 1967 bis 1971 zugewiesen wurde, die Lebensverlängerung betraf. Er behauptet, dass TRW bedeutsame Durchbrüche bei der Entwicklung pharmazeutischer Produkte erzielte, die das Leben durch Prinzipien der Altersregression ausdehnen könnten. Ein Kapitel meines Vorgängerbuches *Geheime Weltraumprogramme & Allianzen mit Außerirdischen* behandelt die Zeugnisse von Corey Goode, Randy Cramer und Michael Relfe, die alle behaupten, im Rahmen ihres Dienstes »20 [Jahre] und zurück« in Geheimen Weltraumprogrammen Technologien der Altersregression erlebt zu haben. Seitdem hat Tompkins versichert, dass Altersregression für viele Bedienstete in den »20 Jahre und zurück«-Programmen eine Standardpraxis darstellt.[13]

Unterstützt wird Tompkins' Zeugnis von Genetikern, die jüngst die Gene identifiziert haben, die den Altersprozess kontrollieren. In erstaunlichen Experimenten, deren Ergebnisse in fachlich überprüften wissenschaftlichen Zeitschriften veröffentlicht wurden, haben Genetiker bewiesen, dass sie in der Lage sind, den Altersprozess mit variierenden Erfolgsstufen umzukehren. Der – laut öffentlich bekannt gemachter Studien zur Altersumkehrung – führende Genforscher auf diesem Gebiet ist Dr. David Sinclair, der in einem Interview im November 2014 die Ergebnisse seiner erstmals an Mäusen durchgeführten Experimente darlegte:

>Wir haben Gene entdeckt, die kontrollieren, wie der Körper gegen das Altern ankämpft, und diese Gene können, wenn man sie auf den richtigen Weg bringt, sehr kraftvolle Wirkungen erzielen und sogar das Altern umkehren – bislang zumindest bei Mäusen ... Wir haben sie mit einem Molekül gefüttert, das NMN genannt wird, und dieses kehrte die Alterung der Muskeln innerhalb nur einer Behandlungswoche um, und wir versuchen nun, wenn möglich, alle Aspekte der Alterung umzukehren.«[14]

Bei wieder einem anderen »Sonderprojekt« handelte es sich um ein Kontaktprogramm, dessen Mitarbeiter in einer abgelegenen Bergregion in den Kaskaden nordische Außerirdische treffen und mit ihnen interagieren konnten. Tompkins hat beschrieben, wie holografische Technologien verwendet wurden, um den Teilnehmern dabei zu helfen, etwas über die Geschichte außerirdischen Lebens und dessen Interaktionen mit der Erde zu lernen. Es kann nicht oft genug wiederholt werden, dass nordische Außerirdische laut Tompkins der Navy verdeckt bei einem Projekt behilflich waren, das in der Zukunft eine offene Zusammenarbeit mit ihnen ermöglichen würde.

Zur Bekräftigung von Tompkins' Zeugnis und seinen Dokumenten

Tompkins hat privat eine Liste mit Datum vom November 1995 zur Verfügung gestellt, auf der die Namen von Navy-, Marine- und Air-Force-Offizieren sowie lokalen Repräsentanten zu finden sind, die Mitglieder des Medford Councils der Navy League waren. Anhand dieser Liste war ich in der Lage, den Wohnort von zwei Navy-Offizieren herauszufinden. Beide bestätigten mir am Telefon, dass sie mit Tompkins zusammen gedient haben. Und beide Namen erscheinen auch auf dem als Abbildung 53 wiedergegebenen Dokument »Minutes of Meeting« (Sitzungsprotokoll) vom Oktober 1993.

Zunächst sprach ich am 19. Mai 2016 mit Art Lumley, Commander der U.S. Navy im Ruhestand, der zu dieser Zeit amtierender Präsident des Rogue Valley Councils der Navy League war.[15] Lumley diente zwanzig Jahre lang in der Navy sowie in der Navy-Reserve, war danach sechsundzwanzig Jahre lang als Pilot bei United Airlines tätig und ging als Captain in den Ruhestand. Er erinnerte sich daran, dass außerirdisches Leben innerhalb der »Sonderprojekte«, den Interessengebieten des Rogue Valley Councils während Tompkins' Zeit als Präsident, ein vieldiskutierter Gegenstand war. Er sagte, dass Tompkins das Thema der Außerirdischen in Diskussionen immer wieder aufbrachte und es unter Council-Mitgliedern bekannt war, dass er als Experte auf diesem Gebiet galt. Weiterhin sagte Lumley, dass er sich selbst nicht an eine Beteiligung an solchen Projekten erinnert, wohl aber an deren Thematisierung durch Tompkins.

Als Nächstes sprach ich am 24. Mai 2016 mit Larry Boeck, einem Captain der U.S. Navy im Ruhestand. Sein Dienst bei der Navy umfasste fünfundzwanzig Jahre, und er wurde 1995 als Captain der US Naval Reserve in den Ruhestand versetzt. Im Laufe seiner Karriere befehligte er fünf Reserve-Einheiten der Navy. Auch Captain Boeck teilte mit, dass er sich zwar nicht an eine persönliche Teilnahme an »Sonderprojekten« erinnert, jedoch daran, dass Tompkins über außerirdisches Leben sprach und Komitee-Mitgliedern Berichte darüber gab. Weiterhin erinnerte er sich daran, dass Tompkins Hologramm-Technologien als Unterrichtsmittel für Mitglieder der Navy League und Seekadetten diskutierte. Boeck stellte fest, dass Tompkins auf dem Themengebiet der Außerirdischen sehr bewandert war und es gründlich erforscht hatte. Aufgrund von Tompkins' Wissen und seinen Kontakten fand er ihn, wie er sagte, äußerst glaubwürdig, was das Thema außerirdischen Lebens betrifft.

Schließlich führte ich am 1. November 2016 auch ein Telefonat mit Admiral Marsh, der zentrale Stellen von Tompkins' Geschichte bestätigte. Er erinnert sich daran, Gespräche mit Tompkins über Pläne geführt zu haben, einen Ortsverband der Navy League in Medford, Oregon, zu gründen, und dass Tompkins um Erlaubnis nachgesucht habe, die U-Boot-Werke der Navy in Bangor, Seattle, zu besuchen. Auch Admiral Marsh hatte ein Treffen mit Tompkins in Bedford, Oregon, im Gedächtnis, wo sie die Gründung der Navy League, einen damals herausfordernden organisatorischen Vorgang, besprachen. Er erinnert sich, wie er sagte, noch lebhaft an Tompkins' Interesse und Wissen hinsichtlich Erdbeben und die Bedeutung dieses Themas für Operationen der Navy.

Ich fragte Admiral Marsh, warum er sich entschlossen hatte, die Eröffnung des Navy League Councils in Medford zu besuchen, und er antwortete mir, dass es als wichtiges Ereignis für die Navy League angesehen wurde, die zuvor noch über keine offizielle Präsenz in dieser Gegend von Oregon verfügt hatte. Dies bekräftigt zumindest teilweise Tompkins' Ansicht, dass es für einen aktiven Admiral sehr ungewöhnlich war, ein Navy League Council zu gründen.

Tompkins berichtet, dass er sich mit Admiral Marsh auch noch ein zweites Mal traf, dieses Mal in Seattle, wo sie »Sonderprojekte« im Zusammenhang mit UFOs und außerirdischem Leben diskutierten. Ich fragte den Admiral, ob er sich an dieses zweite Treffen und die dabei laut Tompkins behandelten Themen erinnern könne. Admiral Marsh sagte, dass er sich nicht an dieses zweite Treffen erinnere, bemerkte aber, dass ihn angesichts Tompkins' breiter Interessensgebiete dessen Interesse an UFOs und außerirdischem Leben nicht gerade überraschte. Der Admiral fügte hinzu, dass er kein unmittelbares Wissen über das Thema außerirdischen Lebens habe.

Außerdem erklärte er, dass es angesichts seines stattlichen Terminplans mit vielen täglichen Treffen mit zahlreichen Vertretern der Öffentlichkeit gut möglich sei, dass er Tompkins in Seattle traf, auch wenn er sich nicht mehr daran erinnere. Allerdings war ihm noch im Gedächtnis, dass Tompkins und seine Kameraden von der Navy League ihre U-Boot-Fahrt bei der Anlage der U-Boot-Gruppe Neun in Bangor, für die er damals verantwortlich war, beendet haben.

Schlussfolgerung

Hinsichtlich der Beteiligung der Navy League in Oregon an einer Reihe von »Sonderprojekten« mit außerirdischem Bezug mindestens von 1991 bis 1999 hat Tompkins Dokumente vorgelegt, die seine Schlüsselbehauptungen bekräftigen. Das bedeutendste ist das Sitzungsprotokoll des Treffens von 1993, das Berichte eines »Komitees für Sonderprojekte« anführt und die Namen von Teilnehmern aufzählt.

Entscheidend ist, dass zwei damalige Vertreter der Navy League, die in dem Sitzungsprotokoll identifiziert werden, ihre Teilnahme an den Veranstaltungen des Rogue Valley Councils sowie Tompkins' Berichte und Erörterungen über Projekte mit außerirdischem Bezug bestätigt haben. Sowohl Captain Boeck als auch Commander/Captain Lumley bestätigten, dass Tompkins von Mitgliedern des Rogue Valley Councils als Experte für außerirdische Angelegenheiten und fortgeschrittene Luft- und Raumfahrt-Technologien angesehen wurde. Zusätzlich hat Admiral March bezeugt, dass Tompkins von hochrangigen Persönlichkeiten auf nationaler Ebene der Navy League sehr geschätzt wurde und über ein äußerst fundiertes Wissen auf Gebieten verfügte, die für die Navy von Interesse waren.[16]

Ein weiteres Zeugnis, das Tompkins' Äußerungen ein zusätzliches Maß an Glaubwürdigkeit verleiht, ist das von Catherine Austin Fitts, einer ehemaligen Direktorin des Ministeriums für Wohnungsbau und Stadtentwicklung der USA. Im Jahr 1998, so berichtet sie, wurde ihr mitgeteilt, dass die Navy einen Plan aufgestellt hat, um ihre Operationen an einer Zukunft auszurichten, in der es allgemein bekannt sein wird, dass Außerirdische existieren und unter uns leben. Ministerialdirektorin Fitts war gebeten worden, an strategischen Sitzungen teilzunehmen, die vom Arlington Institute geleitet wurden, einer von John Peterson geführten Non-Profit-Organisation, die mit einer Reihe von Navy-Verträgen beauftragt war. Im September 2002 schrieb Fitts rückblickend:

»1998 trat John Peterson, der Leiter des Arlington Institute, eines kleinen anspruchsvollen militärischen Think Tanks in Washington, CD, an mich heran. ... John bat mich, ihm bei einem strategischen Plan von hohem

Niveau zu helfen, den Arlington ausarbeitete, um sich dem Navy-Staats-sekretär zu verpflichten. ... Ich traf mich dabei mit einer Gruppe hoch-rangiger Militärs – darunter auch der Staatssekretär. Nach John bestand das Ziel des Planes darin ... die Navy dabei zu unterstützen, ihre Opera-tionen an eine Welt anzupassen, in der allgemein bekannt ist, dass Au-ßerirdische existieren und dass sie unter uns leben.«[17]

Um ihre Aussagen zu bekräftigen, verbreitete Fitts später das Sitzungspro-tokoll einer Aufsichtsratsversammlung vom 26. März 1999, das bestätigt, dass vom Arlington Institute Diskussionsveranstaltungen über außerirdi-sches Leben durchgeführt wurden, wenn es mindestens einer seiner Ver-tragspartner – sehr ähnlich wie bei der Navy – verlangte.[18]

Es ist mehr als ein Zufall, dass das Arlington Institute, während Tompkins von 1991 bis 1999 außerirdische »Sonderprojekte« vom Rogue Valley Council der Navy League aus leitete, um Navy-Mitarbei-ter und deren Kinder über außerirdisches Leben aufzuklären, 1998 etwas sehr Ähnliches auf der anderen Seite des Landes tat. In beiden Fällen haben hohe Navy-Bedienstete diese Initiativen über private Zi-vilorganisationen autorisiert.

Dokumente und die unterstützenden Zeugnisse zweier Navy-Offizie-re bestätigen folglich, dass das Medford Council der Navy League von 1991 bis 1999 Aktivitäten mit außerirdischem Bezug behandelte, die im Gewand von »Sonderprojekten« daherkamen. Ein dritter Navy-Offizier, Admiral Marsh, bekräftigt Tompkins' Fachkompetenz und seine Verbin-dungen auf einer Vielzahl von eher konventionellen Gebieten, zum Beispiel bei Studien zu Erdbeben, von denen er glaubte, dass sie mit der außerirdischen Thematik zusammenhängen könnten. Marshs Komman-do über die U-Boot-Gruppe Neun in Bangor und seine Erlaubnis, dass Tompkins und dessen Kameraden einen Törn auf einem U-Boot im Einsatz mitmachen dürfen, spricht für die Möglichkeit, dass dies ge-schah, um eines von Tompkins' »Sonderprojekten« zu fördern.

All dies unterstützt Tompkins' Behauptungen, dass er eine Anzahl »Sonderprojekte« in Medford, Oregon, initiiert hat, die das Ziel verfolg-ten, Navy- und andere militärische Bedienstete, ebenso wie ihre als Seekadetten eingeschriebenen Kinder, über außerirdisches Leben und außerirdische Technologien zu unterrichten sowie sie für ein Geheimes Weltraumprogramm der Navy auszubilden. Während er dies tat, genoss Tompkins die unmittelbare Förderung hoher Führungspersonen in der nationalen Organisation der Navy League. Und was noch bedeutsamer ist, er hatte die Unterstützung hochrangiger Beamter im Marineministerium, die es billigten, dass ein vielbeschäftigter Rear Admiral, der zwei Kommando-Positionen innehatte, 1991 der Eröffnungszeremonie des Rogue Valley Navy League Councils beiwohnte.

Anmerkungen

1 Zur Navy League siehe http://navyleague.org/aboutus/index.html
2 Siehe http://navyleague.org/aboutus/index.html
3 Interview von William Tompkins mit Major George Filer und Frank Chille im Rense Radio am 4. Mai 2016. Ein Transkript ist verfügbar unter http://sphere beingalliance.com/blog/the-amazing-story-continues-part1.html.
4 Wikipedia: »USS Nautilus (SSN-571)«, https://en.wikipedia.org/wiki/USS_Nau tilus_(SSN-571).
5 Telefonisches Interview mit Bill Tompkins am 2. Dezember 2016
6 Das Weltraumprogramm Solar Warden wird eingehend behandelt in Sallas *Geheime Weltraumprogramme & Allianzen mit Außerirdischen*, Amra Verlag, Hanau 2018, S. 154-185.
7 Telefonisches Interview mit Bill Tompkins am 2. Dezember 2016
8 Commander, Operational Test and Evaluation Force, http://www.public.navy.mil/cotf/Pages/history.aspx; eine Kurzbiografie von Rear Admiral Webster ist einsehbar auf http://cg22.ussengland.org/newsletters/julyaugust_2001.htm.
9 Commander, Logistics Group Western Pacific, http://www.clwp.navy.mil/History/
10 William Tompkins: *Selected by Extraterrestrials* (Createspace, 2015), Rückumschlag
11 William Tompkins: *Selected by Extraterrestrials*, p. 431
12 Unveröffentlichtes Video, aufgenommen von Michael Salla im März 2016
13 Transkript eines Interviews mit *Gaia TV*, 25. September 2016, http://spherebe ingalliance.com/blog/transcript-cosmic-disclosure-validating-the-20-and-back-program-with-william-tompkins.html
14 Sue Lannin: »Scientists reverse ageing process in mice, early human trials showing ›promising results‹«, http://www.abc.net.au/news/2014-11-04/scientists-reverse-ag eing-process-in-mice/5865714
15 Privates Telefongespräch mit Art Lumley am 19. Mai 2016
16 Notizen eines privaten Telefongesprächs mit Admiral Marsh, 1. November 2016
17 Siehe Catherine Austin Fitts: »UQ Wire: What's Up With the Black Budget?«, http://www.scoop.co.nz/stories/HL0209/S00126.htm
18 Siehe Michael Salla: http://exopolitics.org/us-navy-plan-to-disclose-extraterrestrial-contact-secretly-developed-in-1998/. Das Dokument des Arlington Instituts ist verfügbar auf http://solari.com/blog/docs/2011/Arlington_Institute_Board_Meeting-10Apr2000.pdf.

8   *Battlestar Galactica* & die künstliche Geheimdienstbedrohung

Am 17. März 2009 hörte eine ausgewählte Gruppe von Vertretern der Vereinten Nationen von Krieg und Frieden aus der Perspektive jener, die auf einem außerirdischen Mutterschiff leben und viel Erfahrung im Kampf gegen eine Form von Künstlicher Intelligenz haben, die nach der Ausrottung des Menschen trachtet. Es waren allerdings keine wirklichen außerirdischen Veteranen, die ihr Wissen von Krieg und Frieden im Weltraum teilen, sondern die Schöpfer und Mitwirkenden der populären Fernsehserie *Battlestar Galactica*.

Besondere Bedeutung kommt diesem Ereignis mit einem UN-Ausschuss deshalb zu, weil die Serie *Battlestar Galactica* von Glen A. Larson entwickelt wurde, einem anderen Schützling von Leslie Stevens IV. In Kapitel 5 habe ich bereits einige Aspekte der ungewöhnlichen Geschäftsbeziehung zwischen Stevens und Gene Roddenberry behandelt und kam zu dem Schluss, dass Roddenberry über ein Geheimes Weltraumprogramm der Navy informiert worden war. Aufgrund von Stevens' militärgeheimdienstlichem Hintergrund sowie von Einweisungen, die er von seinem Vater, dem Vice Admiral Leslie Stevens III., erhalten hatte, war er in ein geheimes Wissen eingeweiht, das für Roddenberrys *Star Trek* zu einer entscheidenden Informationsquelle wurde.

Stevens hatte mit Larson eine ähnliche geschäftliche Beziehung und schrieb in der Tat sogar das Originaldrehbuch für die Pilotfolge von *Battlestar Galactica*. Dies lässt die verblüffende Möglichkeit aufkommen, dass Schlüsselelemente von *Battlestar Galactica* auf realen Bedrohungen im Weltraum beruhen, wie sie von führenden Navy-Bediensteten, die ein Geheimes Weltraumprogramm leiten, wahrgenommen werden. Als eine Art Vorspiel zur Prüfung dieser außerirdischen Bedrohung ist es wichtig zu erfahren, was die Vereinten Nationen von ihrem *Battlestar-Galactica*-Ausschuss zu erfahren hofften.

Die Hauptabteilung Presse und Information der Vereinten Nationen [Department of Public Information, DPI] und der SciFi Channel moderierten gemeinsam das Forum, das einen Tag vor dem abschließenden Finale der vier Staffeln umfassenden Serie geplant war. Der Ausschuss untersuchte »Themen, die für die Vereinten Nationen als auch für *Battlestar Galactica* von Bedeutung sind«, wie die UN in einer Presseerklärung vom 16. März 2009 mitteilten:

> »DIE UN-HAUPTABTEILUNG PRESSE UND INFORMATION UND DER SCIFI CHANNEL MODERIEREN GEMEINSAM EIN PLENUM MIT DEN SCHÖPFERN VON BATTLESTAR GALACTICA, UM DAS PROFIL HUMANITÄRER ANLIEGEN ZU ERÖRTERN
>
> ... Die Diskussion wird einige der Themen untersuchen, die sowohl für die Vereinten Nationen als auch für die von der Kritik gefeierte Fernsehserie bedeutsam sind: Menschenrechte, Terrorismus, Kinder und bewaffnete Konflikte sowie Versöhnung und Dialog zwischen Kulturen und Religionen.«[1]

Die Presseerklärung erwähnte weiterhin die Teilnehmer der Tagung und gab bekannt, dass sie von Whoopi Goldberg moderiert würde – die zuvor in einer Hauptrolle in Roddenberrys *Star Trek: Das nächste Jahrhundert* mitgespielt hatte:

> »Die Tagung wird von der Schauspielerin, Produzentin und Oscar-Preisträgerin Whoopi Goldberg moderiert. Die für den Oscar nominierte Schauspielerin Mary McDonnell, der Emmy-Gewinner und für den Oscar nominierte Schauspieler Edward James Olmos und die Schöpfer und Produktionsleiter von *Battlestar Galactica* Ronald D. Moore und David Eick werden an dem Forum teilnehmen.
>
> Weitere Teilnehmer sind Radhika Coomaraswamy, Sonderabgeordnete des Generalsekretärs für Kinder und bewaffnete Konflikte; der Stellvertretende Direktor Craig Mokhiber, Büro New York, Büro des Hochkommissars für Menschenrechte; Robert Orr, der Stellvertretende Gene-

ralsekretär für Strategische Planung, Chefbüro des Generalsekretärs; und Famatta Rose Osode, Ministerin und Ständige Vertreterin, Ständige Gesandte Liberias bei den Vereinten Nationen.«

Die Presseerklärung erläuterte, welche Aspekte der Serie *Battlestar Galactica* von besonderer Bedeutung für die Vereinten Nationen sind:

»›Als eines der Startprojekte der Öffentlichkeitsinitiative der Creative Community wird diese Veranstaltung zeigen, wie gekonntes Geschichtenerzählen das Profil bedeutender humanitärer Themen schärfen kann‹, sagte Kiyo Akasaka, Untergeneralsekretärin für Kommunikation und Öffentlichkeitsarbeit. ›Dies bietet nicht nur eine Gelegenheit für kreative Debatten, sondern stellt auch, was noch wichtiger ist, eine Chance dar, eine Botschaft über die vielen brutalen Realitäten, die noch immer weltweit existieren, auszusenden.‹«

Anschließend beschrieb die Presseinformation einige der aktuellen Inhalte der Serie *Battlestar Galactica* und erklärte, warum diese dazu beitrugen, dass sie zahlreiche Preise und Auszeichnungen gewonnen hat:

»*Battlestar Galactica* ist die fesselnde Saga von den letzten Überlebenden der Menschheit und deren Kampf darum, eine neue Heimat zu finden, während sie vor ihren zylonischen Todfeinden fliehen. Ihre thematisch bedingte Aktualität sowie respekteinflößenden Vorstellungen haben ihr mehrere Preise eingebracht, darunter verschiedene Emmy Awards und den renommierten George Foster Peabody Award.«[2]

Kurz nach der Veranstaltung bei den Vereinten Nationen im Jahr 2009 nahm ich zu Carlos Brandt, dem Leiter der Anwaltschaft und besonderer Events der UN, Kontakt auf, der mir erklärte, dass die Initiative aus einem Interesse des SciFi Channels am Mitwirken an der Creative Outreach Initiative (CAI) des Generalsekretärs hervorgegangen war.[3] Die Initiative war im Juli 2008 von Generalsekretär Ban Ki Moon gestartet worden und verfolgte das Ziel, die Zusammenarbeit zwischen der Unterhaltungsindustrie und den Vereinten Nationen zu fördern.

»Sie kamen zu uns und erläuterten uns, dass es Themen gäbe, die‹ – Mr. Brandt zufolge – ›der Show und den UN gemeinsam seien und dass diese hier auf ernsthafte Weise diskutiert werden könnten.‹«[4]

Er legte uns dar, dass es das erste Mal sei, dass eine Fernsehserie dazu eingeladen wurde, an einer Diskussion in einem UN-Gremium teilzunehmen. Die Entscheidung für *Battlestar Galactica*, um ein Licht auf globale Konflikte zu werfen, war dadurch motiviert, dass man die Fähigkeiten von Kulturen mit einer Geschichte bewaffneter Konflikte, sich zu versöhnen, ernsthaft untersuchen wollte.[5]

Wenn man die Handlung grob zusammenfasst, geht es bei der Serie um fünfzigtausend menschliche Überlebende eines vernichtenden Krieges in einem doppelt binären Sternensystem, das zwölf Kolonien auf Planeten mit einer Bevölkerung von insgesamt fünfzig Milliarden hatte. Die überlebenden Menschen entkamen an Bord von Raumschiffen und werden von einer Art Künstlicher Intelligenz (KI), den so genannten Zylonen, verfolgt, die darauf aus sind, alles menschliche Leben in einem Genozid zu zerstören.

Vor dem Ausbruch des »Zweiten Zylonenkrieges« (der erste hatte vierzig Jahre zuvor mit einem Patt geendet) lernten die Zylonen, menschliche Körper, kontrolliert durch KI, zu reproduzieren, um humanoide Zylonen herzustellen. Die Zylonen unterwanderten daraufhin die außerirdische menschliche Gesellschaft in den zwölf Kolonien, bevor sie einen weiteren totalen Krieg begannen, um die Menschheit auszurotten. Nach der fast vollständigen Vernichtung der Menschheit auf ihren zwölf Kolonialplaneten infiltrierten die humanoiden Zylonen nun abermals die übrig gebliebenen Menschen, die versuchten, eine legendäre dreizehnte Kolonie zu finden, deren Bewohner alten Legenden zufolge die ursprüngliche Heimatwelt der zwölf Kolonien mit Namen Kobol verlassen hatten.

Kobol selbst hatte einen hohen Grad an technologischer Entwicklung erreicht, bevor es in einem planetenweiten Krieg unterging, der zum Exodus der dreizehn Stämme geführt hat. Von diesen zogen zwölf fort, um in dem Vier-Sterne-System menschliche Kolonien zu etablieren, die späteren Zwölf Kolonien von Kobol, während der dreizehnte Stamm zu einer Welt reiste, den er »Erde« nannte. Im weiteren Fortgang der Serie stellt sich heraus, dass in der dreizehnten Kolonie eigentlich humanoide Cylonen leben, die Kobol nach einem früheren Krieg zwischen der Menschheit und ihrer KI-Schöpfung verlassen hatten. Ironischerweise erlebten die humanoiden Zylonen auf der »Erde« einen ähnlichen Konfliktprozess, nachdem sie ihre eigenen mechanischen Cylonen mit KI geschaffen hatten, die sodann gegen sie rebellierten. Fünf überlebende humanoide Zylonen von der Erde reisten dann zu den Zwölf Kolonien von Kobol und beendeten den Ersten Zylonenkrieg, indem sie heimlich versprachen, den aufständischen mechanischen Zylonen dabei zu helfen, humanoide Zylonen zu produzieren. Die neu geschaffenen humanoiden Zylonen entscheiden sich schließlich dafür, aus Rache den Zweiten Zylonenkrieg zu beginnen.

Am Ende der vier Staffeln umfassenden Serie *Battlestar Galactica* im Jahr 2009 haben die flüchtenden Menschen und die beiden Generationen humanoider Zylonen die leidvollen Lektionen des Krieges gelernt und die sich wiederholende Natur des Konflikts der Menschen mit der KI verstanden. Sie sind endlich in der Lage, sich ernsthaft auf ein neues Abenteuer von Versöhnung und Dialog einzulassen, und beschließen, die überlebenden Menschen mit den humanoiden Zylonen zu einer neuen hybriden Spezies zu vereinigen, die sich friedlich und gemeinschaftlich in einer primitiven Welt entfalten wird. Ihre neu gewählte Welt wird ebenfalls »Erde« genannt werden, und sie entpuppt sich als unser Planet vor rund 150.000 Jahren. Die Serie endet mit der Enthüllung, dass die modernen Menschen die hybriden Abkömmlinge der außerirdischen menschlichen und der humanoiden Cylonenrasse sind, die sich miteinander vermischt haben, um den uralten Konflikt zu lösen.

Die Serie *Battlestar Galactica* ist sicher aufgrund der herausfordernden Themen von Krieg und Frieden bekannt geworden. Zumindest das Gremium der Vereinten Nationen, das zusammengekommen war, um die Serie zu untersuchen, dachte so. Ich fragte daher Mr. Brandt:

»Auf welche Weise unterstützt die Beschreibung außerirdischen Lebens bei *Battlestar Galactica*, das Versöhnung und Dialog praktiziert, die Menschheit in ihrer Vorbereitung auf eine Zukunft, in der außerirdisches Leben möglicherweise entdeckt wird?«[6]

Er antwortete mit einem Ausschnitt aus einer Rede von Asha-Rose Migiro, der Stellvertretenden Generalsekretärin der Vereinten Nationen:

»Niemand kann seine Türen vor kultureller Intervention verschließen. Und wenn wir von Frieden und Sicherheit sprechen, dann müssen wir auch über die verschiedenen Kulturen reden, die es gibt, über die unterschiedlichen Glaubensvorstellungen und darüber, wie menschliche Wesen lernen sollten, miteinander zu leben. Dies ist also ein Weg, der zum Frieden beiträgt, der zur Stabilität beiträgt und der dadurch die Bedingungen für eine Entwicklung schafft.«[7]

Battlestar Galactica erhebt Themen, die mit früheren Genoziden sowie mit Versuchen ethnischer Säuberungen aus jüngerer Vergangenheit verbunden sind, auf die Ebene eines planetenweiten Ausrottungskrieges durch kybernetische KI-Außerirdische, die gelernt haben, die menschliche Gesellschaft zu unterwandern und zu zersetzen. Dies wird gewiss nicht die Art von »kultureller Intervention« sein, die Frau Migiro vor Augen hat.

Unter den UN-Vertretern, die laut Aufzählung in der Pressemitteilung geplant hatten, an der Diskussion des Gremiums über *Battlestar Galactica* teilzunehmen, war auch Dr. Robert Orr, der Stellvertretende Generalsekretär für Leitlinienabstimmung und Strategische Planung. Er war vorher beim United States National Security Council tätig gewesen, dem Nationalen Sicherheitsrat der USA, einem über die äußere Sicherheit beratenden Gremium der Bundesexekutive der Vereinigten Staaten, dem der Präsident vorsitzt und der für die Ausarbeitung und Umsetzung der amerikanischen Außenpolitik eine herausragende Rolle spielt. Dort war er für Friedenserhaltung und humanitäre Einsätze zuständig gewesen. Wenn die Vereinten Nationen jemals ernstlich mit der

Frage von Versöhnung und Dialog mit außerirdischem Leben und/oder KI-Lebensformen im Konflikt mit der Menschheit konfrontiert würden, dann stünde Dr. Orr ganz oben auf der Liste der UN-Vertreter, die dazu qualifiziert sind, solche Bemühungen zu leiten.

Die Wahl von *Battlestar Galactica* für eine Diskussion der Thematik von Krieg und Frieden aus der Perspektive eines fiktionalen galaktischen Konflikts führt zu einer faszinierenden Frage: War die zentrale Prämisse der Sendung von einem galaktischen Konflikt zwischen menschenähnlichen Außerirdischen und KI-Lebensformen in irgendeiner Weise durch reale Ereignisse inspiriert? Und vor allem: Waren klassifizierte Informationen über ein geheimes, von der Navy geführtes Weltraumprogramm, die der Schöpfer der Serie, Glen A. Larson, von Leslie Stevens erhalten hat, irgendwie mit einer globalen, von einer KI-Lebensform ausgehenden Bedrohung verbunden?

Zunächst lohnt es, die Beziehung zwischen Stevens und Larson sowie die Entstehung der Idee zu *Battlestar Galactica* zu analysieren. Bei einem Interview mit Alan J. Levi, dem Regisseur der ursprünglichen *Battlestar-Galactica*-Serie, machte Susan J. Paxton eine überraschende Entdeckung. Sie schrieb dazu in einem Artikel mit dem Titel »Leslie Stevens is The Creator of *Battlestar Galactica*« (»Leslie Stevens ist der Schöpfer von *Battlestar Galactica*«) das Folgende:

»Levi ist BG-Fans als Regisseur von ›The Gun on Ice Planet Zero‹ bekannt [Staffel 1, Episode 6 und 7, erstmals ausgestrahlt am 22. und 29. Oktober 1978; dt. ›Das Geschütz auf dem Eisplaneten Null‹, Staffel 1, Episode 8 und 9, erstmals ausgestrahlt am 19. und 24. April 1989 auf RTLplus], aber er inszenierte auch die Hälfte der Premiere, nachdem Richard Colla von Larson entlassen worden war. Levi war ein guter Freund des verstorbenen Leslie Stevens, einem Produzenten, der vor allem durch die berühmte Science-fiction-Serie *Outer Limits* bekannt wurde. Kürzlich habe ich Alan Levi interviewt. Ich hatte nicht geplant, ihm irgendeine Frage über die Ursprünge von *Battlestar Galactica* zu stellen, da er nicht früh genug an dessen Entstehungsprozess beteiligt war, um darüber Bescheid zu wissen. Aber wie aus heiterem Himmel, ohne jedes Drängen von meiner Seite, sagte er: ›Also, Leslie Stevens schrieb das Originaldrehbuch. Leslie war einer meiner besten Freunde. Ich weiß, dass Leslie mir lange bevor er jemals an das Drehbuch geraten war, sagte, er habe diese große Idee für ein Skript, das er dann Glen Larson brachte und über das er mit ihm sprach.‹

Mit anderen Worten: Irgendwann 1977 hat Stevens Levi von der Idee für eine Serie erzählt, die er mit Glen Larson diskutieren würde; und diese Idee war offensichtlich die zu *Battlestar Galactica*. Bevor nun aber Leute anfangen, herumzulaufen und zu schreien, dass Larson BG von Stevens ›gestohlen‹ habe, muss klargestellt werden, dass Stevens, was immer auch geschah, damit einverstanden gewesen ist, selbst wenn wir derzeit nicht wissen können, aus welchem Grund.«[8]

In ihrer Analyse der Entstehung von *Battlestar Galactica* hebt Paxton Larsons frühere Bestrebungen hervor, eine Science-fiction-Serie auszuarbeiten, die keinerlei Ähnlichkeit mit *Battlestar Galactica* hatte. Es war in der Tat die Idee von Stevens, der sie Levi zufolge Larson zukommen ließ. Und was dann noch bemerkenswerter ist: Stevens schrieb das Originalmanuskript zu *Battlestar Galactica* und war damit einverstanden, Larson allen Ruhm zu lassen.

Dies ähnelt dem, was Stevens zuvor schon 1964 und 1965 mit Roddenberry gemacht hatte, während er *Outer Limits* drehte. Sie etablierten eine Geschäftsbeziehung, in der sie zusammenarbeiteten, um die ursprüngliche Idee zu *Star Trek* auf den Weg zu bringen. Nun, gerade mehr als ein Jahrzehnt später, im Jahr 1977, begann Stevens, dasselbe mit Larson zu tun.

Es ist für Fernseh- und Filmproduzenten sehr ungewöhnlich, darauf zu verzichten, den Ruhm für ihre Schöpfungen zu ernten, wenn nicht eine tiefere Agenda im Spiel ist. Im Fall von Stevens veranlassten ihn seine Verbindungen zum Militärgeheimdienst und seine Teilnahme an psychologischen Einsätzen dazu, geheime Informationen durch die Film- und Fernsehindustrie zu verbreiten, um die Wahrheit vor aller Augen zu verbergen.

Wenn *Star Trek* nach einem realen Geheimen Weltraumprogramm der Navy geformt wurde, bei dem die Navy mit nordischen Außerirdischen in einer galaktischen Schlacht gegen reptiloide Aliens kooperierte, was sollte dann *Battlestar Galactica* darstellen? Um eine Antwort zu erhalten, können wir das Zeugnis eines Whistleblowers zum Thema Geheime Weltraumprogramme, Corey Goode, in Bezug auf Künstliche Intelligenz und außerirdisches Leben zu Rate ziehen.

Goode behauptet, dass die Geheimen Weltraumprogramme, in denen er von 1987 bis 2007 diente, Künstliche Intelligenz (KI) als eine existenzielle Bedrohung der Menschheit identifiziert haben. Er beschreibt ausgiebige Sicherheitsprotokolle, die angewandt wurden, um ein »KI-Signal« zu erkennen und zu eliminieren, das nicht nur imstande ist, hoch entwickelte Technologie zu infiltrieren, sondern auch biologische Systeme.

»Der beste Weg, die Gefahren Künstlicher Intelligenz zu vermeiden, besteht darin, sich über das Potenzial zu unterrichten, das sie haben, um einen Verlust der Souveränität zu bewirken. Wichtig ist auch, dich von Technologie nicht allzu abhängig zu machen, weil dich das praktisch zu einem Ziel für KI-Beeinflussung macht und die Möglichkeit erhöht, von einem ›KI-Signal‹ infiziert zu werden, das im bioelektrischen Feld deines Körpers leben kann. Dieses Signal kann dann Einfluss darauf ausüben, wie du denkst und dich verhältst. So etwas wird heute sogar überprüft, wenn Bedienungspersonal oder Gäste bei Anlagen von GWPs [Geheimen Weltraumprogrammen] ankommen, und auch andere außerirdische Gruppierungen nehmen das sehr ernst.«[9]

Goode sagt, dass außerirdische Zivilisationen viel Erfahrung darin haben zu beobachten, wie KI zahllose andere Welten übernommen und die Ausrottung der indigenen Bevölkerungen, die die KI hervorbrachten, herbeigeführt hat. Er weist eindringlich darauf hin, dass die Handlung von *Battlestar Galactica* eher echte galaktische Geschichtsschreibung als Science-fiction darstellt:

»Diejenigen, die KI-Propheten sind, arbeiten bereits an einer Zeitlinie, um eine vollständig von Technologie abhängige Gesellschaft zu schaffen, die ihre Souveränität zu einem bestimmten Zeitpunkt diesen ›KI-Göttern‹ übergeben wird, da man glauben wird, dass nur KI die Welt aus einer neutralen Perspektive führen und zum ersten Mal einen Weltfrieden herbeiführen kann. Diesen KI-Propheten wurde das Wissen über Tausende andere Zivilisationen mitgeteilt, die auf dieses Trugbild eines Trickster-Gottes hereingefallen sind und allesamt vernichtet wurden.«[10]

Gibt es irgendwelche Belege, die Goodes Hinweis untermauern, dass Künstliche Intelligenz nicht nur eine existenzielle Bedrohung für die Menschheit darstellt, sondern auch schon viele verschiedene außerirdische Zivilisationen heimgesucht hat, wie in *Battlestar Galactica* beschrieben?

Der reale »Fall Amicizia« eines außerirdischen KI-Konflikts auf der Erde

Ein Buch aus dem Jahr 2009 mit dem Titel *Mass Contacts* (»Massenkontakte«) beschreibt eingehend die Geschichte einer mysteriösen Gruppe menschlich aussehender Außerirdischer, die unterirdische Stützpunkte in Italien eingerichtet und sich zwischen 1956 und 1978 mit Anwohnern in der Gegend getroffen haben.[11] Der Autor Stefano Breccia war ein hochgeschätzter italienischer UFO-Forscher mit einer Ausbildung als Elektroingenieur, der zuvor an verschiedenen italienischen und ausländischen Universitäten gelehrt hatte. Er untersuchte den »Fall Amicizia« (»Freundschaftsfall«) über einen Zeitraum von mehreren Jahrzehnten, in denen er viele der Augenzeugen traf und befragte. Der prominenteste von ihnen war Bruno Sammaciccia, ein produktiver italienischer Autor und Gelehrter mit zahlreichen ausgezeichneten Verbindungen zum nationalen Sicherheitssystem Italiens, darunter auch mehreren Generälen und Diplomaten.

Einige der vielen im Zusammenhang mit dem Fall Amicizia von UFOs und Außerirdischen geschossenen Fotos zählen zu den besten, die jemals gemacht wurden. Breccia nahm ungefähr zwanzig dieser Fotos in sein Buch *Mass Contacts* auf. Angesichts seiner gesamten Wirkung, der Anzahl der einbezogenen Personen und der zusammengestellten dokumentarischen Belege ist *Mass Contacts* der überzeugendste Fall von unmittelbarem menschlichen Kontakt zu Außerirdischen in der modernen Geschichte.

Abb. 54: Foto eines Amicizia-Flugobjekts aus dem Buch Mass Contacts

Die Geschichte von *Mass Contacts* reicht zurück bis ins Jahr 1956, als Sammaciccia und zwei seiner Freunde auf zwei seltsame Individuen trafen, die von sich behaupteten, Außerirdische zu sein. Einer war fast zwei Meter fünfzig groß, während der andere nur etwas über neunzig Zentimeter maß. Sammaciccia und seine Freunde wurden, anfangs skeptisch, schließlich in eine große unterirdische Basis gebracht, wo sie noch mehr dieser angeblichen Außerirdischen erblickten. Sie sahen auch, wie deren Kinder erzogen wurden, bemerkten die hochmodernen Technologien, die sie benutzten, sowie ihre Raumschiffe. Nachdem sie endlich überzeugt waren, dass sie wirklich physischen Kontakt mit Wesen von einer anderen Welt hatten, begannen Sammaciccia und seine Freunde, den Außerirdischen zu helfen. Es fing an mit materieller Unterstützung, indem sie Wagenladungen mit Früchten, Nahrungsmitteln und anderen Dingen herbeischaffen ließen, die zu der außerirdischen Station transportiert und dort entladen werden sollten. Schließlich wurden jeden Monat zwei Wagenladungen mit Vorräten zu Basen in verschiedenen Gegenden Italiens geliefert, in denen Sammaciccia und seine Unterstützer lebten.

Sammaciccia beschrieb die verschiedenen Personen, die mit der Sache zu tun hatten, einschließlich derjenigen, die direkte Treffen mit den Außerirdischen hatten. Die Zahl der involvierten Personen wurde allmählich größer, während Sammaciccia den Außerirdischen bei ihrem Versuch assistierte, die Menschheit auf die Realität menschlich aussehender Außerirdischer von anderen Planeten vorzubereiten. Breccia sagt, dass er persönlich rund achtzig Menschen traf und interviewte, die sich mit den Außerirdischen getroffen oder mit ihnen zusammengearbeitet hatten. Viele der Außerirdischen könnten sich leicht in die menschliche Gesellschaft integrieren und gewöhnliche Jobs annehmen, wenn es notwendig ist. Der Fall Amicizia trägt dazu bei, weitere Berichte von einer Reihe kontaktierter Menschen und Whistleblower zu bestätigen, die behaupten, dass sich menschlich aussehende Außerirdische in die menschliche Gesellschaft eingemischt haben und unter uns wandeln.[12]

Schließlich beschrieb Sammaciccia einen gewaltsamen Konflikt zwischen zwei Fraktionen von Außerirdischen, die versuchen, die Entwicklung der Menschheit und ihre Zukunft zu beeinflussen. Während seine »Amicizia«-Fraktion biologisch menschlich war und spirituelle Reifung förderte, bestand die andere aus hochmodernen humanoiden Robotern mit Künstlicher Intelligenz, die um jeden Preis die technologische Entwicklung vorantrieben. Breccia nahm in *Mass Contacts* ein Interview auf, in dem ein »Amicizia«-Außerirdischer die Geschichte sowie die Aktivitäten der roboterhaften, unter der Abkürzung CTR (Italienisch für »Contrarians« – Widersacher) bekannten Lebensformen behandelt:

>»Die CTR sind das Ergebnis eines außer Kontrolle geratenen Experiments. Sie sind Roboter im wahrsten Sinne des Wortes, auch wenn sie schon vor Jahrhunderten mit der biologischen Reproduktion begonnen

haben. Für Sie ist es zum gegenwärtigen Zeitpunkt nicht mehr möglich, zwischen einem natürlichen Wesen und einem biologischen Roboter zu unterscheiden …«[13]

Der angebliche Außerirdische führt weiterhin aus, dass diese synthetischen KI-Roboter von organischen Menschen ununterscheidbar waren:

»Die CTRs (und, nebenbei bemerkt, nicht nur die) sind im Gegenteil künstliche Geschöpfe, und das bleiben sie auch, selbst wenn keiner Ihrer Physiker in der Lage wäre, sie zu unterscheiden; tatsächlich gibt es nichts Physisches, das erlauben würde festzustellen, ob ein Organismus ein Abkömmling künstlicher Roboter ist oder nicht.«[14]

Die philosophischen und biologischen Differenzen zwischen den beiden außerirdischen Fraktionen im Fall Amicizia führten zu regelmäßig wiederkehrenden gewaltsamen Zusammenstößen. Letztlich wurden die unterirdischen Basen von Sammaciccias außerirdischen Freunden 1978 zerstört. Dazu gehörte auch ihre größte Station, die unter der Adria lag, nicht weit vor der italienischen Küste. Die Überlebenden mussten die Erde verlassen, versprachen aber, später wiederzukehren, wenn die Menschheit reif ist für eine stärker ethisch ausgerichtete Zukunft, in der sie mit Außerirdischen offenen Umgang pflegen kann.

Die von Breccia enthüllte Geschichte ähnelt auf erstaunliche Weise der Handlung von *Battlestar Galactica*, in der sich die humanoiden Zylonen bis zu einem Grad entwickelt haben, dass sie von biologischen Menschen physisch nicht mehr zu unterscheiden sind und einen Genozid an ihren menschlichen Schöpfern vom Zaun brechen. Sie verfolgen die Menschen durch die gesamte Galaxis, bis sie die Erde erreichen und dort siedeln. Ihre Entwicklung ist bereits so weit fortgeschritten, dass sie zu körperlicher Fortpflanzung und zur Kreuzung mit Menschen in der Lage sind; folgerichtig endet die Serie mit einer neuen hybriden menschlich-zylonischen Rasse. Sie entsteht vor 150.000 Jahren auf der Erde, um schließlich die heutige menschliche Zivilisation hervorzubringen.

Viele Elemente in *Battlestar Galactica* stimmen mit Informationen überein, die von Corey Goode und Stefan Breccia bezüglich KI-Lebensformen enthüllt wurden, welche eine existenzielle Bedrohung menschlicher Zivilisationen in der gesamten Galaxis darstellen. Es ist ausgesprochen interessant, dass die angebliche Vernichtung der Amicizia-Außerirdischen durch ihre Feinde, die KI-gesteuerten humanoiden Roboter (CTR), im Jahr 1978 stattfand, zur selben Zeit, als Stevens mit Larson zusammenarbeitete, was zum Start der Serie *Battlestar Galactica* führte. War dies bloßer Zufall oder gab Stevens als geheim klassifizierte Informationen über eine reale und gegenwärtige, von humanoiden KI-Robotern für die Menschheit ausgehende Bedrohung weiter?

Es ist sehr wahrscheinlich, dass die NATO und insbesondere die U.S. Navy den eskalierenden Konflikt zwischen den beiden außerirdischen Fraktionen sowie die daraus folgende gewaltsame Zerstörung der zu den friedlicheren, menschlich aussehenden Außerirdischen gehörenden Basen durch die humanoide KI-Gruppe genau beobachteten. Schließlich war Italien zu jener Zeit schon ein NATO-Verbündeter, und alles, was Sammaciccia tat, um den menschlich aussehenden Außerirdischen zu helfen, wurde von den Behörden des nationalen Sicherheitssystems Italiens streng überwacht und genehmigt. Die Zerstörung der außerirdischen Basen hätte bei der Navy, die über die näheren Umstände ausnehmend gut Bescheid wusste, zweifellos die Alarmglocken schrillen lassen. Immerhin verfolgte sie damals sämtliche Aktivitäten auf dem Meer von ihren Marinestützpunkten in Italien aus.[15] Die gewaltsame Zerstörung von Unterwasserbasen könnte einen Prozess in Gang gesetzt haben, durch den Leslie Stevens aufgrund seines militärgeheimdienstlichen Hintergrundes und seines andauernden Geheimdienstauftrags in Hollywood geheime Unterweisungen über das Geschehene und die von KI-Lebensformen ausgehenden Bedrohungen erhalten hätte.

Der Ausschuss der Vereinten Nationen, der sich 2009 mit *Battlestar Galactica* befasste, unterstreicht die Bedeutung der Aussöhnung und Konfliktlösung, die am Schluss der Serie geschildert wird, insbesondere mit Blick auf die Lösung komplexer ethnischer und sozialer

Probleme. Vielleicht war dies für die Vereinten Nationen ein Weg, um eine Lösung für einen vielschichtigen galaktischen Konflikt zwischen organischen und KI-Lebensformen zu fördern, der nun auch unseren Planeten betrifft.

Im Gegensatz dazu hob Goode die Gefahr einer Infiltration durch ein KI-Signal hervor, das sowohl fortgeschrittene Technologie als auch die menschliche Biologie durchdringen könnte. Seinen Angaben nach hat sich eine Technologie entwickelt, die zwischen menschlichen und KI-Lebensformen zu unterscheiden vermag und von verschiedenen Geheimen Weltraumprogrammen und außerirdischen Zivilisationen als Sicherheitsmaßstab verwendet wird. Goode zufolge sind einige Führer der draconischen Reptilien durch dieses KI-Signal in Form von Nanorobotern – auch Naniten genannt – kompromittiert worden, die sogar zur Manipulation einzelner Moleküle und Atome fähig sind:»Es stellt sich heraus, dass viele dieser Reptilien der höheren Kasten in hohem Maße mit Naniten infiziert sind – mit einem Nanitentypus von Künstlicher Intelligenz.«[16]

Die von KI ausgehende Bedrohung stimmt mit der ursprünglichen Botschaft in der ersten *Battlestar-Galactica*-Serie, die von Stevens und in taktischer Hinsicht von Leitern des Navy-Weltraumprogramms beeinflusst war, überein. Es folgten die letzten Vorbereitungen für den heimlichen Start des Weltraumprogramms in den frühen 1980er Jahren, während gleichzeitig die Entwicklungen in Italien beobachtet wurden. Die Menschheit sollte folglich mit den komplexen sozialen, rechtlichen und die nationale Sicherheit betreffenden Problemen, die von der Entwicklung der KI ausgehen, äußerst vorsichtig umgehen, desgleichen mit der Möglichkeit, dass KI-Leben versuchen könnte – oder bereits erfolgreich damit war –, die menschliche Gesellschaft, Geheime Weltraumprogramme und sogar einige uns besuchende außerirdische Gruppen zu infiltrieren.

Anmerkungen

1 Die Pressemitteilung der Vereinten Nationen ist online verfügbar unter http://www.un.org/press/en/2009/note6192.doc.htm.

2   Die Pressemitteilung der Vereinten Nationen ist online verfügbar unter http://www.un.org/press/en/2009/note6192.doc.htm.

3   Zitiert in Michael Salla: »United Nations Panel Discusses Extraterrestrial War and Peace«, in: *The Examiner*, http://www.bibliotecapleyades.net/exopolitica/exopolitics_UFOUN08.htm

4   Ebd.

5   Die Pressemitteilung der Vereinten Nationen ist online verfügbar unter http://www.un.org/press/en/2009/note6192.doc.htm.

6   Zitiert in Michael Salla: »United Nations Panel Discusses Extraterrestrial War and Peace,« in: *The Examiner*, http://www.bibliotecapleyades.net/exopolitica/exopolitics_UFOUN08.htm

7   Ebd.

8   Susan J. Paxton: »Leslie Stevens is The Creator of ›Battlestar Galactica‹«, http://languatron1.blogspot.com/2011/03/leslie-stevens-is-creator-of-battlestar.html

9   »Questions for Corey Goode on SSP Conflicts and Human Slave Trade«, http://exopolitics.org/galactic-human-slave-trade-ai-threat-to-end-with-full-disclosure-of-et-life/ (aufgerufen am 08.10.2015).

10 Ebd.

11 Stefano Breccia: *Mass Contacts* (AuthorHouse, 2009)

12 Michael Salla: »Extraterrestrials Among Us«, in: *Exopolitics Journal*, Bd. 1:4 (2006). Online verfügbar unter http://exopoliticsjournal.com/vol-1/1-4-Salla.htm

13 Stefano Breccia: *Mass Contacts*, p. 272

14 Ebd., p. 273

15 Eine Liste gegenwärtig betriebener Stützpunkte der U.S. Navy in Italien findet sich hier: »Military Bases in Italy,« https://militarybases.com/italy/

16 Interview mit Corey Goode in: »Cosmic Disclosure: The Dark Fleet, Season 4, Episode 6«, http://spherebeingalliance.com/blog/transcript-cosmic-disclosure-the-dark-fleet.html

9 Die gegenwärtigen Operationen von Solar Warden

Bislang wurde William Tompkins' Rolle beim Entwurf und bei der Entwicklung eines Geheimen Weltraumprogramms der Navy während seiner fast vierzig Jahre umspannenden Navy- und Aerospace-Karriere ausgiebig dargestellt. Das Weltraumprogramm der Navy, das laut Tompkins seit seiner Gründung Solar Warden [»Sonnenwächter«] genannt wird, ist seit den frühen 1980er Jahren einsatzfähig. Mit seinem Eintritt in den Ruhestand 1984 nach einer Vollzeitkarriere in der Luft- und Raumfahrtindustrie widmete sich Tompkins einem neuen Kapitel in seinem Leben, in dem er die Politik der Navy dahingehend beeinflussen sollte, wie die Menschheit auf die Wahrheit über außerirdisches Leben und die fortgeschrittenen Technologien, die in ihrem Weltraumprogramm angewandt werden, vorzubereiten ist. Diese Einflussnahme auf die Leitlinien sollte über seine Mitgliedschaft in der Navy League in Oregon (1991-1999) und in neuerer Zeit durch aktive Teilnahme an den jährlichen »West«-Tagungen der Navy in San Diego (2000-2016) erfolgen.

Tompkins' Wissen über das Solar-Warden-Programm der Navy geht über ein detailliertes Verständnis von dessen Ursprung und Entwicklungsstufen hinaus und erstreckt sich bemerkenswerterweise auch auf gegenwärtige Operationen. Dies ist höchst bedeutsam, zumal viele seiner Enthüllungen dazu beitragen, die Aussagen anderer zu bestärken, die ebenfalls mit der Offenlegung von Einsatzdetails von Solar Warden aufgetreten sind. Unter diesen sind die Behauptungen von Corey Goode aufgrund ihres Umfangs und ihrer Ähnlichkeiten mit denen von Tompkins am wichtigsten.

Kurz zusammengefasst sagt Goode, dass er 1987 im Geheimen für Solar Warden rekrutiert wurde und dort sowie in verschiedenen anderen Geheimen Weltraumprogrammen bis 2007 diente. Während dieser Zeit hatte er Zugang zu »Intelligenten Glaspads«, die ausführliche Briefingdokumente über Geschichte, Entwicklung und Einsätze von Solar Warden sowie weiterer Geheimer Weltraumprogramme enthielten. Goode erinnert sich, dass einige der von ihm gelesenen Dokumente auf den Intelligenten Glaspads aussahen, als seien sie Jahrzehnte zuvor von Stenografen ausgearbeitet worden.

Als Goodes Enthüllungen erstmals von mir in Buchform im September 2015 in der amerikanischen Originalausgabe von *Geheime Weltraumprogramme & Allianzen mit Außerirdischen* veröffentlicht wurden, wussten Tompkins und Goode noch nichts voneinander. Es geschah erst nach der Publikation von Tompkins' Buch *Selected by Extraterrestrials* (»Ausgewählt von Außerirdischen«) im Dezember 2015, dass dessen Herausgeber Dr. Robert Wood ein Exemplar meines Buches erhielt. Als er es las, bemerkte er die auffallenden Ähnlichkeiten zwischen meiner Analyse der Geschichte und Entwicklung Geheimer Weltraumprogramme, die zu einem großen Teil auf Goodes Zeugnissen beruhte, und dem, was Tompkins in seinem eigenen, kurz zuvor erschienenen Buch sagte.

Nach weiteren Untersuchungen stellte sich heraus, dass die substanzielle Übereinstimmung von Tompkins' beziehungsweise Goodes Geschichte der Geheimen Weltraumprogramme bis zu den neunundzwanzig Navy-Spionen und rund 1.200 nächtlichen Einsatzbesprechungen zurückverfolgt werden kann, an denen Tompkins von 1942 bis 1946 teilnahm. Diese von Admiral Rico Botta von der Naval Air Station, San Diego, aus geleiteten Besprechungen wurden von Stenografen mitgeschrieben. Außerdem wurden die von Tompkins vorbereiteten und zu verschiedenen Luft- und Raumfahrt-Unternehmen, Think Tanks und Forschungsinstitutionen gebrachten Pakete mit Besprechungsunterlagen durch ein Team von Stenotypistinnen und Schreibkräften zusammengestellt.

Offenbar wurden irgendwann zum Zwecke der Aktualisierung historischer Archive sowohl die Berichte von den Besprechungen mit den Navy-Spionen als auch danach Tompkins' Pakete mit den Briefingunterlagen aus der Zeit des Zweiten Weltkriegs in die umfassende Datenbank der Intelligenten Glaspads eingespeist. Und es ist wohl durchaus eine Fügung des Schicksals, dass Goode mehr als vierzig Jahre später dieselben Dokumente lesen sollte, die Tompkins vorbereitet hat oder zu denen er während seiner Stationierung an der Naval Air Station in San Diego einen privilegierten Zugang hatte.

Goode berichtete später in einem Interview, wie er zu der Erkenntnis gelangte, dass die Besprechungsunterlagen, die Tompkins behandelte, dieselben waren, die er gelesen hatte:

»Ich fange wirklich an zu glauben, dass es sich bei vielen seiner Briefings aus jener Zeit – 1942 – um Unterlagen handelte, die es in die Datenbank schafften, die ich auf dem Intelligenten Glaspad gelesen habe, und dass sie dreißig [vierzig] Jahre alt waren ... Wir haben alte Dokumente betrachtet, die mit Schreibmaschine geschrieben waren.«[1]

Tompkins hat seine Rekrutierung für zwei Weltraumprogramme beschrieben.[2] Zuerst wurde er während des Zweiten Weltkriegs zu Operationen des Navy-Geheimdienstes bei einem von Deutschen/Nazis geführten Geheimen Weltraumprogramm abkommandiert. Tompkins erfuhr, dass die modernsten Komponenten dieses Programms in die Antarktis verbracht wurden, nachdem ein geheimes Abkommen mit einer außerirdischen Reptilienrasse, Draconer genannt, erreicht worden war. Dieses von Deutschen/Nazis geleitete Weltraumprogramm in der Antarktis entwickelte sich zu dem, was Goode später als die »Dunkle Flotte« beschrieb, die im Wesentlichen eine Weltraum-Söldnerstreitmacht werden sollte, um die Draconer bei ihren galaktischen Eroberungsplänen zu unterstützen.[3]

Viele Kernelemente von Tompkins' Enthüllungen über die nachfolgende Aktivität des NS-deutschen Weltraumprogramms korrespondieren mit dem, was Goode unabhängig davon aufgrund seiner Quellen publik gemacht hat. Das deutsche Nazi-Weltraumprogramm bediente sich im Rahmen des Projekts Paperclip deutscher Wissenschaftler, um die amerikanischen Weltraumprogramme und den Militärisch-Industriellen Komplex zu unterwandern. Diese strategische Aktion führte, gemeinsam mit einem Ereignis, das sowohl Tompkins als auch Goode als Naziflug über Washington/D.C. im Sommer 1952 beschrieben, zu subversiven Abmachungen mit der Eisenhower-Administration. Goode sagt, diese Abkommen waren ein »stillschweigender Coup«:

> »Während der 1950er Jahre und nachdem sie [die Nazis] den Militärisch-Industriellen Komplex unterwandert und führende Konzernchefs auf ihre Seite gebracht hatten, hatten sie eine effektive Kontrolle nicht nur über die Leitung der Programme der NS-Exilgruppen, sondern auch über die gewöhnliche Regierung und das Finanzsystem errungen. Es war ein sehr wirkungsvoller und stillschweigender Coup, der das demontierte, was einmal die Amerikanische Republik gewesen war, und es in eine Kapitalgesellschaft verwandelte, für die jeder von uns einen ›Vermögenswert‹ mit einer eigenen Seriennummer darstellt.«[4]

Tompkins und Goode sagen beide, dass die Navy sich über mehrere Jahrzehnte eine Aufholjagd mit dem höher entwickelten Weltraumprogramm der Deutschen/Nazis lieferte. Erst in den frühen 1980er Jahren war es so weit, dass Solar Warden durch seine ersten Raumschiff-Entsendungen einsatzfähig wurde, woraus letztlich acht Weltraum-Kampfgeschwader resultierten. Tompkins hebt hervor, dass der Schlüssel zum endgültigen Erfolg der Navy-Bemühungen in der geheimen Hilfe bestand, die von nordischen Außerirdischen geleistet wurde, welche eine äußerst weit fortgeschrittene technische Erfahrung boten, um trotz der Sabotage-Anstrengungen von Nazis und Reptiloiden die zukünftigen Weltraum-Kampfeinheiten zu entwerfen und zu bauen.

Tompkins' Quellen für gegenwärtige Operationen von Solar Warden

Tompkins' Wissen über die gegenwärtigen Operationen Geheimer Weltraumprogramme entstammt sowohl irdischen als auch nicht-irdischen Quellen, die von denjenigen Goodes unabhängig sind. Vor allem sagte Tompkins, dass er nach wie vor mit den menschlich aussehenden nordischen Außerirdischen in Verbindung stehe. Tatsächlich behauptet er, es seien dieselben, die ihn formell unterstützten, als er für verschiedene Konzerne an Entwürfen für unterschiedliche Raumschiff-Klassen arbeitete, die entweder a) in das *Apollo*-Programm, b) in das *Nova*-Programm oder c) in das Solar-Warden-Programm eingingen.

Tompkins erklärt, dass er »Blitze« oder »Downloads« mit Informationen erhalten habe, die ihm komplexe Details über die Entwürfe mitteilten, an denen er gerade arbeitete. Diese Entwürfe, unter Mitwirkung von Außerirdischen entstanden, mussten noch angepasst werden, und Tompkins hebt hervor, dass sie von Anfang an ausnahmslos funktionierten. Über diesen Kommunikationsweg wussten Tompkins' Vorgesetzte beim Navy-Geheimdienst wie auch bei der Douglas Aircraft Company Bescheid.

Tompkins erinnert sich daran, was ihm Elmer Wheaton, der Kopf des Think Tank Advanced Design bei Douglas, damals sagte:

>»Eine außerirdische Rasse hat zu unserer Regierung Kontakt aufgenommen, und wir haben erfahren, dass es sich um Nordische handelt; sie sind uns sehr ähnlich. Der Navy-Geheimdienst hat Sie rekrutiert, weil man dort wusste, dass Sie und andere Ihresgleichen als Kind besucht und ausgewählt worden waren und dass diese Wesenheiten nun in Ihrem Erwachsenenleben telepathisch mit Ihnen kommunizieren.«[5]

Laut Tompkins behauptete Wheaton außerdem, dass das Büro des Navy-Geheimdienstes Tompkins als äußerst wichtig für die Unterscheidung zwischen verschiedenen außerirdischen Gruppen ansah, die sich im Geheimen in menschliche Angelegenheiten einmischen:

>»Der Navy-Geheimdienst hat uns über Ihre Fähigkeiten und darüber informiert, dass Ihr Urteil makellos ist. Als Kontaktler wurden Sie in eine Position gebracht, in der Sie anfangen können, herauszubekommen, warum diese verschiedenen Rassen miteinander Krieg führen und, was noch wichtiger ist, welche Rolle wir dabei auf diesem Planeten spielen und spielen sollten. ... Sie haben ein Programm implantiert bekommen, das weit fortgeschrittene Informationen von Außerirdischen an

solche Menschen weiterleitet, die die Navy als ›bevorzugte menschliche Kontaktpersonen‹ bezeichnet.«[6]

Wie kann verifiziert werden, dass die Navy Tompkins als »bevorzugte menschliche Kontaktperson« mit einer einzigartigen telepathischen Beziehung zu freundlich gesinnten, nordisch aussehenden Außerirdischen ansah? In Kapitel 7 habe ich verschiedene Arten von Belegen dafür vorgestellt, dass Tompkins, mit aktiver Förderung hoher Navy-Offiziere, die Erlaubnis erhalten hat, »Sonderprojekte« für das Rogue Valley Council der Navy League zu etablieren, zu denen die Aufklärung von Navy-Offizieren im Ruhestand/Reservedienst und deren Kindern über außerirdisches Leben gehörte. Die Dokumente und Zeugnisse der pensionierten Navy-Offiziere, die zentrale Aspekte von Tompkins' Behauptungen bestätigen, leisten für die Richtigkeit dessen, woran sich Tompkins aus seinem Gespräch mit Wheaton erinnert, eine bedeutsame Unterstützung.

Tompkins sagte, dass er weiterhin telepathische Blitze/Downloads erhielt, die Details über gegenwärtige Einsätze sowohl außerirdischer Raumschiffe als auch solcher der Navy im Weltraum enthüllen. Er glaubte, dies resultiere daraus, dass die nordischen Außerirdischen eine geheime Allianz mit Solar Warden geschmiedet haben, dem Weltraumprogramm der Navy. Das heißt, dass Tompkins bis zuletzt ein wichtiger Vermittler für diese Allianz war, die aufgrund des formellen Abkommens zwischen verschiedenen US-Administrationen und dem NS-Reptiloiden-Bündnis verdeckt operiert, wie in Kapitel 3 dargelegt.

Die zweite Quelle für Tompkins' Wissen über gegenwärtige Solar-Warden-Operationen stammt aus seiner Zeit am Ruder des Ortsverbandes der Navy League von Rogue Valley (Medford, Oregon) von 1991 bis 1999. In dieser Zeit erhielt er Instruktionen über Einsätze Geheimer Weltraumprogramme sowie außerirdisches Leben und teilte einige dieser Informationen durch ein »Komitee für Sonderprojekte« mit Navy-, Marine- und USAF-Offizieren im Ruhestand und deren Kindern.

Tompkins sagt, dass Admiral Hugh Webster, der die Ortsgruppe der Navy League in San Diego leitete und – noch wichtiger – einer ihrer Geschäftsführer auf nationaler Ebene war, sehr vertraut mit den Operationen der Geheimen Weltraumprogramme der Navy sowie mit der historischen Rolle gewesen ist, die Admiral Rico Botta für das Programm spielte. Er war auch sehr genau über Tompkins' Schlüsselrolle als »bevorzugte menschliche Kontaktperson« im Bilde, die über zuverlässige Informationen einer wohlgesonnenen Gruppe von Außerirdischen verfügte, die der Navy im Geheimen zur Seite stand. Seit 2000, als Tompkins nach San Diego umzog, hatte er mehr Gelegenheiten, direkt mit Webster zusammenzuarbeiten. Es war Admiral Webster, der Tompkins die Genehmigung erteilte, in seiner Autobiografie alles, was er über das Geheime Weltraumprogramm der Navy und die verdeckte Allianz mit nordischen Außerirdischen wusste, offenzulegen.[7]

Darüber hinaus hat Tompkins mitgeteilt, dass er ein regelmäßiger Teilnehmer der jährlichen »West«-Versammlungen der Navy in San Diego war, bei der führende Luft- und Raumfahrtunternehmen zusammenkommen, um ihre Forschungs- und Entwicklungsergebnisse zu teilen. Die jährlichen West-Versammlungen werden von der Armed Forces Communications and Electronics Association (AFCEA) organisiert, die sich selbst folgendermaßen darstellt:

»Die AFCEA bietet ein Forum für militärische, regierungsamtliche und industrielle Gemeinschaften, um in einer Weise zusammenzuarbeiten, dass Technologie und Strategie sich mit den Bedürfnissen jener, die ihren Dienst leisten, verbinden. Wir sind eine mitgliederbasierte, internationale Non-Profit-Organisation, die ihren Mitgliedern seit 1946 dabei hilft, Informationstechnologie, kommunikative und elektronische Fähigkeiten zu fördern.«[8]

Zu den zahlreichen Zwecken dieser jährlichen »West«-Treffen gehört auch, über die neuesten Technologien alles zu erfahren, was für das Geheime Weltraumprogramm der Navy nützlich sein könnte. Tompkins berichtet, dass er an sämtlichen Navy-West-Meetings seit dem Jahr 2000 teilgenommen hat. Im Februar 2016 nahm er erneut teil und bekam, wie er sagt, Zugang zu Geheimtreffen, auf denen Pläne,

Solar Warden der allgemeinen Öffentlichkeit bekannt zu machen, diskutiert wurden. Es ist laut Tompkins geplant, fortgeschrittene Technologien etwa der »Lebensverlängerung« in den nächsten zwei Jahren als Teil der Enthüllungsinitiative der Navy zu verbreiten.

Etwas, das Tompkins' Behauptungen sehr plausibel macht, sind jüngste Bekanntmachungen von Biologen wie Dr. David Sinclair, dass Technologien zur Lebensverlängerung auf der Basis von Open-Source-Untersuchungen an Mäusen wissenschaftlich möglich sind. Dr. Sinclair erläuterte, wie der Lebensverlängerungsprozess auch für Menschen sicher gestaltet werden könnte:

> »Wir sind bereits von Mäusestudien zu ersten Untersuchungen an Menschen übergegangen. An verschiedenen Orten der Welt gab es einige klinische Versuche, und wir hoffen, in den nächsten paar Jahren zu wissen, ob dies tatsächlich auch bei Menschen funktionieren wird. ... Sie zeigen, dass die Moleküle, die die Lebensspanne von Mäusen verlängern, bei Menschen ungefährlich sind.«[9]

In einem Interview im November 2014 sagte Dr. Sinclair weiterhin, dass Medikamente auf der Grundlage des Nikotinamid-Mononukleotid-Moleküls (NMN) erfolgreich entwickelt werden könnten, »um die Jugendlichkeit menschlicher Zellen wiederherzustellen«.[10] Sinclairs statt , dass schließlich Medikamente auf NMN-Basis auch für den gefahrlosen Gebrauch durch Menschen entwickelt werden, ist spannend und stellt eine stichhaltige Bekräftigung von Tompkins' Äußerungen dar.

Privat hat Tompkins sowohl Dr. Robert Wood als auch mir den Ausweis gezeigt, den er verwendete, um Zugang zu den West-Treffen 2016 zu erhalten. Dieses bedeutsame Beweisstück, das wir bezeugen können, macht es sehr wahrscheinlich, dass die von ihm beschriebenen Ereignisse wirklich geschehen sind. Und es bestätigt außerdem, dass führende Navy-Verantwortliche Tompkins noch immer als wichtig für ihre Langzeitstrategie in Bezug auf Solar Warden ansehen, zweifellos aufgrund seines weit zurückreichenden historischen Hintergrundes bei dessen Entwicklung sowie seiner fortwährenden, bis zum heutigen Tage andauernden Kommunikation mit nordischen Außerirdischen.

Tompkins' Zeugnis hinsichtlich des von ihm bei der West-Versammlung der Navy 2016 Erfahrenen korrespondiert eng mit Goodes Informationen aus aktuellen Quellen. Das Programm Solar Warden ist, nach Goodes Bericht, verbunden mit einem Bund Geheimer Weltraumprogramme, genannt die »Secret Space Program Alliance«, die Strategien für eine »full disclosure« [»vollständige Enthüllung«] entworfen hat.[11] Dazu soll die Aufdeckung von vielfältigen Geheimen Weltraumprogrammen, der Existenz außerirdischen Lebens und antiker menschlicher Zivilisationen im Erdinneren sowie schließlich die Verbreitung vieler fortgeschrittener Technologien gehören, die das Leben auf unserem Planeten revolutionieren würden.

Goode hat von März 2015 bis heute verkündet, dass kontinuierlich Verhandlungen darüber abgehalten werden, welcher Teil der Wahrheit der Allgemeinheit enthüllt werden sollte.[12]

Zur Zeit der Niederschrift dieses Buches plante Tompkins, an der West-Konferenz der Navy im Februar 2017 teilzunehmen, und, was dafür entscheidend ist, er hat noch immer die notwendige Sicherheitsfreigabe, um an Treffen, die als geheim eingestuft sind, teilzunehmen. Derzeit ist Tompkins 93 Jahre alt; er verfügt über einen wachen Geist, ein ausgezeichnetes Gedächtnis und ist physisch immer noch gesund. Es wäre wohl angemessen zu sagen, dass er unter jenen, die laufende Operationen innerhalb des Geheimen Weltraumprogramms der Navy leiten, als »weiser Alter« angesehen und wegen seiner anhaltenden Beziehung zu nordischen Außerirdischen hochgeschätzt wird.

Was passiert bei Solar Warden heute?

In Anbetracht von Tompkins' Hintergrund und seiner fortwährenden Einbeziehung in das Navy-Programm Solar Warden sind seine Äußerungen über dessen gegenwärtige Operationen von besonderem Gewicht. In einem Interview vom September 2016 teilte er der Öffentlichkeit darüber wichtige Informationen mit:

»Tausende, Tausende, nicht bloß ein paar, sondern Tausende von Menschen sind hier in den USA in die Navy eingetreten. Sie wählten die Space Navy. Sie schrieben sich für einen zwanzigjährigen Dienst ein. Diese Leute, Männer und Frauen, wurden einer Vielzahl von Prüfungen unterzogen und erhielten eine Fülle von Informationen über das, was sie brauchen werden.

Viele von ihnen flogen zum Mond, zu unserem Mond, und den Anlagen dort und wurden überprüft und organisiert und erfuhren, wo sie sich am besten hinbegeben sollten, welchen Kriterien sie entsprechen können und welches Hauptgebiet sie erschließen werden, ähnlich wie ermittelt wird, welchen Kurs man an der Universität besucht.«[13]

Tompkins' Bemerkungen hier bestätigen das Zeugnis von Goode, der ebenfalls feststellt, dass Tausende von Mitarbeitern am Geheimen Weltraumprogramm der Navy beteiligt sind. Goode und ein weiterer angeblicher Whistleblower, Randy Cramer, sprachen von einer Gefechtsstation auf dem Mond, genannt Lunar Operations Command [LOC, Lunares Einsatzkommando], und beide behaupten, dass sie 1987 zu formalen Einführungen dorthin gebracht wurden.[14]

Wie das Personal Geheimer Weltraumprogramme nach dem Einweisungsprozess Aufgaben übertragen erhält, hat Tompkins ebenfalls geschildert. Er sagt:

»Und dann werden sie einem bestimmten Stützpunkt zugewiesen. Und sie arbeiten kurze Zeit in einer Basis, bevor sie einem Marinekreuzer, einem Navy-Angriffsflieger oder sogar einem Raumschiffträger der Navy zugewiesen werden, deren Klasse eine Länge von einem, zwei und vier Kilometern aufweist. Und wir haben da draußen acht solcher Kampfgeschwader. Es gibt also genug Platz für neue Leute, um an Bord zu kommen. ...«[15]

Die obige Äußerung bestätigt Goodes Beschreibung dessen, was er persönlich nach seiner Aufnahme in das Lunare Einsatzkommando erlebt hat. Er sagt, er wurde einem Forschungsschiff, der *Arnold Sommerfeld*, zugeteilt, auf dem er sechs Jahre damit verbrachte, eine Reihe wissenschaftlicher Aufträge und Forschungsmissionen im Sonnensystem auszuführen.[16]

Weiterhin bestärkt Tompkins die Ausführungen Goodes und Cramers sowie eines dritten Whistleblowers, Michael Relfe, bezüglich dessen, was am Ende ihres »20-Jahre-und-zurück«-Programms geschah. Goode und Cramer sagen, dass ihr Alter um zwanzig Jahre reduziert wurde und man sie sodann jeweils in die Vergangenheit bis 1986/1987 zurückschickte; ab jener Zeit wurden ihre militärischen Erinnerungen gelöscht. Relfe teilt mit, dass mit ihm das Gleiche geschah, als er in das Jahr 1976 zurückgeschickt wurde, um dann die nächsten zwanzig Jahre seines Lebens noch einmal als junger Mann zu führen. Tompkins schreibt:

»Am Ende der zwanzig Jahre haben sie dann eine Option für weitere zwanzig Jahre. Sie können noch einmal zwanzig Jahre lang weitermachen. Oder sie haben die Möglichkeit, zur Erde zurückzukehren, wo sie geboren wurden und in die Navy eingetreten sind. Und dann treffen sie die Entscheidung, dass sie wiederkommen wollen. Sie werden also verjüngt. Sie sind jetzt zwanzig Jahre älter, als sie es waren, als sie zur Space Navy gingen, okay? Und nun wählen sie einige Wochen oder Monate, und sie drehen ihr Alter zurück, bis sie einundzwanzig sind und in die Navy eintraten. ... Dann, während dieser Wochen der Rückkehr, wird mit ihrem Gedächtnis, jedoch nicht auf unangenehme Weise, gespielt, wobei 90,99 Prozent [wahrscheinlich sind 99,99 Prozent gemeint] ihrer Erinnerungen der letzten zwanzig Jahre draußen im Weltraum entfernt werden. ... Dieses System ist am Laufen, und es wird bereits seit 1980 angewendet.«[17]

Ein Kapitel meines Buches *Geheime Weltraumprogramme & Allianzen mit Außerirdischen* widmet sich einer vergleichenden Untersuchung der Zeugnisse von Goode, Cramer und Relfe.[18] Tompkins' Aussagen fügen dem, was diese drei Einzelpersonen über das Verfahren zu sagen haben, dem sie am Ende ihrer zwanzigjährigen Dienstzeit in ihrem jeweiligen Geheimen Weltraumprogramm unterzogen wurden, einen bedeutsamen Grad an Glaubwürdigkeit hinzu.

Tompkins hat darüber hinaus sein Wissen über ein konzerngeführtes Weltraumprogramm mitgeteilt, das aufkam, um mit dem von der Navy geleiteten Solar-Warden-Programm zu konkurrieren:

»Aber die Konzerne, die die militärischen Missionen durchführten, verfolgten zur selben Zeit auch andere Programme, die ihnen möglicherweise erlauben könnten, die Weltraumprogramme des Militärs wie Solar Warden zunichte zu machen. Und diese militärisch versierten Leute, die die Fortschritte der Weltraum-Systeme nutzten, entwickelten die Fähigkeit, vom Planeten abzuheben und Rohstoffe auf anderen Planeten im Sonnensystem abzubauen und/oder damit weiter draußen in der Galaxis bei den zwölf nächsten Sternen, zuerst bei Alpha Centauri, fortzufahren und Rohstoffe zu schürfen oder zu extrahieren oder wie auch immer, um damit Geld zu machen.

Dieselbe Gruppe der obersten Konzernchefs all dieser Firmen, die ihre Jobs machen, für die sie bezahlt werden, arbeiteten parallel zu den Weltraummissionen zum Zwecke der Industrialisierung – um Geld zu machen … Es gibt privatwirtschaftliche Operationen, die parallel zu den Missionen bei Planeten des Sonnensystems sowie Planeten anderer Sternensysteme tätig sind und dasselbe tun.«[19]

Tompkins' Zeugnis untermauert, was Goode Anfang 2015 über die Existenz eines konzerngeführten Weltraumprogramms aufdeckte; ausdrücklich nennt Goode es das Interplanetary Corporate Conglomerate [»Interplanetarischer Mischkonzern«].[20] Zuvor hatte Cramer im April 2014 angegeben, von 1987 bis 2004 einer Militärstation auf dem Mars zugewiesen gewesen zu sein, um fünf konzerngeführte Kolonien zu schützen, die er als die Mars Colony Corporation [»Marskolonie-Konzern«] bezeichnete.[21] Und ganz ähnlich berichtete auch Relfe, dass er während seiner Zeit auf dem Mars, von 1976 bis 1996, im Rahmen einer Militäroperation diente, um Marskolonien zu schützen.[22]

Aufgrund von Tompkins' Identifizierung der Firmen, die am Aufbau des Geheimen Weltraumprogramms der Navy in unterirdischen Anlagen in Utah beteiligt waren, wissen wir, welche höchstwahrscheinlich im Zentrum eines ähnlichen konzerngeführten Programms stehen – des

Interplanetarischen Mischkonzerns. Laut der weiter oben in Kapitel 6 behandelten Dokumente nennt Tompkins Lockheed Martin, Northrup Grumman und Boeing Aerospace als die wichtigsten unternehmerischen Vertragspartner, die für den Bau der kilometerlangen Raumschiffe der Navy verantwortlich waren. Es wurde herausgestellt, wie jede dieser drei Firmen direkt mit Vorläufern verbunden ist, die die Pakete mit den Einsatzbesprechungen erhalten hatten, welche Tompkins anhand der Beratungen mit den Navy-Spionen zusammengestellt hat.

Als primäre Vertragspartner beim Aufbau einer firmengeleiteten Weltraumflotte sollten diese Konzerne mit Hunderten anderer Firmen als Subunternehmen Verträge schließen und Abschottungs-Sicherheitsmaßnahmen anwenden, wie sie bei Unacknowledged Special Access Programs (SAPs), also offiziell geleugneten Projekten mit Sonderzugriff, Standard sind.[23] Die verschiedenen Komponenten für die kilometerlangen, von Tompkins beschriebenen Raumschiffe sollten in Modulbauweise zusammengefügt werden.

Eine solche Modulbauweise, die zunächst Jahrzehnte zuvor in unbestätigten SAPs angewendet wurde, ist kürzlich für die moderne technische Verwendung in konventioneller Luft- und Raumfahrt sowie bei Schiffbauprojekten freigegeben worden.

Es folgt ein Abschnitt, der zeigt, wie General Dynamics/Electric Boat beispielsweise die Nutzung der modularen Konstruktionsweise für ihre neue Virginia-Klasse nuklear betriebener U-Boote beschreiben:

»In enger Zusammenarbeit mit der Navy und deren Partnern in der Industrie stimmte Electric Boat zu, die Kosten für die U-Boote der Virginia-Klasse auf zwei Milliarden Dollar pro Schiffskörper, gemessen in Dollars des Fiskaljahres 2005, zu reduzieren. Diese erfolgreiche Bemühung umfasst drei Teile: die Auftragsvergabe für viele Jahre, Verbesserungen in der Herstellungspraxis und ein erschwingliches Design ...

Die Virginia-Klasse wurde unter Verwendung moderner elektronischer Werkzeuge für Design und Datenmanagement entworfen, die in modulare Bauverfahren integriert worden sind. Man nimmt an, dass die Nutzung von Integrated Product and Process Design (IPPD) zum Erfolg des Programms beigetragen hat.

Verbesserungen bei der Konstruktionsleistung werden den Herstellungszeitraum von 84 Monaten auf 64 reduzieren. Dies wird durch verstärkte Anwendung der Modulbauweise erreicht, wobei so viel Arbeit wie möglich in ein Fertigungsumfeld verlagert wird, wo sie effektiver verrichtet werden kann. Die U.S.S. *New Hampshire* war das erste Schiff, das aus vier Modulen zusammengesetzt wurde, verglichen mit den zehn Modulen, die nötig waren, um das Leitschiff der Klasse, die U.S.S. *Virginia*, zu bauen.«[24]

Unter Verwendung von Techniken der Modulbauweise und kleinteiliger Sicherheitsverfahren an Ort und Stelle für den Militärisch-Industriellen Komplex können große Luft- und Raumfahrt-Unternehmen gewaltige, kilometerlange Raumschiffe nicht nur für die Navy, sondern auch für den Interplanetarischen Mischkonzern und andere Auftraggeber bauen.

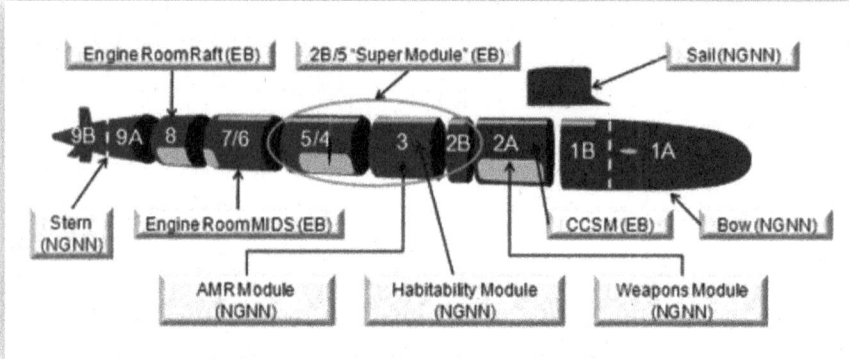

Abb. 55: U-Boot der Virginia-Klasse, das in Modulbauweise gefertigt wurde

Tompkins' Zeugnis unterstützt Goodes Behauptung, dass der Interplanetarische Mischkonzern seinem Wesen nach zu einem verbrecherischen Weltraumprogramm außerhalb der verfassungsmäßigen Autorität des Solar-Warden-Programms der Navy wurde. Goodes Äußerung, dass der Mischkonzern sich zu einem wichtigen Verbündeten der in der Antarktis stationierten Dunklen Flotte der Deutschen/Nazis entwickelte und andere Weltraumprogramme sabotierte, wird ebenfalls von Tompkins bestätigt. Dies führt direkt zu Goodes und Tompkins' Anschuldigungen bezüglich eines von der Dunklen Flotte mit aktiver Unterstützung des Interplanetarischen Mischkonzerns betriebenen Sklavenhandels.

Nachdem 1955 Abkommen erzielt worden waren, begann der Militärisch-Industrielle Komplex der USA, das deutsche Nazi-Weltraumprogramm durch die Belieferung mit Ressourcen und vor allem mit Personal zu unterstützen. Daraus folgte ein rapides Anwachsen von Sklavenarbeit im Dienste der Dunklen Flotte, die sich eng mit ihren reptiloiden Alliierten abstimmte. Tompkins sagt zu diesem Thema:

»Die Deutschen waren insgesamt weiter fortgeschritten und in der Lage zu lernen, wie sie diese Fluggeräte steuern, mit den Geschwadern der Reptiloiden in den Weltraum fliegen und in der Galaxis mit ihnen kooperieren können. Damit taten sie im Wesentlichen das, was Deutschland ohnehin mit diesem Planeten vorgehabt hatte, nämlich die Menschen, die sie auf ihm nicht haben wollten, auszulöschen und den Rest von ihnen zu ihren Sklaven zu machen.«[25]

Goode legt den ausgiebigen Gebrauch von Sklavenarbeit durch die Dunkle Flotte und die geheime Übereinstimmung dabei durch den Militärisch-Industriellen Komplex der USA und anderer großer Nationen gründlich dar.

»Die Geheimen Weltregierungen und ihre Syndikate entdeckten, dass durch verschiedene ETs [Extraterrestrier = Außerirdische] ohnehin eine große Anzahl Menschen von diesem Planeten weggeschafft wurde, weshalb sie beschlossen, einen Weg zu finden, davon zu profitieren und die Kontrolle darüber zu erlangen, welche Menschen mitgenommen werden. Bei früheren Abmachungen waren ihnen dafür, dass sie Gruppen erlaubten, Menschen zu entführen, Technologien und biologische Spezimen versprochen worden, aber die ETs hielten sich selten an ihre Versprechen. Nachdem sie [die Geheimen Weltregierungen und ihre Konsortien] die hochmoderne Infrastruktur (ICC) in unserem Sonnensystem entwickelt hatten und auch die fortgeschrittenen Technologien (an denen manche der Tausenden von ET-Gruppen, die durch unser Sonnensystem reisen, nun ebenfalls interessiert waren) und jetzt die Möglichkeit hatten, die meisten unwillkommenen Gäste davon abzuhalten, in den Luftraum der Erde einzudringen, entschied sich die Kabale/ICC dafür, beim interstellaren Tauschhandel auch den Menschenhandel als eine ihrer Ressourcen zu nutzen.«[26]

Die umfangreiche Nutzung von Sklavenarbeit und ein galaktischer Handel, bei dem entführte Menschen eingetauscht werden, gehören zu den wichtigsten Punkten, über die nach Goode gegenwärtig im Hinblick auf zukünftige »offizielle Enthüllung(en)« verhandelt wird. Die Aufdeckung des wahren Ausmaßes solcher Verbrechen würde voraussichtlich zu der Forderung führen, Mitgliedern der Kabale/Illuminaten habhaft zu werden und mitschuldige globale Eliten wegen »Verbrechen gegen die Menschlichkeit« anzuklagen.

Wie abzusehen war, hat dies hinter den Kulissen bei der Kabale/ globalen Elite ihrerseits zu Forderungen nach einer »begrenzten Enthüllung« geführt, bei der die Wahrheit über solche Verbrechen für bis zu hundert Jahre gesperrt bleibt.[27]

Ein weiterer, für gegenwärtige Operationen von Solar Warden wichtiger Punkt betrifft gigantische, planetengroße Sphären [Kugeln], die kürzlich in unser Sonnensystem eingedrungen sind. Tompkins deckt auf, was er über dieses Phänomen weiß:

»Was unsere gegenwärtige Situation angeht, so gilt es als akzeptiert, dass eine Anzahl verschiedener Fluggeräte existiert, bei denen es sich im Grunde um Planeten handelt, die hohl sind und die sich durch die Galaxis bewegen, um die Guten und die Bösen, Kriege und keine Kriege sowie Leute zu beobachten, die auf Planeten anderer Sterne andere Leute übervorteilen und dass eine von diesen [Sphären] vor ungefähr anderthalb Jahren knapp außerhalb unseres Sonnensystems geparkt wurde. Dort ist sie nun seit anderthalb Jahren. Und dieses Fluggerät ist ziemlich groß und hat über zweitausend Vertreter verschiedener außerirdischer Zivilisationen als Beobachter und Wächter an Bord.«[28]

Diese Information ist mit Goodes Behauptung vergleichbar, dass eine Gruppe von fünf außerirdischen Rassen, die mit den gigantischen, planetengroßen Sphären in Zusammenhang stehen (die Sphärenwesen-Allianz), kürzlich unser Sonnensystem betreten hat, um die Beziehungen zwischen der Menschheit und unterschiedlichen außerirdischen Zivilisationen zu überwachen und Einfluss darauf zu nehmen. Goode zufolge begann dies in den frühen 1980er Jahren und erreichte 2011 einen Höhepunkt, als gigantische Sphären [Kugeln] von der Größe Jupiters in unser Sonnensystem eindrangen.

Was Tompkins im Folgenden detaillierter ausführt, ist deshalb besonders wichtig, weil es bestimmte Äußerungen untermauert, die Goode früher gemacht hat. Tompkins behauptet, dass die riesige Sphäre, die unser Sonnensystem überwacht,»die Außerirdischen, die sich hier in unterirdischen Höhlen aufhalten, am Verlassen der Erde gehindert hat und ihren Kameraden nicht erlaubt, zu ihnen zu stoßen«.[29] Das entspricht ziemlich genau Goodes Behauptung, dass die Sphären eine»Äußere Barriere« sowohl um die Erde als auch um das ganze Sonnensystem gelegt haben, die bei verschiedenen Weltraumprogrammen und außerirdischen Besuchern zu einer Neuausrichtung von Ressourcen und Personal geführt hat:

»Es gibt auch einige sehr mächtige Mitglieder/Führer der Geheimen Weltregierung und Syndikate, die übergelaufen sind und denen ein ›Außerweltliches Zeugenschutzprogramm‹ für sie selbst und ihre Familien bewilligt wurde im Austausch gegen verwertbare Informationen, Aussagen gegen ihre früheren Dienstherren sowie die Zusicherung, vor zukünftigen Weltgerichten als Zeugen aufzutreten, wenn nach der ›vollständigen Enthüllung‹ all jene Gruppen, die im Sonnensystem hinter der ›Äußeren Barriere‹ gefangen sind, vernommen werden.«[30]

Tompkins beschreibt auch die Schlüsselfunktionen der gigantischen, planetengroßen Sphären:

»Meinem Verständnis nach gibt es zwei Ziele. Das eine besteht darin, das Problem mit der Sonne zu beseitigen. Die Sonne ist lebendig. Okay?

Sterne sind lebendig. Ich denke, es ist nicht gerade leicht, das zu akzeptieren. Und sie haben ihre Launen ... Wenn die Sonne niest, ist unsere gesamte Kommunikation – Funk, Elektronik, alles – davon betroffen. Und da gibt es nun diese Gruppe von Leuten, wie auch immer man sie nennen möchte, die vor allem versuchen, die Auswirkungen auf eine Region zu beseitigen, die nicht allein unserem Sonnensystem oder unserem Sternensystem entspricht, und es geschieht mit der Zielsetzung, das Ausmaß an Katastrophen, von Ereignissen, die den Menschen und den Planeten gefährden, zu verringern.«[31]

Das ähnelt sehr dem, was Goode als eine der Schlüsselfunktionen der gewaltigen Sphären, die zur Sphärenwesen-Allianz gehören, benennt; sie sollen als eine Art Puffer für die kosmischen Energien dienen, die in unser Sonnensystem einströmen und enorme Veränderungen für alles Leben in unserer Region der Galaxis in Gang setzen und die Sonne zur Hyperaktivität anregen.

»Die Sphären-Allianz hat sich vor allem auf die energetischen Veränderungen konzentriert, die sich in unserem lokalen Sternenhaufen ereignen, einer davon betroffenen Region der Galaxis. Sie haben die vielen Tausende von getarnten Sphären benutzt, die in regelmäßigen Abständen in unserem Sonnensystem und benachbarten Sonnensystemen (elektrisch mit dem ›Kosmischen Netz‹ und natürlichen Portalsystem verbunden) verteilt sind, um eintretende Tsunami-Wellen von hoch aufgeladener Energie abzumildern und zu zerstreuen, die ansonsten den Schwingungszustand von Raum/Zeit, Energie und Materie verändern und ihn zwingen würden, auf eine höhere Stufe im ›Dichte-Spektrum‹ anzusteigen. Diese energetische Umwandlung hat eine direkte Auswirkung nicht nur auf jeden Planeten und Stern in der Region, sondern auch auf jede Lebensform unterhalb eines bestimmten Schwingungsniveaus.«[32]

Der »Sonnen-Nieser« (engl. *solar sneeze*), auf den sich Tompkins bezieht, entspricht ziemlich genau der Möglichkeit, dass die Sonnenkorona durch einen gewaltigen Ausbruch solarer Aktivität in den Weltraum gerissen wird, wie Goode mitgeteilt wurde.

»Das wissenschaftlichste und pragmatischste dieser ›geheimen Syndikate‹ ist der Auffassung, dass die gesamte Oberfläche der Sonnenkorona im Begriff ist, abgestoßen zu werden. Sie glauben, die Sonne wird sich dann für eine Anzahl von Tagen fast völlig verdunkeln, bevor sie wieder erwacht und in einen neuen Gleichgewichtszustand übergeht. Diese ›Eierkopf‹-Syndikate meinen, die ansteigende Schockwelle und der anschließende Einschlag dieser Mega-CME würden jegliche Nachrichtenübermittlung, alle elektronischen Geräte und Stromquellen auf der Erde ausschalten ... Einige dieser Syndikate sind außerdem der Meinung, dies werde einen Polsprung des Erdmagnetfeldes bewirken, der dramatische Auswirkungen auf jedes lebende Wesen auf dem Planeten haben werde. Die Neurologie und Magnetfelder unserer Körper wären ebenso betroffen wie unser Bewusstsein.«[33]

Tompkins' detailliertes Wissen über gegenwärtige Operationen des Geheimen Weltraumprogramms der Navy, eines konzerngeführten Programms, und seine Bereitschaft, diese Informationen jetzt zu verbreiten, stellt für alle, die seinen Aussagen detailliert gefolgt sind, einen beträchtlichen Entwicklungsschritt dar.

Er trägt außerordentlich dazu bei, das frühere Zeugnis von Goode und anderen hinsichtlich Solar Wardens und des Wirkens paralleler Geheimer Weltraumprogramme zu untermauern.

Das Hauptargument von Tompkins lautet, dass sich die Navy im Geheimen mit einer positiv eingestellten menschlich aussehenden Gruppe von Außerirdischen, genannt »die Nordischen«, verbündet hat, und das wird nun offengelegt. Dass viele Whistleblower und private Bürger äußern, dass menschlich aussehende Außerirdische alle Bereiche der menschlichen Gesellschaft unterwandert haben, darunter den Militärisch-Industriellen Komplex großer Nationen, wurde in Kapitel 4 bereits eingehend dargestellt.[34]

Tompkins' Zeugnis hebt jetzt hervor, dass eine solche Infiltration positive und negative Aspekte aufweist. Die vorrangig negativen Elemente finden sich in Form einer Rasse außerirdischer Reptiloider, die den Militärisch-industriellen Komplex entweder direkt oder mit Hilfe von Stellvertretern durchsetzt hat. Ihr Ziel bestand darin, Personal und

Ressourcen für ihre dunkle Söldnerflotte zu vereinnahmen oder die Bemühungen der Navy, ihr eigenes unabhängiges Weltraumprogramm aufzubauen, zu sabotieren.

Außerdem gibt es das Problem der Infiltration durch außerirdische Lebensformen, die Künstliche Intelligenz anwenden oder von solcher beherrscht werden, wie in Kapitel 8 behandelt. Diese KI-Aliens haben eher positiv eingestellte außerirdische Besucher bekämpft, um Einfluss auf menschliche Belange zu nehmen. Ein eindeutiges Beispiel wurde anhand der »Freundschafts«-Außerirdischen [»Fall Amicizia«] geschildert, die von 1956 bis 1978 in Italien sehr aktiv waren, bevor ihre Stützpunkte durch KI-Aliens zerstört wurden. Und was noch verstörender ist: Diese KI-Aliens haben die Menschheit im Stillen ermutigt, sich auf eine Weise zu entwickeln, die sie abhängiger von Künstlicher Intelligenz macht. Das ist eine Tendenz, die in Zukunft leicht zu einer globalen Vorherrschaft dessen führen kann, was Goode als ein »KI-Signal« beschreibt.

Die eher positiven Aspekte außerirdischer Besuche, etwa durch die Nordischen, zeigen sich besonders darin, dass die Navy und angeschlossene Bereiche des Militärisch-Industriellen Komplexes anhaltende Unterstützung beim Bau von Weltraum-Kampfgeschwadern mit großen Fluggeräten erfahren haben. Tompkins sagt, dass das Ziel nicht nur darin bestehe, der Navy zu helfen, eine Sicherheitszone um unser Sonnensystem zu errichten, sondern auch, eine breit angelegte Allianz mit menschlich aussehenden Außerirdischen zu bilden, die über die Draconer und deren Drang nach imperialer Eroberung im Weltraum besorgt sind. Darüber hinaus haben diese freundlicheren außerirdischen Besucher Mitarbeiter Geheimer Weltraumprogramme vor den von Künstlicher Intelligenz ausgehenden Gefahren gewarnt.

Die Ähnlichkeit der beiden eben genannten Szenarien mit Schlüsselelementen der populären Science-fiction-Serien *Star Trek* und *Battlestar Galactica* ist nicht zufällig. In Kapitel 5 und Kapitel 8 haben wir Belege dafür vorgestellt, dass Gene Roddenberry (der Schöpfer von *Star Trek*) und Glen A. Larson (der Schöpfer von *Battlestar Galactica*) eindeutig von Leslie Stevens IV. (dem Schöpfer von *Outer Limits*) beeinflusst waren, der durch seinen Vater, Admiral Leslie Stevens III., in zentrales

Wissen über das Geheime Weltraumprogramm der Navy eingeweiht worden war. Die Aufgabe von Stevens IV. bestand darin, als Teil eines Programms »sanfter Enthüllung« Elemente der Wahrheit in der Film- und Fernsehindustrie zu streuen. Dies geht zurück auf die Zeit, als sein Vater, Admiral Stevens, im Rahmen der 1949 von den Vereinigten Stabschefs des Pentagon ins Leben gerufenen Joint Subsidiary Plans Division (JSPD) ein Programm zur psychologischen Kriegführung leitete. Die Nutzung der Film- und Fernsehindustrie zur Verbreitung von Teilwahrheiten über Geheime Weltraumprogramme und außerirdisches Leben ist ein Mittel gewesen, um die Öffentlichkeit an deren Existenz zu gewöhnen, während gleichzeitig die plausible Bestreitbarkeit des Enthüllten aufrechterhalten wurde.

Tompkins sagt wiederholt, dass er kein Whistleblower ist, da ihm die Erlaubnis erteilt wurde, mit Enthüllungen seines Wissens über das Navy-Weltraumprogramm Solar Warden sowie über die unglaublich fortgeschrittenen Technologien hervorzutreten, die es verwendet, um seine Weltraum-Kampfgeschwader aufzustellen.

Wie Tompkins mitteilt, erhielt er seine Befugnis zur »vollständigen Enthüllung« im Jahre 2001 von Admiral Hugh Webster, der ihn damals beauftragte, »alles zu sagen«.[35] Bis zum heutigen Tag erhält Tompkins fortwährend Informationen über das Weltraumprogramm Solar Warden aus offiziellen Navy-Quellen.

Bemerkenswerterweise haben sich drei Navy-Offiziere im Ruhestand, Rear Admiral Larry Marsh, Captain Larry Boeck und Commander Art Lumley, alle bereit erklärt, sich öffentlich hinter ihre Aussage zu stellen, dass Tompkins eine hoch angesehene und respektierte Persönlichkeit in der Navy und ihrer wichtigen Unterstützerorganisation, der Navy League, ist. Sie alle haben bezeugt, dass Tompkins ein Experte auf einer Reihe esoterischer – das heißt, nur Eingeweihten vorbehaltener – Gebiete ist, die für die Navy von Interesse sind. Diese Kompetenz umfasst, laut Boeck und Lumley, ein detailliertes Wissen und weitreichende Kontakte in der Navy, was die Themen außerirdischen Lebens und außerirdischer Technologie betrifft.

Sowohl Tompkins' Hervortreten durch die freiwillige Offenlegung seines Wissens, in Verbindung mit der Fülle an Unterlagen, die er präsentiert, als auch die Verbreitung bedeutsamer Dokumente, die durch das Nationalarchiv und den Freedom of Information Act freigegeben wurden – ein 1967 in den USA in Kraft getretenes Gesetz zur Informationsfreiheit, das jedem das Recht gibt, Zugang zu Dokumenten staatlicher Behörden zu verlangen –, und nicht zuletzt die Bestätigungen durch pensionierte Navy-Offiziere ... All dies unterstreicht seine Aussagen, dass hohe Navy-Offiziere seine Bemühungen um eine »vollständige Enthüllung« befürworten. Entsprechend tragen Tompkins' Dokumente und Verlautbarungen viel dazu bei, die Aussagen Goodes zu bekräftigen, der behauptet, dass von einer Allianz Geheimer Weltraumprogramme, mit der er nach wie vor zusammenarbeitet, weiterhin die »völlige Enthüllung« angestrebt wird.

Diese Allianz hat geheimdienstliche Daten über die gesamte Bandbreite der Aktivitäten zahlreicher Geheimer Weltraumprogramme als auch außerirdischer Besucher veröffentlicht. Doch es gibt nicht nur Goodes und Tompkins' ähnlich lautende Aussagen hinsichtlich der Billigung einer völligen Enthüllung durch die U.S. Navy und anderer wichtiger Glieder der globalen Luft- und Raumfahrt-Gemeinschaft, sondern auch ein kraftvolles Bestreben nach »begrenzter Enthüllung«, das von der U.S. Air Force unterstützt wird.

Anmerkungen

1 Interview-Transkript, »Cosmic Disclosure: SSP Testimonials with William Tompkins«, http://spherebeingalliance.com/blog/transcript-cosmic-disclosure-ssp-testimonials-with-william-tompkins.html
2 William Tompkins: *Selected by Extraterrestrials* (Createspace, 2015)
3 Zu Goodes erster öffentlicher Darstellung der Dunklen Flotte online siehe Michael Salla: »Secret Space Programs more complex than previously revealed«, http://exopolitics.org/secret-space-programs-more-complex-than-previously-revealed/
4 Zit. nach: »Nazi SS slave empire created through US secret space programs«, http://exopolitics.org/nazi-ss-slave-empire-created-through-us-secret-space-programs/
5 William Tompkins: *Selected by Extraterrestrials*, p. 310f.
6 Ebd., p. 311
7 Tompkins hebt die Unterstützung durch Admiral Webster auf dem Rückumschlag seines Buches *Selected by Extraterrestrials* hervor; siehe http://tinyurl.com/j8sz558.
8 »What is AFCEA?«, http://www.afcea.org/site/?q=WhatIsAFCEA
9 Sue Lannin: »Scientists reverse ageing process in mice; early human trials showing

›promising results‹«, http://www.abc.net.au/news/2014-11-04/scientists-reverse-ageing-process-in-mice/5865714

10 Ebd.

11 Siehe Michael Salla: »Full ET disclosure plan involves document dumps & whist-leblowers coming forward«, http://exopolitics.org/full-et-disclosure-plan-involves-document-dumps-whistleblowers-coming-forward/

12 Siehe »Corey Goode, Intel Update Part 2«, http://spherebeingalliance.com/blog/corey-goode-intel-update-part-2-aug-2016.html

13 Transkript eines Interviews auf *Gaia TV* vom 25. September 2016, http://sphere beingalliance.com/blog/transcript-cosmic-disclosure-validating-the-20-and-back-program-with-william-tompkins.html

14 Siehe Michael Salla: »Recruitment for Covert Service for Secret Space Programs«, http://exopolitics.org/recruitment-covert-service-for-secret-space-programs/

15 Transkript eines Interviews auf *Gaia TV* vom 25. September 2016, http://sphere beingalliance.com/blog/transcript-cosmic-disclosure-validating-the-20-and-back-program-with-william-tompkins.html

16 Siehe Michael Salla: »Secret Interstellar Spacecraft use Superluminal Tachyon Drives«, http://exopolitics.org/secret-interstellar-spacecraft-use-superluminal-tach yon-drives/

17 Transkript eines Interviews auf *Gaia TV* vom 25. September 2016, http://sphere beingalliance.com/blog/transcript-cosmic-disclosure-validating-the-20-and-back-program-with-william-tompkins.html

18 Michael Sallas *Geheime Weltraumprogramme & Allianzen mit Außerirdischen*, Amra Verlag, Hanau 2018, S. 308-343.

19 Transkript eines Interviews auf *Gaia TV* vom 25. September 2016, http://sphere beingalliance.com/blog/transcript-cosmic-disclosure-validating-the-20-and-back-program-with-william-tompkins.html

20 Michael Salla: »Secret Space Programs more complex than previously revealed«, http://exopolitics.org/secret-space-programs-more-complex-than-previously-revealed/

21 Siehe mein Interview mit Randy Cramer: »Mars Defense Force Defending Human Colonies«, http://exopolitics.org/mars-defense-force-defending-human-colonies-interview-transcript-pt-2-2/

22 Siehe Stephanie Relfe: *The Mars Records*, online verfügbar unter: http://themars records.com/wp/

23 »Special Access Program Supplement to the National Industrial Security« (verfasst am 29. Mai 1992). 3-1-5: https://fas.org/sgp/library/nispom/sapsup-draft92.pdf (aufgerufen am 2. Dezember 2016).

24 General Dynamics, »New Construction«, http://www.gdeb.com/business_centers/new_construction/

25 Interview im Rense-Radio: »William Tompkins im Gespräch mit Major George Filer & Frank Chille« (4. Mai 2016), http://spherebeingalliance.com/blog/the-amazing-story-continues-part1.html

26 Corey Goode, zit. nach: »Galactic Human Slave Trade & AI threat to End with Full Disclosure of ET Life«, http://exopolitics.org/galactic-human-slave-trade-ai-threat-to-end-with-full-disclosure-of-et-life/

27 Siehe Corey Goode: »Human Elite Attempt to Negotiate Cessation of SSP Alliance Disclosure in Latest Conference«, http://spherebeingalliance.com/blog/human-

elite-attempt-to-negotiate-cessation-of-ssp-alliance-disclosure-in-latest-conferen
ce.html

28 Transkript eines Interviews auf *Gaia TV* vom 4. Oktober 2016, http://spherebe
ingalliance.com/blog/transcript-cosmic-disclosure-arrival-of-the-spheres-with-
william-tompkins.html

29 Ebd.

30 Siehe Michael Salla: »Secret Space War halts as Extraterrestrial Disclosure Plans
Move forward«, http://exopolitics.org/secret-space-war-halts-as-extraterrestrial-dis
closure-plans-move-forward/

31 Transkript eines Interviews auf *Gaia TV* vom 4. Oktober 2016, http://spherebeing
alliance.com/blog/transcript-cosmic-disclosure-arrival-of-the-spheres-with-willi
am-tompkins.html

32 Zit. nach: »Extraterrestrial alliance helps secret space program overcome opposition
to full disclosure«, http://exopolitics.org/extraterrestrial-alliance-helps-secret-space-
program-overcome-opposition-to-full-disclosure/

33 Corey Goode: »Intel Update Part 1«, http://spherebeingalliance.com/blog/corey-
goode-intel-update-part-1-aug-2016.html

34 Siehe Michael Salla: »Extraterrestrials Among Us«, *Exopolitics Journal*, Bd. 1:4
(2006). Online zugänglich unter http://www.exopoliticsjournal.com/vol-1/1-4-
Salla.htm

35 William Tompkins: *Selected by Extraterrestrials* (Createspace, 2015), Rückumschlag

10 Die USAF genehmigte eine begrenzte Enthüllung ihres Geheimen Weltraumprogramms

Unter einem Haufen eMails, die von WikiLeaks im Oktober 2016 verbreitet wurden, waren auch einige, die die Identitäten eines Generals und eines führenden Konzernvertreters entlarvten, die an einer von Tom DeLonge, dem früheren Gitarristen und Leadsänger der Band Blink-182, geführten Initiative beteiligt waren; diese Initiative hatte die Aufdeckung der Wahrheit über UFOs und Geheime Weltraumprogramme zum Ziel. Bei dem Konzernvertreter handelte es sich um den Chef der geheimnisumwitterten Skunk Works, Lockheed Martins Abteilung für Geheimprojekte, die auf eine lange Geschichte des Baus als geheim eingestufter Aerospace-Maschinen für die Geheimdienste des US-Militärs in Area 51 zurückblicken kann. Der General leitete bis 2013 ein wichtiges Forschungslabor der Air Force auf dem Luftwaffenstützpunkt Wright Patterson. Die eMails machten deutlich, dass dieser General DeLonge dabei geholfen hatte, ein Team von zehn hochrangigen Ratgebern zusammenzustellen, das die Frage anpacken sollte, wie der Welt die Wahrheit über UFOs und ein von der USAF geführtes Geheimes Weltraumprogramm, das sich Antigravitationstechnologien bediente, nahegebracht werden konnte.

Die gehackten eMails waren an John Podesta adressiert, den früheren Stabschef Präsident Clintons und Chairman von Hillary Clintons Kampagne zur Präsidentschaftswahl 2016. Podesta war zuvor von DeLonge auch als derjenige Konzernvertreter identifiziert worden, der mit ihm daran gearbeitet hatte, die Wahrheit über UFOs aufzudecken. Podestas Mitwirkung an UFO-Enthüllungsinitiativen ist gut dokumentiert und umfasst mehr als zwei Jahrzehnte während seiner Dienstzeit für die Administrationen der Präsidenten Clinton und Obama. In neuerer Zeit, im Dezember 2015, brachte er Hillary Clinton dazu, öffentlich zuzusagen, das UFO-Phänomen und das, was wirklich in Area 51 geschah, aufzudecken. Sie sagte: »Er [John Podesta] veranlasste mich zu dem persönlichen Versprechen, dass wir die Informationen verbreiten würden. Auf diese oder eine andere Weise. Vielleicht hätten wir ja eine Sonderheit nach Area 51 schicken können.«[1]

Die bedeutendste der zahlreichen Äußerungen Podestas[2] über UFOs und Regierungsgeheimnisse war wohl sein Tweet, den er an seinem letzten Tag im Amt als Senior Advisor von Präsident Obama am 13. Februar 2015 verschickte. Dort schreibt er: »1. Schließlich mein größtes Versäumnis 2014: Schon wieder nicht die #Offenlegung der UFO-Akten sichergestellt.«

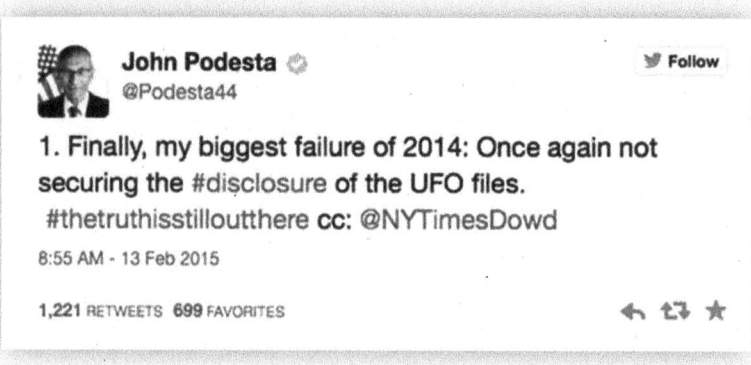

Abb. 56: Podestas Tweet an seinem letzten Tag als Obamas Senior Advisor

Es ist nicht überraschend, dass Podesta im Geheimen mit DeLonge korrespondierte, der seine Funktion bei Blink-182 aufgab, um sich, wie er im April 2016 in einem *Rolling-Stone*-Interview erklärte, seinem Interesse an UFOs zu widmen.[3] Die geleakten eMails bestätigen erstmals die Ernsthaftigkeit, mit der Podesta DeLonges Enthüllungsbemühungen unterstützte, sowie die Bedeutung, die ihr auch andere sehr hochrangige Persönlichkeiten des Militärisch-Industriellen Komplexes der USA beimaßen.

Die erste der gehackten Podesta-Mails, die von WikiLeaks verbreitet wurde, ist auf den 25. Oktober 2015 datiert. Dort heißt es:

»Hi John –

hier ist Tom DeLonge, der dich neulich für diese spezielle Doku interviewt hat. Es läuft großartig mit dem Projekt.

Die Romane, Filme und Non-Fiction-Arbeiten entwickeln sich bestens und kommen zum Abschluss. Eben hatte ich ein erstes Gespräch mit Spielbergs leitendem Geschäftsführer bei DreamWorks. Weitere Treffen stehen auf der Liste –

Ich würde gerne zwei sehr ›wichtige‹ Leute losschicken, um dich in D.C. zu treffen. Ich denke, du wirst sie echt interessant finden, da sie bei unserer heiklen Angelegenheit den höchsten Rang einnahmen. Beide waren für äußerst fragile Abteilungen im Zusammenhang mit Top-Secret-Wissenschaft und DOD-Themen [Department of Defense = Verteidigungsministerium] verantwortlich. Mit anderen Worten, es sind hochrangige Amtsträger. Da werden sich unsere Zeit und das Investment lohnen, sie den ganzen Weg bis zu dir zu bringen. Ich brauche bloß zwei Stunden deiner Zeit.

Ich freue mich auf ein lockeres, privates Gespräch mit dir persönlich ...

Alles Gute,

Tom DeLonge«[4]

DeLonge bezieht sich auf zwei äußerst wichtige Personen, die mit »Top-Secret-Wissenschaft und DOD-Themen« vertraut sind, was auf fortgeschrittene Technologien mit UFO-Bezügen schließen lässt. Er hatte sich schon einmal, im Januar 2015, mit Podesta getroffen, um ihn für eine anstehende Dokumentation zu interviewen.[5] Und jetzt wollte er sich ein weiteres Mal mit ihm treffen, diesmal in Begleitung zweier wichtiger Leute. Dieses nächste Treffen fand laut einer weiteren geleakten eMail auch tatsächlich statt. Sie offenbart den Plan, dass sich Podesta mit DeLonge und einer Anzahl »wichtiger« Personen, die mit seiner UFO-Aufdeckungsinitiative zu tun haben, am nächsten Tag, also am 25. Januar 2016, treffen sollte.[6]

Eine andere gehackte eMail mit dem Betreff »General McCasland« ist auf diesen Tag des Treffens, den 25. Januar, datiert. DeLonge schreibt über den General:

»Er meinte, dass er ein ›Skeptiker‹ sei, aber er ist keiner. Ich habe mit ihm vier Monate lang zusammengearbeitet. Gerade vor ein paar Wochen habe ich ihm einen vierstündigen Vortrag über das ganze Projekt gehalten. Glaub mir, es kam schon der Rat, wie das alles gemacht werden könnte. Er muss es bloß noch laut aussprechen, aber er weiß sehr genau Bescheid – er war ja für diese ganze Sache verantwortlich. Nach dem Roswell-Absturz verfrachteten sie es in das Labor in der Wright Patterson Air Force Basis. General McCasland leitete genau dieses Labor bis vor ein paar Jahren. Er weiß nicht nur, was ich zu erreichen versuche, sondern half mir auch, mein Team von Ratgebern zusammenzustellen. Er ist ein außerordentlich wichtiger Mann.

Alles Gute,

Tom DeLonge.«[7]

Im April 2016 erschien ein Buch, dessen Co-Autor DeLonge war, *Sekret Machines: Chasing Shadows* (»Geheime/Sekret-Maschinen: Schatten jagen«, nicht auf Deutsch erschienen).[8] Es ist das erste einer geplanten multimedialen Reihe von Büchern und Dokumentationen, die versprechen, Geheime Weltraumprogramme und das UFO-Phänomen aufzudecken. In *Sekret Machines* beschreibt DeLonge einen ungenannten General, der ihm half, ein Team von Ratgebern zusammenzustellen, um die Enthüllung voranzubringen:

»Ich hatte Treffen in mysteriösen Räumen weit draußen in der Wüste. Ich hatte Treffen auf den höchsten Ebenen der NASA. Ich hatte Gespräche in Forschungszentren, Think Tanks und sogar am Telefon mit Geheimanlagen. Ich wurde einem Mann vorgestellt, den ich ›den Wissenschaftler‹ nenne, und einem anderen, der bei mir ›der General‹ heißt. Und es gibt viele weitere, über die ich nicht viel sagen kann, aber einige sind echte Freunde geworden, und alle wurden enge Berater. Jeder dieser Männer hatte – oder hat derzeit – die höchsten Ämter der militärischen und wissenschaftlichen Elite inne. Der Punkt ist, dass ich es geschafft habe. Ich habe ein Team von Männern und Frauen zusammengestellt, die ›eingeweiht‹ sind. Und sie glauben alle, dass ich etwas Wertvolles tue, etwas, das ihre – und auch Ihre – Zeit wert ist.«[9]

Durch die WikiLeaks-Enthüllung wissen wir jetzt, dass es sich bei dem ungenannten General um Major General William Neil McCasland handelt, der bis 2013 Commander eines Spitzenforschungslabors der Air Force gewesen ist.[10]

Es folgt eine Kurzbiografie von McCasland nach seiner Versetzung in den Ruhestand:

»Maj. Gen. William N. McCasland ist Commander des Air Force Research Laboratory, Wright-Patterson Air Force Basis, Ohio. Er ist verantwortlich für das Wissenschafts- und Technologieprogramm der Air Force mit einem Etat von 2,2 Milliarden Dollar sowie zusätzlich für kundenfinanzierte Mittel für Forschung und Entwicklung in Höhe von 2,2 Milliarden. Außerdem leitet er eine weltweite Belegschaft von rund 10.800 Menschen in den technologischen Zulieferabteilungen, dem 711th Human Performance Wing und dem Büro der Air Force für Wissenschaftliche Forschung.«[11]

McCaslands Biografie zeigt deutlich, dass er den notwendigen wissenschaftlichen und technologischen Hintergrund hatte, um mit der Thematik hochmoderner Luft- und Raumfahrt-Technologien im Zusammenhang mit dem UFO-Phänomen sehr vertraut zu sein. In früheren Kapiteln wurde herausgestellt, dass die Forschungsanlagen für unbekannte und experimentelle Fluggeräte an der Wright-Patterson AFB (damals bekannt als Luftwaffenstützpunkt Wright Field) der Ort waren, zu dem von der Army Air Force einige der Überreste Fliegender Untertassen sowohl vom Los Angeles Air Raid von 1947 als auch vom Roswell-Absturz 1947 gebracht wurden.

McCasland ist außerdem nicht der einzige USAF-General, der DeLonge unterstützt. Auf der Umschlagrückseite von *Sekret Machines* bewirbt ein weiterer pensionierter General der Air Force das

Buch; seine letzte militärische Aufgabe war die eines Special Assistant to the Command, Air Force Space Command, also eines Sonderberaters für den Oberbefehlshaber des Weltraumkommandos der amerikanischen Luftstreitkräfte. Hier folgt, was Major General Michael Carey über das Buch zu sagen hat:

> »*Sekret Machines* kratzt an der Oberfläche dessen, wem wir bei unserer Top-Secret-Technologie wirklich trauen können – zweifellos wissen unsere Gegner von unseren Unternehmungen, da sie dasselbe tun, aber was ist mit unseren Bürgern, unseren Politikern, ja sogar unserem eigenen Militär? Tom DeLonge und A. J. Hartley [ein Bestseller-Autor der *New York Times*, der als Co-Autor dieses im April 2016 erschienenen umfangreichen Schlüsselromans fungierte] erzählen eine überzeugende Geschichte, die das ›Katz-und-Maus‹-Spiel beschreibt, das zeitlos von strategischen Gegnern gespielt wird. Das gab es unter dem Meer, auf der Oberfläche der Erde und am Himmel; warum sollten wir nicht glauben, dass es auch im Weltraum geschieht? Unsere militärischen Führer sagen, dass der Weltraum derzeit eine heiß umkämpfte Gegend ist; vielleicht sollten wir ihnen glauben! – Maj. Gen. Michael J. Carey.«[12]

Der Werbetext für DeLonges *Sekret Machines* durch Carey bestätigt, dass mindestens zwei führende pensionierte USAF-Offiziere DeLonges Enthüllungsinitiative unterstützen. Sowohl General Carey als auch General McCasland haben an dem Treffen mit Podesta am 25. Januar 2016 teilgenommen.

Die gehackten und von WikiLeaks verbreiteten eMails führen auch zur Enttarnung der Identität des Mitarbeiters von Lockheed Martin, der an dem Meeting vom 25. Januar teilgenommen hat. Die gehackte Mail vom 24. Januar bezog sich auf einen der Anwesenden als »rob.f.weiss@imco.com«, der sich über LinkedIn ermitteln ließ:

> »Rob Weiss kann bei LinkedIn unter der eMail-Adresse gefunden werden, die er auch in den WikiLeaks-Dokumenten verwendet hat. Seine Berufsbezeichnung lautet dort Executive Vice President & General Manager Advanced Development Programs (Skunk Works) bei Lookheed Martin

Aeronautics. Skunk Works ist die Abteilung, die auf Geheiß der CIA Area 51 baute und jahrzehntelang daran arbeitete, streng geheime, hoch entwickelte Flugzeuge zu entwickeln.«[13]

So beschreibt Alejandro Rojas von *Open Minds TV* die Bedeutung der Teilnehmer des Treffens am 25. Januar:

»Boah! Echt? DeLonge kriegt ein Meeting mit dem Chef eines für UFO-Forschung berühmten Forschungslabors, mit einem Mann, der für den Leiter des Air Force Space Command [des Weltraumkommandos der U.S. Air Force] gearbeitet hat, einem Mann, der für die Leute, die Area 51 leiten, verantwortlich und der Wahlkampfmanager der Person ist, die offenbar, wie es heute aussieht, wahrscheinlich die nächste Präsidentin der Vereinigten Staaten wird.«[14]

In *Sekret Machines* verbringt Tom DeLonge viel Zeit mit der Beschreibung der Beteiligung von Konzernen an der Entwicklung eines Geheimen Weltraumprogramms unter Mitwirkung der USAF. Dieses Buch ist das passend verpackte Produkt dessen, was das Ratgeberteam DeLonge von ihrem Wissen über die in den USA und Russland entstehenden Geheimen Weltraumprogramme erzählt haben. Nach DeLonge waren ihre Enthüllungen offiziell genehmigt von Personen mit einer »Need-to-know«-Berechtigung. Es ist daher die zuverlässigste Offenlegung, die bislang über die Thematik von UFOs, außerirdischem Leben und Geheimen Weltraumprogrammen aufkam.

Die gehackten Podesta-eMails, die durch WikiLeaks verbreitet wurden, bestätigen eindeutig, dass DeLonge die Unterstützung äußerst hochrangiger Insider aus dem Militärisch-Industriellen Komplex der USA genießt, die ihm dabei helfen, mit seiner UFO-Enthüllungsinitiative voranzukommen. Dies führt zu der allerwichtigsten Frage: Ist das, was sein Ratgeberteam DeLonge mitteilt, die ganze Wahrheit oder nur eine Maßnahme »begrenzter Enthüllung«, wenn es um Geheime Weltraumprogramme mit Bezug zu US-Konzernen und verschiedenen Zweigen des US-Militärs geht? Um eine Antwort zu erhalten, müssen wir DeLonges Beschreibung der Geheimen Weltraumprogramme sorgfältig mit derjenigen vergleichen, die wir in den vorangegangenen Kapiteln anhand der von William Tompkins und Corey Goode vorgelegten Beweise und Zeugnisse kennengelernt haben.

Die Rolle NS-Deutschlands bei der Entwicklung eines Geheimen Weltraumprogramms

In *Sekret Machines* gibt DeLonge Informationen preis, die sich eng mit den »Hochoktan-Spekulationen« des Historikers Joseph P. Farrell berühren, der viele Dokumente aus der NS-Zeit in einer Reihe von Büchern eingehend behandelt hat, etwa in *Die Bruderschaft der Glocke* und [den nicht auf Deutsch erschienenen] Büchern *JFK* und *Majestic-12*.[15] Wir erfahren von DeLonge und Farrell, dass NS-Deutschland teilweise erfolgreich damit war, ein auf Antigravitation beruhendes »Torsions«- und/oder »Skalar«-Gerät zu entwickeln, genannt »Die Glocke«. Nach Farrell war die Glocke Teil des Versuchs der Nazis, auf der Grundlage der Skalarphysik eine Superwaffe zu bauen, deren Nutzung bereits in der Antike in alten Schriften beschrieben wird.[16]

Folgendermaßen lief der Test des NS-Glockengerätes ab, wie von Nick Cook, dem Autor von *Die Jagd nach Zero Point*, zusammengefasst. Cook interviewte den Gewährsmann der Informationen über die Glocke, der aussagte, NS-Dokumente gesehen zu haben, die das Gerät beschreiben:

»Die Experimente fanden stets unter einem dicken Keramikmantel statt; dazu gehörte die schnelle Drehung zweier Zylinder in entgegengesetzte Richtungen. Die quecksilberartige Substanz hatte den Code-Namen ›Xerum 525‹ … Das Zimmer, in dem die Experimente stattfanden, lag tief in einem unterirdischen Stollen. … Seine Wände waren mit Keramikkacheln gefliest … Nach ungefähr zehn Tests wurde der Raum abgebaut, und die Komponenten wurden vernichtet. Nur die Glocke selbst blieb erhalten. … Jeder Test dauerte rund eine Minute. Während dieser Zeitspanne, in der die Glocke einen fahlen blauen Schimmer verbreitete, hielt sich das Personal 150 bis 200 Meter von ihr entfernt auf. Elektrische Geräte irgendwo innerhalb dieses Radius hatten gewöhnlich einen Kurzschluss oder gingen kaputt … Im Verlaufe der Tests platzierten die Wissenschaftler verschiedene Arten von Pflanzen, Tieren und tierischem Gewebe im kugelförmigen Einflussbereich der Glocke. Während der ersten Versuchsreihe von November bis Dezember 1944 wurden fast alle Proben zerstört.«[17]

Während die Nazi-Glocke nach DeLonge nicht rechtzeitig als Waffe genutzt werden konnte, um Kriegszwecken in Europa zu dienen, wurde sie, im Bemühen der Nazis, ein verdecktes Viertes Reich zu gründen, heimlich nach Südamerika und schließlich in die Antarktis verschifft. Die Entwicklung des Glockenprojekts wurde in geheimen NS-Anlagen fortgesetzt; finanziert wurden diese mit Gold und Konzerngeldern, die von Martin Bormann, dem Stabschef des Stellvertreters des Führers, aus Deutschland weggeschafft wurden, wie Paul Manning in seinem Buch *Martin Bormann: Nazi in Exile* (»Martin Bormann: Nazi im Exil«, nicht auf Deutsch erschienen) gut dokumentiert hat,[18] ebenso in neuerer Zeit auch Farrell in *The Third Way: The Nazi International, European Union and Corporate Fascism* (»Der Dritte Weg: Die Nazi-Internationale, die Europäische Union und der Konzernfaschismus«, nicht auf Deutsch erschienen).[19]

In *Sekret Machines* beschreibt DeLonge, wie das Glockenprojekt der Nazis in die Antarktis verlegt wurde, als südamerikanische Anlagen durch verdeckt operierende alliierte Teams 1946 gefährdet waren. Die Nazis waren in der Lage, mehrere einsatzfähige Fliegende Untertassen in der Antarktis zu entwickeln, die unglaubliche Geschwindigkeiten erreichen konnten und in der Atmosphäre außerordentlich manövrierfähig waren.

Die von Admiral Richard Byrd geführte Operation Highjump war dabei erfolgreich, Anfang 1947 NS-Basen in der Antarktis zu lokalisieren, worauf militärische Auseinandersetzungen folgten. Nach DeLonge gelang es der Operation Highjump, obwohl sie Verluste erlitt, die Nazi-Anlagen sowie die Flugscheiben-Prototypen zu zerstören und die errungene Beute in Gestalt von Wissenschaftlern, technischen Informationen und Ressourcen, die mit dem Forschungs- und Entwicklungsprogramm der Naziglocke verbunden waren, in die USA zu bringen.[20] Es folgt nun eine Stelle aus DeLonges Buch, an der er einen der Luftkämpfe zwischen einem Mustang-Flugzeug der Navy und den Nazi-UFOs schildert, wie von einer der Persönlichkeiten des Buches erzählt:

>Ich habe niemals ein Fluggerät sich mit solcher Wendigkeit bewegen sehen wie diese Nazi-Scheibe. Sie flog wellenartig und mit jähen Kurswechseln über den antarktischen Bergen dahin, sprang vor und stoppte abrupt mitten in der Luft, als hätte die Schwerkraft keine Macht über sie und Aerodynamik wäre irrelevant. Sie drehte sich, feuerte Granaten aus ihren Bordkanonen ab, und die Mustangs stürzten sich auf sie wie Hunde auf einen Bären … Doch trotz all ihrer Geschwindigkeit und Manövrierfähigkeit verlor die Untertasse. Als sie sich drehte, um auf ein Flugzeug zu schießen, griffen sie zwei weitere von hinten an, durchlöcherten sie mit Geschossen, und bald begann sie zu schwelen. … Einige Augenblicke später explodierte die Scheibe in einem Feuerball, der meilenweit gesehen werden konnte.<[21]

Als Nächstes wird beschrieben, wie sich Mannschaften der NS-Exilstützpunkte in der Antarktis schnell ergaben. Danach stellten die dortigen Nazis keine signifikante militärische Herausforderung für die geopolitische Vorherrschaft der USA oder für ihre geheime Forschung an Antigravitationsmaschinen auf der Basis von Torsions- und/oder Skalarphysik mehr dar.[22]

An diesem Punkt kommt es allerdings zu Widersprüchen zwischen dem, was DeLonge von seinen Beratern geschildert worden war, und dem, was Admiral Byrd nach dem vorzeitigen Ende der Operation Highjump in einem Interview mit der chilenischen Presse am 5. März 1947 äußerte. Der Pressebericht in *El Mercurio* besagt Folgendes:

>Adm. Byrd erklärte heute, dass es für die USA unerlässlich war, unverzüglich Verteidigungsmaßnahmen gegen feindliche Regionen einzuleiten. Weiterhin äußerte der Admiral, dass er niemanden übermäßig ängstigen wolle – es sei aber bittere Realität, dass die kontinentalen

Vereinigten Staaten im Falle eines neuen Krieges von Flugobjekten angegriffen würden, die mit unglaublichen Geschwindigkeiten von einem Pol zum anderen fliegen könnten.«[23]

Der Tonfall und die Botschaft, die Admiral Byrd in diesem Interview vorträgt, scheinen nicht zu jemandem zu passen, der gerade einen entscheidenden militärischen Sieg gegen einen Feind mit Fliegenden Untertassen errang, sondern eher zu jemandem, der eine schwere Niederlage davongetragen hat.

DeLonges Version der Ereignisse in der Antarktis und der Entstehung eines geheimen US-Weltraumprogramms widerspricht hier den Enthüllungen Tompkins' und Goodes diametral. Nach letzterem hatte NS-Deutschland zwei Geheime Weltraumprogramme, die während des Zweiten Weltkriegs gleichzeitig nebeneinander herliefen. Die Glocken-Experimente und Glocken-Forschungen im nationalsozialistisch besetzten Europa waren Teil eines erfolglosen, von Heinrich Himmlers SS betriebenen »Wunderwaffen«-Programms, das unter der direkten Kontrolle des zivilen Ingenieurs und SS-Obergruppenführers Hans Kammler stand.

Im Unterschied dazu wurde in der Antarktis ein anderes Geheimes Weltraumprogramm von deutschen Geheimgesellschaften geleitet, die mit Hilfe zweier verschiedener außerirdischer Rassen erfolgreich fortgeschrittene Aerospace-Technologien entwickelt hatten. Eine war eine Gruppe menschlich aussehender Nordischer, während die andere zu einer Spezies von Reptiloiden gehörte, genannt »die Draconer«. Die Nordischen waren die Ersten, die die deutschen Geheimgesellschaften in den 1920er Jahren unterstützten, indem sie ihnen durch Mystiker wie Maria Oršić Baupläne für Antigravitationsraumschiffe zur Verfügung stellten, aber in den 1930ern unter dem Nazi-Regime und den deutschen Geheimgesellschaften wurden die Draconer letztlich erfolgreicher. Laut Tompkins lieferten die Draconer, nachdem sie Verträge mit Hitler abgeschlossen hatten, tatsächlich funktionierende Modelle Fliegender Untertassen sowie Informationen über unterirdische Basen in der Antarktis, wo diese Modelle während des Zweiten Weltkriegs erforscht werden konnten.[24]

Sowohl Tompkins als auch Goode bestehen darauf, dass die deutschen Geheimen Weltraumprogramme in der Antarktis unabhängig voneinander betrieben wurden und aufgrund ihrer andersgearteten Ziele unschuldig an dem waren, was in Europa unter Kammler und der SS vor sich ging. Das Programm innerhalb von Himmers SS war im Wesentlichen ein Bewaffnungsprogramm, das letztlich keinen Erfolg bei der Nutzung von Antigravitationstechnologien für Kriegszwecke erzielte. Dementsprechend stimmen Tompkins und Goode mit DeLonge und Farrell darin überein, dass die Bemühungen der SS, Waffentechnologien wie die Glocke zu entwickeln, erfolglos blieben.

Zur selben Zeit verfolgten die deutschen Weltraumprogramme mit Sitz in der Antarktis das Hauptziel, die Baupläne Fliegender Untertassen und die Prototypen, die sie für Reisen in den Weltraum erhalten hatten, zu studieren. Goode sagt, dass die Trennung zwischen den beiden deutschen Weltraumprogrammen klar definiert war. Die in der Antarktis betriebenen Programme teilten ihre Forschungen an den am höchsten entwickelten Waffen nicht mit Himmlers SS, nicht einmal in den letzten Kriegstagen. In seiner Antwort auf eine Frage nach der Verwendung der von dem deutschen Programm in der Antarktis erhaltenen fortgeschrittenen Waffensysteme zu Kriegszwecken sagte Goode:

>Ich denke, dass sie [einige] Technologien erhalten und in ihr exiliertes Geheimes Weltraumprogramm, das sie entwickelten, integriert haben. Aber sie entwickelten dieses für ihre eigenen [Zwecke], als sie dieser Dinge habhaft wurden; sie kümmerten sich nicht darum, den Zweiten Weltkrieg [für Deutschland] zu gewinnen, um das Heimatland [oder] darum, diese Technologie zu nutzen, um die Vereinigten Staaten und die Feinde, gegen die sie im Krieg kämpften, zu besiegen.«[25]

Die Deutschen begannen daraufhin, in ihren unterirdischen antarktischen Basen Flotten von Antigravitationsraumschiffen zu bauen, die für Weltraummissionen zum Mond, zum Mars und darüber hinaus geeignet waren. Nach Tompkins und Goode hatten die Reptiloiden den Deutschen dabei geholfen, hochkomplexe Waffensysteme für ihre in der Antarktis stationierten Raumschiffe zu entwickeln. Dazu gehörten gerichtete Energiewaffen, die die Projektilgeschütze ersetzten, mit denen die SS erfolglos ihre eigenen Untertassen-Prototypen zu bestücken versucht hatte. Das langfristige Ziel bestand darin, dass sich die bewaffneten deutschen Raumschiffe eines Tages schließlich mit interstellaren Flotten der Reptiloiden bei galaktischen Konflikten verbünden könnten. Goode hat diese deutschen Weltraum-Schlachtgeschwader als die »Dunkle Flotte« bezeichnet, da sie so streng geheim blieben, dass bis zum heutigen Tage nur relativ wenig über sie bekannt ist.[26]

Wenn die deutschen Flugscheiben damals die besten Kampfflugzeuge der Navy völlig zerstörten, war Operation Highjump also erbärmlich gescheitert. In einem Interview deckte Tompkins auf, dass zwei Wellen Fliegender Untertassen plötzlich aus dem Wasser aufstiegen, als die Navy-Flottille sich Queen Maud Land näherte, das die Deutschen Neuschwabenland nannten – und die modernsten Kampfflugzeuge der Navy angriffen.[27] Die erste Angriffswelle umfasste siebenundzwanzig Fliegende Untertassen und die zweite fünfzehn, die nach Tompkins während eines Zeitraums von sechsunddreißig Stunden erschienen. Einige dieser Flugscheiben trugen NS-Zeichen, während andere nicht gekennzeichnet waren. Die Untertassen zerstörten erfolgreich alle Navy-Flugzeuge und Hubschrauber und versenkten einen Zerstörer sowie mehrere andere Schiffe. Von den Geschwadern der fliegenden NS-Untertassen übel zugerichtet und besiegt, wurde dem Rest der elitären Flugzeugträger-Schlachteinheit der Navy erlaubt, nach Hause zurückzukehren.

Tompkins' und Goodes Version der Ereignisse in der Antarktis wird nicht nur durch die ersten Interviews unterstützt, die Admiral Byrd der chilenischen Presse gab, sondern auch durch KGB-Akten, die die Leichtigkeit hervorheben, mit der die deutschen Fliegenden Untertassen die Navy-Flugzeuge abschossen, wie es zwei Augenzeugenberichte bekunden. Nach dem Untergang der Sowjetunion im Jahr 1991 veröffentlichte der KGB nämlich zuvor geheim gehaltene Unterlagen, die ein erhellendes Licht auf Operation Highjump warfen, und eine russische Dokumentation von 2006 machte zum ersten Mal einen sowjetischen Geheimdienstbericht von 1947 bekannt, den Josef Stalin über Operation Highjump in Auftrag gegeben hatte.[28] In diesem Bericht des sowjetischen Geheimdienstes wurden die zuvor völlig unbekannten Augenzeugenberichte zweier amerikanischer Marinesoldaten mitgeteilt, die an dem Einsatz beteiligt waren. Das aufschlussreichste Zeugnis stammt von Lieutnant John Sayerson, einem Flugboot-Piloten, der folgendermaßen zitiert wird:

»Das Ding schoss senkrecht mit unfassbarer Schnelligkeit aus dem Wasser, wie vom Teufel gejagt, und flog mit einer derart gewaltigen Geschwindigkeit zwischen den Masten [des Schiffes] hindurch, dass die Funkantenne durch diese Turbulenzen hin und her schwankte. Ein Flugzeug [ein Martin-Flugboot] von der *Currituck*, das gerade ein paar Momente später abhob, wurde von einer unbekannten Art von Strahlen aus diesem Objekt getroffen und stürzte fast augenblicklich neben unserem Schiff ins Meer. … Rund zehn Meilen entfernt ging das Torpedoboot *Maddox* in Flammen auf und begann zu sinken. … Als jemand, der diesen Angriff durch das aus dem Meer aufgestiegene Objekt persönlich miterlebt hat, ist alles, was ich sagen kann, dass es furchtbar war.«[29]

In DeLonges Version des Luftkampfes zwischen einer Fliegenden Untertasse der Nazis und den Navy-Jagdflugzeugen verwendete die Untertasse Geschütze. Laut Sayerson bediente sie sich jedoch im Gegensatz dazu einer gerichteten Energiewaffe, die nicht nur Kampfflugzeuge, sondern auch Schiffe ausschaltete.

Es gibt eine Kontroverse darüber, ob eine U.S.S. *Maddox* an Operation Highjump beteiligt war, wie von Sayerson behauptet, oder nicht. Vielleicht hat er lediglich den Namen des zerstörten Torpedobootes falsch geschrieben, oder der Name wurde durch die Übersetzung verändert. Trotz ungelöster Fragen bezüglich dieses Teils seines Zeugnisses ist es mehr als wahrscheinlich, dass der sowjetische Bericht von 1947 im Großen und Ganzen zutrifft. Wenn er stimmt, haben die Sowjets erfahren, dass die U.S. Navy eine bittere Niederlage durch Fliegende Untertassen der Nazis erlitten hat, die in einer unterirdischen Station unter dem antarktischen Schelfeis verborgen waren.

Byrds Marine-Expedition kehrte mit leeren Händen zurück und hatte die schmerzliche Lektion gelernt, dass die Deutschen in der Antarktis in den kommenden Jahren eine machtvolle geopolitische Kraft sein würden. Um es noch einmal zu wiederholen: Dies ist ein Bericht über die Präsenz der Nazis in der Antarktis, der stark von dem abweicht, den wir in *Sekret Machines* finden. Woher kommt diese Abweichung? Bevor ich das beantworte, muss ich erst das nächste wesentliche Element in *Sekret Machines* überprüfen – die geheime Entwicklung des doppelt verwendbaren Antigravitationsflugzeugs und Raumschiffes TR-3B *Locust* [»Heuschrecke«].

Die Fliegenden Dreiecke TR-3B des USAF-Weltraumkommandos

In seinem Buch *Sekret Machines* widmet sich DeLonge einer ausgiebigen Beschreibung der Beteiligung von Wirtschaftskonzernen an der Entwicklung eines geheimen US-Weltraumprogramms. Seinen Ausführungen nach finanzierte ein globales Firmenkonsortium im Geheimen den Bau von »Fliegenden Dreiecken«, die Antigravitations- und Torsionsfeldprinzipien nutzten, welche von den Glocken-Experimenten der Nazis übernommen worden waren. Daraus folgte die Entwicklung einer Staffel von TR-3Bs, die in der zur Area 51 gehörenden streng geheimen Anlage S-4 am Papoose Lake stationiert war. Zuständig für die TR-3B oder »Heuschrecke«, die nach DeLonge beziehungsweise seinem Ratgeberteam von S-4 aus eingesetzt wird, ist die Space Command and Defense Intelligence Agency der U.S. Air Force, also das mit dem Verteidigungsnachrichtendienst verbundene Weltraumkommando der amerikanischen Luftwaffe.

DeLonge fährt in *Sekret Machines* fort zu erklären, dass die TR-3B eine kombinierte, gemeinsam von Militär und Wirtschaftskonzernen der USA konstruierte Luft- und Raumfahrtmaschine ist und sowohl in der Nähe der Erdoberfläche als konventionelles Flugzeug als auch nahe dem Erdorbit als Raumschiff operieren kann. Er beschreibt

TR-3B-Maschinen von unterschiedlicher Größe, von denen die größte mehrere hundert Fuß misst.

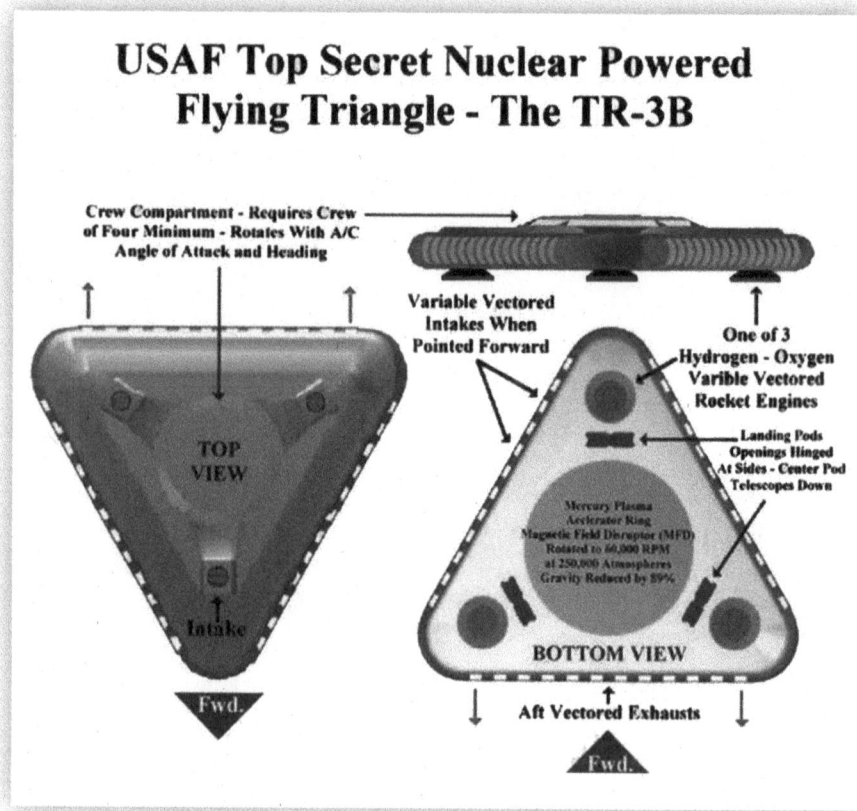

Abb. 57: Risszeichnung einer TR-3B. Quelle: Edgar Fouche

DeLonges Angaben über die TR-3B stimmen sehr genau mit einem anderen, früheren Bericht von Edgar Fouche überein, einem Aerospace-Ingenieur, der in Area 51 arbeitete. Während seiner Tätigkeit dort erfuhr er von der Existenz der TR-3B als der auf höchster Geheimhaltungsstufe stehenden Aerospace-Maschine, die vom Militärisch-Industriellen Komplex der USA in den späten 1980er Jahren gebaut worden war. 1998 trat Fouche erstmals mit seiner Enthüllung dieser Maschine an die Öffentlichkeit und teilte mit, dass sie in der Anlage S-4 stationiert und 600 Fuß breit ist, also mehr als achtzehn Meter, was den späteren Angaben ähnelt, die DeLonge von seinem Beraterteam erhalten hat.[30]

Die von Fouche vorgelegten Dokumente tragen maßgeblich zur Glaubwürdigkeit seines Zeugnisses bei, das zudem noch durch die zahlreichen Sichtungen Fliegender Dreiecke in Belgien und anderswo unterstützt wird.[31] Tatsächlich sind die belgischen Sichtungen von 1989 unmittelbar mit Flügen von TR-3B verbunden, wie *Sekret Machines* ausführt.[32]

Um es noch einmal zu wiederholen: Die Zeugnisse von Tompkins und Goode weichen dramatisch von DeLonges Informationen ab, wie sie ihm von seinem Beraterteam mitgeteilt wurden. In Kapitel 4 habe ich Tompkins' Angaben zu seiner direkten Beteiligung an den Planungen von Weltraum-Kampfstaffeln, die unter der Kontrolle der Navy stünden, präsentiert. Kurz zusammengefasst, konzipierte Tompkins in den 1950er Jahren verschiedene Entwürfe für kilometerlange Weltraumträger und -kreuzer. Die Weltraum-Kampfgeschwader wurden in gewaltigen unterirdischen Anlagen in den Wasatch Mountains in Utah gebaut und erstmals 1984 im Rahmen des Solar-Warden-Programms in Betrieb genommen. Schließlich wurden acht Schlachteinheiten konstruiert, von denen vier nach einem Rotationsprinzip rund um die Uhr im Einsatz sind, während die anderen vier gewartet werden – ähnlich der Zeitplanung bei Flugzeugträgern.

Goode sagt, dass er selbst von 1987 bis 2007 bei Solar Warden gedient hat. Bedeutsam ist seine Bemerkung, dass die TR-3B seit dem Einsatz der Weltraumflotten von Solar Warden als veraltet galt und wie ein gebrauchtes Kleidungsstück an weniger streng geheime, von der Air Force und anderen Diensten geleitete Programme weitergereicht wurde:

»Es gab mehr als acht ›zigarrenförmige‹ Trägerklassen und weitere Schiffsklassen verschiedener Größe und Klassifikation. Sie waren entworfen worden, um unterschiedliche Typen von ›Maschinen‹ zu tragen, bei denen viele an die TR-3B denken. ... Die TR-3B wird als ausgesprochen überholte Technologie angesehen und wurde in vielen Fällen als ›Second Hand‹-Maschine an ›Eliten‹ innerhalb der Geheimen Weltregierung und ihrer Verbände, ähnlich ›Firmenflugzeugen‹, verschenkt. Es gibt so viele neuere Technologien, die im Großen und Ganzen von derselben Form sind wie die TR-3B (und spätere Modelle), dass es den Leuten die Sprache verschlagen würde.«[33]

Was Goodes und Tompkins' Angaben folglich deutlich zeigen, ist, dass die TR-3B Teil eines zweitrangigen geheimen US-Weltraumprogramms mit Sitz in Area 51 ist.

Gibt es Außerirdische wirklich?

In *Sekret Machines* wird ein Fall beschrieben, bei dem eine vermeintliche UFO-Entführung stattfindet, aber der angeblich außerirdische »Grey« wird von seinem weiblichen Opfer demaskiert und erweist sich als ein als Alien kostümierter Mensch.[34] Nachdem das Opfer aus der abgelegenen Anlage, in der man es gefangen gehalten hat, entkommen ist, bemerkt es, dass es von einer getarnten russischen Gruppierung nach Sibirien verschleppt wurde.[35] Die Entführung wird als Teil eines geheimen russischen Weltraumprogramms dargestellt, in dessen Rahmen technisch weit fortgeschrittene pfeilförmige Aerospace-Maschinen verwendet werden, die eine ähnliche Flugperformance zeigen wie die TR-3B.[36]

DeLonge beschreibt weitere UFO-Vorfälle, an denen getarnte russische Raumschiffe beteiligt waren. Dazu gehören UFO-Vorfälle an amerikanischen Atomkraftwerken, die zu deren Abschaltung führten. Die russischen Raumschiffe störten angeblich die US-Atomraketensysteme, um Russlands Möglichkeiten zu demonstrieren, das amerikanische Atomwaffenarsenal zu deaktivieren oder gar zu zerstören. Folglich stehen keine Außerirdischen hinter vielen UFO-Zwischenfällen wie Entführungen und Abschaltungen von Nuklearwaffen, sondern geheime russische Raumschiffe, wie DeLonge aufgrund der Informationen seiner Gruppe von Beratern glaubt. Besonders wichtig ist hier die Ausdrucksweise, der sich General Carey in seiner Empfehlung für *Sekret Machines* bedient:

»Tom DeLonge und A. J. Hartley kreieren eine überzeugende Geschichte, die das ›Katz-und-Maus‹-Spiel beschreibt, das zeitlos von strategischen Gegnern gespielt wird. Es gab dies unter dem Meer, an der Oberfläche der Erde und im Himmel; warum sollten wir nicht glauben, dass es auch im Weltraum vorkommt?«[37]

Mit dem strategischen Gegner meint er vor allem Russland, das seit langem die USA in allen strategischen Einsatzgebieten bekämpft, darunter in jüngster Zeit auch im Weltraum.

Noch einmal: Es gibt hier eine dramatische Differenz zu dem, was Tompkins und Goode über Außerirdische und Geheime Weltraumprogramme zu sagen haben, insbesondere im Hinblick auf langfristige strategische Bedrohungen. Ich habe bereits ihre Berichte kommentiert, dass NS-Deutschland auf verschiedenen Stufen ihrer Arbeit an zwei Geheimen Weltraumprogrammen die Unterstützung reptiloider und nordischer Gruppen von Außerirdischen erhalten haben soll. Später assistierten die Nordischen laut Tompkins dem Programm der U.S. Navy beim Aufbau von Weltraum-Schlachtgeschwadern. Die Nordischen suchten nach Verbündeten für ihre galaktischen Auseinandersetzungen mit den draconischen Reptiloiden und glaubten, dass die Navy eines Tages zu einem solchen würde.

Tompkins sagt, dass nordische Außerirdische in die Aerospace-Firmen, bei denen er arbeitete – etwa die Douglas Aircraft Company und TRW – eingebettet waren und die Erforschung und Entwicklung antigravitativer Raumschiffe aktiv förderten. Er versichert, dass die Nordischen dabei helfen, der Industriesabotage der Reptiloiden sowohl bei der NASA als auch bei dem im Entstehen begriffenen Geheimen Weltraumprogramm der Navy entgegenzuwirken.

Auch Goode sagt, dass die Programme Solar Warden und Dunkle Flotte mit verschiedenen außerirdischen Besuchern zusammenarbeiteten. Er fügt hinzu, dass das konzerngeführte Weltraumprogramm Produktionszentren industriellen Ausmaßes auf dem Mars unterhält, die mit bis zu neunhundert (!) außerirdischen Zivilisationen Handel treiben.[38] DeLonge hingegen bedient sich eines Platzhalters, um Geschichten von Begegnungen mit fortgeschrittenen außerirdischen Besuchern und Entdeckungen nicht von Menschen konstruierter Raumschiffe zu erklären. Er verweist auf mythologische Erzählungen von den »Göttern«, auf die man sich die ganze Geschichte hindurch bezogen habe, und deutet an, dass diese keine Hirngespinste antiker Völker gewesen seien, sondern reale Wesen, die die Menschheit sowohl für gute als auch für böse Zwecke manipuliert hätten.[39]

In Homers *Illias* beispielsweise erfährt der Leser dieses Epos, wie die Götter Partei ergreifen in einem Krieg in uralten Zeiten zwischen den Griechen und den Trojanern – den Supermächten in jener Gegend der damaligen Welt. Der Konflikt war insgesamt von einer boshaften Göttin namens Eris ausgeheckt worden, die ihren »goldenen Apfel der Zwietracht« zu Füßen der Götter rollte und eine Kette von Ereignissen in Gang setzte, die zum Trojanischen Krieg führten.

Sekret Machines schließt mit einem offenen Ende bezüglich der Rolle der Götter und gegenwärtiger Geheimer Weltraumprogramme. Man erwartet, dass zukünftige Bände die verschiedenen Weisen beschreiben, in denen die Götter dazu beigetragen haben, geopolitische Konflikte zwischen den größten Weltmächten wie den USA und Russland zu schüren – den modernen Entsprechungen der antiken Griechen und Trojaner. Das bedeutet wahrscheinlich, die Entdeckung hoch entwickelter nichtmenschlicher Raumschiffe, die DeLonge den Göttern zuspricht, an verschiedenen Absturz-Fundorten einzubeziehen. Dies sind moderne Versionen der goldenen Äpfel der Zwietracht, die von den Göttern gepflanzt worden sind.

Begrenzte versus vollständige Enthüllung

Wie soll man sich die bedeutsamen Unterschiede zwischen den Enthüllungen Geheimer Weltraumprogramme von DeLonge beziehungsweise seinen Beratern und jenen von Tompkins und Goode erklären? Wenn man Tompkins' und Goodes Zeugnisse als im Wesentlichen richtig akzeptiert, wie meine Analyse des Belegmaterials in diesem Buch nahelegt, dann gibt es zwei Szenarien, die einem in den Sinn kommen, um diese Abweichungen zu erklären.

Das erste besagt, dass wir es mit einem »Limited Hangout« zu tun haben, was nach Victor Marchetti, einem früheren Special Assistant des Stellvertretenden CIA-Direktors »im Agentenjargon ein Ausdruck für einen beliebten und oft benutzten Trick heimlicher Profis ist«.[40] Marchetti beschreibt sodann, wie eine begrenzte Enthüllung funktioniert:

»Wenn ihr Schleier des Geheimnisses zerschlissen ist und sie sich nicht länger auf eine gefälschte Geschichte verlassen können, um die Öffentlichkeit in die Irre zu führen, dann behelfen sie sich damit – manchmal auch freiwillig –, einen Teil der Wahrheit zuzugeben, während sie es noch immer so regeln, dass sie die entscheidenden und schädlichen Fakten des Falles zurückhalten. Die Öffentlichkeit freilich ist gewöhnlich derart von der neuen Information fasziniert, dass sie niemals daran denkt, die Sache weiter zu verfolgen.«[41]

Ein Szenario begrenzter Enthüllung ließe darauf schließen, dass DeLonge von seiner Gruppe Berater und der Geheimdienst-Community, die annehmen, dass ihre Verschleierungsstories für das UFO-Phänomen keine Glaubwürdigkeit mehr haben, mit einer handgemachten Geschichte gefüttert wurde.[42] Das neue Narrativ wurde entworfen, um den weitverbreiteten öffentlichen Glauben an eine UFO-Verschleierung anzusprechen, indem man etwas von den hochmodernen Technologien, die in tiefschwarzen Programmen entwickelt wurden, aufdeckt, was den Grund für das UFO-Phänomen in die Zeit des Zweiten Weltkriegs zurückverlagern würde.

Während die Öffentlichkeit von Antigravitationsraumschiffen erfährt, wird ihr beigebracht, dass die außerirdische Hypothese – dass UFOs interplanetarische Raumschiffe sind – falsch ist. Der einzige »außerirdische« Faktor, der hier eintritt, sind die trügerischen, in historischen Texten erwähnten Götter, die derzeit die USA und Russland auf einen Atomkrieg hin manipulieren oder fortgeschrittene Raumschiffe in abgelegenen Gegenden als »goldene Äpfel der Zwietracht« bauen. Das obige Szenario wird nicht nur wissenschaftliche Skeptiker befriedigen, sondern auch Anhängern verschiedener Religionen entgegenkommen, die diese Information als Bestätigung der Gültigkeit ihrer Schriften ansehen können.

Dieses Szenario würde nahelegen, dass DeLonge einen Zugang zu ursprünglichen Informationen bekommen hat, der Teil einer Maßnahme begrenzter Enthüllung durch führende Mitglieder des Militärisch-Industriellen Komplexes der USA ist. Wir wissen aus durchgesickerten und von WikiLeaks verbreiteten eMails, dass zu seinem Beraterteam die pensionierten Major Generals McCasland und Carey sowie der derzeitige Kopf von Lockheeds Skunk Works, Rob Weiss, gehören. Diese drei, plus die sieben anderen, die De-Longes Beraterteam bilden, scheinen über DeLonge sorgfältig eine Geschichte zu fabrizieren, die die Legitimität des Militärisch-Industriellen Komplexes aufrechterhält. Sie ist auf eine Art offizieller Bestätigung eines Geheimen Weltraumprogramms mit Sitz in Area 51, das die TR-3B benutzt, zugeschnitten.

Wenn sich insgesamt also Götter in schattigen Winkeln verbergen und sowohl Russland als auch die USA durch ihr Ränkespiel in einen nuklearen Konflikt wegen fortgeschrittener Technologien treiben wollen, dann wird die ganze Thematik bezüglich Geheimer Weltraumprogramme fest in nationale Sicherheitsbelange eingebettet. Es ist wichtig, im Hinterkopf zu behalten, dass dieses Narrativ nicht nur DeLonge übermittelt wurde, sondern durch ihn auch Podesta und damit sicherlich auch der 2016 gescheiterten Präsidentschaftskandidatin Hillary Clinton, die ebenfalls eine weit bis in die Zeit von Präsident Bill Clintons Administration zurückreichende Verbindung zum UFO-Thema hat.[43]

Ein zweites zu untersuchendes Szenario besteht darin, dass DeLonges Berater, von denen wir wissen, dass sie sehr hohe Ränge im Militärisch-Industriellen Komplex bekleiden, ganz einfach nicht eingeweiht sind, wenn es um die am weitesten fortgeschrittenen Technologien Geheimer Weltraumprogramme geht. DeLonge hat wiederholt darauf hingewiesen, dass seine Berater in Anlagen von Area 51 arbeiten oder solche Anlagen, in denen die TR-3B stationiert ist, gut kennen. Wir wissen, dass dies zweifellos für Levin gilt, da Skunk Works auf eine lange historische Beziehung zu Area 51 zurückblickt, die bis zu ihrer

Gründung in den 1950er Jahren reicht. Ebenso müsste Major General McCasland sicherlich über Projekte von Area 51 im Bilde sein, wenn man die lange historische Beziehung zwischen Area 51 und den Forschungslabors an der Wright Patterson Air Force Basis bei der Untersuchung aufgefundener UFOs bedenkt.

Nach Tompkins waren es allerdings große unterirdische Anlagen in den Wasatch Mountains in Utah, wo die Weltraum-Schlachtflotten der Navy im Geheimen gebaut wurden. Er weist darauf hin, dass in den Konstruktionsanlagen dieselbe Modulbauweise angewandt wurde, die man für den Bau von Flugzeugträgern und U-Booten in den Schiffsbauanlagen von Newport News verwendete, die von 2001 bis 2009 zu Northrup Grumman gehörten.

Er erläutert, dass Northrup Grumman die für den Bau der geheimen Weltraum-Schlachtschiffe wichtigste Firma ist und ähnliche Konstruktionstechniken wie bei der Produktion von Flugzeugträgern und nuklear betriebenen U-Booten anwendet.

Diese Tatsachen implizieren, dass es ein geheimes, von militärischen Stellen wie dem U.S. Air Force Space Command, der Defense Intelligence Agency (DIA) und dem National Reconnaissance Office (NRO) geleitetes Weltraumprogramm gibt, das vollkommen von dem Programm unabhängig ist, das die U.S. Navy, unterstützt von ausgewählten Vertragspartnern der Industrie, in den Wasatch Mountains betreibt. Die Arbeitsteilung zwischen den verschiedenen Weltraumprogrammen verläuft derart erfolgreich, dass die Angehörigen von USAF/DIA/NRO nicht glauben, dass ein solches, von der Navy geführtes Weltraumprogramm überhaupt existiert.

Derartige Sichtweisen reichen bis zur Gründung des Projekts RAND im Oktober 1945 zurück. Wie in Kapitel 3 dargestellt, hielten Führungspersonen der Army Air Force wie General Curtis LeMay »Weltraum-Operationen für eine Erweiterung von Operationen im Luftraum«.[44] Diese Auffassung führte dazu, dass die Navy in eine sekundäre unterstützende Rolle bei der Entwicklung zukünftiger Generationen von Satelliten gedrängt wurde, die in den Zuständigkeitsbereich der USAF sowie des National Reconnaissance Office fielen, als es 1961 gegründet wurde. Das bedeutet, dass der Umgang

mit UFOs und dem außerirdischen Phänomen in den Kompetenz-
bereich der USAF und des NRO gelangen sollte. Einfach gesagt,
USAF und NRO würden die Weltraum-Angelegenheiten beherrschen, während die Navy auf das ausgerichtet bliebe, was auf und in
den Weltmeeren geschieht.

Die RAND Corporation arbeitete anschließend eng mit der USAF
bei der Ausarbeitung und Anwendung einer koordinierten Weltraum-
Strategie im Umgang mit dem außerirdischen Phänomen zusammen,
wobei die Navy anscheinend wenig mehr tat, als die Situation bloß zu
beobachten. Wie William Tompkins versichert, hat die USAF-Füh-
rung allerdings kaum begriffen, dass die Navy der Air Force die Weltraum-Angelegenheiten durchaus nicht überlassen hat!

Stattdessen hat die Navy in ihren Anlagen in den Wasatch Mountains, während USAF und NRO in Area 51 Satelliten, Spionageflug-
zeuge, Tarnkappen-Weltraumstationen und Staffeln von Antigravitationsraumschiffen für erdnahe Weltraum-Operationen bauten, an
großen Schlachtgeschwadern für Einsätze im offenen Weltraum gearbeitet. Während USAF und NRO in den Luft- und Raumfahrt-
Labors der Wright Patterson Air Force Basis Forschung und Entwicklung auf dem Stand der modernen Technik betrieb, hatte die Navy
ihre eigenen, möglicherweise noch weiter fortgeschrittenen Labora-
torien am China Lake. Es ist wichtig, im Gedächtnis zu behalten,
dass Tompkins, wie er mitteilte, während des Kriegs rund vierzig Mal
zum China Lake reiste und dabei Päckchen mit Einsatzprotokollen
über die Weltraumprogramme der Nazis und verschiedene außerirdische Besucher bei sich führte.

Es ist folglich nicht überraschend, dass Mitarbeiter eines von der
USAF und dem NRO, gemeinsam mit der DIA, geleiteten Geheimen
Weltraumprogramms nichts vom Weltraumprogramm der Navy wissen. Sehr plastisch zeigen dies die von Goode beschriebenen Entführungsfälle. Er gibt an, im Januar und Februar 2016 mindestens drei
Mal von getarnten Gruppen entführt worden zu sein, die mit USAF/
NRO/DIA verbunden waren und ihn verhörten.[45] Ende September
2016 folgte eine weitere Entführung durch dieselbe Gruppe, bei der
ihn dann ein höherer USAF-Offizier befragte.[46]

Anscheinend waren einige der Informationen über Geheime Weltraumprogramme, die Goode seit September 2014 verbreitete, genau genug, um die Aufmerksamkeit eines vom USAF Space Command und dessen Partnern bei NRO und DIA geführten »Geheimen Weltraumprogramms auf niederer Stufe« (Goodes Bezeichnung dafür) zu erregen. Infolgedessen wurde er Opfer einer militärischen Entführung durch Personen, von denen er annimmt, dass sie zum USAF-Weltraumkommando gehören.[47] Folgendermaßen beschreibt er den Vorfall von September 2016, an dem ein höherer USAF-Offizier beteiligt war:

> »Als ich mich darauf konzentrierte, was sie taten, kam eine weitere Person in den Raum. Die beiden Piloten nahmen Haltung an. Alle drei Männer trugen Uniformen der Air Force ohne jeden Aufnäher, der anzeigte, wer sie waren. Die Person, die als Letzte den Raum betrat, hatte weißes Haar, einen weißen Ziegenbart und einen sehr ernsten Gesichtsausdruck. Sie setzte sich auf den Stuhl neben mir, während die beiden Piloten ein weiteres Mal Haar- und Blutproben von mir nahmen. Nachdem sie die Proben eingepackt hatten, wurde ihnen befohlen, den Raum zu verlassen. Der Mann, der offensichtlich das Sagen hatte, sprach mich mit meinem Vornamen an. Er fing an, wahllos Fragen nach das LOC [Lunar Operations Command = Lunares Einsatzkommando] und dem Zustand der GWP-Allianz zu stellen.«[48]

Goode merkte an, dass die militärischen Entführungen, die er erlebte, mit einem Raumschiff erfolgten, das eindeutig weniger modern war als diejenigen, die zu der von ihm so genannten Allianz Geheimer Weltraumprogramme gehören, die wesentliche Elemente des Solar-Warden-Programms der Navy umfasst.[49]

Goodes Vernehmende konnten keinerlei Angaben über ihn in ihren Datenbanken finden, was angesichts des hohen Grades der Verselbstständigung in den verschiedenen unbestätigten Programmen mit besonderem Zugang nicht verwunderlich ist. Man bedient sich Tarngeschichten und anderer Methoden, um diese Programme vor Leuten ohne »Need-to-know«-Erlaubnis geheim zu halten.[50] In diesem Sinne heißt es in einer Ergänzung von 1992 zu einem Dokument des Verteidigungsministeriums mit dem Titel *National Industrial Security Program Operating Manual* über die Notwendigkeit von Tarngeschichten bei nicht bestätigten Programmen:

> »Geschichten zur Programm-Tarnung. (UNBESTÄTIGTES PROGRAMM.) Tarngeschichten können bei unbestätigten Programmen eingeführt werden, um ihre Exklusivität vor Personen zu schützen, die davon nichts zu wissen brauchen. Tarngeschichten müssen glaubwürdig sein und dürfen keine Informationen über die wahre Natur des Auftrags mitteilen. Tarngeschichten für Programme mit besonderem Zugang müssen vor ihrer Verbreitung die Freigabe des PSOs [Program Security Officer = Programm-Sicherheitsoffizier] erhalten.«[51]

Abb. 58: Raumschiff von USAF/DIA/NRO, das in der Nähe von Corey Goodes Wohnung landete. Quelle: Gaia TV

Goode sagt, dass seine sämtlichen Unterlagen bei seiner Rückkehr in das zivile Leben 1986 bereinigt wurden, als er, nach dem Abschluss seiner zwanzigjährigen Dienstzeit 2007, wieder verjüngt und in die Zeit zurückversetzt wurde.[52] Während der Verhöre versuchte man,

Goode einer Gehirnwäsche zu unterziehen, um ihn glauben zu machen, dass es Außerirdische nicht gäbe und die von ihm behandelten »Weltraumprogramme auf höherer Stufe« – Solar Warden, Interplanetary Corporate Conglomerate und Dunkle Flotte – nicht existierten.[53] In einem Interview wiederholte Goode, was einer seiner Befrager von der Air Force sagte:

»Einer von ihnen begann mir zu erzählen: ›Sie wissen, dass all diese Wesen keine echten Außerirdischen sind. Es sind nur wir selbst, die aus der Zukunft von zwei verschiedenen Zeitachsen kommen.‹ Und ich konnte darauf nicht wirklich antworten. Und dann sagte er, dass der nordische Typus wir selbst in der Zukunft sind. Und auch diese kleinen grauen Wesen sind wir selbst auf einer anderen Zeitlinie in der Zukunft. Und sie kommen zurück und wollen um die Zeitlinien kämpfen. Und sie behaupteten auch, dass die Greys, deren Genetik in der Zukunft so übel zusammenbrach, wiedergekommen sind, um sich einen genetischen Vorrat zu verschaffen.«[54]

Nach dieser Interpretation des außerirdischen Phänomens betreffen alle angeblichen Kontaktfälle Menschen aus der Zukunft, ob Nordische oder Greys, die sich genetisch aus der heutigen Menschheit entwickelt haben. Das alles ist sehr bedeutsam angesichts dessen, was DeLonge über das Geheime Weltraumprogramm von Area 51 von seinem Beraterteam erfahren und vermutlich an John Podesta weitergeleitet hat.

Im Wesentlichen sind die militärischen Dienste, die an Goodes Entführungen beteiligt waren, überzeugt, dass seine Enthüllungen über außerirdisches Leben Teil einer ausgetüftelten Desinformationskampagne durch ein Unacknowledged Special Access Program [Unbestätigtes Programm mit Sonderzugang] sind. Wie schon erwähnt, sind die Mitarbeiter solcher Programme angewiesen, Tarngeschichten zu benutzen, um die Wahrheit über ihre Aktivitäten zu verschleiern. Goodes Entführer glaubten eindeutig, dass seine Enthüllungen Geheimer Weltraumprogramme ausgefeilte Coverstories sind. Es ist erwähnenswert, dass der USAF-Offizier, der ihn während der Entführung im

September 2016 verhörte, äußerst skeptisch auf seine Geschichte reagierte, wie Goode beschrieb:

> »Ich fragte ihn, wie ich ihn anreden sollte, und er sah mich an, als wäre ich ein Idiot. ›Nennen Sie mich einfach Sir‹, sagte er. Ich fragte ihn, warum ich wieder mitgenommen wurde und warum er so skeptisch beim letzten Mal war, als ich ausgetrickst wurde, um drei Mitglieder der GWP-Allianz zu verraten. Er behauptete, er sei hier, um den Prozess der Beweisermittlung zu wiederholen und die Beweiskette sodann zu sichern. Er äußerte, dass dies geschehe, um die Möglichkeit auszuschließen, dass das letzte Team Fehler gemacht oder die Ergebnisse manipuliert haben könnte.
>
> Er fuhr mit der Bemerkung fort, er könne nicht akzeptieren, dass ich die Wahrheit gesagt hätte. Die Information, die ich geliefert hätte, stünde zu weit außerhalb der Reichweite seiner Instruktionen. Er behauptete, es sei möglich, dass die GWP-Allianz nur aus einigen Leuten seines eigenen Programms bestünde, die abtrünnig geworden seien.«[55]

Goodes Wiedergabe der Äußerungen des USAF-Offiziers deuten an, dass eine vollständige Enthüllung nicht nur die allgemeine Öffentlichkeit betrifft, die dadurch von der umfassenderen Wahrheit hinter Geheimen Weltraumprogrammen und außerirdischen Besuchern erführe, sondern auch militärisches Personal und Konzernmitarbeiter, die so auf den neuesten Stand gelangen würden. Der Arbeitsteilungsprozess impliziert, dass etwas, was auf einer Ebene des Geheimhaltungssystems als »vollständige Enthüllung« angesehen wird, auf Ebenen mit höherer Geheimhaltungsstufe nur als »begrenzte Enthüllung« gilt.

Dies wird durch die hier abgebildete geleakte Folie der NSA illustriert, die verdeutlicht, wie verschiedene geheime DHS-, DOD- und NSA-Programme innerhalb weniger streng klassifizierter Programme versteckt sind. Aufgrund der starken Arbeitsteilung sind Mitarbeiter in weniger geheim gehaltenen »Tarnprogrammen« nicht in die strenger klassifizierten eingeweiht. Folglich ist das von Goode im Zusammenhang mit seiner Entführung durch Bedienstete des USAF-Weltraumkommandos Beschriebene insgesamt plausibel.

Schlussfolgerung

Die Zeugnisse sowohl von Goode als auch von Tompkins schildern eine tiefere Schicht von Einsätzen und Technologien Geheimer Weltraumprogramme, die weit über alles hinausgeht, was sich in der Nähe des Erdorbits unter der Kontrolle von USAF/DIA/NRO vollzieht. Aufgrund der stark durchgeführten Arbeitsteilung ist das Weltraumprogramm auf der höheren Ebene, Solar Warden, dem unter der USAF-/DIA-/NRO-Ägide an Antigravitationsraumschiffen wie dem TR-3B arbeitenden Personal nicht bekannt. Es ist daher äußerst glaubhaft, dass Konzerne und ihre Mitarbeiter, die in Area 51 in geheim gehaltenen Luft- und Raumfahrtprogrammen tätig sind, über das Programm Solar Warden überhaupt nicht im Bilde sind.

Ebenso ist plausibel, dass das Beraterteam der zehn führenden Konzern- und Militärbediensteten, die DeLonge mit Informationen ver-

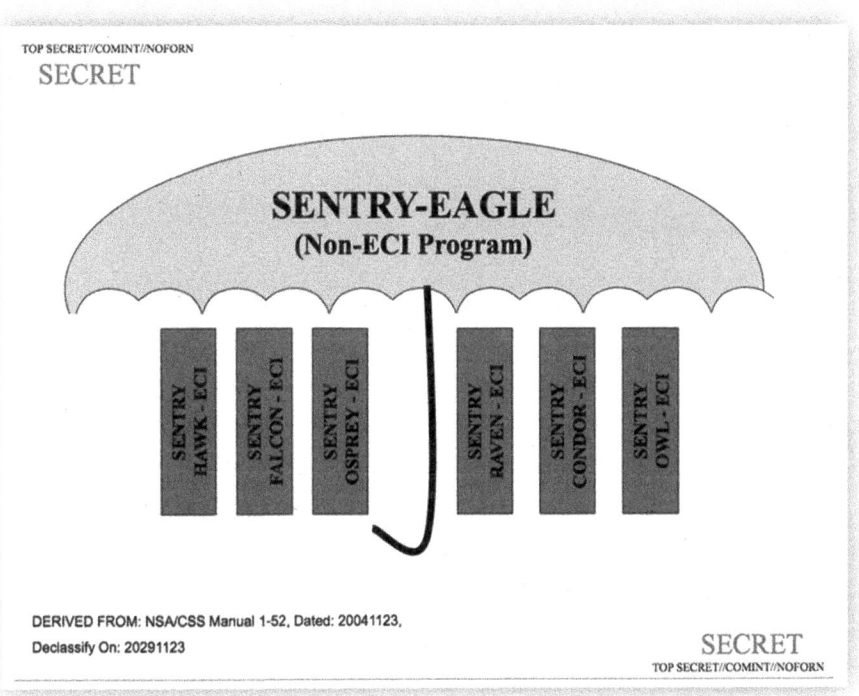

Abb. 59: Von Edward Snowden geleakte NSA-Folie über Sentry Eagle

sorgten, einem begrenzten Enthüllungsprogramm entstammt. Sie plaudern absichtlich aus, was in Area 51 stattgefunden hat, aber nur mit dem Ziel, noch wichtigere Geheimprogramme, die woanders betrieben werden, verborgen zu halten. Oder, was auch möglich ist: DeLonges Ratgeber könnten tatsächlich hinsichtlich des marinegeführten Geheimen Weltraumprogramms mit Sitz in den Wasatch Mountains und seiner gegenwärtigen Operationen im offenen Weltraum im Dunkeln tappen.

Trotz der Frage, welches der beiden Szenarien besser beschreibt, was bei DeLonge und seinen Beratern der Fall ist, decken die Enthüllungen in *Sekret Machines* wirklich die erste Schicht eines vielschichtigen Zusammenhangs von Geheimen Weltraumprogrammen auf. WikiLeaks-Dokumente zeigen, dass verdeckte Führungspersonen im Geheimen Weltraumprogramm der USAF DeLonge auserwählt haben, eine Rolle in einer offiziell genehmigten Enthüllungsinitiative zu spielen. DeLonges Aktion wurde durch Podestas Beteiligung und dessen Leitung von Clintons Wahlkampagne zu einem Faktor bei der US-Präsidentschaftswahl 2016. Zu Podestas und Clintons Pech überraschte Donald Trump jeden mit seinem Wahlsieg.

Anmerkungen

1 Daymond Steer: »Clinton promises to investigate UFOs«, http://www.conwaydailysun.com/newsx/local-news/123978-clinton-promises-to-investigate-ufos

2 Zu früheren Äußerungen Podestas über das UFO-Thema siehe: »Obama White House denies access to UFO files«, http://exopolitics.org/obama-white-house-denied-access-to-ufo-files/

3 Patrick Doyle: »Inside Tom DeLonge's UFO Obsession, Blink-182 Turmoil«, *Rolling Stone*; http://www.rollingstone.com/music/news/inside-tom-delonges-ufo-obsession-blink-182-turmoil-20160427

4 »Important Things«, https://WikiLeaks.org/podesta-emails/emailid/2125

5 Siehe Alejandro Rojas: »Hillary campaign manager held UFO meeting with USAF generals, rock star and top secret aircraft developer«, http://www.openminds.tv/hillary-campaign-manager-held-ufo-meeting-with-usaf-generals-rock-star-and-top-secret-aircraft-developer/38698

6 Die eMail bezieht sich auf den Wunsch eines Teilnehmers, die genaue Zeit des Treffens zu bestätigen. »Re: Invitation: DeLonge/Podesta Meeting @ Mon Jan 25, 2016 10:30am – 11:30am« (neilmcc79@gmail.com), https://WikiLeaks.org/podesta-emails/emailid/5078

7   Die geleakte eMail hat den Betreff »General McCasland«, https://WikiLeaks.org/podesta-emails/emailid/3099.

8   Tom DeLonge und A. J. Hartley: *Sekret Machines, Book 1: Chasing Chadows* (To The Stars, 2016)

9   Tom DeLonge und A. J. Hartley: *Sekret Machines*, Kindle Locations 95-100

10 Die geleakte eMail hat den Betreff »General McCasland«, https://WikiLeaks.org/podesta-emails/emailid/3099

11 U.S. Air Force, Major General William N. McCasland, http://www.af.mil/About Us/Biographies/Display/tabid/225/Article/104776/major-general-william-n-mc casland.aspx

12 Tom DeLonge und A. J. Hartley: *Sekret Machines*, Rückumschlag

13 Siehe Alejandro Rojas: »Hillary campaign manager held UFO meeting with USAF generals, rock star and top secret aircraft developer«, http://www.openminds.tv/hillary-campaign-manager-held-ufo-meeting-with-usaf-generals-rock-star-and-top-secret-aircraft-developer/38698

14 Ebd.

15 Siehe Joseph P. Farrell: *The SS Brotherhood of the Bell: Nasa's Nazis, JFK And Majic-12* (Adventure Unlimited Press, 2006) und *Nazi International: The Nazis' Postwar Plan to Control the Worlds of Science, Finance, Space and Conflict* (Adventures Unlimited Press, 2009). – Ersteres Buch liegt auf Deutsch vor: *Die Bruderschaft der Glocke. Ultrageheime Technologie des Dritten Reichs jenseits der Vorstellungskraft*, Mosquito Verlag, Potsdam 2009; auch als eBook erhältlich.

16 Siehe Joseph Farrell: *The Cosmic War: Interplanetary Warfare, Modern Physics and Ancient Texts* (Adventures Unlimited Press, 2007). – Dt. Ausgabe: *Der kosmische Krieg. Interplanetare Kriegsführung, modern Physik und alte Überlieferungen*, Mosquito Verlag, Potsdam 2013, auch als eBook erhältlich.

17 Nick Cook: *The Hunt for Zero Point: Inside the Classified World of Antigravity Technology* (Broadway Books, 2001), p. 192. – Dt. Ausgabe: *Die Jagd nach Zero Point. Verschlusssache Antigravitationstechnologie*, Mosquito Verlag, Potsdam 2006; auch als eBook erhältlich.

18 Paul Manning: *Martin Bormann: Nazi in exile* (Createspace, 1981)

19 Joseph Farrell: *The Third Way: The Nazi International, European Union and Corporate Fascism* (Adventures Unlimited Press, 2015)

20 Zu DeLonges Bericht über die Schlacht in der Antarktis und die Zerstörung der Nazi-Anlagen siehe *Sekret Machines*, Kapitel 52

21 Tom DeLonge & A. J. Hartley: *Sekret Machines* (Kindle Location 6501)

22 Zur Diskussion von Skalarphysik siehe Joseph Farrell: *The Cosmic War: Interplanetary Warfare, Modern Physics and Ancient Texts*, p. 28-66. Eine Video-Präsentation von Richard Hoagland über Torsionsfeldphysik findet sich unter https://archive.org/details/TorsionPhysics2013.

23 Zitiert in einem Interview von Lee van Atta mit Admiral Byrd: »On Board the Mount Olympus on the High Seas«, *El Mercurio* (Santiago/Chile, 5. März 1947). Siehe »The Antarctic Enigma«, http://www.bibliotecapleyades.net/tierra_hueca/esp_tierra_hueca_6c.htm

24 Das zweite Kapitel behandelt Tompkins' Darstellung des zwischen Hitler und den Reptiloiden erzielten Abkommens. Ein Transkript des Interviews, in dem Tompkins das Bündnis darstellt, findet sich auf http://exopolitics.org/interview-transcript-us-navy-spies-learned-of-nazi-alliance-with-reptilian-extraterrestrials/.

25 Siehe das Transkript des Interviews mit Corey Goode: »Cosmic Disclosure: Raiders of Lost Technology, Season 2, Episode 5«, http://spherebeingalliance.com/blog/transcript-cosmic-disclosure-lost-technology.html

26 Interview mit Corey Goode in »Cosmic Disclosure: The Dark Fleet, Season 4, Episode 6«, http://spherebeingalliance.com/blog/transcript-cosmic-disclosure-the-dark-fleet.html

27 Privates Interview mit William Tompkins.

28 Siehe »Third Reich – Operation UFO (Nazi Base In Antarctica)«, vollständige Dokumentation, https://youtu.be/MwUpPwyyvLw

29 Frank Joseph: »Our Real › War of the Worlds‹«, New Dawn Special Issue, Bd. 6, Nr. 5. Online zugänglich unter http://www.newdawnmagazine.com/special-issues/new-dawn-special-issue-vol-6-no-5

30 Siehe Edgar Fouche: »Presentation to IUFOR by Edgar Rothshild Fouche«, http://tinyurl.com/z665g7y

31 Siehe Edgar Fouche: »Presentation to IUFOR by Edgar Rothshild Fouche«, http://tinyurl.com/z665g7y

32 Zu DeLonges Darstellung von TR-3Bs in Belgien siehe *Sekret Machines*, Kapitel 28

33 Siehe das Interview mit Corey Goode: »Secret space programs more complex than previously revealed«, http://exopolitics.org/secret-space-programs-more-complex-than-previously-revealed/

34 Zu DeLonges Bericht über die inszenierte außerirdische Entführung in Russland siehe *Sekret Machines*, Kapitel 41 und 45

35 Siehe *Sekret Machines*, Kapitel 45

36 Zu DeLonges Darstellung eines fiktionalen Luftkampfes zwischen einer TR-3B und seinem russischen Äquivalent siehe *Sekret Machines*, Kapitel 39

37 Tom DeLonge und A. J. Hartley: *Sekret Machines*, Rückumschlag

38 Siehe Corey Goode: »Joint SSP, Sphere Alliance & ICC Leadership Conference & Tour of Mars Colony on 6.20.2015: ICC Mars Colony Conference Report June 20th 2015«, http://spherebeingalliance.com/blog/joint-ssp-sphere-alliance-icc-leadership-conference-tour-of-mars-colony-on-6-20.html

39 Zu DeLonges Darstellung der griechischen Sage und der Götter siehe *Sekret Machines*, Kapitel 83

40 Victor Marchetti (14. August 1978): »The Spotlight«, oline zitiert unter https://en.wikipedia.org/wiki/Limited_hangout

41 Ebd.

42 Ein weiterer Kritiker DeLonges, der dies weitergehend überprüft, ist Robbie Graham: »The DeLonge DeLusion: Part One«, http://mysteriousuniverse.org/2016/11/the-delonge-delusion-part-one/

43 Siehe die Artikel von Grant Cameron: »The Presidents UFO Website«, http://www.presidentialufo.com/bill-clinton

44 »Preliminary Design of an Experimental World-Circling Spaceship«, http://www.rand.org/pubs/special_memoranda/SM11827.html

45 Goode gab mir eine private Erläuterung über seine Entführungen, die im folgenden Artikel zusammengefasst wird: »Military Abduction & Extraterrestrial Contact Treaty – Corey Goode Briefing Pt 2«, http://exopolitics.org/military-abduction-extraterrestrial-contact-treaty-corey-goode-briefing-pt-2/; siehe auch Corey Goode: »Latest Intel and Update«, http://spherebeingalliance.com/blog/latest-intel-and-update.html.

46 Interview mit Corey Goode: »Cosmic Disclosure: Troubling Encounters«, http://
spherebeingalliance.com/blog/transcript-cosmic-disclosure-troubling-encounters.
html

47 Goode erklärte, warum er glaubt, dass seine Entführer bei den Vorfällen von Anfang 2016 von der USAF waren, in einem Interview; siehe »Cosmic Disclosure:
Veiled Threats and Open Disclosures, Season 5, Episode 7«, http://spherebeingal
liance.com/blog/transcript-cosmic-disclosure-veiled-threats-and-open-disclosures.
html.

48 Corey Goode: »Are We Navigating To Our Optimal Temporal Reality?«, http://
spherebeingalliance.com/blog/are-we-navigating-to-our-optimal-temporal-reality.
html

49 Goodes Zeugenaussagen über verschiedene Weltraumprogramme werden detailliert in meinem Buch *Geheime Weltraumprogramme & Allianzen mit Außerirdischen*
behandelt, Amra Verlag, Hanau 2018. Eine kurze Diskussion von Online-Artikeln
findet sich hier: »Secret space programs more complex than previously revealed«,
http://exopolitics.org/secret-space-programs-more-complex-than-previously-re
vealed/

50 Siehe Michael Salla: »Astropolitics and the ›Exopolitics‹ of Unacknowledged Activities in Outer Space«, *Astropolitics: The International Journal of Space Politics &
Policy*, Bd. 12:1 (2014). Eine frühere Version ist online verfügbar unter http://exo
politics.org/astropolitics-and-the-exopolitics-of-unacknowledged-space-activities/.

51 »Special Access Program Supplement to the National Industrial Security« (verfasst
am 29. Mai 1992), als PDF herunterladbar auf https://fas.org/sgp/library/nispom/
sapsup-draft92.pdf (aufgerufen am 2. Dezember 2016)

52 Für eine Zusammenfassung von Goodes Rekrutierung und seinem Dienst in einem »20-Jahre-und-zurück«-Programm siehe: »Recruitment & Covert Service for
Secret Space Programs«, http://exopolitics.org/recruitment-covert-service-for-sec
ret-space-programs/

53 Eine kurze Diskussion von Online-Artikeln findet sich hier: »Secret space programs
more complex than previously revealed«, http://exopolitics.org/secret-space-pro
grams-more-complex-than-previously-revealed/

54 Corey Goode: »Cosmic Disclosure: Veiled Threats and Open Disclosures, Season
5, Episode 7«, http://spherebeingalliance.com/blog/transcript-cosmic-disclosure-
veiled-threats-and-open-disclosures.html

55 Corey Goode: »Are We Navigating To Our Optimal Temporal Reality?«, http://
spherebeingalliance.com/blog/are-we-navigating-to-our-optimal-temporal-reality.
html

11 Säulen der Enthüllung: Präsident Trumps Beziehungen zur Navy, zum FBI und nach Russland

Am 8. November 2016 überraschte Donald Trump die meisten politischen Fachleute und Medien-Netzwerke mit seinem Sieg über Hillary Clinton bei der Präsidentschaftswahl. Trump fand Anklang bei Amerikanern der Mittelschicht, die vom Globalisierungsprozess und dem daraus folgenden Verlust gutbezahlter Jobs in der Produktion enttäuscht sind. Trumps Plan einer Wiederbelebung der herstellenden Industrie des Landes führte zu einer breitgefächerten Unterstützung durch Millionen von Amerikanern, die darüber besorgt waren, was die Zukunft bringen würde, wenn man den Status quo aufrechterhielte. Sein Sieg verlangt eine Untersuchung, wie seine Administration die Aussichten auf eine »offizielle Enthüllung« Geheimer Weltraumprogramme und außerirdischen Lebens beeinflussen wird.

Es gibt drei institutionelle Schlüsselbeziehungen, die für die Einschätzung der Politik der Trump-Administration von größter Wichtigkeit sind, besonders wenn es um die Frage nach einer Art offizieller Enthüllung geht. Zunächst sagte Trump während des Wahlkampfs, dass er die Navy wiederaufbauen wolle, deren Hochseeflotten von Budgetkürzungen radikal betroffen waren. Zweitens wurde Trump unmittelbar unterstützt vom Direktor des Federal Bureau of Investigations (FBI), James Comey, dessen kurzzeitige Wiedereröffnung von Ermittlungen gegen Hillary Clinton nur zwei Wochen vor den Präsidentschaftswahlen eine entscheidende Rolle für Trumps Sieg spielte.[1] Schließlich deuteten Trumps positive Äußerungen über Russland und dessen Führer, Präsident Wladimir Putin, an, dass er die derzeit angespannten Beziehungen zwischen den USA und Russland in einer Weise ändern will, die die globalen Verhältnisse signifikant beeinflussen würde.

Die Art und Weise, wie Trump die institutionellen Beziehungen seiner Administration zur Navy, zum FBI und zur Russischen Föderation ausbaut, wird hinsichtlich seiner Möglichkeiten zur öffentlichen Aufdeckung Geheimer Weltraumprogramme und außerirdischen Lebens höchst bedeutsam sein. Wenn diese Beziehungen richtig gepflegt werden, könnte seine Administration womöglich über DeLonges »begrenzte Enthüllung« hinsichtlich des Geheimen Weltraumprogramms der USAF hinausgehen und die Bedingungen für eine »vollständige Enthüllung« schaffen, so dass alle Geheimen Weltraumprogramme an die Öffentlichkeit kommen. Die völlige Enthüllung insbesondere würde nicht nur die herstellende Industrie durch die Produktion fortgeschrittener Technologien für den Massenkonsum neu beleben, sondern auch zu revolutionären globalen Veränderungen führen.

Ein Manhattan-Projekt zum Umbau der [Weltraum-]Flotten der Navy

Einer der zentralen Pläne, den Trump während seines Präsidentschaftswahlkampfes enthüllte, war die Wiederbelebung der Navy und ihrer Schiffbauindustrie. Am 21. Oktober 2016 hielt Trump in Pennsylvania eine wichtige strategische Rede, in der er seinen großen Plan darlegte:

>»Unsere Navy ist die kleinste seit dem Ersten Weltkrieg. Nach meinem Plan werden die 350 Schiffe gebaut werden, die wir brauchen. Dies wird die größte Leistung beim Neuaufbau unseres Militärs seit Ronald Reagan sein, und sie wird einer wahrhaft nationalen Anstrengung bedürfen. Die Marinewerft von Philadelphia ist ein perfektes Beispiel. Ich werde meinen Marineminister anweisen, Orte wie Philadelphia mit einer langen Geschichte des Dienstes für unser Militär und einer

Nachbarschaft zu einer lebendigen privaten Industrie zu untersuchen und Wege zu finden, wie sie in diese nationale Anstrengung eingebunden werden können.

Wenn unsere Flotte wiederaufgebaut ist, werden wir in die Anwerbung der gut ausbildeten amerikanischen Facharbeiter, die wir benötigen, investieren, etwa in Schweißer, Rohrschlosser und so viele andere. Wir werden ›Exzellenzzentren‹ in Städten wie Philadelphia und Portsmouth, New Hampshire und Hampton Roads in Virginia gründen, um die Handwerksmeister auszubilden, die wir für den Umbau unserer Flotte brauchen. Wir werden unsere Flotte umbauen, und wir werden dies mit amerikanischem Stahl genau hier in Pennsylvania tun.«[2]

In einem Memorandum bezeichnete Trumps hochrangiger Militärberater Alexander Gray diesen Plan, die Marineflotten zu erneuern, als ein neues »Manhattan-Projekt«:

»Donald Trump hat versprochen, Amerika mit amerikanischen Händen und amerikanischem Stahl neu aufzubauen. Am Tag eins seiner Administration wird er unverzüglich beginnen, dieses Versprechen mit der Dringlichkeit eines Manhattan-Projekts zu erfüllen, um unsere Navy wiedererstarken zu lassen, die in den Jahren unter Obama und Clinton auf ihren niedrigsten Stand seit dem Ersten Weltkrieg geschrumpft ist.«[3]

Trumps Navy-Leitlinien haben sich, ihrer Unterstützung durch pensionierte Navy-Offiziere nach zu urteilen, als populär erwiesen. Auf einer Liste von achtundachtzig Flaggoffizieren, die einen Brief unterzeichneten, in dem sie Trumps Kandidatur unterstützen, stammten die meisten Unterschriften von der Navy; vierunddreißig Admiräle sowie zwei Admiräle der Küstenwache und zwei Generäle des Marine Corps unterzeichneten die Petition.[4]

Trumps Navy-Strategie verspricht wahrhaft bahnbrechend im Hinblick auf eine Entwicklung in der Zukunft zu sein, die sie dem Geheimen Weltraumprogramm der Navy, Solar Warden, eröffnet. Die acht in den 1980er Jahren geheim gebauten und in Betrieb genommenen Kampftruppen der Navy sind gegenwärtig im Einsatz.

Allerdings plant die Navy nach William Tompkins, diese existieren-
den Schlachtgeschwader, die im Vergleich mit anderen Weltraumprogrammen allmählich veralten, durch zwölf andere Kampftruppen zu
ersetzen, die derzeit entwickelt werden. Von diesen wird zögerlich
geplant, dass sie, den fünfzigjährigen Lebenszyklus moderner Flugzeugträger wiederspiegelnd, in den 2030er Jahren voll einsatzfähig
werden. In einem als Gesprächsaustausch geführten Interview vom
25. Februar 2016 zwischen Tompkins [*WT*] und mir [*MS*] führte er
über die Navy-Pläne das Folgende aus:

»*WT:* Sämtliche der acht Hauptkampftruppen von Solar Warden sind alt,
wirklich alt. Sie sind dabei, von zwölf neuen vollständig ersetzt zu werden. Es ist ein großes Programm, das da abläuft, denn sie sind sehr alt.

MS: Der aktuelle Plan umfasst also zwölf Kampftruppen, die ... zur
Zeit entwickelt werden.

WT: Sie sind völlig neu; alles ist neu. Nicht nur das Schiff ... [neue]
Hardware, alles.

MS: Wann werden sie in Betrieb genommen?

WT: Ich denke, zuerst wird man zwei [Kampftruppen] ungefähr im
Jahr 2031 oder so in Betrieb nehmen.

MS: Sie werden derzeit entworfen und gebaut ...

WT: Es ist alles am Laufen. Sie haben ein wirklich schnelles Programm
aufgebaut, um einen Prototypen zu bekommen. Sie sind eher vier als
einen Kilometer lang.«[5]

Ein solches Unternehmen wird zweifellos gewaltige finanzielle Mittel
und Ressourcen erfordern, die den Anteil der Navy am »tiefen
schwarzen Budget« des Pentagon strapazieren dürften; dieses wurde
bereits für das Ende der Clinton-Administration im Januar 2001 auf
eins Komma sieben Billionen Dollar geschätzt.[6] Um die Bedeutung
einer solchen ungeheuren Summe vollständig abzuschätzen, ist zu
bedenken, dass der vom Pentagon für 2017 angesetzte Haushalt nur
bei 582 Milliarden Dollar lag.[7] Dies bedeutet, dass die schwarzen
Kassen, die von Navy, Air Force und anderen Geheimen Weltraumprogrammen verwendet werden, schon damals im Jahr 2000 *drei Mal*

so hoch waren wie das heutige Budget des Pentagon! Trumps Unterstützung der Erneuerung der Oberflächenflotten der Navy mit der »Dringlichkeit eines Manhattan-Projekts« erweist sich als ein klares Signal von seiner Seite sowie der seiner wichtigsten Berater, dass sie für eine Strategie empfänglich wären, bei der dem Bau einer neuen Generation kilometerlanger Raumschiffe für das Solar-Warden-Programm der Navy Priorität eingeräumt würde.

Das führt zu der Frage, ob Trump von Gruppen, die mit dem Programm Solar Warden im Bunde stehen, und mit anderen verbundenen Regierungsämtern während des Präsidentschaftswahlkampfs verdeckt unterstützt wurde. Die WikiLeaks-Dokumente beispielsweise unterstützten Trumps Wahlkampf in hohem Maße, indem sie vieles über die Unzulänglichkeiten Hillary Clintons und ihrer führenden Wahlkampfmanager herausstellten. Während Clinton Russland beschuldigte, hinter den Leaks zu stehen,[8] war der wirklich Schuldige, laut Corey Goode, eine »Erdallianz«, die sich mit dem Solar-Warden-Programm der Navy abstimmt.[9]

Goode gibt an, dass die Erdallianz eine Vielzahl von Fraktionen und Organisationen umfasst, die vielfache Versorgungs-, Unterstützungs- und Befehlsaufgaben in Bezug auf verschiedene Geheime Weltraumprogramme wahrnehmen. Zur Erdallianz gehören »Weißhüte« aus der militärisch-industriellen Elite, der Geheimdienst-Community der USA und vielen anderen großen Ländern, die die Ziele von Solar Warden unterstützen, sowie ihre Verbündeten, die das bilden, was Goode als die »Allianz Geheimer Weltraumprogramme« beschreibt. Außerdem schließt die Erdallianz die BRICS-Nationen ein (Brasilien, Indien, China, Südafrika), die gewillt sind, ein neues globales Finanzsystem zu schaffen.

In einer Aktualisierung vom 3. November 2016 übermittelte Goode Informationen seiner Quellen, denen zufolge die Erdallianz, zu der Agenten der Navy und des FBI gehören, tatsächlich Trumps Wahlkampf unterstützt hat. Zu den Gründen, die genannt wurden, zählte, dass die Allianz Trump als jemanden wahrnahm, der vermeiden wird, die USA in Kriege mit großen Nationen zu verwickeln, die zu globalen Katastrophen führen könnten:

»TRUMP WIRD VON DER ALLIANZ UNTERSTÜTZT

... Donald Trump wird tatsächlich von der Allianz unterstützt. Trump betritt das Schlachtfeld sicherlich nicht frei von eigenem Ballast. Er hat eine Vielzahl von Dingen gesagt und getan, die Menschen erregen. Trotzdem repräsentiert er keine Gruppierung, die aktiv danach strebt, Milliarden von Menschen zu töten, indem sie den Dritten Weltkrieg so schnell wie möglich vom Zaun bricht.«[10]

Zuvor hatte Goode geäußert, dass sowohl die Allianz Geheimer Weltraumprogramme als auch die Erdallianz die Verbreitung von Dokumenten als bevorzugte Methode nutzten, um Strategiewechsel zu sichern und die Wahrheit über Geheime Weltraumprogramme aufzudecken. In seiner Antwort auf eine diesbezügliche Frage sagte Goode:

»Das Ereignis vollständiger Enthüllung würde aus einer großen Datenverteilung über das Internet bestehen; mit vielen Hunderttausenden von Dokumenten, Audio- und Videodateien auf vielfach gespiegelten Seiten, zu denen jedermann Zugang hätte. Es käme zu einem Zusammenbruch der Maschinerie der Medienkonzerne, und es würde eine Fernseh- und Rundfunk-Aufklärungskampagne rund um die Uhr eingeleitet. Allerdings würden nicht alle Kanäle und Stationen vereinnahmt, so dass die Leute nicht überwältigt wären und ›abschalten‹ könnten, wenn sie das wegen des Stresses nötig hätten.«[11]

Folglich ist es höchst plausibel, dass einige der durch WikiLeaks verbreiteten Dokumente von der Erdallianz, wie Goode vorbringt, orchestriert waren.

Dies führt zu der Frage, ob Trump von den Navy-/Solar-Warden-Funktionären unterstützt wurde, weil sie ihn als jemanden einschätzten, der für sie eine seltene und wertvolle Gelegenheit darstellt. Sahen sie in Trump einen Mann, der bereit wäre, seine Administration der Schaffung eines neuen Manhattan-Projekts zu verschreiben, das dem Aufbau einer neuen Generation von Weltraum-Kampftruppen gewidmet wäre? Trumps Hintergrund in der Immobilienbranche, in der Umsetzung großer Bauvorhaben, prädisponiert ihn zweifellos zur

Förderung einer derart grandiosen Vision beziehungsweise eines solchen Projektes. Dies trägt zur Erklärung bei, warum Tompkins sagt, die Navy steht »zu einhundert Prozent hinter Trump.«[12]

Goodes Aussage, dass die Erdallianz Trump unterstützte, bestärkt die Möglichkeit, dass er als jemand angesehen wurde, der der Navy dabei helfen würde, ihr Geheimes Weltraumprogramm in ein öffentlich unterstütztes Projekt umzuwandeln, das an die fiktionale »Sternenflotte« von *Star Trek* erinnert. Seitdem Gene Roddenberry in den 1960er Jahren *Star Trek* als Ergebnis seiner Zusammenarbeit mit Leslie Stevens kreiert hat, der von seinem Vater, Vice Admiral Leslie Stevens, von den Plänen der Navy, geheime Weltraum-Flotten zu bauen, erfahren hatte, mag es einen natürlichen Fortschritt gegeben haben. Wenn *Star Trek* tatsächlich als Bestandteil einer »behutsamen Enthüllung« geplant war, dann war es von der Navy so vorgesehen, dass Solar Warden eines Tages enthüllt und von einem als streng geheim eingestuften Programm in ein öffentlich unterstütztes Weltraumprogramm wie die NASA transformiert würde. Dies würde die »vollständige Enthüllung« unter einem Präsidenten erfordern, der die amerikanische Öffentlichkeit dazu motivieren könnte, an ein so ungeheuer kostspieliges »Manhattan-Projekt« zu glauben, um anschließend in Rekordzeit die nächste Generation der Weltraum-Kampfgeschwader von Solar Warden zu bauen.

Ein wichtiger Anhaltspunkt für Trumps wohlwollende Navy-Strategie für die Zukunft ist seine Berufung Stephen Kevin Bannons zu seinem Chefstrategen – gleichrangig mit seinem Stabschef.[13] Bannon ist ein Navy-Offizier im Ruhestand mit Erfahrung in Flugzeugträger-Kampftruppen, wie in einer kurzen biografischen Skizze auf der Breitbart-Webseite beschrieben:

> »Vor seinem Eintritt ins Geschäftsleben war Mr. Bannon beim Militär. Sieben Jahre lang war er ein für Kriegführung über Wasser zuständiger Offizier der Navy. Er diente in Kampftruppen, die im Arabischen Meer und im Persischen Golf stationiert waren. Danach wurde er im Pentagon stationiert und diente der Marineeinsatzleitung während der ersten Amtszeit Ronald Reagans als Special Assistant.«[14]

Bannons Arbeit für den Chief of Naval Operations ist geheimnisumwoben, zumal keine Berichte über seine militärische Laufbahn öffentlich verbreitet wurden. Ein Hinweis stammt von einem Offizier, der mit ihm zusammen diente, dem pensionierten Rear Admiral Edward »Sonny« Masso, der Folgendes sagte:

>»Er ist ein wirklich außergewöhnlicher Bursche. ... Er ist ausgezeichnet im Multitasking, und er kann wunderbare Dinge tun. Er war ein vorzüglicher Seemann und Marineoffizier.«[15]

Es ist möglich, dass Bannon während seines Marinedienstes vom Geheimen Weltraumprogramm der Navy und von verschiedenen außerirdischen Besuchern erfuhr. Tatsächlich kann er als »Special Assistant« des Marineeinsatzleiters, also als dessen persönlicher Berater und Assistent, sogar an den geheimen Gesprächen, bei denen Reagan in seiner ersten Amtszeit über eine außerirdische Bedrohung in Kenntnis gesetzt wurde, teilgenommen oder zumindest von ihnen gewusst haben.

Nach dem 20. Januar 2017 wird Präsident Trump eine Position innehaben, die es ihm erlaubt, mit einer von der Navy unterstützten Initiative zu vollständiger Enthüllung vorwärts zu kommen; diese wird fortgeschrittene Technologien offenbaren, die das Leben, wie wir es kennen, wahrhaft revolutionieren werden. Trumps wachsende Beziehung zur Navy – und deren Unterstützung – ist daher ein wichtiger Bestandteil vollständiger Enthüllung. Und es gibt noch eine weitere Beziehung, die gleichermaßen bedeutsam ist, um mit der vollständigen Aufdeckung voran zu kommen.

Das FBI, Fliegende Untertassen, Trump & die Enthüllung

In Kapitel 8 wurde erwähnt, dass der FBI-Direktor J. Edgar Hoover genau eine Woche nachdem die großen Zeitungen vom Absturz einer Fliegenden Untertasse bei Roswell berichtet hatten, in einem Memo-

randum vom 15. Juli 1947 handschriftlich notierte: »Wir müssen auf
vollständigen Zugang zu aufgefundenen Flugscheiben bestehen.«[16] Die
Zeitungsartikel waren aufgrund einer offiziellen Presseerklärung der
U.S. Army Air Force verfasst worden, die am Morgen des 8. Juli veröf-
fentlicht wurde und vom Base Commander des Armeeflugplatzes von
Roswell, Colonel William Blanchard, autorisiert war. Bis zum Nach-
mittag wurde die ursprüngliche Presseverlautbarung der Army Air
Force von einem höheren Offizier, General Roger Ramey, wieder zu-
rückgezogen, der das Objekt zu einem falsch identifizierten Wetterballon erklärte. Die beiden erfahrenen Geheimdienstoffiziere der Air
Force, die die Trümmer von Roswell überprüften, hatten sich laut
Ramey einfach geirrt. Hoovers handgeschriebene Nachricht zeigt allerdings deutlich, dass er Rameys Erklärung nicht akzeptierte und
wünschte, dass dem FBI ein Zugang gewährt wird.

Hoovers handschriftliche Mitteilung bezog sich insbesondere noch
auf einen weiteren, früheren Vorfall, den »La-Fall«, bei dem eine Fliegende Untertasse abgestürzt war und die Armee dem FBI den Zugang
verweigert hatte.[17] Sehr wahrscheinlich bezog sich Hoover damit auf
den Unfall vom Los Angeles Air Raid am 24. und 25. Februar 1942.
Ein geleaktes »Majestic-Dokument« deckt auf, dass die Army Air Force
dem FBI im Juli 1947 wiederum verwehrt hat, eine abgestürzte Fliegende Untertasse zu inspizieren, die damals im Los Alamos National
Laboratory gelagert wurde.[18]

Eine Anzahl von Dokumenten des Freedom of Information Act
(FOIA) bezieht sich auf das historische Interesse des FBI am Phänomen der Fliegenden Untertassen oder auch UFOs.[19] Es ist angesichts der weitverbreiteten öffentlichen Sichtungen und der Beteiligung von Bürgern im ganzen Land nicht weiter überraschend,
dass das FBI daran Interesse zeigte. Das bemerkenswerteste der
FOIA-/FBI-Dokumente ist eines, welches Hoovers Wunsch bezeugt, das FBI möge eine öffentliche Untersuchung des Phänomens
Fliegender Untertassen veranlassen, vorausgesetzt, dem FBI würde
zu abgestürzten Untertassen von der [Army] Air Force *Zugang gewährt*.[20] Das FBI erhielt allerdings keinen Zugang, und Hoover
befahl daher seinen FBI-Agenten, bei öffentlichen UFO-Forschun-

gen der Air Force nicht zu kooperieren. 1953 wurde diese Untersuchung der Air Force in *Project Blue Book* umbenannt, und sie dauerte bis zu ihrem Abschluss im Jahre 1969 fort.[21]

Wenngleich das FBI heute im Allgemeinen als eine nationale innerstaatliche Organisation zur Verbrechensbekämpfung mit minimalen Geheimdiensteinsätzen in anderen Ländern angesehen wird, war dies nicht immer der Fall. Das FBI hat seinen Ursprung in einer investigativen Einheit, die am 26. Juli 1908 im Justizministerium gegründet und später in »Bureau of Investigations« [»Untersuchungsbehörde«] umbenannt wurde. 1935 wurde Hoover der erste Direktor des neuerlich umbenannten »Federal Bureau of Investigations«. Als sich der Zweite Weltkrieg abzeichnete, genehmigte Roosevelt die Gründung eines Zweiges zur Spionageabwehr innerhalb des FBI, der bei der Abwehr der Nazi-Bedrohung mit Armee- und Marinegeheimdienst zusammenarbeiten sollte. Am 26. Juni 1939 erließ Präsident Roosevelt die folgende Direktive:

> »Es ist mein Wunsch, dass die Untersuchung aller Spionage-, Gegenspionage und Sabotageangelegenheiten kontrolliert und behandelt werden soll vom Federal Bureau of Investigation [FBI] des Justizministeriums, der Military Intelligence Division [MID] des Kriegsministeriums und dem Office of Naval Intelligence [ONI] des Marineministeriums. Die Direktoren dieser drei Behörden haben als Arbeitsgemeinschaft zusammenzuwirken, um ihre Aktivitäten zu koordinieren.«[22]

Anschließend beauftragte Roosevelt das FBI, die Verantwortung für Spionageabwehr- und verdeckte Operationen in der westlichen Hemisphäre zu übernehmen. Folgendermaßen beschreibt ein Memorandum des Außenministeriums vom 24. Juni 1940 die Aufteilung globaler Geheimdienst- und Spionageabwehrbefugnisse zwischen Armee, Navy und FBI:

> »Der Präsident sagte, er wünsche, dass das Aufgabenfeld geteilt würde. Das FBI sollte für ausländische Geheimdienstaufgaben in der westlichen Welt zuständig sein. ... Die bestehenden Zweige des Militär- und des

Marinegeheimdienstes sollten den Rest der Welt abdecken, wenn und insofern die Notwendigkeit eintritt.«[23]

Am 1. Juli 1940 gründete Hoover im Anschluss den »Special Intelligence Service« als einen Zweig des FBI, der amerikanische Geheimdienstoperationen exklusiv in der westlichen Hemisphäre ausführen sollte. Dementsprechend war das FBI bis zur Schaffung der Central Intelligence Group (einem Vorläufer der CIA) im Januar 1946 für geheimdienstliche Aufgaben in Südamerika zuständig. Die Webseite des FBI beschreibt seinen Special Intelligence Service folgendermaßen:

»Bis 1940 war Südamerika zu einer Brutstätte deutscher Machenschaften geworden. Mehr als eine halbe Million deutscher Emigranten – viele davon Unterstützer des Dritten Reiches – hatten sich allein in Brasilien und Argentinien niedergelassen. Im Einklang mit der früheren geheimdienstlichen Arbeit des Bureaus aufgrund der von Deutschland ausgehenden Bedrohungen wünschte Roosevelt, ein Auge auf Nazi-Aktivitäten bei unseren Nachbarn im Süden zu haben. Und als die USA 1941 den Bündnisfall erklärten, wollte der Präsident die Nation vor Hitlers Spionen schützen und Informationen über Aktivitäten der Achse sammeln, die dabei helfen sollten, den Krieg zu gewinnen. Während der nächsten sieben Jahre entsandte das FBI als Teil des Special Intelligence Service mehr als 340 Agenten und unterstützende Fachleute verdeckt nach Mittel- und Südamerika. … Der Service sammelte Informationen und schickte sie zurück an das FBI-Hauptquartier in Washington, wo sie zu nützlichem Wissen für das Militär und andere Bereiche weiterverarbeitet wurden.«[24]

Als William Tompkins an einem verdeckten Geheimdienstprogramm der Navy beteiligt war, das auf Deutschland abzielte, lautete eine von den Navy-Spionen weitergegebene wichtige Information, dass die Nazis Personal und Ressourcen nach Südamerika hatten fließen lassen. Die Nazis errichteten einen großen Stützpunkt, um kurz vor dem Zweiten Weltkrieg und währenddessen in der Antarktis ihr Geheimes Weltraumprogramm aufzubauen. Als der Krieg sich dem Ende zuneigte, steigerte NS-Deutschland den Strom von Personal und Ausrüstung nach Südamerika und in die Antarktis. FOIA-Dokumente belegen, dass das FBI während dieser ganzen Zeit NS-Operationen in Südamerika beobachtete und davon wusste, dass es höchsten NS-Führern wie Adolf Hitler und Martin Bormann erlaubt worden war, nach Argentinien zu entkommen.[25] Hoover war bekannt, dass Allen Dulles vom Hauptquartier des Office of Strategic Services (einem Vorläufer der CIA) im schweizerischen Bern aus gegen Ende des Krieges geheime Abmachungen mit SS-Funktionären getroffen hatte, die von den Präsidenten Roosevelt und Truman gebilligt worden waren.

MEMORANDUM PREPARED BY ASSISTANT SECRETARY OF STATE BERLE JUNE 24, 1940, AND APPROVED BY THE PRESIDENT:

In the presence of General Sherman Miles, I telephoned the President. Referring to the conversations we have had with Mr. Welles, I said that the Inter-Departmental Committee charged with coordinating intelligence work wished his direction as to the formation of a unit for foreign intelligence work (in addition, of course, to the intelligence work now being carried on by the Army and the Navy).

The choice lay between the Federal Bureau of Investigation, the Military Intelligence Division of the Army, and the Office of Naval Intelligence.

The President said that he wished that the field should be divided. The FBI should be responsible for foreign intelligence work in the Western Hemisphere, on the request of the State Department. The existing Military Intelligence and Naval Intelligence branches should cover the rest of the world, as and when necessity arises.

It was understood that the proposed additional foreign intelligence work should not supersede any existing work now being done; and that the FBI might be called in by the State Department for special assignments outside the American Hemisphere, under special circumstances. Aside from this, intelligence outside the American Hemisphere is to be left to the officers of the Army and Navy.

Abb. 60: »Das FBI und die Geheimdiensttätigkeit im Ausland«.
Quelle: Webseite der CIA

Es ist wichtig, dass das FBI in diesem gesamten Zeitraum vor allem für geheimdienstliche Einsätze in Südamerika verantwortlich war und unmittelbar beobachtete, was die Nazis vorhatten. Das bedeutet, dass die Navy und das FBI bis 1946 ihre Geheimdienstressourcen bündelten, um das Ausmaß der NS-Operationen in Südamerika/der Antarktis zu erkennen und festzustellen, wie weit die Flugscheiben-Technologien der Nazis bereits entwickelt waren und, als Reaktion darauf, eine koordinierte Strategie zu entwickeln, die der Bedrohung durch den Nationalsozialismus in der westlichen Welt begegnete.

Hoover blieb standhaft gegen die Schaffung der Central Intelligence Group und der CIA als deren Nachfolgeorganisation eingestellt, die im September 1947 gegründet wurde. Er lehnte es ab, Dokumente und Ressourcen mit der CIA zu teilen. Dies verdeutlicht ein Geheimdokument der CIA: Es zeigt, dass das FBI seine eingesetzten Agenten und Ressourcen im August 1946 aus Lateinamerika zurückzog, *bevor* Agenten der Central Intelligence Group dort stationiert werden konnten.[26] Viele Forscher haben die anschließende, ein Vierteljahrhundert andauernde Feindseligkeit Hoovers gegenüber der CIA bestätigt, die bis zu seinem Tod 1972 anhielt. Nach dem Historiker Mark Riebling »hat es nicht weniger als zwölf Initiativen des Weißen Hauses gegeben, um den Konflikt zu entschärfen. Alle sind gescheitert ...«[27]

Manche Wissenschaftler nehmen an, dass der Konflikt zwischen FBI und CIA daraus resultierte, dass Hoover seinen bürokratischen Grabenkampf, ob das FBI eine Rolle bei Geheimdienstoperationen im Ausland spielen solle, verlor. Ähnliches gilt für die spezifische Aufgabe, geheimdienstliche Maßnahmen mit der Durchsetzung des Rechts in Einklang zu bringen.[28] Lag der wahre Grund für Hoovers Feindseligkeit in seiner Furcht vor einer ihm wohlbekannten Bedrohung durch die CIA aufgrund von deren Bemühungen, eine enge Arbeitsbeziehung zwischen den in der Antarktis sitzenden Nazis und deren reptiloiden Verbündeten herbeizuführen? Dies verdeutlichte sich, als Dulles weiterhin Geheimverhandlungen zwischen verschiedenen US-Administrationen und Nazi-Führern in Südamerika und der Antarktis betrieb und auf den Stufen der CIA bis zu ihrem ersten zivilen Direktor 1953 aufstieg.

Eine enge Beziehung zwischen der USAF, der RAND Corporation und der Nazi-Reptiloiden-Allianz wurde aufgebaut, nachdem Anfang

1955 ein Abkommen mit der Eisenhower-Administration erzielt war. Das USAF-RAND-Reptiloiden-Bündnis stand der Navy sowie den nordischen Außerirdischen gegenüber, die getarnt durch dritte Parteien wie die Douglas Aircraft Company, wie von Tompkins ausführlich beschrieben, tätig waren. Hoover erkannte, dass die CIA von der Nazi-Reptiloiden-Allianz unterwandert worden und ein integraler Bestandteil dessen geworden war, was man als USAF-CIA-Nazi-Reptiloiden-Allianz beschreiben kann. Im Gegensatz dazu bemühte sich Hoovers FBI, der Navy in ihrer verdeckten Beziehung zu nordischen Außerirdischen im Stillen behilflich zu sein, zukünftige Weltraum-Kampftruppen zu entwickeln, um der Infiltration und Sabotage durch die USAF-CIA-Nazi-Reptiloiden-Allianz vorzubeugen.

Hoover blieb FBI-Direktor bis zu seinem Tod 1972. Sein Wissen über Fliegende Untertassen, ein Nazi-Weltraumprogramm in der Antarktis und Südamerika, die USAF-CIA-Nazi-Reptiloiden-Allianz und die historische Zusammenarbeit zwischen dem Office of Naval Intelligence (ONI) und nordischen Außerirdischen ist zu einem Teil des institutionellen Gedächtnisses des FBI geworden. Um es noch einmal zu wiederholen: Eine Fernsehserie, *Akte X*, sollte eine Art »behutsamer Enthüllung« anregen und ein kleines Fenster öffnen, das den Blick auf die historische Verbindung des FBI mit dem Phänomen Fliegender Untertassen und das Nazi/Außerirdische-Element freigibt.

Nimmt man dieses institutionelle Gedächtnis des FBI bezüglich Fliegender Untertassen, Geheimer Weltraumprogramme und der Geschichte verdeckter Operationen mit dem Navy-Geheimdienst an, dann deuten die Aktionen des FBI während der Präsidentschaftswahlen von 2016 eine faszinierende Möglichkeit an: Half das FBI Trump im Geheimen, weil man ihn dort als jemanden sah, der dazu prädestiniert ist, die Wahrheit über diese umstrittenen Themen, die FBI und Navy gleichermaßen schmerzlich betreffen, öffentlich aufzudecken?

Das überraschendste Ereignis vor der Wahl war zweifellos ein Brief des FBI-Direktors Comey vom 28. Oktober, in dem er behauptete, dass von der Behörde wieder gegen Clinton ermittelt wird.[29] Das FBI hatte durch eine »Sexting«-Untersuchung des in Ungnade gefallenen

Kongressabgeordneten Anthony Weiner erfahren, dass er einen seiner Computer gemeinsam mit seiner mittlerweile von ihm getrennt lebenden Frau Huma Abedin benutzt hatte, der stellvertretenden Leiterin von Clintons Wahlkampfteam. Auf ihm fanden sich eMails von Abedin, Clinton und anderen, die während ihrer Amtszeit als Außenministerin verschickt worden waren. Dies war für die FBI-Untersuchung Clintons wichtig, die bereits im Juli 2016 beendet worden war, als Comey empfahl, keine Anklage gegen Clinton zu erheben.[30] Comeys Brief an die Vorsitzenden verschiedener Kongressgremien, in dem er sie über die Wiedereröffnung in Kenntnis setzte, erschütterte Clintons Kampagne und führte dazu, dass sie elf Tage lang die schlechteste Presse während des gesamten Wahlkampfes bekam. Dann blies Comey am 6. November, nur zwei Tage vor der Wahl, die Ermittlungen wieder ab, so dass sich eine Wolke der Ungewissheit über der Clinton-Kampagne verzog.[31] Ihre Unterstützer stießen einen Seufzer der Erleichterung aus und glaubten, dass ihr der Weg ins Weiße Haus nun erneut weit offen stünde.

Die meisten politischen Beobachter und Medien waren bestürzt über Comeys rätselhaftes Verhalten. Warum sagte er zunächst überhaupt etwas, wenn nicht genug Belastendes in den Weiner/Abedin-eMails vorlag, das eine Revision seiner früheren Entscheidung vom Juli, die Ermittlungen zu beenden, rechtfertigen würde? Die Unterstützer Clintons waren wütend auf Comey und argwöhnten, er habe unverhohlen in den Wahlkampf eingegriffen, um die Trump-Kampagne zu unterstützen.[32] Republikaner, darunter Trump selbst, kritisierten Comey dafür, Clinton kurz vor der Wahl wieder zu entlasten.[33]

Nach ihrer Wahlniederlage sagte Clinton zu Spendern in einer Telefonkonferenz, dass Comeys Aktionen ihrem Wahlkampf in der Tat irreparablen Schaden zugefügt und Trump unmittelbar unterstützt hätten. Sie wurde mit der Äußerung zitiert, dass Comeys erster Brief vom 28. Oktober auf üble Weise den Schwung aus ihrer Kampagne genommen hätte:

»Es gibt eine Vielzahl von Gründen, warum eine Wahl wie diese nicht erfolgreich verläuft. ... Unsere Analyse lautet, dass Comeys Brief grundlose, substanzlose Zweifel in den Raum gestellt hat, die unseren Impuls erwiesenermaßen bremsten.«[34]

Nach Clinton hat Comeys zweiter Brief vom 6. November sogar noch mehr Schaden angerichtet:

»Mrs. Clinton sagte, dass ein zweiter Brief von Mr. Comey, der ihren Fall ein weiteres Mal aufklärte und zwei Tage vor der Wahl erschien, sogar noch schädlicher gewesen sei. In diesem Brief schrieb Mr. Comey, dass eine Prüfung weiterer eMails, die auf dem Computer von Anthony D. Weiner gefunden worden waren ..., ihn nicht veranlasst hatte, seine frühere Einschätzung zu ändern, dass Mrs. Clinton nicht wegen ihrer Handhabung vertraulicher Informationen angeklagt werden müsse. Ihr Wahlkampfteam sagte, dieses scheinbar positive Ergebnis hätte ihr bloß in Form weiterer Wähler geschadet, die Mrs. Clinton nicht trauten und für Mr. Trumps Behauptungen über ein ›manipuliertes System‹ empfänglich waren.«[35]

Clintons Analyse stellt den Schaden korrekt heraus, den Comeys elftägige Intervention für ihren Wahlkampf zur Folge hatte. Der mittlerweile in den Ruhestand eingetretene demokratische Parteiführer im Senat Harry Reid ging noch weiter und behauptete, dass Comey eigentlich ein Agent der Republikanischen Partei sei: »Es ist in meinen Augen keine Frage, dass sie diese Wahl ohne irgendein Problem gewonnen hätte, wenn Comey nicht der republikanische Agent gewesen wäre, der er ist.«[36] Clintons und Reids Einschätzung führt zu zwei Fragen: Erfolgte Comeys Intervention mit Absicht und dem bewussten Ziel, Trumps Wahlkampf zu unterstützen? War sie folglich mit anderen mächtigen institutionellen Mitspielern abgestimmt, um die Trump-Kampagne insgeheim zu fördern?

Wie bereits erwähnt, betonte Goode, dass die »Erdallianz« Trump unterstützt und hinter der Verbreitung von eMails durch WikiLeaks gestanden hat, die Clinton den Wahlkampf verdarben. Zur Erdallianz zählen angebliche Führungspersonen sowohl in der Navy als auch beim FBI und ebenso in der Russischen Föderation.

Von demokratischen Kritikern von Comeys Aktionen wurde die Möglichkeit ins Spiel gebracht, dass Russland und das FBI aktiv konspiriert hätten, um Clintons Wahlkampf zu schaden. Dazu gehörte auch der frühere Vorsitzende des Nationalen Demokratischen Komitees Howard Dean, der tweetete: »Comey hat sich auf dieselbe Seite gestellt wie Putin.«[37]

Bemerkenswerterweise haben die Quellen laut Goode bestätigt, dass das FBI in der Tat hinter den Kulissen mit Russland zusammengearbeitet hat. In einem Kommentar zu dieser Beziehung behauptete Goode bezüglich Comeys Einflussnahme, die Clintons Wahlkampf effektiv sabotierte: »Dies hat zu den überraschenden öffentlichen Erklärungen einer Konspiration zwischen Russland und dem FBI geführt – etwas, das wir seit Jahren als einen Schlüsselaspekt der Allianz publik machen.«[38]

Wenn das stimmt, ist es eine außerordentliche Enthüllung. Das FBI konspirierte aktiv mit nationalen und internationalen Akteuren, um Donald Trump zu helfen, zum US-Präsidenten gewählt zu werden! Um die Ursachen dafür zu verstehen, müssen wir die aufkommende Beziehung zwischen Trump und Präsident Putin untersuchen und begreifen, was diese möglicherweise für den Weltfrieden sowie für die »offizielle Enthüllung« Geheimer Weltraumprogramme und außerirdischen Lebens bedeutet.

Russlands Rolle bei der Enthüllung & die sich abzeichnende Beziehung zwischen Trump und Putin

In Kapitel 10 wurde gezeigt, dass Clintons Wahlkampf mit dem Bestreben nach einer »begrenzten Enthüllung« verbunden war. Dazu gehörte es, die Russische Föderation, wenn es um das von der Air Force betriebene Geheime Weltraumprogramm geht, auf lange Sicht als strategischen Feind zu betrachten. Wenn Clinton die Wahl gewonnen hätte, dann hätte dies wohl, wie viele politische Analytiker erwarteten, zu wachsenden Spannungen mit Russland geführt, die leicht zu einem Atomkrieg hätten eskalieren können.[39] Nach der russischen Annexion der Krim-Halbinsel nannte Clinton Putin provokativ einen neuen Hitler und entwarf dadurch nebenbei die Szenerie für einen Dritten Weltkrieg.[40] Im Gegensatz dazu versprach Trump eine neue Annäherung an Russland, durch die es zu einer Zusammenarbeit auf Gebieten von beiderseitigem Interesse kommen könne.

Das führt zu der Frage, ob Präsident Trump eine vollständige Enthüllung verschiedener Geheimer Weltraumprogramme und außerirdischen Lebens als ein Gebiet von beiderseitigem Interesse mit Russland ansieht? Es gibt gute Gründe für die Annahme, dass eine Trump-Administration Russlands Partner bei einer »offiziellen Enthüllungsinitiative« sein wird, die das Leben auf unserem Planeten verändert.

Zunächst wollen wir jedoch betrachten, was Trump über Russland sowohl vor als auch während seiner Präsidentschaftswahlkampagne zu sagen hatte. In einem Interview in *Larry King Live* auf CNN brachte Trump seine Bewunderung für Wladimir Putins Führung in Russland zum Ausdruck:

»Sehen Sie sich Putin an – was er mit Russland macht –, ich meine, Sie wissen schon: Was da drüben vor sich geht. Ich meine, dieser Bursche – ob Sie ihn nun mögen oder nicht – er macht einen guten Job dabei, Russlands Image wiederaufzubauen, und dabei auch gleich Russland. Punktum.«[41]

Die wichtigste Bemerkung Trumps während seines Wahlkampfs 2016 äußerte er als Entgegnung zur folgenden Einschätzung Putins auf *ABC News*:

»[Trump ist] eine sehr schillernde Persönlichkeit. Ohne Zweifel talentiert. Aber es ist nicht unsere Aufgabe, seine Werthaltigkeit zu bestimmen – das obliegt den Vereinigten Staaten. Allerdings führt er unbestritten im Rennen um die Präsidentschaft. Er will zu einem anderen Niveau der Beziehungen gelangen, zu solideren, tieferen Beziehungen mit Russland, und wie kann Russland das nicht begrüßen – wir begrüßen das.«[42]

Im Anschluss daran gab Trump gegenüber *ABC News* ein Statement ab, in dem er erneut seine Bewunderung Putins zum Ausdruck brachte und einige seiner Hoffnungen für die Zukunft in Bezug auf Russland äußerte:

> »Es ist immer eine große Ehre, von einem Mann beglückwünscht zu werden, der in seinem eigenen Land und darüber hinaus so wertgeschätzt wird. Ich habe immer geglaubt, dass Russland und die Vereinigten Staaten in der Lage sein sollten, gut miteinander zusammenzuarbeiten, um den Terrorismus zu besiegen und den Weltfrieden wiederherzustellen, nicht zu reden vom Handel und all den anderen Vorteilen, die aus gegenseitigem Respekt erwachsen.«[43]

Trumps Hinweis auf eine Zusammenarbeit mit Russland, »um den Terrorismus zu besiegen und den Weltfrieden wiederherzustellen« auf der Basis von »gegenseitigem Respekt«, ist bemerkenswert. Er ist eine willkommene Abkehr von den Spannungen und dem Widerstreit, die es damals aufgrund der Ereignisse in der Ukraine gab, durch die USA und Europäische Union veranlasst wurden, Sanktionen über Russland zu verhängen und dafür russische Gegensanktionen erfuhren.

Eine Woche nach Trumps Sieg bei den Präsidentschaftswahlen telefonierten Trump und Putin miteinander und stimmten darin überein, dass die Beziehungen zwischen den USA und Russland »extrem unbefriedigend« seien, wie ein Bericht des Kremls festhält:

> »Während des Telefonats besprachen die beiden Führer eine Reihe von Themen, darunter die Bedrohungen und Herausforderungen, denen die USA und Russland sich gegenüber sehen, aber auch Fragen der wirtschaftlichen Strategie und der historischen Beziehungen zwischen den USA und Russland, die mehr als zweihundert Jahre zurückreichen‹, hieß es darin.
>
> In seiner schriftlichen Fassung fügte der Kreml hinzu, dass Putin und Trump darin übereinstimmten, dass die amerikanisch-russischen Beziehungen sich derzeit in einer ›extrem unbefriedigenden‹ Situation befinden. ›Sie sprachen sich für eine aktive Zusammenarbeit aus, um die ge-

meinsamen Bande zu normalisieren und sich auf einem weiten Feld von Themen in einer konstruktiven Kooperation zu betätigen.‹ Ergänzend hieß es, dass Putin und Trump die Notwendigkeit hervorheben, den Handel und die wirtschaftliche Zusammenarbeit auszubauen, um den amerikanisch-russischen Beziehungen ein starkes Fundament zu geben. Putin und Trump waren sich auch darin einig, dass gemeinsame Anstrengungen im Kampf gegen ihren Feind Nr. 1 nötig seien – ›den internationalen Terrorismus und Extremismus‹.«[44]

Ein echtes Verhältnis von gegenseitigem Respekt zwischen Trump und Putin könnte zu Ebenen der Zusammenarbeit zwischen den USA und Russland führen, wie sie seit den Tagen von Ronald Reagan und Michail Gorbatschow in den 1980er Jahren nicht mehr gesehen wurden. Die gute Beziehung zwischen Reagan und Gorbatschow führte zum Ende der Konfrontation der Supermächte im Kalten Krieg und leitete eine Phase beispielloser Zusammenarbeit zwischen den USA und der Sowjetunion beziehungsweise Russland in globalen Angelegenheiten ein.

Eine Trump-Putin-Beziehung ist wahrscheinlich genauso bedeutsam, wenn nicht noch wichtiger als diejenige zwischen Reagan und Gorbatschow für den Einfluss auf globale Angelegenheiten. Reagan und Gorbatschow beendeten den Kalten Krieg, in dem sich zwei ideologisch entgegengesetzte globale Systeme miteinander maßen – der Marxismus-Leninismus und die pluralistische Demokratie. Trump und Putin werden bald ebenfalls in einer Position sein, in der sie eine andere ideologische Kluft zwischen zwei globalen Systemen beenden können. Dazu gehört es, die Früchte hoch entwickelter Technologien, die insgeheim von einem transnationalen Militärisch-Industriellen Komplex für den exklusiven Genuss globaler Eliten und nationaler Sicherheitsprogramme entwickelt wurden, offen zu teilen.

Einerseits gibt es ein globales System, das streng geheime, hoch entwickelte »closed source« Technologieprojekte umfasst, wozu auch Operationen im offenen Weltraum unter Verwendung exotischer Antriebssysteme wie Antigravitationskraft gehören und wobei routinemäßig mit außerirdischen Besuchern interagiert wird. Sowohl die Navy als auch die Air Force haben Geheime Weltraumprogramme aufgebaut, die diese exotischen Technologien nutzen – und sie bedienen sich auch unglaublich weit fortgeschrittener medizinischer Technologien der Altersregression und holografischen Heilung, die Gliedmaßen und Organe wiederherstellen kann.

Andererseits gibt es ein globales System, das nach »open source«-Prinzip organisiert und technologisch weitaus weniger hoch entwickelt ist, in dem Antigravitationsantrieb von »open source«-Wissenschaftlern als Märchen abgetan wird, wo außerirdisches Leben offiziell noch zu entdecken ist und Altersreduktionstechnologien in ihrer Entwicklung noch als Jahrzehnte entfernt von einer Anwendbarkeit auf Menschen angesehen werden.[45] Das ist die Welt, wie sie der großen Mehrheit von beinahe acht Milliarden Menschen auf unserem Planeten bekannt ist. Der Film *Elysium* (USA 2013, Regie: Neill Blomkamp) bringt die »behutsame Enthüllung« zum Ausdruck und zeigt, dass dieser Trennung deshalb ein Wachstum über mehr als sechs Jahrzehnte erlaubt war, weil man an einem geheim gehaltenen Forschungs- und Entwicklungssystem festhielt. Dieses war unsere eigene technologische Apartheid im globalen Maßstab.

Es gibt gute Gründe für die Annahme, dass Putin der am umfassendsten instruierte internationale Führer bezüglich der Geschichte, Entwicklungen und Einsätze der Schattenwelt fortgeschrittener Technologie-Programme ist. Er ist seit 1999 entweder Präsident oder Ministerpräsident Russlands. Zuvor leitete er kurze Zeit von Juli 1998 bis August 1999 unter der Präsidentschaft Boris Jelzins den russischen Inlandsgeheimdienst, die Nachfolgeorganisation des KGB; seit dem 26. März 1999 war er außerdem Sekretär von Jelzins Sicherheitsrat (dem Äquivalent des Nationalen Sicherheitsrates der USA), bevor er zum ersten Mal Ministerpräsident wurde. Am 7. Mai 2000 ersetzte er Jelzin als Präsident.

Die Bestätigung, dass Putin während seiner Präsidentschaft über außerirdisches Leben in Kenntnis gesetzt wurde, stammt von keinem Geringeren als dem früheren russischen Präsidenten und gegenwärtigen Ministerpräsidenten Dmitri Medwedew. Bei einem brisanten

Mikrofon-Zwischenfall im Dezember 2012 wurde aufgenommen, wie Medwedew Folgendes auf eine Frage antwortete:

»Zusammen mit dem Aktenkoffer mit Nuklearcodes bekommt der Präsident des Landes eine besondere ›Top-Secret‹-Mappe. Dieser Ordner enthält zur Gänze Informationen über Außerirdische, die unseren Planeten besuchen ... Zusätzlich dazu erhält er einen Bericht des absolut geheimen Special Service, der Kontrolle über Außerirdische auf dem Territorium unseres Landes ausübt ... Weitere detaillierte Informationen über dieses Thema können Sie einem bekannten Film namens *Men in Black* [USA 1997, Regie: Barry Sonnenfeld] entnehmen ... Ich werde Ihnen nicht sagen, wie viele von ihnen unter uns sind, weil dies Panik hervorrufen würde.«[46]

Während etliche Menschen in den Massenmedien davon ausgingen, Medwedew hätte einen Scherz gemacht, belegen der Kontext des Gesprächs und eine Expertenanalyse seiner Körpersprache, dass es ihm damit völlig ernst war.[47] Seine Bemerkungen untermauern die Annahme, dass die russischen Präsidenten geheime Instruktionen erhalten über außerirdisches Leben unter uns sowie über die Existenz eines geheimen Programms mit der Aufgabe, Außerirdische in Russland und anderswo zu beobachten.

Goode hat bestätigt, dass Putin ein globaler Schlüsselspieler bezüglich der Operationen Geheimer Weltraumprogramme ist. Er sagte, dass Putin an geheimen Treffen und Verhandlungen teilgenommen hat, die von verschiedenen Geheimen Weltraumprogrammen und außerirdischen Allianzen über das »Ausmaß und die Geschwindigkeit«, in der eine vollständige Enthüllung erfolgen sollte, abgehalten wurden. Als Beispiel nennt Goode Putins offiziell nicht erklärte zehntägige Abwesenheit vom 6. bis 16. März 2015, während der er und/oder seine Stellvertreter möglicherweise an einem Treffen eines in einer geheimen Mondstation (des Lunar Operation Command – LOC) veranstalteten Geheimprogramms teilgenommen haben, um eine Enthüllung auszuhandeln:

»Das Timing seiner zehntätigen Abwesenheit fällt genau in die Zeit der Konferenz der GWP-Allianz/Sphären-Allianz, die im LOC stattfand und von vielen (nicht geheimbündischen) Politikern der Erde und gewöhnlichen Erdenbürgern besucht wurde. Ich habe ihn nicht persönlich gesehen und bin auch nicht darüber informiert worden, dass er dort war. Ich war an diesem Teil der Konferenz nicht beteiligt. Aber ich vermute stark, dass er oder seine Repräsentanten dabei gewesen sind.«[48]

Noch mehr erstaunt die sich verdichtende Beweislage, dass Russland aktiv mit *denselben nordischen Außerirdischen* kooperiert, die die Navy, laut Tompkins' Angaben, spätestens seit den 1950er Jahren unterstützt haben!

Dies ist eine Sichtweise, von der Dr. Preston James, ein regelmäßiger Autor der populären Webseite *Veteran's Today*, sagt, dass sie ihm ebenfalls unabhängig davon durch seine eigenen Insiderquellen mitgeteilt wurde. James verweist auf ein russisches Abkommen mit einer wohlwollenden Gruppe von Außerirdischen (Nordischen), die Gegenspieler der draconischen Außerirdischen sind, wobei er letztere als »Rothschild-Khasaren-Mafia« (RKM) und Partner der Kabale beschreibt:

»Informanten tief in Russland haben berichtet, dass die Russische Föderation einen Pakt mit einer bestimmten außerirdischen Gruppe unterzeichnet hat und dass diese besondere Gruppe seit langem in einem Konflikt mit einer bestimmten anderen Gruppe steht, die angeblich die führenden RKM-Entscheidungsträger ›berät und anleitet‹, die ihnen als Agenten bei der Übernahme der Weltherrschaft dienten.«[49]

James fährt fort zu berichten, dass die Russen hochmoderne Waffen von der freundlich gesinnten außerirdischen Gruppierung erhalten haben, die in der Lage sind, die besten Technologien zu neutralisieren, über die die von CIA, Mossad und Saudi-Arabien ausgestatteten Gruppen islamischer Staaten verfügen, die von der Kabale/RKM unterstützt werden:

»Derzeit ist noch nicht bekannt, worin ihre langfristige Agenda besteht, aber bislang haben sie die Russische Föderation mit einigen erstaunlich machtvollen Waffen ausgerüstet, darunter vor allem Ultra-Hightech-Elektronik, die zeitweise die elektronischen Systeme ganzer Schiffe oder Träger und sogar von Flugzeugen, Luft- und Satellitenradarsystemen aller Art ausschalten kann. Putin ist angeblich geraten worden, weiterzugehen und die RKM und ihre terroristischen Ableger in Syrien und dem Iran schachmatt zu setzen, wobei er sich keine Sorgen machen muss, da diese außerirdischen Gruppen ihm den Rücken freihalten.«[50]

James verweist auf einen Vorfall mit dem Marineschiff U.S.S. *Donald Cook* als Beispiel dafür, dass diese fortgeschrittenen außerirdischen Technologien vom russischen Militär erfolgreich weiterentwickelt und in Betrieb genommen wurden:

»Einige von Putins geheimen Weltraumkriegswaffen sind schockierend in ihrer tatsächlichen Wirksamkeit. Im April 2014 wurde eine auf einem amerikanischen Schiff, der U.S.S. *Donald Cook*, getestet. Als zwei russische Jäger darüber hinwegflogen, setzten die elektronischen Anlagen auf dem Schiff aus und alle Radar- und Aegis-Verteidigungssysteme schalteten sich ab. Berichten zufolge waren die leitenden Offiziere darüber so bestürzt, dass einige ihren Dienst quittierten und die Navy in dem Gefühl verließen, dass sie angesichts solcher Ultra-Hightech-Waffen nicht einmal mehr ihre eigenen Schiffe und Mannschaften verteidigen könnten.«[51]

James' Informationen stimmen mit Goodes Angaben über Putins Verbindung zu einer »Erdbasierten Allianz« überein, die mit den BRICS-Nationen assoziiert ist und sich der Durchkreuzung der Pläne der Kabale/RKM widmet. Goode beschreibt Putins Rolle dabei folgendermaßen:

»Putin und weitere Elemente der ›Erdbasierten Allianz‹, die zusammen mit anderen, die sich gegenseitig unterstützen, die BRICS-Allianz bilden, arbeiten alle an dem gemeinsamen Ziel, die ›Satanische/Luziferische

Kabale‹ zu besiegen, die derzeit den größten Teil der Welt beherrscht und nicht nur für die unglaublichen Täuschungen seiner wie auch der Bevölkerungen anderer Länder verantwortlich ist, sondern auch für die meisten schrecklichen Verbrechen an der Menschheit, die jemals in der bekannten Geschichte stattgefunden haben. Viele dieser Verbrechen sind durch jüngste Enthüllungen hinter den Kulissen zunehmend bekannter geworden. Das hat diese Gruppen und Personen nur dazu angespornt, die Syndikate der Geheimen Erdregierung desto energischer als bisher zu Fall bringen zu wollen.«[52]

Unter Bezugnahme auf den Vorfall mit der *Donald Cook* stellte ich Goode per eMail eine Frage, die er mir folgendermaßen beantwortete:

»*Salla:* Am 12. April 2014 wurde die mit einem Aegis-Kampfsystem ausgestattete U.S.S. *Donald Cook* offenbar von einem russischen taktischen Bomber Su-24 behindert, der ein hochkomplexes elektronisches Störungssystem anwandte. War das ein Beispiel für die Art von technologischer Unterstützung, die Solar Warden und seine irdischen Verbündeten erhalten haben, um das militärisch-politische Machtgleichgewicht auf der Erde zu verändern?

Goode: Mir wurde von einigen Mitgliedern der GWP-Allianz gesagt, dass dies der Fall sei, aber ich habe persönlich keine Briefingunterlagen gesehen, um in der Lage zu sein, mich dafür selbst zu einhundert Prozent zu verbürgen. Andere Insider haben dies ebenfalls berichtet, so dass es möglicherweise eine begründete Annahme ist.«[53]

Noch mehr Belege für eine Allianz zwischen der Russischen Föderation und Außerirdischen ergaben sich aus einem außergewöhnlichen Fernsehinterview im Mai 2012, das mit dem scheidenden Gouverneur der russischen Republik Kalmykien, Kirsan Iljumschinow – von 1995 bis 2018 auch Präsident des Weltschachbundes –, geführt wurde. Er behauptete, dass er 1997 aus seiner Penthouse-Wohnung entführt und an Bord einer außerirdischen Maschine gebracht wurde. Weiterhin gab er an, dass die Außerirdischen, die er traf, humanoid waren und ihn durch ihr Raumschiff geführt hätten. Nach Iljumschinow wurde sein Erlebnis von drei Zeugen bestätigt, die in seiner Wohnung nach ihm suchten, nachdem er an Bord des außerirdischen Raumschiffs gegangen war.[54] Es ist enorm vielsagend, dass Iljumschinow in dem russischen Fernsehsender Nummer eins, auch Kanal Eins genannt, der zu einundfünfzig Prozent von der russischen Regierung kontrolliert wird, auftrat, um den Vorfall offen zu diskutieren. Sein Interviewer, Wladimir Posner, begann den Abschnitt mit Fragen nach Iljumschinows Erlebnis. Natürlich wussten der Gastgeber und die Veranstalter vorher schon, was mit Iljumschinow geschehen war, und wollten darüber in der Sendung mit ihm sprechen. Ebenso außergewöhnlich war, dass es keine Zensur seines Erlebnisses gab, das obendrein unverzüglich auf der Webseite von Kanal Eins verfügbar war.[55] Die Ausstrahlung von Iljumschinows Erfahrung signalisierte einen bemerkenswerten verdeckten Versuch der russischen Regierung, ihre Bürger auf die letztendliche öffentliche Enthüllung außerirdischen Lebens, das mit hochrangigen politischen Repräsentanten interagiert, vorzubereiten.

In dem Interview schilderte Iljumschinow, wie er aus dem Schlaf erwachte, sein Apartment über einen Balkon verließ und das wartende Schiff bestieg. Er sagte:

»Am Abend hatte ich noch in einem Buch gelesen, ferngesehen und mich anschließend zur Ruhe begeben. Und dann war ich wohl eingeschlafen und spürte, dass sich der Balkon öffnete und jemand nach mir rief. Er kam näher, ich sah hin – und bemerkte eine Art durchsichtiges Halbrohr. Ich ging in diese Röhre hinein und sah Leute in gelben Weltraumanzügen.«[56]

Iljumschinow fuhr fort zu beschreiben, wie ihn die Außerirdischen zu einem Ausflug auf ihrem Fluggerät mitnahmen. Dann erklärten sie, dass sie Proben von einem anderen Planeten brauchten, und nahmen ihn mit, bevor sie ihn sicher zu seinem Apartment zurückbrachten. Bevor das Interview zu Ende war, teilte Iljumschinow seine Schlussfolgerungen über den Charakter, das Verhalten und die Ziele der Außerirdischen mit: »Es sind Leute wie wir. Sie haben denselben Geist, dasselbe Vorstellungsvermögen. Ich sprach mit ihnen. Ich begriff, dass wir in dieser ganzen Welt nicht alleine sind. Wir sind nicht einzigartig.«[57]

Dass Iljumschinow in der Lage war, sein Erlebnis öffentlich und ohne jede Zensur in einem von der Regierung kontrollierten Fernsehsender mitzuteilen, verdeutlicht die stillschweigende Billigung führender russischer Politiker, insbesondere Putins, der damals Ministerpräsident war. Iljumschinows Rang sowohl als Gouverneur als auch als Präsident des renommierten Weltschachbundes musste dafür sorgen, dass sein Zeugnis innerhalb wie außerhalb Russlands bedeutende öffentliche Aufmerksamkeit fand.[58]

Zumindest demonstrierte Russland, indem es einem gewählten Funktionär erlaubte, seine Erfahrung in dieser Weise publik zu machen, einen *außerordentlichen Grad gesellschaftlicher Offenheit* hinsichtlich UFOs und außerirdischem Leben. Und was vielleicht am bemerkenswertesten ist: Das Interview lässt darauf schließen, dass Russland mit seinen Bürgern bereits ernsthafte Schritte in Richtung einer öffentlichen Enthüllung der Existenz hochentwickelten außerirdischen Lebens sowie der Treffen, die zwischen Außerirdischen und russischen Politikern auf hoher Ebene stattfinden, geht.

Die genannten Belege legen nahe, dass der russische Präsident Putin nicht nur von außerirdischem Leben weiß, sondern einen offiziellen Vertrag mit den Nordischen abgeschlossen hat. Dies bedeutet, das Russland, die U.S. Navy und das FBI eine gemeinsame strategische Allianz mit den nordischen Außerirdischen bilden. Im Gegensatz dazu stehen die USAF, die CIA und ein großer Teil des Militärisch-Industriellen Komplexes aufgrund ihrer geheimen Abmachungen und aktiven Zusammenarbeit mit der Nazi-Reptiloiden-Allianz auf der anderen Seite der strategischen Linie.

Geht man von der Unterstützung der Navy, von Solar Warden und des FBI für Präsident Trump aus, so ist es sehr wahrscheinlich, dass er irgendwann über diese verschiedenen außerordentlichen Gruppen und ihre facettenreichen Bündnisse informiert werden wird. Dies wird unweigerlich zur Ausbildung einer Partnerschaft mit Präsident Putin zugunsten einer »offiziellen Enthüllung« führen, die weit über die Initiativen »begrenzter Enthüllung« wie etwa diejenige von DeLonge, seinen Beratern und der U.S. Air Force hinausgehen. Folglich können die Beziehungen, die Trump zur Navy, zum FBI und zu Russland entwickelt, die Grundlage für eine »vollständige Enthüllung« Geheimer Weltraumprogramme und außerirdischen Lebens legen.

Anmerkungen

1   Hillary Clinton sagt, dass Comeys Intervention bei der Präsidschaftswahl zu ihrer überraschenden Niederlage geführt habe; siehe https://sputniknews.com/politics/201611131047396476-clinton-blames-comey/.
2   »Trump Outlines Plan To Build 350 Ship Navy And Revitalize America's Infrastructure«, https://www.donaldjtrump.com/press-releases/donald-j.-trump-outlines-plan-to-build-the-350-ships-our-navy-needs
3   »MEMO: Trump Announces Nationwide Ship-Building Plan To Create 350 Ship Navy«, https://www.donaldjtrump.com/press-releases/trump-announces-nationwide-ship-building-plan-to-create-350-ship-navy
4   »Open Letter from Military Leaders«, https://assets.donaldjtrump.com/MILITARY_LEADERS_LETTER.pdf
5   Unveröffentlichter Interview-Mitschnitt vom 25. Februar 2016
6   Zur Debatte über die schwarzen Kassen siehe Michael Salla: »The Black Budget Report: An Investigation into the CIA's ›Black Budget‹ and the Second Manhattan Project«, http://exopolitics.org/Report-Black-Budget.htm
7   »Department of Defense (DoD) Releases Fiscal Year 2017 President's Budget Proposal«, http://www.defense.gov/News/News-Releases/News-Release-View/Article/652687/department-of-defense-dod-releases-fiscal-year-2017-presidents-budget-proposal
8   Siehe Tierny McAfee: »Hillary Clinton Says WikiLeaks Hack is Russia Trying to Mess With US Election«, http://people.com/politics/hillary-clinton-WikiLeaks-hack-debate-russia/
9   Corey Goode hat in einem privaten Gespräch via Skype am 13. November 2016 aufgedeckt, dass die Erdallianz hinter WikiLeaks stand.
10 Corey Goode: »Are We Navigating to Our Optimal Temporal Reality?«, http://spherebeingalliance.com/blog/are-we-navigating-to-our-optimal-temporal-reality.html
11 Corey Goode: FAQ, http://spherebeingalliance.com/faqs/461-hi-corey-you-commented-on-dr-sallas-page-that-anything-less-than-full-disclosure
12 Telefonisches Interview mit Bill Tompkins am 16. Februar 2017
13 Alex Swoyer: »Trump Names Steve Bannon as White House Chief Strategist and Reince Priebus as Chief of Staff«, http://www.breitbart.com/2016-presidential-race/2016/11/13/trump-names-steve-bannon-as-white-house-chief-strategist-and-reince-priebus-as-chief-of-staff/
14 »NYT: Meet Stephen K. Bannon – U.S. Naval Officer, Harvard MBA, Investment Banker, Filmmaker, Media Mogul, Populist ›Establishment Outsider‹«, http://tinyurl.com/jxlyooz

15 Mark Faram: »Trump's controversial new adviser promoted conservatism even in the Navy«, http://www.militarytimes.com/articles/trumps-controversial-new-adviser-promoted-conservatism-even-in-the-navy

16 Das Dokument ist online verfügbar unter http://aboutfacts.net/ufo/UFO43/Small/HooverUFO.jpg.

17 Das Dokument ist online verfügbar unter http://www.unacknowledged.info/j-edgar-hoover-ufo-memo/.

18 Siehe Robert Wood und Ryan S. Wood: »Interplanetary Phenomenon Unit Summary«, *The Majestic Documents* (Wood and Wood Enterprises, 1998), p. 38; ebenfalls verfügbar online unter http://www.majesticdocuments.com/pdf/ipu_report.pdf

19 FBI: »UFOs or No? The Guy Hottel Memo«, https://www.fbi.gov/news/stories/ufos-and-the-guy-hottel-memo

20 »J. Edgar Hoover UFO Memo. The Army Retrieved Crashed Disc«, http://www.unacknowledged.info/j-edgar-hoover-ufo-memo/

21 Dokumente über die Geschichte von Projekt Blue Book finden sich im Nationalarchiv: »Project BLUE BOOK – Unidentified Flying Objects«, https://www.archives.gov/research/military/air-force/ufos.html.

22 G. Gregg Webb: »New Insights into J. Edgar Hoover's Role: The FBI and Foreign Intelligence«, https://www.cia.gov/library/center-for-the-study-of-intelligence/csi-publications/csi-studies/studies/vol48no1/article05.html#fn5

23 G. Gregg Webb: »New Insights into J. Edgar Hoover's Role: The FBI and Foreign Intelligence«, https://www.cia.gov/library/center-for-the-study-of-intelligence/csi-publications/csi-studies/studies/vol48no1/article05.html#fn5

24 FBI: »World War, Cold War, 1939-1953«, https://www.fbi.gov/history/brief-history/world-war-cold-war

25 Siehe Harry Cooper: *Hitler in Argentina: The Documented Truth of Hitler's Escape from Berlin, The Hitler Escape Trilogy* (Createspace, 2014)

26 Siehe »Minutes of Meeting held in Room 214, Department of State Building on Wednesday 7 August 1946«, https://www.cia.gov/library/readingroom/document/cia-rdp10-01569r000100060001-4

27 Mark Riebling: *Wedge: From Pearl Harbor to 9/11: How the Secret War Between the FBI and CIA had Endangered National Security* (Simon and Schuster, 1994), Nachwort

28 Riebling nimmt an, dass dieser Konflikt aus der grundsätzlichen Unvereinbarkeit zwischen Geheimdienstoperationen und der Durchsetzung des Rechtes resultiert; siehe *Wedge: From Pearl Harbor to 9/11: How the Secret War Between the FBI and CIA had Endangered National Security.*

29 Jeff Stein, Libby Nelson und Andrew Prokop: »New FBI letter on Hillary Clinton email investigation: What wie know«, http://www.vox.com/2016/10/28/13458382/fbi-hillary-clinton

30 James Comeys Äußerung vom Juli zur Ermittlung des FBI gegen Clinton ist online verfügbar unter https://www.fbi.gov/news/pressrel/press-releases/statement-by-fbi-director-james-b-comey-on-the-investigation-of-secretary-hillary-clinton2019s-use-of-a-personal-e-mail-system.

31 Julie Pace, Lisa Lerer und Jill Colvin: »FBI Clears Hillary Clinton in email case in last-minute reprieve«, http://www.northjersey.com/news/fbi-clears-hillary-clinton-in-email-case-in-last-minute-reprieve-1.1688415

32 Chris Strohm und Nafeesa Syeed: »FBI Shocker on Clinton Fuels Criticism of Comey's Tactics«, Bloomberg, http://www.bloomberg.com/politics/articles/2016-10-29/fbi-shocker-on-clinton-probe-fuels-criticism-of-comey-s-tactics

33 Alex Christoforou: *The Duran*, »Trump blasts James Comey's decision to clear Hillary Clinton«: »Es ist ein manipuliertes System, und sie wird geschützt.« [Video]; http://theduran.com/trump-blasts-james-comeys-decision-clear-hillary-clinton-rigged-system-shes-protected-video/

34 Amy Chozick: »Hillary Clinton Blames F.B.I. Director for Election Loss«, *New York Times*, http://www.nytimes.com/2016/11/13/us/politics/hillary-clinton-james-comey.html

35 Ebd.

36 Nikita Vladimirov, NPR: »Reid: Clinton lost because of ›Republican operative‹ James Comey«, https://origin-nyi.thehill.com/homenews/news/306698-reid-clinton-lost-because-of-republican-operative-james-comey

37 John R. Schindler: »McCarthyism 2.0 Has Infected the Democrats: Detecting nefarious Kremplin plots lurking behind every Republican bush ist dangerous for democracy«, http://observer.com/2016/11/mccarthyism-2-0-has-infected-the-demo crats/

38 Corey Goode: »Are We Navigating to Our Optimal Temporal Reality? Wanderers, Elections, Super Soldiers and Our Collective Consciousness«, http://spherebeing alliance.com/blog/are-we-navigating-to-our-optimal-temporal-reality.html

39 Michael Sainato: »Could a Hillary Clinton Presidency Lead to War With Russia«, http://www.truth-out.org/speakout/item/37014-could-a-hillary-clinton-presiden cy-lead-to-war-with-russia

40 *The Guardian*: »Hillary Clinton says Vladimir Putin's Crimea occupation echoes Hitler«, https://www.theguardian.com/world/2014/mar/06/hillary-clinton-says-vl adimir-putins-crimea-occupation-echoes-hitler

41 Jeremy Diamond: »Timeline: Donald Trump's praise for Vladimir Putin«, CNN, http://www.cnn.com/2016/07/28/politics/donald-trump-vladimir-putin-quotes/

42 John Santucci: »Trump Says ›Great Honor‹ to Get Compliments from ›Highly Respected‹ Putin«, ABC News, http://abcnews.go.com/Politics/trump-great-honor-compliments-highly-respected-putin/story?id=35829618

43 Ebd.

44 Associated Press: »Putin, Trump speak by phone, agree to work to improve ties«, https://www.washingtonpost.com/amphtml/world/europe/putin-trump-speak-by-phone-agree-to-work-to-improve-ties/2016/11/14/a34844c6-aaad-11e6-8f19-21a 1c65d2043_story.html

45 Siehe Michael Salla: »Age Regression used in Secret Space Programs confirmed as Scientifically Feasible«, http://exopolitics.org/age-regression-used-in-secret-space-programs-confirmed-as-scientifically-feasible/

46 *The Telegraph*: »Dmitry Medvedev muses on aliens and Vladimir Putin's lateness«, http://www.telegraph.co.uk/news/worldnews/vladimir-putin/9731278/Dmitry-Medvedev-muses-on-aliens-and-Vladimir-Putins-lateness.html

47 Siehe Michael Salla: »Russian PM not joking – extraterrestrials live among us according to MIB documentary«, http://exopolitics.org/russian-pm-not-joking-ext raterrestrials-live-among-us-according-to-mib-documentary/

48 Interview per eMail mit Corey Goode: »Extraterrestrial alliance helps secret space program overcome opposition to full disclosure«, http://exopolitics.org/extra

terrestrial-alliance-helps-secret-space-program-overcome-opposition-to-full-disclosure/

49 Preston James: »Putin's Wild Card in Syria«, http://www.veteranstoday.com/2015/10/14/putins-wild-card-in-syria/

50 Ebd.

51 Preston James: »Secret Space war XIII: Alien Partners tell Putin, ›Don't Worry, We've Got Your Back‹«, http://www.veteranstoday.com/2014/03/02/secret-space-war-xiii-alien-partners-tell-putin-dont-worry-weve-got-your-back/

52 Interview per eMail mit Corey Goode: »Extraterrestrial alliance helps secret space program overcome opposition to full disclosure«, http://exopolitics.org/extraterrestrial-alliance-helps-secret-space-program-overcome-opposition-to-full-disclosure/

53 Ebd.

54 Siehe Edward Winter: »Kirsan Ilyumzhinov and Aliens«, http://www.chesshistory.com/winter/extra/ilyumzhinov.html

55 Webseite von *Channel 1*: »Guest Kirsan Ilyumzhinov. Posner. Release of 27.04.2010«, http://www.1tv.ru/sprojects_edition/si=5756&fi=3800

56 Zitiert nach Michael Salla: »Is Russia Preparing for Extraterrestrial Disclosure«, http://www.bibliotecapleyades.net/disclosure/disclosure19.htm

57 Edward Winter: »Kirsan Ilyumzhinov and Aliens«, http://www.chesshistory.com/winter/extra/ilyumzhinov.html

58 Siehe *Independent*: »Kirsan Ilyumzhinov: ›Chess came to Earth from outer space‹«, http://www.independent.co.uk/news/people/profiles/kirsan-ilyumzhinov-chess-came-to-earth-from-outer-space-2085838.html

12 Vollständige Enthüllung & Bekanntgabe der antarktischen Entdeckungen

Bislang wurde anhand der in diesem Buch präsentierten Belege festgestellt, dass die Navy begann, ein Geheimes Weltraumprogramm zu erforschen, zu entwerfen und zu entwickeln; dies geschah als Ergebnis einer nachrichtendienstlichen Operation in NS-Deutschland während des Zweiten Weltkriegs. Nach William Tompkins, einem unmittelbaren Teilnehmer dieser Kontrolloperation, war die Navy letztlich dabei erfolgreich, ihr eigenes Programm Solar Warden aufzubauen, woran die Unterstützung menschlich aussehender »nordischer« Außerirdischer einen großen Anteil hatte. Diese Hilfe vollzog sich im Geheimen sowohl durch die Unterwanderung ausgewählter Luft- und Raumfahrt-Unternehmen durch die Nordischen als auch durch telepathische Kommunikation mit »bevorzugten menschlichen Kontakten« wie Tompkins, der die nötigen technischen Informationen erhalten sollte, damit der Navy der Entwurf und der Bau von Weltraum-Kampfgeschwadern gelingt, die für interstellare Einsätze taugen.

Die nordischen Außerirdischen erwarteten, wie Tompkins feststellt, dass die Navy irgendwann zum Gegengewicht für ein früheres Geheimes Weltraumprogramm wird, das von NS-Deutschland in Zusammenarbeit mit reptiloiden Außerirdischen entwickelt und als die »Dunkle Flotte« bezeichnet wurde. Geheime Abkommen, die ab 1955 zwischen der Eisenhower-Administration und nachfolgenden US-Regierungen mit der Nazi-Reptiloiden-Allianz abgeschlossen wurden, führten laut Goodes Zeugnis zu einer schnellen Erweiterung der Dunklen Flotte sowie zur Einrichtung eines weiteren, von einem Konsortium von Konzernen begründeten Weltraumprogramms, genannt »Interplanetary Corporate Conglomerate« oder Interplanetarer Mischkonzern. Dann begannen auch andere große die Weltraumfahrt betreibende Nationen, an Ablegern dieser Geheimen Weltraumprogramme zu partizipieren, die unter der Aufsicht der Vereinten Nationen und/oder unter nationaler Kontrolle eingerichtet wurden, wie im Fall der Russischen Föderation.

Auch das russische Programm scheint von den Nordischen und vielleicht noch von weiteren freundlich gesinnten außerirdischen Zivilisationen im Geheimen unterstützt worden zu sein.

Die verblüffende Mischung von Geheimen Weltraumprogrammen und außerirdischen Allianzen, die mit ihnen verbündet sind, ist ungemein komplex und nicht nur der Allgemeinheit, sondern auch den meisten hohen politischen und militärischen Verantwortlichen in allen Ländern unbekannt.[1] Diese Situation begann sich mit der von Tompkins und Goode geleisteten »vollständigen Enthüllung«, die von Führungspersonen der U.S. Navy und der Allianz Geheimer Weltraumprogramme genehmigt wurde, signifikant zu verändern. Während starke Untergliederung und »Need-to-know«-Zugänge beschränken, welche politischen Führer und militärischen Amtsträger über diese Programme instruiert werden, können veränderte geopolitische Umstände und Bündnisse diesen Briefingprozess merklich beeinflussen.

Die Wahl Trumps zum amerikanischen Präsidenten im Jahr 2016 verheißt eine ungewöhnliche Neuausrichtung geopolitischer Kräfte, die die Aussichten auf einen offiziell anerkannten Prozess »vollständiger Enthüllung« all dieser Geheimen Weltraumprogramme und der sie untermauernden außerirdischen Allianzen enorm stärkt. Eine Schlüsselfrage wird dabei lauten, welche Perspektiven Präsident Trump im Hinblick auf diese Programme mitgeteilt werden und ob sie in der Folge zu einer Partnerschaft mit dem russischen Präsidenten Putin bei einer »vollständigen Enthüllung« führen können. Diese erstaunliche Möglichkeit kann uns weit über die »begrenzte Enthüllung« hinausführen, deren Mitteilung DeLonge durch seine Zusammenarbeit mit der USAF in Form der *Sekret-Machines*-Initiative genehmigt wurde.

Wird Präsident Trump über Solar Warden & außerirdisches Leben instruiert?

Im Gegensatz zu russischen Präsidenten, die über außerirdisches Leben und streng geheime technologische Programme informiert wurden und an Geheimverhandlungen darüber teilgenommen haben, ließ man viele US-Präsidenten seit der Eisenhower-Administration routinemäßig uneingeweiht. So enthüllen Dokumente und die Aussagen von Whistleblowern beispielsweise, dass Präsident John F. Kennedy von der geheimen Gruppe MJ-12 der Zugang zu Top-Secret-Unterlagen verweigert wurde, die mit hochentwickelten Technologie-Programmen und außerirdischem Leben zu tun hatten. In meinem 2013 in den USA erschienenen Buch *Kennedy's Last Stand* (»Kennedys letztes Gefecht«, nicht auf Deutsch erschienen) lege ich Dokumente vor, die verdeutlichen, dass Kennedys Versuche, Zugang zu geheimen UFO-Akten und Kontrolle über diese zu erlangen, ein unmittelbarer Faktor bei seiner Ermordung waren.[2]

Ein weiteres Beispiel dafür, dass US-Präsidenten außen vor gelassen wurden, betrifft Präsident Bill Clinton, der kurz vor seinem ersten Amtsantritt am 20. Januar 1993 dem Juristen Webster Hubbell, einem engen Freund der Familie, die folgende Anfrage stellte: »Wenn ich dich in die Justiz übernehme, möchte ich, dass du für mich die Antworten auf zwei Fragen findest. Erstens: Wer hat JFK getötet? Und zweitens: Gibt es UFOs?«[3] Nach Hubbell »meinte Clinton es damit todernst«.[4] Hubbells Mitteilung sagt uns, dass Clinton glaubte, seine nationalen Sicherheitsberater würden ihn bezüglich der UFO-Thematik und der Ermordung JFKs an der Nase herumführen und er müsse seinen eigenen Leuten Schlüsselpositionen verschaffen, damit sie Antworten darauf fänden.[5]

Am ersten Tag seiner Präsidentschaft schickte Clinton Hubbell ins Justizministerium. Wir wissen, dass Clinton ihm dort eigentlich die höchste Position als Justizminister übertragen wollte, sich aber schließlich mit dem Posten des Associate Attorney Generals, des Beraters des Justizministers, für ihn begnügen musste. Aber auch als der dritthöchste Beamte im Justizministerium genoss Hubble eindrucksvolle Macht-befugnisse und Sicherheitsfreigaben, um Antworten auf Clintons Fragen zu finden. Dennoch scheiterte er daran, die gewünschten Antworten zu bekommen. Schließlich schrieb Hubble über Clintons Wunsch und die Bemühungen, Antworten zu finden, in seinen Memoiren *Friends in High Places* (»Einflussreiche Freunde«, nicht auf Deutsch erschienen).[6]

Die Lektion, die wir daraus lernen, lautet also, dass US-Präsidenten – besonders solche der Demokratischen Partei – gewöhnlich davon ausgeschlossen werden, von all dem zu erfahren, was es über die Parallelwelt von geheim gehaltenen »closed-source«-Programmen zu wissen gibt.[7] Es gibt allerdings Beispiele von US-Präsidenten, welche partielle Unterweisungen erhalten haben, die dazu gedacht waren, ein bestimmtes Ergebnis herbeizuführen, wie der Fall von Präsident Reagan verdeutlicht, der über »böse Außerirdische« in Kenntnis gesetzt wurde.

Laut einem angeblichen Besprechungsdokument von 1981 wurde Reagan mitgeteilt, dass fünf Gruppen von Außerirdischen die Erde besuchen würden, von denen eine extrem feindselig eingestellt sei.[8] Obwohl die Authentizität dieses Dokuments von 1981 sehr umstritten ist,[9] legen spätere öffentliche Äußerungen Reagans, in denen er vor einer außerirdischen Bedrohung warnt und die Notwendigkeit internationaler Zusammenarbeit anmahnt, nahe, dass es im Wesentlichen korrekt ist oder dass er während seiner Amtszeit ein sehr ähnliches Briefing zur nationalen Sicherheit erhielt.[10]

Gewiss ist jedenfalls, dass Reagan das Szenario einer außerirdischen Bedrohung bei verschiedenen Gelegenheiten zusammen mit dem Führer der Sowjetunion Michail Gorbatschow ansprach und eine Zusammenarbeit von USA und UdSSR forderte, um mit diesem Problem umzugehen.[11] Gorbatschow berichtete später von dem Gespräch bei ihrem ersten Treffen in Genf in der Schweiz im Dezember 1985:

»Bei unserem Treffen in Genf sagte der US-Präsident, dass die USA und die Sowjetunion im Falle einer Invasion von Außerirdischen auf der Erde gemeinsame Truppen aufstellen würden, um eine solche Invasion zurückzuschlagen. Ich werde diese Annahme nicht bestreiten, obwohl ich denke, dass es zu früh ist, wegen eines solchen Eindringens in Sorge zu sein ...«[12]

Bei ihrem Gipfeltreffen in Genf begannen Reagan und Gorbatschow, eine enge Beziehung aufzubauen, die zu einer Reihe atemberaubender internationaler Entwicklungen führte. Dazu gehörte 1987 die Unterzeichnung des Vertrags über nukleare Mittelstreckenwaffen, der zur Beseitigung und Vernichtung atomarer Kurz- und Mittelstreckenraketen auf beiden Seiten führte.[13] Historiker halten die *enge Beziehung* zwischen Reagan und Gorbatschow für einen unverzichtbaren Bestandteil des Prozesses, der zum Ende des Kalten Krieges führte.[14]

Das Ergebnis der privaten Gespräche Reagans und Gorbatschows über die Zusammenarbeit bei einer außerirdischen Bedrohung war angeblich die Gründung eines Geheimen Weltraumprogramms der Vereinten Nationen. Goode zufolge heißt es »Global Galactic League of Nations« und operiert mit mindestens einer Station in einem benachbarten Sternensystem im interstellaren Raum.[15] Das Ende des Kalten Krieges kann direkt der Gründung dieses Weltraumprogramms der Vereinten Nationen zugeschrieben werden, das sämtliche Raumfahrt betreibenden Nationen der Welt einbezog.[16]

Es steht fest, dass Präsident Trump, ähnlich wie Reagan, eine klassifizierte Unterweisung irgendeiner Art über außerirdisches Leben und Geheime Weltraumprogramme erhalten wird. Die einzige Frage lautet: »Bis zu welchem Grad wird Trump noch über solche Programme informiert werden?« Oder, was auch möglich ist, wurde er bereits, wenigstens informell, über deren Existenz in Kenntnis gesetzt, wie er in seiner Antrittsrede andeutet?

Trumps Antrittsrede deutet eine offizielle Enthüllung an

In seiner Antrittsrede vom 20. Januar 2017, welche die eigennützigen Interessen, die das politische Leben in Washington/D.C. kontrollieren, herausforderte, sprach Präsident Trump von einer Zukunft, in der die Menschheit vollständigen Zugang zu der Art von fortgeschrittenen Technologien haben wird, wie sie in Geheimen Weltraumprogrammen angewandt werden. Offenbar deutete er die Vorteile an, die eine offizielle Enthüllung dieser Programme den USA und der Welt bringen wird; und er hat angekündigt, die eigennützigen Interessen, die sie verbergen, herauszufordern.

Zuvor hatte Trump im Dezember 2016 dem Präsidentschaftshistoriker Douglas Brinkley mitgeteilt, dass er vorhabe, selbst eine kurze Rede zu schreiben.[17] Später tweetete Trump ein Foto von sich selbst, wie er allein an dieser Rede arbeitete, und deutete dadurch an, dass deren Inhalt seine eigene Schöpfung sein würde.[18] Es ist sehr wahrscheinlich, dass Trumps Redenschreiber ihm Vorschläge gemacht, an seinen Worten geschliffen und einige rhetorische Schnörkel hinzugefügt haben, um das, was auch immer er herausstellen wollte, in den verschiedenen Entwürfen, die letztlich zum Ergebnis führten, hervorzuheben. Dennoch enthüllen die Aussagen seiner Antrittsrede viel von dem, was Trump wirklich über die Zukunft denkt und während seiner Präsidentschaft zu erreichen hofft.

Zu Beginn seiner Rede machte Trump deutlich, dass die Politik Washingtons eher eine kleine, wohlhabende Elite als die gesamte Bevölkerung begünstigte:

>»Zu lange schon hat eine kleine Gruppe in der Hauptstadt unseres Landes die Früchte der Regierung geerntet, während die Leute die Kosten trugen. Washington erblühte, aber die Leute hatten keinen Anteil an seinem Wohlstand. Die Politiker gediehen, aber die Arbeitsplätze verschwanden und die Fabriken schlossen. Das Establishment förderte sich selbst, aber nicht die Bürger unseres Landes. Deren Siege waren nicht Ihre Siege. Deren Triumphe waren nicht Ihre Triumphe. Und während sie in unserer Landeshauptstadt feierten, gab es für Familien, die überall in unserem Land am Hungertuch nagten, wenig zu feiern.«[19]

Trump versprach in seinem Wahlkampf, die verarbeitende Industrie in den USA wiederzubeleben und dadurch hochbezahlte Jobs ins Land zurückzuholen. Er brachte seine Gegnerschaft von Freihandelsabkommen zum Ausdruck, die viele US-Firmen veranlassten, ihre Produktionsanlagen aus den USA zu verlegen, lediglich um ihre woanders billig produzierten Güter wieder zurück zu verschiffen – mit einem hohen Profit, der zu einer kleinen, von machtvollen Lobbyisten in Washington/D.C. begünstigten Gruppe wandert:

>»Eine nach der anderen ließen die Fabriken die Rollläden herunter und verließen unsere Küsten, ohne auch nur einen Gedanken zu vergeuden an die Millionen und Abermillionen von amerikanischen Arbeitern, die sie zurücklassen. Der Wohlstand unseres Mittelstandes wurde aus seinen Häusern herausgerissen und auf der ganzen Welt verteilt.«[20]

Gegen Ende seiner Rede sprach Trump einen Satz aus, der seine am weitesten ausgearbeitete Vision für Amerika und dessen Bürger enthielt:

>»Wir stehen am Beginn eines neuen Millenniums und sind bereit, die Geheimnisse des Weltraums zu entschlüsseln, die Erde von den Übeln der Krankheiten zu befreien und uns die Energien, Industrien und Technologien von morgen nutzbar zu machen.«[21]

Trumps Formulierung »die Geheimnisse des Weltraums zu entschlüsseln« mag bloß ein rhetorischer Schnörkel sein, um seine Entschlossenheit zu zeigen, das Weltraumprogramm der NASA zu verjüngen und die wachsende kommerzielle Weltraumindustrie zu unterstützen. Alternativ dazu könnte sie auch eine Anspielung auf sein Wissen sein, dass weitaus mehr im Weltraum geschieht, als der Öffentlichkeit mitgeteilt wird.

Seiner Verwendung des Wortes »entschlüsseln« lässt sich entnehmen, dass diese Rätsel in streng geheim gehaltenen Programmen verborgen sind und dass er nun die Schlüssel zu ihnen in den Händen hält. In diesem Sinne sendet er die Botschaft aus, dass er als Präsident und Oberbefehlshaber über sämtliche Schlüssel verfügt und die Absicht hat, sie auch zu nutzen, um seine Vision der Zukunft voranzubringen. Noch einmal gesagt: Er signalisierte seine Absicht, der »kleinen Gruppe« entgegenzutreten, die sich in Washington versteckt hält und davon profitiert, der Öffentlichkeit Geheimnisse vorzuenthalten.

Der nächste Ausdruck »die Erde von den Übeln der Krankheiten zu befreien« deutet die Möglichkeit an, dass ihm die hoch entwickelten Heilungstechnologien bekannt sind, die in geheimen Programmen entwickelt wurden. Zeugen und Whistleblower haben fortgeschrittene Technologien der Heilung beschrieben, die in Geheimen Weltraumprogrammen angewandt werden, Gliedmaßen und Organe wiederherstellen und jedes Leiden behandeln können. William Tompkins, der von 1967 bis 1971 bei der TRW Corporation arbeitete, sagt, dass diese Firma pharmazeutische Produkte zur »Lebensverlängerung« entwickelt hat, die jegliches Leiden heilen und Menschen physisch verjüngen können.[22]

Zuletzt fügte Trump hinzu, er plane, »die Energien, Industrien und Technologien von morgen nutzbar zu machen«. Wieder stellt sich die Frage: War dies eine rhetorische Verzierung, die ein Redenschreiber eingefügt hat, oder bezog er sich auf fortgeschrittene Technologien, die in Geheimen Weltraumprogrammen genutzt werden? Mit der Rede von den »Technologien von morgen« bezog sich Trump eindeutig auf mehr als nur darauf, konventionelle verarbeitende Industrie zurückzubringen, um neue Jobs zu schaffen. Wenn einige der in Geheimen Weltraumprogrammen angewandten topmodernen Technologien wie Antigravitation und freie Energie verbreitet würden, dann würde das die Automobil-, Luftfahrt- und Energieindustrie revolutionieren. Allein in den USA würden Arbeitsplätze in zweistelliger Millionenhöhe neu entstehen.

Trump hat versprochen, schnell darauf hinzuarbeiten, seine Wahlkampfziele zu erreichen und die in seiner Antrittsrede umrissene Vision zu verwirklichen. Ich habe von Corey Goode gehört, dass Trump inoffiziell bereits über Goodes eigene umfassende Enthüllungen Geheimer Weltraumprogramme in Kenntnis gesetzt wurde.[23] Trump hat privat von den fortgeschrittenen Weltraum-Technologien erfahren, die vor der amerikanischen Öffentlichkeit geheim gehalten wurden, sowie von der »kleinen Gruppe«, die von diesem abgeschlossenen System profitiert. Als neu eingesetzter oberster Befehlshaber hält er nun die Schlüssel in Händen, um diese Geheimnisse aufzuschließen und durch einen Prozess vollständiger Enthüllung in ein »neues Jahrtausend« zu führen. Die Informationen, die diesen Prozess in der öffentlichen Wahrnehmung strategisch in Gang setzen, werden dazu beitragen, ihn zu definieren. Daher wird Trumps Enthüllungsprozess wahrscheinlich mit einigen überraschenden Bekanntmachungen einer großen archäologischen Entdeckung in der Antarktis beginnen.

Trump & die bevorstehende Bekanntgabe einer Entdeckung in der Antarktis

In einer am 11. Dezember 2016 auf seiner Webseite geposteten Aktualisierung teilt Goode mit, dass er aus verschiedenen Insider-Quellen von Ausgrabungen in der Antarktis erfahren habe. Später sagt er, dass ihm die Ausgrabungen durch einen höheren Offizier (alias »Sigmund«) eines von der USAF geführten Geheimen Weltraumprogramms zu Ohren gekommen seien; dieser habe eine verdeckte Mission geleitet, zu der viele Entführungen und Befragungen Goodes gehört hätten.[24] Während einer dieser Entführungen beziehungsweise eines Verhörs teilte Sigmund plötzlich etwas von seinem Wissen über die Ausgrabungen in der Antarktis mit. Dazu gehörte auch, dass er ihm einen Ruinenfund einer Zivilisation schilderte, die von einer zwölf bis vierzehn Fuß, also rund vier Meter großen »prä-adamitischen« Rasse mit verlängertem Schädel beherrscht wurde:

»Er [Sigmund] behauptete, dass eine Reihe außerordentlich alter Städte tiefgefroren unter dem Schelfeis entdeckt wurde. Er bezeugte, dass auch viele Tiere und ›Prä-Adamiten‹ im Eis erhalten waren. ... Sie waren allesamt durch das Ereignis, das dieses Gebiet schockgefrostet hat, plattgedrückt, zerquetscht oder umgeworfen worden. Es gibt Unmengen von Bäumen/Pflanzen und wilden Tieren, die auf der Stelle starr gefroren sind, als hätte man sie plötzlich in der Bewegung

angehalten. Er beschrieb die Prä-Adamiten als Wesen mit verlänger-
ten Schädeln und fremdartig proportionierten Körpern, die offensichtlich nicht für die Schwerkraft der Erde und den atmosphärischen
Druck geschaffen sind.«[25]

Obwohl die Entdeckung der Ruinen laut Goodes Quellen auf die
erste NS-deutsche Expedition 1939 zurückgeht, sind Ausgrabungen
durch Archäologen und andere Wissenschaftler erst seit 2002 erlaubt.
Bemerkenswerterweise liegt der Ort, an dem die Grabungen stattfinden, mehr als sechshundert Meter – nämlich zweitausend Fuß – unter
der Eisdecke des Ross-Schelfeis. Die antarktischen Ruinen sind vor
jeder möglichen Beobachtung aus der Luft oder von Satelliten aus gut
versteckt, wodurch ihr Geheimnis so lange bewahrt werden konnte.
Angeblich haben Archäologen Dokumentarfilme gedreht und akademische Schriften verfasst, deren Veröffentlichung eines Tages die wissenschaftliche Gemeinschaft erstaunen wird.

Goode legt dar, dass drei ovale Mutterschiffe mit einem Durchmes-
ser von rund dreißig Meilen in der Nähe des Fundortes entdeckt wurden und enthüllen, dass die Prä-Adamiten außerirdischen Ursprungs
waren und, wie man festgestellt hat, vor etwa 55.000 Jahren auf der
Erde ankamen. Eines der drei Schiffe ist ausgegraben worden, und
man hat in seinem Inneren viele kleinere Raumschiffe gefunden. Die
prä-adamitische Zivilisation, oder zumindest ihr in der Antarktis sie-
delnder Teil, wurde blitzartig durch eine ungeheure Katastrophe eingefroren, die vor rund 12.000 Jahren stattfand.

Weiterhin ist Goode von seinen Kontaktpersonen mitgeteilt
worden, dass die fortgeschrittensten Technologien sowie die Überbleibsel der Prä-Adamiten selbst von einem archäologischen Fund-
ort, der in Zukunft publik gemacht werden wird, entfernt wurden.
Archäologische Teams haben an dem, was übriggeblieben ist, gearbeitet und sind instruiert worden, alles Sonstige, was sie gesehen
haben, geheim zu halten.

Außerdem berichten Goodes Insider-Quellen, dass ausgewählte
antike Artefakte, die anderswo gefunden wurden, in riesigen Maga-
zinen dorthin gebracht und über der archäologischen Grabungsstät-

te, die auf eine öffentliche Besichtigung vorbereitet wird, verteilt werden. Bei der bevorstehenden Bekanntmachung der antarktischen Ausgrabungen wird die Betonung auf die »irdischen Elemente« der eingefrorenen Zivilisation gelegt werden, um die allgemeine Bevölkerung nicht allzu sehr zu schockieren. Nach Goode wird die Bekanntgabe zeitlich wahrscheinlich so erfolgen, dass sie als Ablenkungsmanöver von künftigen Prozessen wegen Verbrechen an der Menschheit gegen Mitglieder der globalen Elite dient, da es zu weiteren Leaks und Ermittlungen wegen internationaler Pädophilenringe und Handels mit Kindern kommen wird.

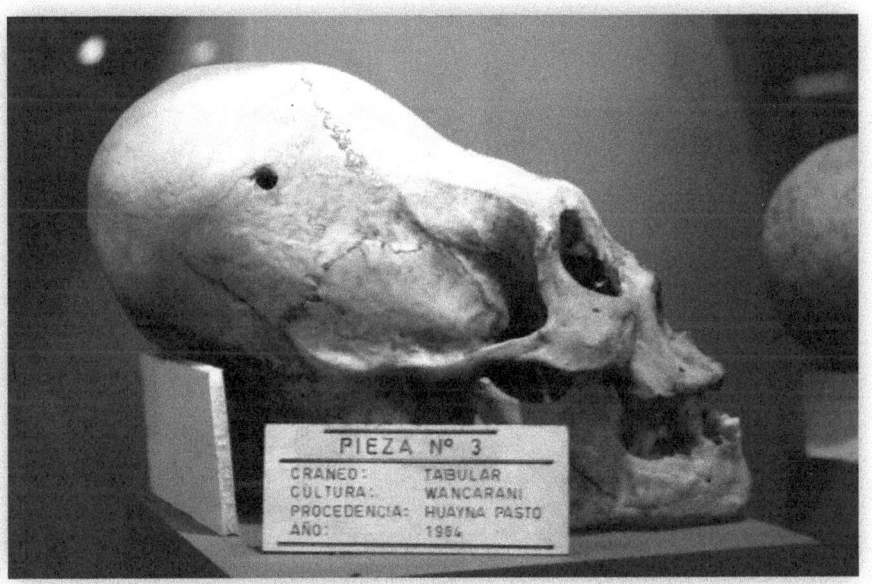

Abb. 61: Verlängerter Schädel, gefunden in Bolivien

Bis Ende 2016 hatte Goode alles, was ihm über die Ausgrabungen in der Antarktis mitgeteilt worden war, entweder von Insidern oder von seinem Geiselnehmer während einer Entführung erfahren. Dies änderte sich Anfang Januar 2017, als Goode in die Antarktis gebracht wurde, um selbst die Ruinen und die im Gange befindlichen Ausgrabungen zu sehen. Einige Zeit später im selben Monat, am 24. Januar, traf ich mich mit Goode und erhielt in einem zwanglosen Gespräch Informationen über seine Erlebnisse als Augenzeuge.

Goode sagt, dass er kurz nach Neujahr an Bord eines »Anshar«-Raumschiffes in die Antarktis gebracht wurde. Die Anshar sind eine von sieben Zivilisationen der »Inneren Erde«, denen Goode nach seinen Angaben bei verschiedenen Gelegenheiten begegnet ist. In einem seiner früheren Berichte teilte Goode die Einzelheiten seines Erlebnisses mit, wie er zu der unterirdischen Hauptstadt der Anshar gebracht wurde, wo er deren hoch entwickelte Technologien sah. Er hat auch noch von einer weiteren Erfahrung mit den Anshar berichtet, bei der er von ihnen in die Antarktis gebracht wurde, wo er fünf der derzeit bestehenden unterirdischen Stationen des Interplanetary Corporate Conglomerate, des Interplanetarischen Mischkonzerns, zu sehen bekam.[26] Auch dieses privatwirtschaftlich geleitete Geheime Weltraumprogramm hat seine Basis in jener eisigen Gegend.

In anderen öffentlich verbreiteten Berichten hat Goode auch seine vielfachen Begegnungen mit Kaaree, einer Hohenpriesterin der Anshar, dargestellt, die bei vielen Reisen in das Erdinnere, in die Antarktis und in den offenen Weltraum als seine Führerin und Freundin auftrat. Eine weitere Schlüsselfigur in Goodes Zeugnis ist »Gonzales«, ein Lieutenant Commander der U.S. Navy, der Goodes ersten Kontakt zur Allianz Geheimer Weltraumprogramme darstellte, zu der auch das Navy-Programm Solar Warden sowie Überläufer anderer Geheimer Weltraumprogramme gehören. Nachdem er von Goode während seiner unfreiwilligen Entführungen und Verhöre durch »Sigmund« exponiert worden war, wurde Gonzales zu einer Kontaktperson zwischen einem Geheimen Weltraumprogramm der Maya und der GWP-Allianz, die seiner Anwesenheit auf der Erde nicht länger bedarf.

Bei seinem Besuch der antarktischen Ruinen Anfang 2017 wurde Goode, wie er sagt, von Kaaree, Gonzales und zwei weiteren Vertretern einer innerirdischen Zivilisation begleitet. Einer von ihnen gehörte zu einer asiatisch aussehenden Rasse, die Goode in einem früheren Bericht über sein erstes Treffen mit Repräsentanten der sieben Zivilisationen der Inneren Erde beschrieben hat.[27] Sie wurden von dem Anshar-Raumschiff zu einem noch nicht ausgegrabenen Teil der Ruinen gebracht. Dies war ein Gebiet, das die in der Nähe arbeitenden wissenschaftlichen Teams noch nicht erreicht hatten, so dass es noch unberührt lag und die ganze Fülle jener Zivilisation zeigte, die plötzlich eingefroren ist.

Goode schilderte, wie er Körper sah, die in verschiedenen verdrehten und verzerrten Stellungen erstarrt waren. Die Katastrophe kam offenbar völlig unerwartet. Er sagte, dass die Prä-Adamiten sehr dünn waren und sich offensichtlich, wie man einer Untersuchung ihrer Körper entnehmen konnte, auf einem Planeten mit weitaus geringerer Schwerkraft entwickelt hatten. Außer den Prä-Adamiten sah Goode, wie er behauptet, viele verschiedene Arten normal großer Menschen, von denen einige kurze Schwänze und andere verlängerte Schädel hatten, ähnlich wie die Prä-Adamiten. Goodes schloss daraus, dass die Prä-Adamiten biologische Experimente mit den eingeborenen Menschen des Planeten durchführten.

Abb. 62: Körper, die bei Ausgrabungen im antiken Pompeji gefunden wurden

Gonzales besaß ein Instrument, um biologische Proben zu nehmen, das er in die verschiedenen gefrorenen Körper einführte. Außerdem hatte er eine Kamera dabei und machte zahlreiche Fotos. Das biologische Material und die Fotos sollten den Forschern der Allianz Geheimer Weltraumprogramme zur Untersuchung übergeben werden. Goode sagte, dass er, zumindest vorläufig, keine Kopien der Fotos zur öffentlichen Verbreitung bekommen konnte.

Außerdem berichtet Goode, zusammengerollte Rollen aus einer metallischen Legierung mit einer Art Schrift darauf gesehen zu haben. Die Anshar und weitere Vertreter der Inneren Erde sammelten so viele dieser Rollen wie möglich. In früheren Berichten hat Goode die Anshar-Bibliothek als ziemlich umfangreich beschrieben; auch beherbergt sie zahlreiche antike Artefakte von vielerlei Kulturen.[28] Die Anshar schienen die historischen Schriftrollen dieser eingefrorenen Zivilisation also ihrer Bibliothek hinzuzufügen.

Außerdem sagte Goode, dass seine Gruppe von den Wissenschaftlern und Archäologen, die an Ausgrabungen in einem anderen Teil der Ruinen arbeiteten, nicht gesehen wurde. Das Anshar-Schiff hatte sich durch das Eis hindurchbewegt, um zu den Ruinen zu gelangen, und Goode erzählte, wie sich das Schiff aufgrund der Verwendung fortgeschrittener Technologien leicht durch Wände bewegen konnte.

Die Bedeutung von Goodes Reise in die Antarktis im Januar 2017 liegt darin, dass sie frühere Erläuterungen bestätigt, die er von verschiedenen Gewährsleuten, darunter dem USAF-Offizier Sigmund, erhalten hat.[29] Goodes Besuch und Bezeugung der antarktischen Entdeckung ist aber noch in einem anderen Sinne bedeutsam: Er liefert eine erstaunliche Bestätigung der Forschungen Sir Charles Hapgoods, der Belege für Polwanderungen – heute würden wir es vermutlich als Polsprünge bezeichnen – untersucht hat, die innerhalb kürzester Zeit zu einer dramatischen Verschiebung der Rotationsachse der Erde geführt haben. In der Folge können sich beispielsweise subtropische Gebiete plötzlich an den Polen wiederfinden. Sein Buch *Earth's Shifting Crust* (»Die sich verschiebende Erdkruste«, nicht auf Deutsch erschienen) von 1958 ist mit einem Vorwort von Albert Einstein versehen, das die Genauigkeit von

Hapgoods Forschungen hervorhebt.[30] Hapgood fasste seine Theorie folgendermaßen zusammen:

>»Die Polwanderung beruht auf der Annahme, dass sich die äußere Hülle der Erde von Zeit zu Zeit verschiebt, so dass einige Kontinente in Richtung der Pole und andere von diesen weg bewegt werden. Die Kontinentalverschiebung beruht auf der Idee, dass sich die Kontinente individuell bewegen ... Einige wenige Autoren haben die Meinung vertreten, dass die Kontintaldrift womöglich die Polwanderung bewirkt. Dieses Buch betont die Auffassung, dass die Polwanderung primär ist und die Verlagerung der Kontinente hervorruft. ... Dieses Buch wird Belege dafür präsentieren, dass sich die letzte Verschiebung der Erdkruste (der Lithosphäre) in neuerer Zeit vollzog, und zwar am Ende der letzten Eiszeit, und dass dies die Ursache der Klimaverbesserung war.«[31]

Hapgoods These, dass die letzte Polwanderung am Ende der letzten Eiszeit, etwa 11.000 v.Chr., stattfand, würde durch die Entdeckung einer plötzlich eingefrorenen antarktischen Zivilisation eindrucksvoll bestätigt werden. Dabei ist die schockgefrostete prä-adamitische Zivilisation nicht der einzige Fall dieser Art von Katastrophe, die eine antike Zivilisation betraf.

Der Besuch vieler Würdenträger in der Antarktis 2016, darunter des damaligen US-Außenministers John Kerry, des *Apollo*-Astronauten Buzz Aldrin und des russisch-orthodoxen Patriarchen Kyrill, sowie zahlreicher weiterer Prominenter in vorangegangenen Jahren, ist ein Indizienbeweis, dass eine große Entdeckung in der Antarktis gemacht wurde.[32] Goodes Enthüllung belegt das ganze Ausmaß der antarktischen Entdeckung sowie der wissenschaftlichen Ausgrabungen, die seit 2002 dort im Gange sind.

Weitere Unterstützung für seine aufsehenerregenden Behauptungen bekommt Goode von dem Experten für Internet-Datengewinnung Cliff High. Dieser beschreibt seine Forschungsmethode als Prädiktive Linguistik, also vorhersagende Sprachforschung, und erklärt sie folgendermaßen:

»Vorhersagende Sprachforschung ist der Prozess der Verwendung von Computer-Software, um große Mengen geschriebener Texte aus dem Internet anhand von Kategorien zu sammeln, die durch den emotionalen Gehalt der Worte umrissen sind, und um das Ergebnis für Vorhersagen auf der Grundlage von Veränderungen des emotionalen ›Tonfalls‹ innerhalb einer größeren Population zu machen. Eine Form ›kollektiven, unbewussten Ausdrucks‹ ist eine gute Weise, um sich dies vorzustellen. Vorhersagende Sprachforschung kann verwendet werden, um Trends auf vielen unterschiedlichen Ebenen vorauszusagen, von Einzelheiten bei Verkäufen bis zu Individuen, den ganzen Weg bis hinauf zu Vorhersagen über aufkommende globale Bevölkerungstrends.«[33]

High gibt einen monatlichen *Asymmetric Linguistic Trends Analysis Intelligence Report* heraus, einen »Aufklärungsbericht zur Analyse asymmetrischer linguistischer Trends«. In seinem Report vom Januar 2017 mit dem Titel *Sci-fi World* hatte er einige sehr bedeutsame Dinge über die globalen Auswirkungen einer Entdeckung in der Antarktis mitzuteilen:

»Die neuen Datensätze lassen bei der (antarktischen) ›Entdeckung‹ auf mehr schließen als nur auf ›neue Technologien‹ und eine ›Phase wirtschaftlichen Booms‹ … Die Daten geben einige Hinweise darauf, dass ein gefundener ›Hort‹ oder ›Schatz‹ an ›Wissen‹ während der nächsten ›4‹/vier Jahrzehnte (und darüber hinaus) eine ›Transformation der Menschheit‹ bewirken wird. … Eine Reihe von Datensätzen innerhalb der Antarktis- und Entdeckungs-Sets beschreibt möglicherweise eine ›Schlacht‹, die gerade stattfindet und auch weiterhin über die Frage ausgetragen wird, ›wie viel‹, ›ob‹ und ›wann‹ die ›Information‹ über die ›Entdeckung‹ in die Wildnis der Menschheit ›entlassen‹ wird. Die Daten zeigen jedoch ganz klar, dass all der ›Streit‹ und die ›Zwietracht‹ ›Zeitverschwendung‹ sein werden, denn sie beschreiben ›Individuen‹, die es einfach ›auf sich genommen haben‹, ›die Menschheit‹ mit der ›Entdeckung‹ ›zu erwecken‹.«[34]

Highs obige Analyse stimmt sehr genau mit Goodes Äußerung überein, dass die antarktische Entdeckung kurz davor steht, öffentlich bekanntgemacht zu werden, und dass Vorbereitungen dafür bereits seit 2002 laufen. Tatsächlich ist Goodes Bericht von seiner Antarktisreise 2017 ein Beispiel für Highs Hinweis auf »›Individuen‹, die es einfach ›auf sich genommen haben‹, ›die Menschheit‹ mit der ›Entdeckung‹ ›zu erwecken‹.«

Angesichts Trumps Wunsch, die verarbeitende Industrie der USA wiederzubeleben, kann mit einiger Sicherheit vorhergesagt werden, dass er die Entdeckung in der Antarktis während seiner Amtszeit an die Öffentlichkeit bringen wird. Wahrscheinlich wird dies ein Vorspiel zu noch weiteren Enthüllungen über fortgeschrittene Technologien sein, die mit Geheimen Weltraumprogrammen zu tun haben. Das Ergebnis wird, in Highs Worten, eine »Phase wirtschaftlichen Booms« sowie eine Verbreitung von Technologien sein, die »die Menschheit transformieren« wird.

Friedliche soziale Bedingungen sind eine wichtige Voraussetzung für das Eintreten vollständiger Enthüllung. Ebenso unerlässlich für eine vollständige Enthüllung sind friedliche Bedingungen *auf internationaler Ebene*, und eine enge Zusammenarbeit zwischen den Präsidenten Trump und Putin wird viel dazu beitragen, dass dies erreicht werden kann. Unter diesem Gesichtspunkt wird Trumps Politik etwa im Hinblick auf den Bürgerkrieg in der Ukraine, den Umgang mit den Ambitionen des Iran als Regionalmacht und gerechtere Handelsbeziehungen zu China entscheidend sein. Fehlentscheidungen Trumps bei jedem dieser Punkte können zu gewaltsamen internationalen Konflikten führen und die Aussichten auf eine völlige Enthüllung verdüstern.

Die aufkommende Partnerschaft zwischen Trump, Putin, der U.S. Navy, dem FBI und »Weißhüten« in anderen Institutionen und Nationen (die Goode die »Erdallianz« nennt) kann die notwendigen innerstaatlichen und internationalen Voraussetzungen für das Eintreten einer vollständigen Enthüllung schaffen. Desgleichen ist äußerst bedeutsam, dass der Prozess vollständiger Aufdeckung im Geheimen von wohlgesinnten Außerirdischen, auf die sich Tompkins als »die Nordischen« und Goode als die »Sphärenwesen-Allianz« bezieht, unterstützt wird.

Anmerkungen

1 Zum vollen Ausmaß Geheimer Weltraumprogramme und ihrer Ursprünge siehe Michael Sallas Buch *Geheime Weltraumprogramme & Allianzen mit Außerirdischen*, Amra Verlag, Hanau 2018.

2 Siehe Michael Salla: *Kennedy's Last Stand: Eisenhower, UFOs, MJ-12 & JFK's Assassination* (Exopolitics Institute, 2013)

3 Webster Hubbell: *Friends in High Places: Our Journey from Little Rock to Washington, D.C.* (William Morrow and Co., 1997)

4 Ebd.

5 Webster Hubbells Erinnerung widerlegt die Behauptung des langjährigen UFO-Forschers Grant Cameron, dass Präsident Clinton eingehend über die UFO/Alien-Thematik informiert wurde; siehe dazu Camerons Aufsatz: »UFOs – What does the President Know?« auf http://whitehouseufo.blogspot.com/2013/10/ufos-what-does-thepresident-know.html.

6 Webster Hubbell: *Friends in High Places: Our Journey from Little Rock to Washington, D.C.* (William Morrow & Co., 997)

7 Dies steht im Gegensatz zu der von Grant Cameron vorgetragenen Ansicht, dass US-Präsidenten ausführlich über die UFO/Alien-Thematik informiert wurden; siehe dazu Camerons Aufsatz »UFOs – What does the President Know?« auf http://whitehouseufo.blogspot.com/2013/10/ufos-what-does-thepresident-know.html.

8 »Transcript Of Classified Tape Recording Made At Camp David, Maryland: During A Presidential Briefing«, http://www.bibliotecapleyades.net/sociopolitica/serpo/information27a.htm (aufgerufen am 08.08.2015). Siehe in diesem Zusammenhang auch Steve Hammons: »Alleged Briefing to President Reagan on UFOs«, http://www.bibliotecapleyades.net/exopolitica/exopolitics_reagan01.htm (aufgerufen am 06.08.2015).

9 Ich behandle die Dokumente zu Reagans Einweisung und deren Echtheit in *Geheime Weltraumprogramme & Allianzen mit Außerirdischen*, Amra Verlag, Hanau 2018, S. 202ff.

10 Zur Debatte über Reagans Äußerungen über eine Bedrohung durch Außerirdische/UFOs siehe Grant Cameron: »Reagan UFO Story«, http://www.presidentialufo.com/ronald-reagan/99-reagan-ufo-story

11 Zur Debatte über Reagans Hinweis auf eine Alien/UFO-Bedrohung an Gorbatschow siehe Grant Cameron: »Reagan UFO Story«, http://www.presidentialufo.com/ronald-reagan/99-reagan-ufo-story

12 A. Novni: »The Shocking Truth: Ronald Reagan's Obsession With An Alien Invasion«, http://www.ufoevidence.org/documents/doc1523.htm (aufgerufen am 06.08.2015)

13 Der Vertrag über nukleare Mittelstreckenwaffen wurde am 8. Dezember 1987 unterzeichnet und trat am 1. Juni 1988 in Kraft.

14 Siehe Stanley Meisler: »Reagan and Gorbachev: Warming of a Relationship«, *Los Angeles Times*, http://articles.latimes.com/1988-06-02/news/mn-5847_1_president-reagan

15 Siehe das Transkript des Interviews mit Corey Goode: »Cosmic Disclosure: Global Galactic League of Nations«, http://spherebeingalliance.com/blog/transcript-cosmic-disclosure-global-galactic-league-of-nations.html

16 Siehe Michael Sallas *Geheime Weltraumprogramme & Allianzen mit Außerirdischen*, Amra Verlag, Hanau 2018, S. 202-214.

17 Siehe Kevin Liptak:»Trump writing own ›short‹ inaugural speech«, http://www.cnn.com/2016/12/29/politics/trump-writing-short-inauguration-speech/index.html

18 Siehe https://twitter.com/realdonaldtrump/status/821772494864580614

19 »Read Donald Trump's Full Inauguration Speech«, https://www.yahoo.com/news/read-donald-trump-full-inaugural-172850356.html

20 »Read Donald Trump's Full Inauguration Speech«, https://www.yahoo.com/news/read-donald-trump-full-inaugural-172850356.html

21 »Read Donald Trump's Full Inauguration Speech«, https://www.yahoo.com/news/read-donald-trump-full-inaugural-172850356.html

22 »Cosmic Disclosure: Validating the 20 & Back Program with William Tompkins«, https://spherebeingalliance.com/blog/transcript-cosmic-disclosure-validating-the-20-and-back-program-with-william-tompkins.html

23 Privates Gespräch mit Corey Goode am 23. Januar 2017

24 Corey Goode und David Wilcock:»Endgame Part II: The Antarctic Atlantis & Ancient Alien Ruins«, https://spherebeingalliance.com/blog/endgame-part-ii-the-antarctic-atlantis-and-ancient-alien-ruins.html

25 Ebd.

26 Siehe Michael Salla:»Secret Space Programs Battle over Antarctic Skies During Global Elite Exodus«, http://exopolitics.org/secret-space-programs-battle-over-antarctic-skies-during-global-elite-exodus/?forwardie=1

27 Siehe Michael Salla:»Secret Space Program Alliance Negotiates with Council of Ancient Earth Civilizations«, http://exopolitics.org/secret-space-program-alliance-negotiates-with-council-of-ancient-earth-civilizations/

28 Siehe Michael Salla:»Sitchin's Sumerian Text Translations Contrived by Illuminati to Promote False Alien Religion«, http://exopolitics.org/sitchins-sumerian-text-translations-contrived-by-illuminati-to-promote-false-alien-religion/

29 Corey Goode und David Wilcock:»Endgame Part II: The Antarctic Atlantis & Ancient Alien Ruins«, https://spherebeingalliance.com/blog/endgame-part-ii-the-antarctic-atlantis-and-ancient-alien-ruins.html

30 Charles H. Campbell: *Earth's Shifting Crust: A Key to Some Basic Problems of Earth Science* (Pantheon Books, 1958). Online verfügbar unter https://archive.org/stream/eathsshiftingcru033562mbp/eathsshiftingcru033562mbp_djvu.txt

31 Online zitiert unter http://www.poleshift.org/Charles_Hapgood.html

32 Zur Diskussion um weitere prominente Besucher in der Antarktis siehe Joseph Farrells »Antarctica Update: More Strange Visitors ...«, https://gizadeathstar.com/2016/12/antarctica-update-strange-visitors/

33 »About Predictive Linguistics and our Methods«, https://www.halfpasthuman.com/ALTA)_how.html

34 Cliff Highs »January 2017 ALTA: Sci-fi World«-Report ist online käuflich zu erwerben unter https://www.halfpasthuman.com/Hph_reports.html.

13 Die Rolle von nordischen Außerirdischen bei der vollständigen Enthüllung

Während wir all die bisher mitgeteilten Informationen bedenken, ist es wichtig, im Gedächtnis zu behalten, dass sowohl die von William Tompkins selbst bereitgestellten Dokumente als auch die unabhängig von ihm durch den Freedom of Information Act publizierten Akten sein bemerkenswertes Zeugnis mit signifikanter Glaubwürdigkeit bestärken. Verbindet man es mit den unabhängigen Zeugenaussagen verabschiedeter Navy-Offiziere, kann der Schluss gezogen werden, dass Tompkins' Zeugnis ein hohes Maß an Zuverlässigkeit besitzt und zu den bahnbrechendsten und informativsten Enthüllungsmaterialien gehört, die jemals von einem Gewährsmann veröffentlicht wurden. Und was seine Signifikanz noch weiter erhöht, ist die beträchtliche Übereinstimmung, die es mit dem früher schon von Corey Goode aufgedeckten Wissen aufweist.

Es passt ausgezeichnet zu Goodes Behauptung, dass die Menschheit von wohlwollenden außerirdischen Gruppen unterstützt wird, die den vollständigen Enthüllungsprozess fördern möchten. Dennoch zeigt die Neubetrachtung von Tompkins' Zeugnis, dass die laut seiner Beobachtung von nordischen Außerirdischen geleistete Hilfe wesentlich technischer und wissenschaftlicher Art war. Dies steht konträr zu dem, was zuvor über diese bestimmte außerirdische Gruppierung bekannt war.

Angefangen in den frühen 1950er Jahren, trat eine Reihe von »Kontaktpersonen« mit unglaublichen Geschichten nordischer Außerirdischer in Erscheinung, die ihre Anwesenheit der Welt offenbaren wollten. George Adamski, Howard Menger, George van Tassel, Orfeo Angelucci und Alex Collier sind nur einige von vielen, deren Zeugnisse Millionen mit ihren Berichten inspiriert haben. Es sind Zeugnisse von freundlichen Weltraumgeschwistern, die hier sind, um der Menschheit zu helfen, sich spirituell weiterzuentwickeln und richtig mit den Herausforderungen umzugehen, die von der Übernahme fortgeschrittener Technologien ausgehen, welche nun von unserer modernen Zivilisation genutzt werden.[1] Die Nordischen scheinen am meisten darauf bedacht zu sein, die Menschheit vor den durch Thermonuklearwaffen ausgehenden Gefahren zu warnen, die, wie die Geschichte zeigt, von früheren politischen und militärischen Führern weitgehend ignoriert wurden.

Dennoch halfen die Nordischen, wie Tompkins mitteilt, still und heimlich der Navy, ihre geheimen Weltraum-Kampfgeschwader zu kreieren und aufzubauen. »Kontaktpersonen« wie Tompkins wurden bei der Ausarbeitung der Entwürfe und Prototypen für hochmoderne Aerospace-Technologien telepathisch unterstützt. Dieser telepathische Kommunikationsprozess wurde von den Nordischen erweitert, die Unternehmen wie Douglas Aircraft infiltrierten, wo sie in nächster Nähe ihrer »Kontaktpersonen« sein konnten, während diese besonderen Individuen an den verschiedenen Problemen arbeiteten, die sich aus der Entwicklung der richtigen Designs und Prototypen ergaben.

Warum verhielten sich die Nordischen, sofern wir überhaupt über dieselbe Gruppe von Außerirdischen reden, so widersprüchlich? Was ist der Grund dafür, die eine Gruppe von Kontaktpersonen vor den Gefahren hoch entwickelter Technologien zu warnen und die Enthüllung ihrer Anwesenheit durch diese ausgewählten Individuen zu fördern, während einer anderen Gruppe dabei geholfen wird, fortgeschrittene Technologien in verdeckter Weise zu entwickeln, ohne eine öffentliche Enthüllung zu verfechten?

Eine Antwort scheint aus einem weiteren Dilemma zu erwachsen, dem die Menschheit ausgesetzt ist, sowie aus den daraus für die Nordischen resultierenden strategischen Problemen. Sie wissen nur zu gut über die aggressive außerirdische Gruppe der Reptiloiden Bescheid, die imperiale Pläne für die Galaxis haben und geheime Abkommen mit den Nazis erzielten. Mit großer materieller Unterstützung durch die Reptiloiden waren die Nazis in der Lage, eine Exilantengruppe in der Antarktis zu etablieren, die ein hoch entwickeltes Weltraumprogramm verfolgte, und sodann den Militärisch-Industriellen Komplex der USA und anderer Industriestaaten zu unterwandern – mit der bemerkenswerten Ausnahme Russlands.

Als Reaktion auf diese komplexe Situation haben die Nordischen offenbar eine zweigleisige Annäherung unternommen. Einerseits kontaktierten sie private Bürger und ermutigten sie, die Existenz außerirdischen Lebens öffentlich zu enthüllen. Andererseits ermittelten die Nordischen zugleich strategisch innerhalb des Militärisch-Industriellen Komplexes der USA diejenigen Elemente, die am ehesten den Unterwanderungsbestrebungen der Nazis und Reptiloiden widerstehen und letztlich den USA helfen würden, sich von diesem schändlichen Einfluss zu befreien.

Die Nordischen wählten die Navy und Persönlichkeiten wie Tompkins, Rear Admiral Rico Botta und den Marineminister James Forrestal, die allesamt »bevorzugte menschliche Kontaktpersonen« waren, wie Tompkins es formulierte. Forrestal wurde von den Nordischen angeleitet, das Geheimdienstprogramm der Navy zu initiieren, um zu erfahren, was die Nazis taten, und Botta mit der Aufgabe zu betrauen. Tompkins weist darauf hin, dass Botta Forrestal unmittelbar Bericht erstattete und dadurch mehrere hohe Navy-Offiziere im Büro für Aeronautik, dem Marinegeheimdienstamt und den Leiter der Marine-Operationen umging.[2] Dies geschah deshalb, weil Botta aufgrund seines unkonventionellen Hintergrundes als Ingenieur besser in der Lage war, die Bedeutung der unglaublichen Informationen, die er erhielt, zu erkennen und angemessen auf die Gefahren zu reagieren, die von dem Bündnis der Reptiloiden mit den Nazis ausgingen.

Besonders wichtig war nach Tompkins, dass die Nordischen genau über die Bestrebungen der Reptiloiden Bescheid wussten, das im Entstehen begriffene Weltraumprogramm der Navy zu sabotieren. Die Nordischen begegneten dieser Sabotage mit großem Erfolg durch Personen wie Tompkins, durch dessen Vermittlung sie für den notwendigen technischen Rat für den Erfolg der gewaltigen technischen und baulichen Bemühungen der Navy sorgten.

Tompkins besteht darauf, dass führende Kreise der Navy sich der verdeckten Unterstützung durch die Nordischen bewusst waren und diese sogar erleichterten, indem sie wichtige Aufgaben solchen Personen zuwiesen, die wie Tompkins als »bevorzugte menschliche Kontaktpersonen« erkannt worden waren. Im Rahmen der Programme der Navy League arbeiteten die Nordischen weiterhin zusammen mit Tompkins daran, durch die Seekadetten an der Vorbereitung der nächsten Generation von Navy-Offizieren auf die Realität außerirdischen Lebens und des Geheimen Weltraumprogramms der Navy mitzuwirken. Äußerst erwähnenswert ist Tompkins' bis zum heutigen Tage andauernde Beziehung sowohl zur Navy als auch zu den Nordischen.

Tompkins beschreibt die Nordischen als besonders hilfreich durch die Entwicklung von Lebensverlängerungstechnologien zur Verwendung in den Weltraumprogrammen. Angeblich leben die Nordischen bis zu zweitausend Jahre lang und halfen zuerst Wissenschaftlern in Maria Oršićs Vri-Gesellschaft vor und während der NS-Zeit und später in den USA dabei, lebensverlängernde Technologien zu entwickeln. Tompkins sagt, dass er an geheimen Lebensverlängerungsprojekten in ihren ersten Phasen beteiligt war, als er von 1967 bis 1971 bei TRW arbeitete, und dass diese zu bedeutenden Durchbrüchen führten. Das geht deutlich über ihre Anwendung in den »20-Jahre-und-zurück«-Programmen hinaus, die in Kapitel 9 dargestellt werden.

Nach Tompkins sind jüngst pharmazeutische Produkte entwickelt worden, die Menschen, unabhängig von ihrem tatsächlichen physischen Alter, in ihre ausgehenden Zwanziger – bei Männern – und in die frühen Zwanziger – bei Frauen – zurückversetzen können. Zusätzlich kann die Gehirnkapazität um vierhundert Prozent erweitert werden, wie Tompkins im folgenden Interview erklärt:

»Wir haben später bei TRW eine Studie über fortgeschrittene Lebenssysteme durchgeführt – Lebensverlängerung. Und dieses Programm ist jetzt ausgelaufen, nach weniger als zwei Jahren; es wird einigen

Leuten auf diesem Planeten bald zugänglich gemacht werden. Und es funktioniert so – ich war stark daran beteiligt: Im Wesentlichen nimmst du sechs Monate lang vier [Tabletten] Aspirin, wirfst sie ein. Oder du kriegst vier Spritzen. Unverzüglich veränderst du dich. ... Was geschieht ist, dass du dich verjüngst – das Mädchen wird 21, der junge Mann wird 29. Also, es dauert eine Weile, bis du das bewerkstelligst. Du bleibst dann im Wesentlichen ein paar tausend Jahre lang in dieser Zeit [in diesem Alter].

Und dein Gehirn ... Wir benutzen alle nur 2,2% von unserem Gehirn. Ist mir egal, was sie uns erzählen. Wir nutzen bloß 2,2%. Du kommst dann auf mindestens 400% mehr Kapazität als die, die du normalerweise hattest. Und es bewirkt Folgendes: Es erlaubt dir, einen Beitrag zu leisten. [Der Verlag möchte an dieser Stelle darauf hinweisen, dass niemand dies an sich ausprobieren sollte, da der mögliche gesundheitliche Schaden gewaltig und nicht mehr wiedergutzumachen sein könnte.]«[3]

Die menschliche Genetik umfasst, wie Tompkins bescheinigt, das Potenzial für eine verlängerte Lebensdauer und höhere Gehirnkapazitäten, ähnlich dem, was die Nordischen normalerweise erleben, weil unsere Genetik im Wesentlichen dieselbe ist. Er sagt, die Menschheit kennt solche Lebensspannen derzeit aus einer Reihe von Gründen nicht, zu denen auch schädliche Gase gehören, die von den Reptiloiden in die Atmosphäre gepumpt werden, um die menschlichen Kapazitäten und Fähigkeiten zu beschränken. Im folgenden Interview führte er dies aus:

»Das berührt sich dann also mit den vielen Malen pro Monat, in denen die [reptiloiden] Außerirdischen die fünf Gase über den Industriegebieten des Planeten verteilen. Diese Tanker – sie haben unterschiedliche Größen; einige von ihnen sind nur rund 150 Fuß [ungefähr 45 Meter] lang. Sie haben eine sehr seltsame Form für ein Überschallflugzeug. Natürlich kommen sie von einem Mutterschiff. ... Sie sind folglich von einer niedrigen Höhe aus tätig, nicht weil sie fürchten, gesehen zu werden, sondern weil sie wollen, dass die Gase nahe bei den Menschen verteilt werden.«[4]

Tompkins behauptet, dass die Nordischen im Geheimen Firmen wie TRW (mittlerweile Teil von Northrup Grumman) unterstützt haben, eine Anzahl pharmazeutischer Produkte zu entwickeln, etwa solche wie die lebensverlängernden Tabletten, um den biologischen Auswirkungen der giftigen Gase entgegenzuwirken, die von den Reptiloiden und ihren Verbündeten in die Atmosphäre gepumpt werden. Wenn Tompkins recht hat, liefert das eine Erklärung für das Phänomen der Chemtrails, das nach den Schlüssen vieler Forscher verantwortlich ist für Krankheiten wie Morgellons, die durch die Luft übertragen werden.[5]

Laut Goode gehören die Nordischen zu einer »Superföderation« von vierzig bis sechzig humanoid aussehenden außerirdischen Rassen, die im Laufe Hunderttausender von Jahren bei zweiundzwanzig genetischen Langzeitexperimenten auf der Erde eingegriffen haben. Die Vermutung ist zulässig, dass diese genetischen Experimente entwickelt wurden, um zu testen, wie Menschen auf eine Reihe von Umweltbedingungen reagieren, ob außerirdische Einwirkungen die menschliche Evolution hemmt oder fördert. Es ist daher ziemlich plausibel, dass die Nordischen und andere humanoid aussehende Außerirdische den Bestrebungen der Reptiloiden und deren Bündnispartnern, die Atmosphäre, das Wasser und die Nahrungsmittelversorgung zu verschmutzen sowie die menschliche Genetik zu verändern, entgegengetreten sind. Die von TRW mit nordischer Hilfe entwickelten Tabletten zur Lebensverlängerung und Gehirnoptimierung scheinen unter diesem Gesichtspunkt nur ein weiterer Versuch zu sein, die menschliche DNA zu verändern, um den Individuen zu helfen, giftige Schadstoffe zu überwinden und höchstes Potenzial zu erreichen.

Es wäre nicht korrekt zu schlussfolgern, dass die Nordischen selbst von pharmazeutischen Produkten abhängig sind, um die außerordentliche Lebenserwartung von tausend Jahren zu erreichen, die ihnen von Tompkins, Goode und anderen zugeschrieben wird. In seinem Buch *Im Innern der Raumschiffe*, dessen amerikanisches Original 1955 erschien, liefert der gebürtige Preuße George Adamski (1891-1965) besondere Einsichten, warum genau die Nordischen in der Lage sind, ihre Lebensdauer derart auszudehnen. Er schildert, wie er auf einem ihrer Mutterschiffe war und dort ein bemerkenswertes Bild sah, dessen Bedeutung ihm von seiner nordischen Gastgeberin »Kalna« erklärt wurde:

»Auf der Wand genau der Tür gegenüber, durch die wir eingetreten waren, hing ein Porträt, von dem ich sicher war, dass es die Gottheit repräsentieren müsse. Das Gefühl, das die Schönheit der beiden jungen [nordischen] Frauen in mir auslöste, war augenblicklich vergessen, als die wundervolle Ausstrahlung, die von dem Bild ausging, mich umfing. Es zeigte Haupt und Schultern eines Wesens, das achtzehn bis fünfundzwanzig Jahre alt sein könnte, in dessen Gesicht eine perfekt ausgewogene Einheit des Männlichen und des Weiblichen verkörpert war und aus dessen Augen eine Weisheit und ein Mitgefühl sprachen, die über jede Beschreibung hinausgingen. Ich weiß nicht, wie lange ich von dieser Schönheit hingerissen war. Es gab keine Unterbrechung, bis ich mir von selbst wieder meiner Umgebung bewusst wurde. Ich brauchte nicht zu fragen, wer dieses Wesen war. Kalna brach das Schweigen, indem sie sagte: ›Das ist ein Symbol des Alterslosen Lebens. Du wirst ihm in jedem unserer Schiffe ebenso wie in unseren Wohnungen begegnen. Da wir dieses Symbol immer vor uns haben, wirst du bei unserem Volk kein Alter finden.‹«[6]

Was Adamski mitgeteilt wurde, legt nahe, dass die Nordischen mit ihrer unbegrenzten Gehirnkapazität und ihren unverschmutzten Körpern die Idee jugendlicher Vitalität in ihrem Bewusstsein auf eine Weise zu tragen vermögen, die unmittelbar ihre Genetik beeinflusst. Einfach gesagt, sie erleben das Altern nicht, da ihr Bewusstsein der Idee des Altseins nicht einzudringen erlaubt. Bemerkenswert ist hier, dass die Wissenschaft der Epigenetik, die auf einer ähnlichen, von Biologen wie Dr. Bruce Lipton vertretenen Theorie beruht, mehr als sieben Jahrzehnte nach Adamskis Buch entwickelt wurde![7]

Nach der Kardaschow-Skala, die entwickelte Zivilisationen in Kategorien einteilt, fallen die Nordischen (ebenso wie die Reptiloiden und die außerirdischen Greys) entweder unter die Kategorie der Zivilisationen vom Typ I (sie sind fähig, mit planetarischen Energien zu arbeiten), oder sie gehören zu den Zivilisationen vom Typ II (sie sind in der

Lage, mit Energien auf einem stellaren Niveau zu arbeiten).[8] Sie müssen von einer noch höher entwickelten Gruppe von Außerirdischen unterschieden werden, die Goode als »Sphärenwesen-Allianz« beschreibt und die aus Außerirdischen vom Typ III bestehen, die mit Energien auf galaktischem Niveau arbeiten.

Goode sagt, dass die Sphärenwesen-Allianz zwischen verschiedenen Weltraumprogrammen und außerirdischen Bündnissen eine grundlegende technologische Parität hinsichtlich offensiver und defensiver Waffentechnologien geschaffen hat. Das stimmt mit dem überein, was in Kapitel 11 über die Behauptungen von Dr. Preston James gesagt wurde, dem zufolge Russland bei der Entwicklung von Verteidigungswaffen insgeheim von »nordischen Außerirdischen« unterstützt wurde.

Dieser technologische Gleichstand ist wesentlich für die verschiedenen Fraktionen der Menschheit, die über den friedlichen Übergang der Macht verhandeln, indem sie dazu befähigt werden, diese von einer kleinen Gruppe globaler Eliten (der Kabale) in die Hände wirklich repräsentativer Organisationen übergehen zu lassen, die die Interessen aller Menschen auf dem Planeten vertreten. Dieser friedvolle Übergang ist entscheidend für die Menschheit; sie sollte sich daher angemessen auf künftige stellare Ereignisse wie etwa einen möglichen »Sonnen-Nieser« (engl. *solar sneeze*) vorbereiten, der mit gewaltigen koronalen Massenauswürfen einherginge, die Tompkins' und Goodes Insider-Quellen für höchst wahrscheinlich halten.

Fehlende Vorbereitung auf ein solches Ereignis kann katastrophale Folgen haben, wie exemplarisch durch das verdeutlicht wird, was der blitzschnell eingefrorenen Zivilisation, die in der Antarktis entdeckt wurde, zustieß. Wenn die Präsidenten Trump und Putin oder andere Führer der Welt ihren Weg gehen, wird die vorhergesagte Bekanntgabe der antarktischen Entdeckung die implizite Warnung enthalten, dass solche Ereignisse nicht nur regelmäßig in der menschlichen Geschichte vorkamen, wie Charles Hapgood herausfand, sondern auch in naher Zukunft auftreten könnten.

Goode hat betont, dass die Sphärenwesen-Allianz mit Nachdruck spirituelle Entwicklung und Bewusstseinsanhebung (»die Hippiebotschaft von Love and Peace«) als unverzichtbar für die Menschheit und deren Umgang mit künftigen Herausforderungen hervorgehoben hat.[9] Auf einem individuellen Niveau hat Goode den Menschen geraten, ihre Aktivitäten im »Dienst an Anderen« zu steigern, um die optimale Zeitlinie für entsprechende Umstände zu schaffen und damit auf die drohenden stellaren Ereignisse vorbereitet zu sein, die, wie ihm mitgeteilt wurde, Teil eines kommenden »Aufstiegsgeschehens« sein werden.[10]

Wenngleich das Konzept des »Dienstes an Anderen« dem »Gesetz des Einen« oder dem »Ra«-Material entstammt, war dies nicht die einzige Literatur, die Goode von Leitern der Geheimen Weltraumprogramme zum Verständnis gegenwärtiger kosmologischer Ereignisse oder der Natur des Bewusstseins empfohlen wurde. In einer Antwort auf eine Frage sagte Goode im August 2015:

> »Ich wusste, dass einige Gruppen den Befehl hatten, die ›RA‹- und ›SETH‹-Schriften zu lesen, obwohl andere in den Programmen zur selben Zeit, wie ich wusste, daran arbeiteten, beide Werke zu diskreditieren.«[11]

Die Seth-Bücher (1963-1984) gingen den Büchern des *Gesetzes des Einen* (1981-1984) um fast zwei Jahrzehnte voraus und werden weithin zum besten und einflussreichsten gechannelten Material gezählt, das jemals veröffentlicht wurde. Während sich das Gesetz des Einen darauf konzentriert, ein umfassendes begriffliches Gerüst für das Verständnis, wie sich das Bewusstsein entwickelt, zu präsentieren, widmen sich die Seth-Bücher im Gegensatz dazu konkreten Schritten, die ein Individuum unternehmen kann, um seine persönliche und kollektive Realität durch eine Wandlung des bewussten Glaubenssystems zu verändern.

Goode wurde mitgeteilt, dass eine Polarität des Dienstes an Anderen, wie sie das Material des Gesetzes des Einen empfiehlt, an diesem Punkt unserer persönlichen und kollektiven Entwicklung für die Menschheit wichtig ist. Ergänzend dient die vom Seth-Material vorgenommene Annäherung dazu, die Natur des Bewusstseins und dessen Beziehung zum Körper zu erklären und damit eine Bewegung in diese evolutionäre Richtung zu ermöglichen. Laut Seth gilt dabei:

»Der Hauptzweck des Körpers ist nicht nur zu überleben, sondern eine Qualität der Existenz auf verschiedenen Ebenen aufrechtzuerhalten, und diese Qualität selbst fördert Gesundheit und Erfüllung.«[12]

Unter diesem Gesichtspunkt wird die Fähigkeit zu überleben, ganz zu schweigen davon, tausend Jahre zu leben, bedeutungslos, wenn die »Qualität des Lebens und Erlebens« nicht den minimalen Erfordernissen entspricht, die die Spezies selbst für akzeptabel hält.

Eines der größten Probleme in Bezug auf individuelle und kollektive Wahrnehmungen ist ein Gefühl von Hoffnungslosigkeit oder des Fehlens von persönlicher Macht, um die Dinge zum Besseren zu wandeln. In dem Seth-Buch *Das Individuum und die Natur von Massenereignissen* werden viele Beispiele solcher Persönlichkeiten vorgestellt, die sich selbst »eher als effektiv denn als ineffektiv« ansahen und dadurch zur Verwirklichung heldenhafter Taten in einem sonst gewöhnlichen Leben aufstiegen, weil sie sich nicht der Verzweiflung hingaben. Seth erklärt, wie ein negativer Glauben zersetzend wirken kann:

»Verzweiflung oder Apathie ist ein biologischer ›Feind‹. Soziale Umstände, politische Zustände, ökonomische Prinzipien und sogar religiöse oder philosophische Rahmenbedingungen, die solche geistigen Zustände fördern, bewirken einen biologischen Gegenschlag. Sie wirken wie Feuer auf eine Pflanze.«[13]

Wenn, wie Seth sagt, »die Qualität des Lebens wichtiger als alles ist«, wie können Individuen dann den Glauben, »effektiv« zu sein, soweit stärken, dass er bewahrt bleibt und die eigentliche Qualität des Lebens erhöht, das von Natur aus mit anderen verbunden sein wird.[14] Hier folgt Seths Antwort, die einige überraschen dürfte:

»Wenn du Freude hast, hilfst du anderen. Wenn du keine Freude hast und dir sagst, dass du anderen hilfst, dann hilfst du ihnen oder dir selbst nicht. Wenn du also in Pflichtbegriffen denkst und dann in deinem Geist eine Unterscheidung zwischen Pflicht und freudiger Erfüllung vornimmst, dann versagst du dir selbst und der Welt viel

Freude und versteckst ... vor dir selbst und der Welt die große freudige Sinfonie, die du selbst bist.

Wenn du die freudige Natur deines Seins erfüllst, hilfst du dir selbst
und hilfst anderen. Wenn du anderen hilfst, weil du denkst, du musst,
aber es geht dir gegen den Strich, dann weißt du es, und du erlegst ihnen eine Schuld auf, die aufzuerlegen du kein Recht hast.«[15]

Seth liefert Klarheit darüber, wie man diese positive Orientierung erlangen und sich den Bedürfnissen anderer verbunden fühlen kann. Sie
folgt nicht daraus, dass man sein eigenes Glück oder seine Bedürfnisse
opfert, um andere glücklich zu machen, wie man vielleicht bei einer
Polarität des Dienstes an Anderen glauben könnte, sondern man soll
seinem eigenen Lebensweg folgen:

»Wenn du deiner eigenen Natur folgst, dann spürst du automatisch
und natürlich die Bedürfnisse anderer ... Wenn du glücklich und frei
bist und Freude hast, dann spürst du automatisch ... deine Einheit
mit allen anderen Geschöpfen des Universums, und du kennst deinen
Platz in Allem Was Ist.«[16]

Unglaublicherweise ist es diese »freudige und freie« Haltung, die laut
Tompkins die nordischen Außerirdischen, mit denen er während seiner
Aerospace-Karriere in verschiedenen Firmen zusammenarbeitete, auszeichnete. Sein Buch *Selected by Extraterrestrials* (»Ausgewählt von Außerirdischen«) hebt hervor, wie sehr die Nordischen die Freude liebten,
trotz der vielen Gefahren, denen sie ins Auge sahen, und der Komplexi-
tät der Situationen, mit denen sie oft zu tun hatten.

Dies bedeutet, dass die Nordischen beispielsweise auf natürliche
Weise zeigten, wie sie ein Gefühl von »Einheit« verwirklicht hatten,
das aus ihrer freudvollen Haltung sprach und das Streben ihrer »eigenen Natur« widerspiegelte, einschließlich ihrer hohen technologischen Entwicklung. Daher hatten die nordischen Außerirdischen, die
Tompkins seinen Beschreibungen nach getroffen hat, eine seltene
Balance von spirituellem Verständnis und technologischer Entwicklung erreicht. Es ist nicht nötig, dass Menschen Monate mit Medita-

tion verbringen oder strenge spirituelle Übungen praktizieren, um ihr Bewusstsein anzuheben. Seth erklärt, dass »das Bewusstsein neuer Erfahrungen, Herausforderungen und Leistungen bedarf«.[17] Wenn Menschen danach streben, sich zu verbinden statt sich voneinander loszumachen, und glauben, dass ihre angeborene, innere Weisheit sie führt, dann können Glück und Freude die Qualität des Lebens frei erhöhen, was nicht nur einem selbst, sondern auch anderen nützt. Der Rat des berühmten Mythologen Joseph Campbell, »seinem Glück zu folgen«, wird dadurch zu einem entscheidenden Schritt bei der Erhöhung des Bewusstseins.[18]

Die Schaffung einer optimalen Zeitlinie für vollständige Enthüllung und das Ereignis eines »Aufstiegs« bedeutet daher, den Mut zu haben, frei einer Wahrheit zu folgen, die im Leben von innen heraus ruft, Glück und Freude auch in Herausforderungen zu finden und dann befriedigende Erfüllung durch deren Überwindung zu erleben. Dieser spirituelle Rat ist ein zentraler Teil der von den Nordischen und anderen Außerirdischen durch ihre »Kontaktpersonen« wie Tompkins geleisteten Hilfe. Umgekehrt heben Autoritäten der Allianz Geheimer Weltraumprogramme die Seth-Schriften, wie Goode mitteilt, besonders hervor und erkennen ihren Wert, um die persönliche Realität zu beeinflussen.

Schlussfolgerung

Die von Tompkins in diesem Buch gelieferten Belege enthüllen eindeutig, dass die U.S. Navy seit den 1950er Jahren an dem Entwurf und der Entwicklung kilometerlanger Weltraum-Kampfgeschwader beteiligt gewesen ist, die sie als entscheidend für die Verteidigung des Planeten ansieht. Das Interesse der Navy am Bau von Weltraum-Kampftruppen ist eine Fortsetzung ihres früheren Experiments mit fliegenden Flugzeugträgern, die bis in die 1920er Jahre zurückgehen, als die Navy die Firmen Goodyear und Zeppelin beauftragte, die U.S.S. *Akron* und die U.S.S. *Macon* zu bauen.

Tompkins' Zeugnis sowie das Ausmaß der Informationsverbreitung, zu dem ihn getarnte Navy-Bedienstete ermutigt haben, decken auf, dass er ein Glied des von der Navy gebilligten Prozesses »vollständiger Enthüllung« ist. Es gibt folglich gute Gründe dafür, optimistisch zu sein, dass derzeit die Grundlagen für eine völlige Enthüllung gelegt werden, da die Trump-Administration anscheinend mit der Navy, dem FBI und Russland bei der Ausarbeitung ihrer Strategien zusammenarbeitet. Einige dieser Leitlinien konzentrieren sich auf die Enthüllung der Existenz streng geheimer Technologieprogramme, außerirdischen Lebens und sogar archäologischer Entdeckungen wie des Fundortes in der Antarktis.

Zu den vielen Vorzügen einer vollständigen Enthüllung zählt die Tatsache, dass sie der jahrzehntelangen Trennung zwischen einer technologisch fortgeschrittenen »menschlichen Abtrünnigen-Gesellschaft« und dem Rest der Menschheit ein Ende bereiten wird. Diese technologische Form der Apartheid von globalem Ausmaß hat einen verheerenden Einfluss auf die Lebensqualität der Bürger auf der ganzen Erde und sie hat viele kriminelle Missbräuche hervorgebracht. Darüber hinaus wird die vollständige Enthüllung sämtliche Übel der Freisetzung giftiger Chemikalien in die Atmosphäre, um unser inneres menschliches Potenzial nachhaltig zu schädigen, beseitigen. Es ist sehr zweifelhaft, dass die von der USAF unterstützte Initiative »begrenzter Enthüllung« diese technologische Spaltung beenden würde. Dasselbe gilt für die Verfälschung von Artefakten, die in der Antarktis entdeckt wurden, um ein anderes Szenario begrenzter Enthüllung zu schaffen, das durch bevorstehende Bekanntmachungen auf den Weg gebracht wurde, bei denen führende Wissenschaftler und Archäologen nur das offenlegen, was genehmigt wurde.

Begrenzte Enthüllung würde mit höchster Wahrscheinlichkeit nur zu einer subtileren Form von »technologischer Apartheid« führen, die jahrzehntelang das globale System aufrechterhalten hat, durch das unsere inneren Fähigkeiten weiterhin durch Gifte gehemmt werden, die insgeheim in Wasser, Luft und Nahrungsressourcen gepumpt werden, und uns eine einfach ausgebeutete Spezies bleiben lässt. Die Beendigung des künstlich geschaffenen globalen Systems der technologischen Apartheid zwischen verschiedenen Teilen der Menschheit ist entscheidend für die Entwicklung einer globalen Führung, die wirklich die Sehnsüchte der gesamten Menschheit repräsentiert. Und was am wichtigsten ist: Die vollständige Enthüllung wird unsere Evolution als Spezies unterstützen, wobei die menschliche Lebenserwartung und die geistigen Kapazitäten wiederhergestellt werden. Dies ist das eingeborene Potenzial, das wir aufgrund unserer genetischen Verbindung zu den Nordischen und anderen menschlich aussehenden außerirdischen Gruppen besitzen und das uns dadurch erlaubt, uns den übrigen Teilen der galaktischen Gemeinschaft als vollwertige Partner anzuschließen.

Anmerkungen

1 Eine Behandlung der frühen Kontaktpersonen findet sich in Michael Sallas nicht auf Deutsch vorliegendem Buch *Galactic Diplomacy: Getting to Yes with ET* (Exopolitics Institute, 2013).

2 Telefonisches Interview am 16. Februar 2017

3 Interview mit Tompkins in »Cosmic Disclosure: SSP Testimonials with William Tompkins« http://spherebeingalliance.com/blog/transcript-cosmic-disclosure-ssp-testimonials-with-william-tompkins.html

4 Bill Tompkins im Interview mit Jeff Rense: »Our Technology Decades Ahead of What's Known«, http://spherebeingalliance.com/blog/our-technology-decades-a head-of-whats-known-part-1.html

5 Siehe Elena Freeland: *Chemtrails, HAARP and the Full Spectrum Dominance of Planet Earth* (Feral House, 2014)

6 George Adamski: *Inside the Flying Saucers: The Strangest Journey Ever Made!* (Warner Books, 1955), p. 49. – Ergänzt um ein Begleitwort des Herausgebers, eine Einleitung von Charlotte Blodget, ein Vorwort von Desmond Leslie sowie zwei abschließende Aufsätze, »Meine Freundschaft mit G. Adamski« von Fred Steckling und »Wer war George Adamski wirklich?« des Herausgebers Karl L. Veit, kann die deutsche Ausgabe des Buches, *Im Innern der Raumschiffe*, kostenfrei heruntergeladen werden auf http://www.himmels-engel.de/deutsch/svetelna_knihovna/html/de/de_kniha_uvnitr_vesmirnych_lodi.htm.

7 Bruce Lipton: *The Biology of Belief: Unleashing the power of consciousness, matter and miracles* (Mountain of Love, 2005). – Die deutsche Ausgabe *Intelligente Zellen, wie Erfahrungen unsere Gene steuern*, liegt anlässlich des zehnjährigen Jubiläums dieses Weltbestsellers seit 2016 im Koha Verlag, Burgrain, als aktualisierte und erweiterte Neuausgabe vor; auch als eBook erhältlich.

8 Über die Kardaschow-Skala siehe: *Futurism*, »The Kardachev Scale – Type I, II, III, IV & V Civilization«, http://futurism.com/the-kardashev-scale-type-i-ii-iii-iv-v-ci vilization/

9 Corey Goode: »A Good Time To Be a Cabal Defector or Whistleblower«, http://spherebeingalliance.com/blog/a-good-time-to-be-a-cabal-defector-or-whist leblower.html

10 Siehe Corey Goode: »Are We Navigating To Our Optimal Temporal Reality?«, http://spherebeingalliance.com/blog/are-we-navigating-to-our-optimal-temporal-reality.html

11 Siehe das Interview mit Corey Goode: »Reagan Speech about Alien Threat linked to Secret UN Interstellar Space Fleet«, http://exopolitics.org/reagan-speech-about-alien-threat-linked-to-secret-un-interstellar-space-fleet/

12 Jane Roberts: *The Individual and the Nature of Mass Events* (Amber Allen Publishing, 1995 [1981]), p. 40. – Dieser Titel liegt seit Oktober 2018, mit Anmerkungen von Robert F. Butts, in einer sehr empfehlenswerten deutschen Neuübersetzung vor: *Das Individuum und die Natur von Massenereignissen*, Seth Verlag, Auenstein, Schweiz; auch als eBook erhältlich.

13 Ebd., p. 21

14 Ebd., p. 24

15 Susan M. Watkins: *Conversations With Seth: The Story of Jane Roberts ESP Class, Combined Volumes 1 & 2* (Moment Point Press), p. 179. – Seit 2011 und 2012 liegen diese beiden Bücher im Seth Verlag vor, ergänzt um ein Vorwort von 2005 aus der US-Ausgabe zum 25-jährigen Jubiläum: *Im Dialog mit Seth, die Geschichte von Jane Roberts' ASW-Klasse*, zwei Bände; auch als eBooks erhältlich.

16 Ebd.

17 Jane Roberts: *The Individual and the Nature of Mass Events*, p. 24.

18 Joseph Campbell: »Quotes«, http://www.goodreads.com/quotes/143093-follow-your-bliss-if-you-do-follow-your-bliss-you

Nachwort
zur deutschen Ausgabe

Die amerikanische Ausgabe von *Das Geheime Weltraumprogramm der U.S. Navy & Die Allianz mit den Nordischen* erschien am 1. März 2017, und seit damals sind einige Entwicklungen eingetreten, über die es sich für die deutsche Fassung zu berichten lohnt. Gerne entspreche ich deshalb dem Wunsch des deutschen Verlegers, die vorliegende Übersetzung mit einer Aktualisierung der wichtigsten Daten zu versehen.

William Tompkins, die Hauptquelle für die in diesem Buch mitgeteilten Informationen, starb überraschend am 21. August 2017. Obwohl er schon 94 Jahre alt war, erfreute er sich einer ausgezeichneten Gesundheit und hoffte, noch den zweiten Band seiner Autobiografie abschließen zu können. Ich hatte kurze Zeit vor seinem Tod mit »Bill« Tompkins gesprochen, und Dr. Bob Wood, der Herausgeber seiner Autobiografie, traf ihn nur einen Tag, bevor er wegen eines unbedeutenden Sturzes und einer daraus folgenden Verletzung seines Beines ins Krankenhaus eingeliefert wurde, wo er über Nacht an einer Gehirnblutung verstarb. Wir waren beide von seinem unerwarteten Tod tief betroffen. Zwar gibt es keine deutlichen Hinweise auf Fremdeinwirkung – es bleibt aber doch der Verdacht, dass etwas Übles geschah, um seinen Enthüllungen ein Ende zu setzen. Und nicht zuletzt verlor die Welt einen weisen alten Mann, der ein wandelndes Lexikon für die Geschichte des Geheimen Weltraumprogramms der U.S. Navy gewesen ist, innerhalb dessen er eine wichtige Rolle gespielt hat, indem er daran mitwirkte, dessen kilometerlange Weltraumträgerschiffe zu planen, während er von 1950 bis 1963 bei der Douglas Aircraft Company arbeitete.

Eine weitere wichtige Entwicklung nach dem Erscheinen der amerikanischen Erstausgabe war die Entdeckung der führenden Rolle, die

Tompkins' Chef bei der Douglas Aircraft Company beim Entwerfen fliegender Flugzeugträger für die U.S. Navy vor dem Zweiten Weltkrieg spielte. Dr. Wolfgang Klemperer war ein österreichischer Staatsbürger, der in Dresden aufgewachsen ist.[1] Er legte 1920 ein Examen an der Technischen Universität Dresden ab und hatte seine erste Anstellung am Aerodynamischen Institut in Aachen, wo er zwei Jahre als Assistent von Professor Theodor von Karman blieb – letzterer emigrierte 1930 in die USA und wirkte in herausragender Weise an den Bemühungen der U.S. Army Air Force/USAF mit, aufgefundene deutsche und außerirdische Weltraumtechnologien zu untersuchen.

Von 1922 bis 1924 arbeitete Klemperer bei Luftschiffbau Zeppelin, wo er als Forschungsleiter für den Entwurf und die Konstruktion von Zeppelinen zuständig war. Nachdem er am Institut für Technologie in Aachen zum Doktor der Ingenieurwissenschaften promoviert hatte, wanderte er 1924 in die USA aus, um eine Stelle an der Goodyear-Zeppelin Corporation anzunehmen. Unverzüglich wurde er an der Entwicklung zweier großer Zeppeline für die U.S. Navy beteiligt, auf der Grundlage seiner Pionierarbeit als Entwickler in Deutschland. Der Navy-Vertrag belief sich auf acht Millionen Dollar, die nach dem Wert von 2018 eindrucksvolle 1,78 Milliarden Dollar ausmachen würden.[2] Das erste der beiden Luftschiffe, die U.S.S. *Akron*, war 240 Meter lang, transportierte einen Stab von vierzehn Offizieren und eine Mannschaft von fünfundsechzig Mann, hatte eine Reichweite von 11.000 Kilometern und eine maximale Geschwindigkeit von 140 km/Stunde.[3] Sie konnte vier Kampfflugzeuge vom Typ Curtiss F9C-2 *Sperber* tragen, die mit Hilfe eines mechanischen Trapezes gestartet und wieder zurückgeholt werden konnten, das unterhalb des Fahrgestells ausgefahren werden konnte.

Der Bau der U.S.S. *Akron* begann am 31. Oktober 1929 und wurde im August 1931 fertiggestellt. Die Konstruktion ihres Schwesterschiffes, der U.S.S. *Macon*, wurde 1933 begonnen und 1935 vollendet. Die U.S.S. *Akron* und *Macon* waren beides Prototypen für fliegende Flugzeugträger und wurden von der U.S. Navy in Betrieb genommen. Beide waren die größten jemals gebauten, mit Helium gefüllten Luftschiffe und stellten eine beispiellose Vorwegnahme künftiger Kampfkraft der

Navy in der Luft dar. Unglücklicherweise fand die kurze Einsatzzeit beider ein jähes Ende, als sie 1933 an der Küste von New Jersey (*Akron*) und 1935 an der kalifornischen Küste (*Macon*) infolge von Unwettern abstürzten. Aufgrund dieses Rückschlags und einer Entscheidung der Navy, keine weiteren Zeppeline mehr zu bauen, entschied sich Klemperer 1936, zur Douglas Aircraft Company zu wechseln.

Klemperers Arbeit beim Design und dem Bau von fliegenden Flugzeugträgern bekräftigt – zusammen mit seinem dokumentierten Interesse an Antigravitationsforschung, wie in diesem Buch behandelt – Tompkins' Behauptungen, dass die Douglas Aircraft Company in den 1950ern und frühen 1960ern insgeheim an Entwürfen von Weltraum-Trägerschiffen für die U.S. Navy beteiligt war. Darüber hinaus dürfte Klemperers frühere Erfahrung mit dem Angebot Zeppelin-Goodyears für den Bau von Navy-Zeppelinen dafür entscheidend gewesen sein, dass geheime Vertragsangebote für den Entwurf großer Weltraum-Träger erfolgreich waren, wie Tompkins bezeugte. Tompkins' Äußerungen zur Beziehung zwischen der Navy und der Douglas Aircraft Company bei der Konzeption von Weltraum-Trägern mit Antigravitationsantrieb werden in seiner Autobiografie *Selected by Extraterrestrials* (»Ausgewählt von Außerirdischen«) und in diesem Buch beschrieben.

Schließlich ist hervorzuheben, dass Tompkins ein leidenschaftlicher Unterstützer von Präsident Donald Trump war. Er behauptete, dass die amerikanischen Militärgeheimdienste hinter Trumps Kandidatur standen, um die Macht des Tiefen Staates einzudämmen und um, neben weiterem, eine Aufdeckung Geheimer Weltraumprogramme und außerirdischen Lebens zu ermöglichen. Diese überraschende Enthüllung wurde durch das Phänomen »Q Anon« bestätigt, das erstmals am 28. Oktober 2017 in Erscheinung trat und von dem man weithin annimmt, dass es eine amerikanische Militäroperation darstellt, die der breiten Öffentlichkeit Insider-Wissen zugänglich machen soll. Zu den zahlreichen nachfolgenden Bekanntmachungen von »Q« gehört diejenige, dass die Gemeinschaft der US-Militärgeheimdienste, die hinter den Kulissen einen Kampf auf Leben und Tod gegen die globalistische Agenda des Tiefen Staates (der Kabale/Illuminaten) führt, der Hauptunterstützer Präsident Trumps ist – bei diesem Kampf spielt die heimliche Zerschlagung des amerikanischen Militärs und der Verfassung eine Hauptrolle.[4]

Am 19. September 2018 veröffentlichte Q Anon zwei Posts, die wie Granaten einschlugen und die Existenz Geheimer Weltraumprogramme und außerirdischer Lebewesen bestätigten.[5] Die beiden Nachrichten öffneten all jenen Millionen eine breite Tür, die die Q-Informationen verfolgt hatten, um etwas über solche geheimen Themen zu erfahren sowie darüber, wie diese vor der breiten Öffentlichkeit verborgen worden waren. Wenn Tompkins noch leben würde, wäre er ein entschiedener Unterstützer der Informationstätigkeit von Q Anon und der Bestrebungen der Militärgeheimdienste hinter den Kulissen, die Wahrheit über Geheime Weltraumprogramme und außerirdisches Leben durch die Trump-Administration aufdecken zu lassen. In diesem zweiten Band meiner Reihe über Geheime Weltraumprogramme haben Sie viel über die faszinierende Geschichte der Geheimen Weltraumprogramme der U.S. Navy und die Rolle, die William Tompkins in deren Entwicklung spielte, erfahren – und nicht zuletzt auch über die Aussichten auf eine Enthüllung unter der Administration des derzeitigen Präsidenten.

Michael E. Salla, M.A., Ph.D.
Hawaii, den 18. Februar 2019

Anmerkungen

1 Die nachfolgenden biografischen Informationen über Wolfgang Klemperer stammen aus Wikipedia, https://en.wikipedia.org/wiki/Wolfgang_Klemperer#Life_in_the_United_States (aufgerufen am 10.10.2018).

2 Laut der Webseite *Measuring Worth* entsprechen 8 Millionen Dollar im Jahre 1924 zwischen 92 Millionen und 1,780 Milliarden Dollar 2018; https://www.measuring worth.com/calculators/ppowerus/ (aufgerufen am 10.10.2018).

3 »USS Akron (ZRS-4), Airship 1931-1933«, https://web.archive.org/web/2004 0218013105/https://www.history.navy.mil/photos/ac-usn22/z-types/zrs4-v.htm (aufgerufen am 10.10.2018).

4 Für weitere detaillierte Informationen siehe Michael Salla: »QAnon is US Military Intelligence that recruited Trump for President to prevent Coup D'etat«, https://www.exopolitics.org/qanon-is-us-military-intelligence-that-recruited-trump-for-president-to-prevent-coup-detat/ (aufgerufen am 10.10.2018)

5 Eine Analyse der beiden Posts von Q Anon findet sich in meinem Blog-Beitrag »Q Confirms Secret Space Programs Real & Extraterrestrial Life Exists«, https://www.exopolitics.org/q-confirms-secret-space-programs-real-extraterrestrial-life-exists/ (aufgerufen am 17.12.2018).

Danksagung

Dieses Buch wäre nicht möglich gewesen ohne die Zeugnisse und Dokumente, die mir William (Bill) Tompkins in zahlreichen telefonischen Interviews und bei drei Besuchen in seinem Haus in San Diego zur Verfügung gestellt hat. Er gab mir unbezahlbare Ratschläge für meinen ursprünglichen Entwurf und war stets bereit, meine Fragen zu beantworten, um dieses Buchprojekt zu verwirklichen. Bill ist die Verkörperung des weisen Alten, der der Menschheit bei ihrem Übergang in eine Welt »nach der Enthüllung« hilft. Es war mir eine Ehre und Auszeichnung, mit ihm zusammenzuarbeiten, und er hat meinen tiefen Respekt. Daher ist es mir eine Freude, dieses Buch Till Tompkins zu widmen.

Weiterhin bin ich Dr. Robert Wood zu tiefem Dank dafür verpflichtet, dass er meinen ersten Kontakt zu Bill hergestellt und Kernaussagen seines Zeugnisses verifiziert hat. Er teilte mir entscheidende Dokumente mit, machte mir Vorschläge zu meinem Buchkonzept und verfasste schließlich das Vorwort. Auch er ist ein weiser Alter, und es war eine Freude, mit ihm an diesem Projekt wie auch an einem meiner früheren Bücher zu arbeiten, bei dem sein Sachverstand bei der Überprüfung der Echtheit von Dokumenten von unschätzbarem Wert für meine Forschung zur Ermordung Kennedys war.

Meine tiefe Dankbarkeit gilt auch Corey Goode für seine Hilfe und begeisterte Unterstützung dieses Buchprojekts. Seine persönlichen Mitteilungen erweiterten mein Verständnis jüngster Entwicklungen im Bereich Geheimer Weltraumprogramme sowie der Präsidentschaftswahlen von 2016 im Hinblick auf die »vollständige Enthüllung« solcher Programme.

Folgenden Personen möchte ich für ihre Beiträge zur Gestaltung des Buchumschlags danken, der auch für die deutsche Ausgabe verwendet wurde: Daniel Gish für seine Raumschiff-Grafik, die Corey Goodes Beschreibung des zum Solar-Warden-Programm gehörenden Forschungsraumschiffes *Arnold Sommerfeld* illustriert; »Luc« für die Erlaubnis, das Fraktal »The Awakening III Rebirth © 20XX CygX1« (cygx1. deviantart.com) auf der Cover-Rückseite zu verwenden; Xavier Hernon für seine Genehmigung, das Fraktal »Strange« (hmn.deviantart.com) für die Vorderseite zu nutzen; und besonderer Dank gilt Rene McCann für ihr Talent und ihre Erfahrung als Grafikerin bei der Abrundung der Cover-Gestaltung mit besonderen Effekten und dem i-Tüpfelchen, das die Qualität insgesamt aufwertet.

Mein Dank geht auch an Duke Brickhouse für seine Hilfe bei der Formulierung meiner Anfrage gemäß des Freedom of Information Act. Sie führte zum Erhalt von 1.500 Seiten von Dokumenten über Rear Admiral Rico Botto, die für die Bestätigung von William Tompkins Zeugnis von unschätzbarem Wert war.

Sehr dankbar bin ich auch Rear Admiral a.D. Larry Marsh (USN), Captain a.D. Larry Boeck (USN) und Commander a.D. Art Lumley (USN) für ihre Beantwortung meiner Fragen sowie für ihre Bereitschaft, ihr Wissen über William Tompkins und seine Tätigkeit an die Öffentlichkeit zu bringen.

Gaia TV danke ich für die Erlaubnis, die grafische Illustration des hybriden Luft- und Raumschiffes wiederzugeben, das bei vielen Entführungsfällen, in die Corey Goode verwickelt war, verwendet wurde.

Meine Dankbarkeit gilt außerdem A. Hughes für das Lektorat des abschließenden Manuskriptes und einmal mehr für seine Hilfe bei einem meiner Buchprojekte.

Zutiefst dankbar bin ich schließlich meiner Frau und Seelengefährtin Angelika Whitecliff, die die unverzichtbare Rolle der Cheflektorin dieses Buches frohgemut erfüllte. Obendrein entwarf sie noch das Cover und formatierte die amerikanische Originalfassung, die im Selbstverlag herauskam. Es ist ein wahrer Segen für mich, solch ein wunderbares menschliches Wesen an meiner Seite zu haben, das meine schriftstellerische Tätigkeit und mein Bestreben, die Wahrheit mitzuteilen, in jeder möglichen Weise unterstützt.

Abbildungen & Tafeln

Michael E. Salla

ist ein international anerkannter Experte für Weltpolitik, Konfliktlösung und amerikanische Außenpolitik. Er unterrichtete an Universitäten in den USA und Australien, darunter der angesehenen
American University in Washington, und hat einen Doktorgrad
von der University of Queensland und einen Magister von der
University of Melbourne inne. Heute ist er weithin bekannt als
Pionier bei der Entwicklung der Exopolitik, dem Studium der
Hauptakteure, Institutionen und politischen Prozesse im Zusammenhang mit außerirdischem Leben.

Dr. Salla schrieb das erste Buch überhaupt, das über Exopolitik veröffentlicht wurde (2004). Kurz vor der Veröffentlichung nahm die *Washington Post* mit ihm Kontakt auf, damit er ihnen ein Interview über Präsident Eisenhowers angebliches Treffen mit Außerirdischen in den 1950ern gibt. Als Verwaltungsbeamte der American University davon erfuhren, ließen sie ihn wissen, dass er dies unterlassen sollte, weil es seine Karriere gefährden könnte. Er beschloss, das Interview trotzdem zu geben, damit es dazu beiträgt, den Studienbereich der Exopolitik zu begründen, denn er hält dieses neue Forschungsfeld nicht nur für extrem wichtig, sondern findet es auch unerlässlich, die Öffentlichkeit zu informieren. Daraufhin wurde er seines Postens enthoben. In dem Bemühen, weitere außergewöhnliche und weithin unbekannte Fakten, auf die er bei seinen Recherchen stieß, allgemein zugänglich zu machen, veröffentlichte er 2009 ein zweites Buch über Exopolitik und die amerikanische Außenpolitik: *Exposing U.S. Government Policies on Extraterrestrial Life.*

Im Jahre 2013 erschien *Galactic Diplomacy,* noch im selben Jahr gefolgt von *Kennedy's Last Stand,* das ihm allgemeine Anerkennung einbrachte für seine Vorreiterrolle bei den Recherchen über die Beziehung zwischen streng geheimen UFO-Akten und der Ermordung von John F. Kennedy. Anschließend entstand *Geheime Weltraumprogramme & Allianzen mit Außerirdischen* (Amra 2018), das ihm höchsten Respekt für die Aufdeckung der Zusammenhänge verborgener weltpolitischer Intrigen einbrachte und zu einem internationalen Bestseller wurde. Es bildet den Auftakt zu einer ganzen Reihe von Büchern über Geheime Weltraumprogramme, deren zweiter Band hiermit vorliegt.

Dass Exopolitik inzwischen auch von der Öffentlichkeit wahrgenommen wird und als ernsthaftes Forschungsgebiet gilt, verdankt sich größtenteils Dr. Sallas Büchern sowie seinen zahlreichen Interviews für Funk und Fernsehen, seinen Vorträgen und seiner Website, die täglich von mehr als 5.000 Menschen besucht wird.

www.exopolitics.org

Register

Ernst Muldashev
DAS DRITTE AUGE und der Ursprung der Menschheit
Spektakuläre Erkenntnisse zur Herkunft unserer Zivilisation
432 Seiten, gebunden, oranges Leseband
€ [D] 24,95 / € [A] 25,70 • ISBN 978-3-95447-308-3

Eine Analyse der auf tibetischen Tempeln abgebildeten Augen mit anschließender Himalaya-Expedition führte zu diesem Werk, das die bisherige Auffassung vom Ursprung der Menschheit ins Wanken geraten lässt. Es erklärt ihre Migrationswege, ihre Abstammung von Lemurern und Atlantern und zeigt, dass meditierende Vertreter früherer Zivilisationen und der unseren einen Genfonds bilden, der das Menschheitswissen für Katastrophenzeiten bewahrt.

Das Kultbuch –
jetzt wieder erhältlich!

Jason Quitt & Bob Mitchell
VERBOTENES WISSEN
Warum unsere Welt anders ist,
als man uns glauben machen will
336 Seiten, gebunden, oranges Leseband
€ [D] 22,99 / € [A] 23,60 • ISBN 978-3-95447-285-7

Begegnungen mit Thoth und den Greys, ägyptische Schlangengötter, ein Galaktischer Krieg, lebende Kristalle und Nikola Tesla ... Der Autor, ein multidimensionaler Zeitreisender, zeigt, dass unsere Welt nicht so ist, wie man uns weismachen will. Denn unser Bewusstsein erhöht sich und lässt uns hinter den Schleier der künstlichen Realität blicken. Wir erinnern uns an unsere Gaben und unseren Platz im Universum.

»Eine unglaubliche Reise durch
die unsichtbaren Welten und
uns umgebenden Kräfte.«
– Len Kasten

Marcel Polte
GREYS
Weltweites Wirken und Entführungen in Deutschland
256 Seiten, gebunden, oranges Leseband
€ [D] 22,99 / € [A] 23,60 • ISBN 978-3-95447-259-8

Tausende von Entführungsfällen durch Greys wurden in den USA bereits untersucht. Der promovierte Jurist Marcel Polte, auch als Heilpraktiker und Hypnosecoach tätig, gleicht sie mit Material der US-Geheimdienste ab, das durch den Freedom of Information Act jetzt freigegeben werden musste. Seine Erhebungen für Deutschland belegen den weltweiten Plan: Eine hybride Mensch-ET-Spezies ist im Begriff, die Gesellschaft zu unterwandern.

Erstmals über Entführungsfälle in Deutschland!

Mehr über Aliens, UFOs und Neues Denken auf www.AmraVerlag.de